海外中国研究丛书

——

到中国之外发现中国

闺塾师

明末清初江南的
才女文化

[美] 高彦颐 著 李志生 译

Dorothy Ko

Teachers of
the Inner Chambers

Women and Culture in Seventeenth-Century China

江苏人民出版社

图书在版编目(CIP)数据

闺塾师:明末清初江南的才女文化/(美)高彦颐
著;李志生译. —南京:江苏人民出版社,2022.5(2023.10 重印)
(海外中国研究丛书/刘东主编)
书名原文:Teachers of the Inner Chambers:
Women and Culture in Seventeenth-Century China
ISBN 978 - 7 - 214 - 26341 - 4

Ⅰ.①闺… Ⅱ.①高…②李… Ⅲ.①女性-研究-
华东地区-明清时代 Ⅳ.①D442.9

中国版本图书馆 CIP 数据核字(2022)第 005082 号

江苏省版权局著作权合同登号:图字 10 - 2004 - 065 号

书　　名　闺塾师:明末清初江南的才女文化
著　　者　[美]高彦颐
译　　者　李志生
责任编辑　洪　扬
特约编辑　张慕贞
装帧设计　周伟伟
责任监制　王　娟
出版发行　江苏人民出版社
地　　址　南京市湖南路 1 号 A 楼,邮编:210009
照　　排　江苏凤凰制版有限公司
印　　刷　苏州市越洋印刷有限公司
开　　本　652 毫米×960 毫米　1/16
印　　张　30.25　插页 4
字　　数　356 千字
版　　次　2022 年 5 月第 1 版
印　　次　2023 年 10 月第 6 次印刷
标准书号　ISBN 978 - 7 - 214 - 26341 - 4
定　　价　118.00 元

(江苏人民出版社图书凡印装错误可向承印厂调换)

序"海外中国研究丛书"

　　中国曾经遗忘过世界，但世界却并未因此而遗忘中国。令人嗟讶的是，20世纪60年代以后，就在中国越来越闭锁的同时，世界各国的中国研究却得到了越来越富于成果的发展。而到了中国门户重开的今天，这种发展就把国内学界逼到了如此的窘境：我们不仅必须放眼海外去认识世界，还必须放眼海外来重新认识中国；不仅必须向国内读者迻译海外的西学，还必须向他们系统地介绍海外的中学。

　　这个系列不可避免地会加深我们150年以来一直怀有的危机感和失落感，因为单是它的学术水准也足以提醒我们，中国文明在现时代所面对的绝不再是某个粗蛮不文的、很快就将被自己同化的、马背上的战胜者，而是一个高度发展了的、必将对自己的根本价值取向大大触动的文明。可正因为这样，借别人的眼光去获得自知之明，又正是摆在我们面前的紧迫历史使命，因为只要不跳出自家的文化圈子去透过强烈的反差反观自身，中华文明就找不到进入其现代形态的入口。

　　当然，既是本着这样的目的，我们就不能只从各家学说中筛选那些我们可以或者乐于接受的东西，否则我们的"筛子"本身就可能使读者失去选择、挑剔和批判的广阔天地。我们的译介毕竟还只是初步的尝试，而我们所努力去做的，毕竟也只是和读者一起去反复思索这些奉献给大家的东西。

　　　　　　　　　　　　　　　　　　刘　东

目　录

《闺塾师》再版自序　*1*

中文版序　*1*

绪　论　从"五四"妇女史观再出发　*1*

    封建社会尽是祥林嫂吗？　*1*

    概念界定：社会性别与阶层分工　*7*

    中国妇女史的新视野　*10*

    无父的父权制？　*15*

    内外与动静　*17*

    妇女文化及结社　*20*

    儒家传统中的妇女　*25*

    江南的特殊性　*28*

    比较妇女史的困惑　*34*

上 卷 情史与社会秩序 *39*

第一章 都市文化、坊刻与性别松动 *41*

货币和社会等级的失序状态 *43*

出版的繁荣和读者大众的诞生 *48*

官刻和家刻 *53*

坊刻:为钱而出书 *55*

书商:越界文化的建筑师 *60*

个性摹写与人际交往 *67*

女性读者:道德消费与娱乐消费 *74*

女作家:清物与清玩 *82*

浮世中的社会性别关系 *90*

第二章 情教的阴阳面:从小青到《牡丹亭》 *94*

痴迷的读者:三妇传奇 *94*

《牡丹亭》中爱情的戏剧性表现 *99*

男性对情的辩护 *109*

情和仪式的女性世界 *114*

情迷下的女性阅读 *117*

情、性和婚姻的神圣性 *121*

彩凤与乌鸦:其他女性的共鸣 *125*

小青传说的发展 *129*

对女性写作的怀疑 *135*

天才的命运 *140*

小青——妒妇的牺牲品 *146*

男人、妻和妾:妇妒的话语　149

情迷和社会性别关系　156

中　卷　妇女性别的重写与重读　161

第三章　丈夫与女中丈夫:女性角色的错位与延伸　163

女性的分类　163

置身于家庭内外:家庭生活话语　166

对女性才华的推助　174

巡游的女塾师　178

女文人:如有威望的男人一样的职业作家　182

彩凤和乌鸦:角色的倒置　191

妇女写作:精心构建的崭新社会文化空间　194

第四章　从三从四德到才、德、美　203

向心的女性　204

作为身体训育的缠足　209

回归家庭:中国人生活的“私密性”　214

公领域的私人化:宗族组织的出现　220

为母亲职责而进行的女性教育　224

才、德、美　227

女性眼中的才和德　231

内在美和外在美　236

缠足——女性对女性的传统　239

女人手工:从必需品到艺术　243

下　卷　家门内外的妇女文化　*251*

第五章　家族人伦与"家居式"结社　*253*

闺中良伴　*254*

伙伴式婚姻：纸上理想　*258*

殉情者　*260*

金童玉女：夫妻私密　*262*

家内职责上的男女有别　*267*

家族间结盟：收养和婚姻　*270*

不幸的结局　*275*

家内宗教　*279*

家内女神的发展　*283*

她自己的世界：家居式诗社　*286*

友情和亲属关系：通融下的妇女情谊　*292*

家人死亡：危机和转折　*295*

社团的延伸：悼文和出版　*299*

身后遗产：印刷文字的力量　*304*

第六章　书写女性传统：交际式及公众式结社　*309*

在路上　*309*

卧游人　*316*

商景兰和"社交性"社团　*318*

女性社团与地方主义　*326*

公众结社：蕉园诗人　*328*

母亲兼教师的顾若璞　*332*

女性间的联系:亲属、邻里和朋友　337

"诗乃我神明"　340

潜龙或牝鸡:男性化的女性　345

女性文化和亲属关系　348

第七章　名妓与名山:男性社会中的妇女文化　351

名妓和歌女的浮世　352

妻和艺人:"社会性别"和"阶层"间的对立　358

豢养"瘦马"　363

妻、妾、歌女的情热　371

柳如是:自我命名的名妓　383

男性公众世界中的名妓　390

旅居女性的临时性社团　396

王微:翱翔的鸿鹰　402

社会性别:社会组织的一个范畴　408

引文目录　413

索　引　444

译者后记　452

译者再版后记　454

《闺塾师》再版自序

打从乍暖还寒的三月中起,学校改上网课,举家仓促避疫在乡。时至四个月后的今天,全球确诊人数高达一千二百多万、死亡人数五十多万。尤其在美国,疫情失控,确诊已突破三百万,不幸病逝的竟然超过十三万人。① 生物系同事的先生,走了。中国史的前辈,走了。挚友、学生、邻居,一个接一个确诊。

外在世界愈是失序,内心世界却愈见深邃。省了舟车劳顿,日子变得出奇地安稳、实在。亲友间的关怀,再掺不得半点虚伪。一句微信、半个身影,都充满了真情真义。几乎每一刻,都得以跟平时见不得人的自我相处,思前想后,不禁轻轻反问自己:走上这条学术研究的路,值得吗? 妇女性别史,能足以经世济人吗?

四月中旬志生老师传来好消息:在她努力奔走下,绝版已久的《闺塾师》计划将以新版面世。从提交博士论文那年算起,这本

---

① 时至再版付印前夕的 2022 年 3 月,全球确诊超四亿五千万人,死亡六百多万人,美国确诊已累计超八千万人,死亡几近一百万人。

书所承载的大小理念，已经在人间迂回了三十多个年头。如果书本是灵物，也同样服膺于生老病死的自然规律，那曾经年少气盛的《闺塾师》，已然是个半老徐娘了。当年写书的主要动机，也就是反思五四妇女史观、打破封建社会妇女尽是受害者这种刻板形象，从而在明清社会探索中国现代化的契机，在今天看来，可能已经为另一种笼罩全球的环境生态危机感所取代。个人的研究取向，也从关怀男女平等扩展到分析知识权威体系、抽象思维与实用技能等科技史命题。

在疫情最凶猛的那段日子，我们不敢越出家门半步，坐在书桌前，每天凝视窗外的树叶苗，从一丝淡黄、嫩黄、轻绿，一点一滴地长到浓浓绿绿、沙沙作响的叶林。先是燕子一只、两只吱吱唱起，引来红衣雀、蓝松鸦、灰胸长尾鸲，纷纷加入对唱，后来还有清晨卜笃笃的啄木鸟，一板一眼地试图当起指挥来。邻居的樱树，仿佛一位素颜的少女，偷偷化起了淡妆，胆子大后，胭脂愈抹愈红，不出两星期，娇艳的花瓣把枝叶全都掩盖住了。多少年来，我们端坐在同样的窗前，却对春天踏着细微碎步的来临视而不见，只在樱花突然开满一树的某一天，找来照相机，大大庆祝了一阵子。现世社会的价值考量，往往只在乎产量或结果，忽视了事情变化的过程本身。

终于领会到，所谓文章经世致用，不外是研究过程当中遇到挫折时，鼓励自己不要放弃的一种鞭策力量，问题解决后，自然地继续走下去。走着走着，多少年后，某一天蓦然回首，才发觉原来耕耘过程本身，便是收获，再没有其他。困在斗室过着小日子时才认识到，真正的自由，是与活动空间大小无关的。宅居闺门的明清名媛才女，对这道理已然深有体会。《闺塾师》得以成书、翻译、面世、再版，是许多人一起努力的成果，诚然值得庆幸；但更重要的是，在思考、写作、受挫、再起步的往返经历当中，无意拾得的充实和满足。

再次感谢"海外中国研究丛书"的主编刘东教授，北大历史系妇女史专家李志生教授，以及江苏人民出版社的先后责编张慕贞和洪扬二位先生和其他同人。缘份再生，我恭敬诚恳地把我的处女作，献给过去和未来的读者们。

高彦颐

记于美国纽约长岛钟港游鱼庄

2020 年 7 月 13 日

中文版序

　　整整十年了。这部书英文版面世后，转眼我们已走进另一个世纪。刘东先生一直关注妇女史在中国的发展，多方奔走，锲而不舍，中文版得以出版，他功不可没。李志生教授，对唐代社会经济史的研究卓卓有成。她毅然搁下自己的学问，费神推敲他人的辞章，她严谨的治学态度与优雅生动的文笔交相辉映。本书能够以我的母语中文面世，可以说是志生和原书作者合作的结果。这段文字因缘，也可以说是明末清初江南才女借书信往来结社的一种延伸。志生洋洋洒洒的译稿，我只做了少量改动，对于她的努力和尊重，我深深感谢。

　　过去十年来，中文史学界风起云涌，在研究对象和方法上都有创新。本来少人问津的唐宋、明清妇女史也开始受到关注。为了尊重这些学者的研究成果，我曾考虑对本书作通量的改写、加注，但因时间仓促，未能成事，惟有在这里聊向我敬佩的学者们致意：古代史的杜芳琴、秦汉史的李贞德，唐宋史的邓小南、臧健、高世瑜、刘静贞，明清史的定宜庄、李伯重、熊秉真、刘咏聪。明清妇女文学研究，对妇女史尤多启发，我特别感谢张宏生和他的女弟子，还有华玮、胡晓真。

在翻译过程中，志生既解决又发掘了不少概念性的问题。其中最基要的是对"women"一词的演绎——是"妇女"呢还是"女性"？在英文的语境当中，"women"意指在心理或生理上被认知为有同一性的群体。在一篇饶有影响力的论文中，美国学者白露（Tani Barlow）提出，"女性"一词的发明，为的正是要建构这本来子虚乌有的同一性。白露更引陈宏谋《教女遗规》中一句"夫在家为女，出家为妇"，进一步论述在古文的传统语境中，"妇"和"女"属于截然不同的认知范畴，它们既没有同一性，传统中国也因而没有"女性/women"这一身份属性。①

诚然，"女性"是一个现代词汇。它既不曾在古籍中出现，支撑它的理念——即性取向、性行为或性存在（sexuality）能界定一个人的社会身份——对古人来说也是陌生的。但是，我认为在古文的语境中，"妇女"可以专指"已婚的女人"，也可以泛指"妇＋女"，涵盖了"在家"及"出嫁"的女人。在第一章我们将会论及，明末"才女文化"的出现，所依赖的正是一种视"妇"与"女"为同一社会性别的"女性"意识。但是由于"女性"一词没有在明清典籍中出现过，在本书讨论明清社会的章节中如要指涉后一种广义的含义，还是尽量沿用"妇女"一词。不过无可否认的是，我用的社会性别分析方法，本身就是现代思维方式的产物。在进行分析时，往往为了行文方便顺畅，用"女性"或"男性"还是比较恰当。因此

---

① 白露（Tani Barlow），《女性的理论化：妇女，国家，家庭》（*Theorizing Woman*：*Funü，Guojia，Jiating*），载《身体，主体和权力》（*Body，Subject and Power*），安吉拉·齐托（Angela Zito）和白露（Tani Barlow）编。芝加哥，芝加哥大学出版社（University of Chicago Press），1994 年，253—289 页。引文见 255 页。

本书中仍出现了"妇女"与"女性"兼用的章节。的确,这是一个十分重要的问题。妇女史能不能成"史",如何成史,关键在于我们如何界定妇女史的研究对象。这个问题进一步的探讨,有待各方学者共同努力,并不是这本书所能解决的。

今天,国内外不少年轻有为的研究生有志从事妇女史的研究。我所殷切期待的,是这些新的研究成果,能在不到十年内改写中国史,让这部小书被遗忘在尘封的角落里。

高彦颐

谨识于纽约离隐居百合斋

2004 年 3 月 28 日

绪 论 从“五四”妇女史观再出发

闺塾师——本书的女主角——所处的世界远大于闺阁的家内领地。只有借助“社会性别”这一历史分析范畴，有关她们生活的文本和她们的语境，才能被充分阐明。在这篇绪论中，我首先提出，只有当历史学家对“五四”文化遗产进行反思时，社会性别才能成为中国历史的一个有效范畴。然后，通过勾勒本书的主题，我概括了我把社会性别与中国历史相结合的方法。我的结论是，通过重视社会性别，我们将会发现明末清初的中国是如此的生机勃勃，而这种社会史研究，会为我们业已熟知的历史分期带来修正和调整。

封建社会尽是祥林嫂吗？

从中国妇女史发端之初，它就是中国现代化民族主义事业的一个重要组成部分。① 第一部中国妇女通史——《神州女子新史》，就是由一位反清革命家徐天啸所写，它出版于 1912 年，也就是清朝垮台后的第一年。为激励女性成为有价值的新公民，徐天

---

① 对中国妇女史如何作为一个研究领域而诞生，杜芳琴有着详细的论述，参见氏作，“七十年来”。

啸征引了从维多利亚女王,到罗兰夫人等许多杰出的西方女英雄。与此形成对照,徐天啸痛惜地认为:"中国之女子,既无高尚之旨趣,又无奇特之思想;既无独立之精神,又无伟大之事业。廉耻道丧,依赖性成,奈何奈何。"[1]如中国本身一样,落后的中国女性需要不顾一切地追赶西方。

从晚清到"五四"新文化时期(1915—1927),有着落后和依从的女性身份,一直是一个与民族存亡息息相关的紧迫问题。当帝国主义侵略加剧时,受害女性成了中华民族本身的象征——被男性外国强权"强奸"和征服。[2] 对作为整体的中华民族的政治解放,也对中国进入现代世界来说,女性启蒙成了一个先决条件。总之,受父权压迫的女性,成了旧中国落后的一个缩影,成了当时遭受屈辱的根源。受压迫的封建女性形象,被赋予了如此强烈的民族主义情绪,以至最终变成一种无可置疑的历史真理。

由此,便引出了祥林嫂的悲惨人生,祥林嫂是鲁迅短篇小说《祝福》中的主人公,在大多数中国人的心目中,祥林嫂依然是"传统中国女性"的代表。祥林嫂这位寡妇被其婆婆卖婚。在她的第二任丈夫也死去,儿子被狼吃掉后,她重返老东家帮佣。由于这样的遭遇,祥林嫂被认为是不吉的,所以她被禁止为新年的祭祀准备供品。她最终精神错乱,并衰弱地倒在街上。[3] 所有受害妇女的特征都可以在祥林嫂身上找到:她被像商品一样卖掉,被以其丈夫的名字相称,没有独立人格,最可悲的是,她被其压迫者的

---

[1] 徐天啸,2 页。

[2] 周蕾(Rey Chow)将此视作更大范围内的"像女性一样的中国"的一部分,参见氏著,5—9 页,14 页,141—142 页。贺萧(Hershatter)也证明,20 世纪上海妓女的突出特点,是她们成了与出生家庭割断的受害者。她认为,受害的妓女形象,"告诉了我们很多关于民国时期政治危机的社会性别语言"(1119 页)。

[3] 参见《鲁迅选集》第一卷,150—173 页。

意识形态浸染得太深了，所以总是责备自己的命不好。

受害妇女的文学形象被历史研究强化。例如在影响极大的《中国妇女生活史》中，作者陈东原这样形容他的前提："我们妇女生活的历史，只是一部被摧残的女性底历史！"陈东原明确地指出了他写书的目的："我只想指示出来男尊女卑的观念是怎样的施演，女性之摧残是怎样的增甚，还压在现在女性之脊背上的是怎样的历史遗蜕！"他接着说："我现在燃着明犀，照在这一块大压石上，请大家看明白这三千年的历史，究竟是怎样一个妖魔古怪，然后便知道新生活的趋向了！"[1]对陈东原来说，只有能够引导女性从中国封建过去的压迫中解放出来，女性史才是值得写的。

在当代的中国和西方，对 20 世纪以前中国女性的印象，仍然停留在鲁迅和陈东原等作家勾勒的关注点、价值和专有词汇中。悲惨的传统女性这样一种"五四"形象，更被中国国民党及共产党的政治运动强化：如果"传统"妇女不是活在暗无天日的压迫当中，那所谓"妇女解放运动"也就无从说起了。没有解放运动，又从何建构一幅现代的、新中国蓝图？[2]

在西方读者中，这种假定女性为受害者的预设也有不少知音。研究印度的学者钱德拉·莫汉蒂认为，第三世界女性是受害者这一观念的普遍流行，跟近代西方女权话语的兴起有莫大关联。这一话语强调的是，"摆脱束缚的、前进的和独立自主的"西方女性，比所有其他落后地区的女性都来得高明。莫汉蒂还指出，这种西方自以为是的种族优越理念，无视妇女处境及"父权

---

① 陈东原《中国妇女生活史》，18—20 页。
② 关于这一立场的经典论述，参见宋庆龄（Soong）。

制"的地方性和复杂性,很容易流入"传统"与"现代"对立的困境。① 在中国研究领域当中,对于更具说服力的中国民族主义者的关注点而言,西方女权主义学说仅是个帮凶而已。

西方和中国的话语契合得非常之好,所以中国的学者也像西方作家一样,对东方的失误表示不满,他们也同样提出了这样的观点,即中国女性的历史是"一部被奴役的历史"。例如,妇女史研究先驱杜芳琴就在其《女性观念的衍变》的结论中,几乎逐字重复着"五四"时期的语汇:"政权、族权、夫权、神权这束缚妇女身心的四条绳索,将中国妇女牢牢束缚,直至今日仍阴魂不散。""四条绳索"这一饱含激情的词汇,出自毛泽东1927年发表的《湖南农民运动考察报告》。②

总之,封建的、父权的、压迫的"中国传统"是一项非历史的发明,它是三种意识形态和政治传统罕见合流的结果,这三种意识形态和政治传统是"五四"新文化运动、共产主义革命和西方女权主义学说。虽然这些传统为中国的现代性和女性的位置设想出了非常不同的模式,但它们却都对旧中国隔离、扭曲和从属的女性生存状态表示了愤慨。

1976年以来,中国和西方的学者开始质疑社会主义妇女解放运动,质疑它究竟在经济上和心理上,有没有将女性抬升到与男性相同的地位上。③ 但这一修正主义的看法,却使"女性是受害

① 莫汉蒂(Mohanty),74页。
② 杜芳琴《女性观念的衍变》,13页,378页。关于毛泽东报告中的"四条绳索",参见《毛泽东选集》第1卷,北京:人民出版社,1991年,29—34页。感谢凯瑟琳·博哈特(Kathryn Bernhardt)提醒我关注这一点。关于另一个例子,参见李小江,特别是145—149页。她满腔热情地赞同将"五四"妇女解放运动,看成是马克思主义新民主主义革命的组成部分。
③ 关于这一主张修正前人学术观点的代表性著作,参见K. 约翰逊(K. Johnson);翁多尔(Andors)和沃尔夫(Wolf)。

者"这一形象，变得更难抗拒。因为"新中国"看起来仍有许多"封建残余"，"五四"史观因而也获得了新生。作家们继续谈论"传统中国的父权制"，仿佛不论是"父权制"还是"传统中国"，都是坚如磐石、一成不变的。①

　　我以为，受害的"封建"女性形象之所以根深蒂固，在某种程度上是出自一种分析上的混淆，即错误地将标准的规定视为经历过的现实，这种混淆的出现，是因缺乏某种历史性的考察，即从女性自身的视角来考察其所处的世界。我不赞同"五四"公式并不全因其不"真实"，而是"五四"对传统的批判本身就是一种政治和意识形态建构，与其说是"传统社会"的本质，它更多告诉我们的是关于 20 世纪中国现代化的想像蓝图。尽管此真理不无道理，但受害女性形象势不可当的流行，不但模糊了男、女关系间的动力，也模糊了作为整体的中国社会的运转动力。为了消除这种非历史的偏见和修改女性受害形象，中国妇女历史研究必须对特定的阶段和个别地区予以更多的关注，同时还要高度重视妇女之间的社会、阶层背景差异。最重要的是，妇女历史必须被更深地置于中国整体历史之中。

　　只有运用这种"双焦点"的历史视角，我们方可逐渐理解无论是"女性是受害者"这一假设，或与其相对的"女性是动因"的说法，都不能完全传递出明末清初女性受压和拥有机会的范围。②无论是限制还是自由，都清晰地呈现于一群拥有特权、受过教育

----

① 参见，如"儒家父权秩序的准则和矛盾"（"Principles and Contradictions of the Confucian Patriarchal Order"）一章，载斯泰西（Stacey），15—65 页。斯泰西偶尔涉及到宋到明后期的变化，但她对"儒家父权制"的处理基本与历史无关。

② 我早期对受害/能动这一问题的看法，很大程度受益于阿特金森（Atkinson），特别是她对"女性作为受害者"和"女性作为动因"这样一种两分的批评（victimization/agency）和以"双焦点"（bifocal）介入问题的观点。

的女性身上,她们来自帝国晚期最高度城市化的江南地区,她们便是"闺塾师"。当这个词首次出现在明末清初的中国时,它指的是一个流动的女教师阶层。在本书中,我赋予它的涵义更加笼统和更具象征意义。所有出现在本书中的女性,无论是妻子、女儿或寡妇,都通过她们的作品,互相讲授着各自的人生际遇。通过一代一代对女性文学的传递,一如巡游的塾师,她们超越了闺阁的空间限制,从而经营出一种新的妇女文化和社会空间。尽管这些诗人、塾师、艺术家、作家、读者的生活、想法和环境,不可能为大多数人所分享,但对我们来说,它凸显了即使在儒家体系范围内,女性自我满足和拥有富有意义的生存状态的可能。因此,本书旨在考察这些女性的生活,同时请求她们指引我们进入其栖居的历史时空。

严格来说,虽然本书考察的对象仅限于女性,但并不是要强调她们的隔绝,而是要探索她们与中国历史的重新契合。我的两个双生的关注点——女性历史和明末清初历史——在分析上是不能分开的。虽然衍生于对过去女性真实生活的好奇,但本书最终是要提出一种新的视角和历史认知。这种对历史的重新思考,是建立在这样一个前提基础上的,即通过了解女性是如何生活的,我们能更好地把握性别关系的互动;通过领会性别关系,掌握一种更真实、更复杂的知识,这种知识是有关中国的文化价值、它的社会功能和历史变化本质的。

5 　　这样一种社会性别和中国历史的结合,需要使用一些专业术语,而这些术语已超出了中国社会史家所沿用的范围。因此,最好首先探讨一些架构本书的主要概念:社会性别、阶层分工、女性文化、女性社团、儒家传统。

概念界定:社会性别与阶层分工

　　对于我的论点来说,最重要的概念是社会性别(gender)与生理性别(sex)间的差异及社会性别和阶层分工的交叉。社会性别这一概念又是如上两组概念的核心。按《女性研究百科全书》所言:"社会性别是一种文化建构:男、女在角色、行为、脑力和情感方面的区别,是伴随着一个社会的发展而形成的。"因此,尽管过去二者经常互换,但在概念上,"社会性别"与"生理性别"是有区别的:"生理性别是这样一个名词,即在将人类(和其他生命形式)区分为男性和女性的基础上,两者所包含的生物和生理形态的差别。它只应被用在直接由男女生物差异所引发的特征和行为关系中。"[1]尽管生理性别是历史研究的一个重要课题,但本书主要关注的还是作为文化建构的社会性别,特别是女性社会性别。

　　在建立社会性别作为一个历史分析范畴的过程中,琼·斯科特给出了一个更加准确的定义:"定义的核心在于将两个命题的整合:社会性别是基于所谓两性差异之上的社会关系的一个构成因素;社会性别是凸显权力关系的基本方法。"她进一步将第一个命题具体化为四要素:象征性表述、规范性的概念、社会制度和主体认同。[2]我的目标是阐释后三者间的关系。我特别关注儒家经典著作和信条中有关社会性别的规范性概念;在社会性别建构中,亲属制度和教育等社会制度所起的关键性作用及明末清初上流妇女在她们的作品中所展现出的主观社会性别认同。

---

① 梯尔尼(Tierney),153 页。
② 斯科特(Scott),42—43 页。

在阐述第二个命题,也就是社会性别和权力之间的关系及其如何相互建构时,斯科特强调关注社会性别和平等、等级等其他公式间的构成链接关系。这种将社会性别和政治相结合的想法,特别切合中国,在中国,夫妻关系是君臣民关系的一种隐喻,并且自战国时期以来,所有政治权力都将其视为一种范本。① 换言之,我们不能将社会性别历史想像成是与政治历史无关的,反之也如此。在本书中,我是以社会性别和阶层分工的交叉点,来谈论这一关联的一个方面的。我对"阶层分工"的用法,大致是基于财富、政治权力、文化资本和主观概念基础上的职业群体和社会身份,它并不意味着马克思主义的经济决定论。

社会性别和社会等级构成了两个坐标系的初生轴,在此中间,每一个个体中国妇女都可以找到其在社会中的位置。在《礼记》中,"三从"的含义表达得非常清楚:"妇人从人者也,幼从父兄,嫁从夫,夫死从子。"②同样的要求,在一些流行的女教中也被重申,它们包括了归于明仁孝文皇后的《内训》和吕坤的《闺范》。③ 儒家名言"三从"表达的是一种企图,它意味着一个女人在其人生的每一阶段,都是由男性家长的职业"阶层分工"所决定的。"三从"并不要求个别女人对男人的服从(母亲显然不需要服从儿子),它要求的是男、女在社会分工上建立一种从属关系:一个进士的女儿,其社会身份就从属于父亲,这是"在家从父"最基本的涵义。与"内、外有别"这一告诫一起,"三从"是儒家社会性别伦理的两个支柱之一,在下文中,我就将结合"三从"和"男女有别"这两个理想理念,来探讨内、外问题。

---

① 对于这样一种"政治王国的性别再想像",参见陆威仪(Lewis),67—80 页。
②《礼记·郊特性》,2:1456 页。另一处谈到"三从"的地方是"婚义",2:1680—1682。
③ 关于《内训》对"从"的提及,参见山崎纯一(Yamazaki),217—218 页。

　　20世纪的学者,经常将"从"解释为妻子对丈夫的无条件服从,并且悲叹"妻子对丈夫,是人身和精神上的全面依附"①。我以为,这一解释是将社会性别关系的运作和儒家伦理系统——我称之为社会性别系统——过分简单化了。这一曲解也传达出这样一种印象,即中国的社会性别体系是建立在强制和蛮横压迫基础上的,在我的观点中,这样的结论未免太过简单和太缺少权力关系变化了。伦理规范和生活实践中间,难免存在着莫大的距离和紧张。儒家社会性别体系之所以能长期延续,应归之于相当大范围内的灵活性,在这一范围内,各种阶层、地区和年龄的女性,都在实践层面享受着生活的乐趣。而且,这些灵活性也导致了社会性别体系内的若干内在紧张和矛盾,其中最重要的是社会性别和阶层分工之间。

　　我的论点是,"三从"这一规范,无疑剥夺了女性的法律人格和独立的社会身份,但她的个性或主观性并未被剥夺。② 尤其重要的是,"三从"在概念上充塞着矛盾。在《礼记》和女教典范书中,一方面"三从"被构想为放诸各阶层地域而皆准的伦理,也就是说,"三从"对天下所有妇人及女子所作的从属要求,有利于人们对"妇女"的单一性及一统性的想像。但与此同时,"三从"的具体要求,是按男性家长的地位区分女人,在实践层面上,造成了士人妻与佃农妇之间无可逾越的差异。诸如此类的儒家性别伦理的内在矛盾,使妇女在其有限的生存空间内,拥有了一定程度的

①　杜芳琴《女性观念》,57页。亦请参见165—166页。同样,陈东原(48—49页)也写道,妻子对丈夫屈从得如此彻底,以至于她"只能永远做丈夫的玩物"。
②　关于这一问题,汤浅幸孙(Yuasa)的分析向更深层发展,他将法律和伦理上对女性屈从的要求,与文学和现实中的"妻管严"丈夫进行了比较。参见汤浅幸孙(Yuasa),134—137页。

自由,但这一生存空间是支离破碎的,各阶层的妇女中间并无共同利益。因此,即使是明末清初最具文化资源的妇女,也无从在概念上锻造起一个有广泛社会基础的统一战线,从制度上向社会性别体系发起进攻。

在对北宋(960—1127)宫女的研究中,秦家德对现实中的"三从"有着敏锐的观察:

> 因为中国法律赋予女性与其丈夫相同的身份,因此分社会和经济阶层考察女性就是更为重要的。艾伯特·奥哈拉建议将中国女性分为四个阶层:奴隶和劳动女性,农民和商人之妻,学者和官员之妻,贵族和统治者之妻。在每个阶层内,女性的责任和特权是不同的。因此,非常重要的是,意识到女性对男性的从属,并不意味着所有女性对所有男性的总的从属,而是在她们自己的阶层中和仅仅是依照个人及家庭的关系的特定女性对特定男性的从属。①

换言之,尽管在某种规范程度上,我们把"中国妇女"视作没有差异的整体,但任何女性史和社会性别史研究,都应是分阶层、分地点和分年龄的。

中国妇女史的新视野

本书希望改写"五四"妇女史观,这一史观将女性受压迫看成是中国封建父权过去最突出之处。这一公式渗透于各个角落,它

---

① 秦家德(Chung),88—89页;秦家德接着指出,好女、好妻和好母这样一种理想角色,进一步延伸至允许宫女使用其职务甚至是政治权力。

不仅曲解了妇女的历史，也曲解了 19 世纪前中国社会的本质。 *8*
有这样一个假设被广泛接受，那就是传统中国的妇女普遍受压
迫，这一假设逻辑地引导人们去企盼这些女性一有机会便会反抗
或逃走。在寻找"反抗"的迹象失败时——此时人们发现的却是
女性看起来的自愿屈从——便会提到，面对儒家传统，女性是"沉
默"的。这种论调从一开始就是有问题的，它预设了一个机械化
的绝对两分的社会性别关系概念——男性居于女性之上，国家凌
于社会之上。学者们因而集中关注于妇女地位的上升或下降，作
为企盼已久的"妇女解放"的指标。我考虑的却是另一个截然不
同的问题：儒家的社会性别体系为何在如此长的时间内运转得这
样灵活顺畅？妇女们从这一体系中获得过什么好处？这一问题
从未被问起过，更何况回答了。

　　在这部书中，我试图通过妇女在社会性别体系内的既得利
益，来解释社会性别体系的运作和再生产。通过将女性视作主
角，观察其于体系内的演练以促进其利益时，我看到的是妇女们
利用有限然而具体的资源，在日常生活当中苦心经营自在的生存
空间。所谓"男女关系"，乃至于"社会性别体系"，就是长年累月
在这种经营下累积起来的。由此衍生的妇女史所反映的不是彻
底的反抗或沉默，而是充满争执和通融，不仅对事后认识的我们，
就是对其时的男、女而言，这一过程也是极为复杂，不是"上、下"
或"尊、卑"所能涵盖的。

　　所以，我建议以三重动态模式，取代"五四"父权压迫的二分
模式去认识妇女史。三重动态模式，是将中国妇女的生活，视为
如下三种变化层面的总和：理想化理念、生活实践、女性视角。如
以下各章所显示的，这三个层面有时是协调的，有时则是不一致
的；在某些情况下，它们被难以逾越的鸿沟分开，而在另一些情况

下，它们又是完全重合的。三要素的影响范围并不固定，其意思也是多重的，鉴于"五四"模式在很大程度上衍生于对理想化准则的静态描述，我们不得不在这三要素阻隔和重合的基础上，重建妇女历史和中国社会历史。

女性生活中三要素特有的相互作用，不仅随时间也随这些女性相关的社会和地理位置而发生变化。构成本书研究大多数的，是来自江南城市中心的上流妇女，通过口头传授的训诫文学和格言，她们被授予了其应信奉的理想化准则——"三从"及其衍生物"四德"。在日常的生活中，她们大多数都于名义上遵从着这些格言，在法律和社会习俗的管束下，过着以家庭为中心的生活。尽管妇女不能改写框定她们生活的这些规则，但在占统治地位的社会性别体系内，她们却极有创造性地开辟了一个生存空间，这是给予她们意义、安慰和尊严的空间。如我们将要看到的，她们有着大量令人难忘的策略，从通过文字作品对格言进行再阐释，到在生活实践中翻新格言的含义，再到寻找道德与写作和实践间的缝隙。

在这样的行动中，这些妇女为自己开辟了自由活动的场所，而这些做法又并未直接挑战由官方意识形态所传布的理想准则。因此，在她们的自我展示中——从诗歌和其他文学作品中搜集到的——看不到她们对社会性别体系的公开进攻。实际上，受教育程度最高的妇女，更倾向于赞美而不是否定她们作为儒家道德卫道士的角色。在这一点上，官方意识形态所规定的理想化准则，明显是与女性的自我视角相吻合的。然而，这一吻合也掩盖了通融的复杂过程和女性色彩斑斓的日常生活，它们经常是与官方准则相违背的。

我希望本书能够重构这一色彩斑斓的生活，从而让明末清初的闺秀,向我们讲述她们的挫折、欢乐和抱负。在否定"五四"脸谱化的旧中国受害女性理论的建构时,我并不是要捍卫父权制或为儒家传统辩护,而是坚持认为,对儒家社会性别体系的强大性和持久性的现实理解,可以同时服务于史学的、革命的和女权主义的议事日程。

可以这样说,"理想"和"实际"之间的鸿沟,是理解明末清初中国社会两面性的关键,对女性而言,这一时期似最好,也似最坏。如果法规和道德指导著作是准确的指南,那么,明末清初(嘉靖至康熙)时期的确是一个限制日增的黑暗年代。在宋代(960—1279),士大夫家庭妇女享有一定的继承权和相对自由的再嫁、改嫁权;而明末清初时,女性已失去了财产权,并且被迫屈从于日益严厉的贞节观。① 此外,地方志中大量的节妇名单显示,无论是上流和平民妇女,都是服膺于贞节观的。② 学者们以"妇女地位下降"的形式来描述这些变化,这一下降被说成是理学强化、商品化女性市场经济发展所导致的。③

但是与此同时,即使粗略地看一下地方志、私人作品和小说中对明末清初城市生活的描述,我们就可以看到与之形成鲜明对照的另一幅图画,在这幅图画中,女性的家庭和社会生活充满活力,*10*

---

① 关于宋代上流女性的财产权,参见伊沛霞(Ebrey),"亲属关系体系中的女性"("Women in the Kinship System")。伊沛霞关于女性享有最大财产权是在宋代的观点,并不是每位学者都同意的。如詹妮弗·霍姆格伦(Jennifer Holmgren,12—13页)就认为,在晚期帝国时代,当寡妇离开婆家时,习惯法仍然承认其对妆奁的权力。

② 霍姆格伦(Holmgren)认为,因经济原因,从2世纪以来,寡妇守节就成了贫困阶层的准则,明代法律鼓励这一准则向上流扩展。但我并不认为她证明了其创新论点。关于贞节潮流这一问题,参见伊懋可(Elvin)"妇德"("Female Virtue")及曼素恩(Mann)"寡妇"("Widows")。

③ 有学者将10世纪以来父权制的巩固,与女性在被称作小资产阶级生产模式中受剥削的情况联系起来,参见盖茨(Gates)。

同时她们还明显享有某种非正式的权力和社会自由。如明清小说、戏剧所显示的,对于家庭账目来说,主妇是拥有"钥匙权"①的。在地方志和文人学士的作品中,有无数的女性传记和颂文,它们提供了大量博学的学者、有才干的管理者、情绪高昂的旅行者及予人深刻印象个性的证据。然而,对我们的目的来说,最恰当的材料还是由闺秀自己写的大量作品——大部分是诗歌,但也有书信、随笔和戏剧。这些作品不仅充分显示了妇女文化水平的提高,也在某种程度上,传递出了妇女智力和社交世界的丰富性。② 它们是本书首要依据的材料,当然,同时也会辅之以其男性亲属的作品。

当谈到统治的中心结构时,要注意的一方面是准则和实际行为间的差距,另一方面则是正式和非正式权力间的差距,它们都促使我们需要格外关注女性的日常生活和自我认识。③ 总之,这一点所呼吁的是一种新的权力概念,这一权力概念强调的不是静态的结构或制度,而是动态的过程,通过这一过程,权力得以运转。即使在中华帝国——经常被视作所谓的"父权制"的一个经典例子——个人在日常生活实践中的自我构建,也是有着很大的流动性和可能性的。

---

① 对文学资料和人类学调查中"钥匙权"(power of the key)的概述,参见城璧连("解密《金瓶梅》","金瓶梅と键"),载仁井田升(Niida)及周绍明(McDermott)。

② 因缺乏准确的人口统计数据,很难判定明末清初女性的识字率。识字率提高的一个表现是女作家的激增——明朝为 242 人,清朝为 3 667 人——她们都是出现在胡文楷的著作中的[《历代妇女著作考》;数字是由罗溥洛(Ropp)和他的学生卢云(Lu Yun)提供的]。关于更晚的一个时期,罗友枝[(Rawski),《教育》(*Education*),140 页]估计,"19 世纪中晚期的证据显示,中国有 30%—45%的男性和 2%—10%的妇女能够读、写"。

③ 周绍明(McDermott,14 页)对 19 世纪妻子的家庭财权进行了研究,在"女性不应做什么"到"她们实际做什么"这一点上,他为我们提供了一个相似的佐证。对权力中"支配-反抗"(domination-resistance)概念缺点的分析,参见阿布-卢胡德(Abu-Lughod)。

无父的父权制？

法国学者米歇尔·福柯和皮埃尔·布尔迪厄提出的权力理论，能帮助我们将中国女性所享有的非官方权力概念化。福柯告诫我们，权力"不是一件能被拥有、攫取或分享的东西，也不是任何一个人可以把持或任其流逝的东西"。取而代之的，"权力在无数点中运行，它在各种不平等和流动的关系中互动"。他指出，与其问"谁有权力"和"谁被剥夺了权力"，性史学者应该去寻找变化着的权力分配状态和知识占有状态，这些过程他称作"转变的策源地"。①

同样，皮埃尔·布尔迪厄也警告说，沉溺于结构主义的人类学家，没有看到由男、女操纵着的"实际的亲属关系"的广阔领地。前者因而仅视以家谱为基础的"官方的亲属关系"为惟一的现实存在。为了引出实践中的亲属关系，布尔迪厄将男性独占的"官方权力"和女性经常行使的"支配的权力"加以区分，女性所行使的权力，是通过代理而获得的有限度的权力，但它仍然是真实存在的。"即使当女性确实行使真正的权力时"，他写道："如通常在婚姻大事上，她们其实有很大的决定权。但是这一决定权的行使，是要在表面上承认绝对男权的'障眼法'下进行的。"②这也说明，亲属等级制度的外表和官方的权力结构，掩盖了权力运作的真实情况。

福柯"无王的权力"概念和布尔迪厄的"支配的权力"，启发我

---

① 福柯（Foucault），94 页，99 页。
② 布尔迪厄（Bourdieu），《大纲》（*Outline*），41 页。

们认识到,即使在中国这样一个彻底的父权制社会里,亲属关系
体系和家庭关系也不仅仅是男人自己在运转。女性能够运作权
力的性质和程度,不仅取决于她们的社会地位和肩负的使命,也
取决于其他主观因素,如她的个人技巧和她在生命周期中的位
置。这样一种亲属关系和权力关系的看法,使历史学家能够从妇
女自身的角度,去研究妇女的生活,而不必从一开始就要判定某
些制度或行动是"压迫性的"。提出评判问题是非常重要的,但只
有在具体知识的基础上,它们才可被提出,这些具体知识包括男
性和女性是如何生活的,他们如何看待自己的生活,还有占优势
的意识形态是如何冲击他们的生活和感觉等。对于明末清初的
中国来说,我们现有的关于这些问题的知识是远不够的。

要理解社会性别和权力关系的实践必须始自家庭,因为家庭
是中国男性和女性最基本的社会场域。在一项历史观察中,伊沛
霞讨论了中国家庭早期发展的三项特性:父系制、子女之孝和父
权制。这些特性于宋代牢固树立起来,通过跨阶层分工和地区疆
界,它们显示出了极强的弹性。[①] 但父系制、子女之孝和父权制
的特定表现是历史的产物,它是随时间、地点和社会背景而发生
变化的。

本书所研究的上层社会男、女家庭生活显示,在明末清初,即
使是父权制这样一些假设,也未受到彻底的挑战,实际上,它们是
经常处于调节中的。虽然男性一直宣称对家庭财产拥有法律权
力,并且父亲享有对妇女和孩子的权威,但作为家务的实际管理
者、母亲及儿女的教育者,家庭主妇无疑拥有充分的机会,对家庭

---

① 伊沛霞(Ebrey),"女性、婚姻和家庭"("Women, Marriage and the Family"),197—
223页。

事务产生影响。在每日生活的场景中,女性很难是家庭体系的旁观者。

对无限权威父权制这一神话的更大破坏,来自女性教育的不断增长和被接受程度,至明末清初时,已出现了一个清晰可见的拥有文学和传统教育的闺秀群体。她们的存在本身,以及教育与妇道并行不悖这一事实,也促使我们去质询父权制的假设基础——女性是劣等道德和智力的人。鉴于韩德琳考察过妇女教育于哲学上对儒家思想家如吕坤(1536—1618)等的挑战,①本书将集中关注家庭生活和女性观念的变化。我们可以看到,伙伴式婚姻的不断上升,"女性特质"的改写,以及内、外界限的重整,都在影响着家庭及社会的基本面貌。

内外与动静

如上面所提到的,儒家社会性别伦理是建立在两个支柱基础上的,即"三从"和"男女有别"(男/外,女/内)。中国社会经常被说成是建立在内、外空间严格分离基础上的,女性被定位于"内"里,而男性则被制于"外"中。在很大程度上,中国家庭是在男女分工基础上运行的,女性被禁止参加科举考试,因之,她们也就被阻隔于官员任命之外,以此来看,内/外有别理论确是成立的。然而,较之明末清初社会性别真实互动的实践,内/外有别公式无疑是一种理想规范而已。

不少人仍对明、清妇女有两种错觉。一是"妇女被幽禁"。在

---

① 关于吕坤、唐顺之和李贽等明代学者对才女能见度的反应,参见韩德琳(Handlin-Smith)的经典研究,"吕坤的新听众"("Lü Kun's New Audience");亦请参见她的《晚明思想中的行动》(*Action in Late Ming Thought*)。

他们的想像中,明、清妇女因缠足而致残,被困于闺阁之内。在本书中,我将展示,"足不出户"无疑是一种理想,即使在闺秀当中,旅行也是很多的,这些旅行的范围从长途的旅程,如陪伴丈夫上任远行,到和其他女性一起的短途游玩。其次,也是更重要的错觉,是把女性家内空间与男性政治空间一分为二,暗示着家庭是不受政治影响的,而任何一个在中国家庭长大的人,都知晓家族关系的错综复杂,正是因为家庭就是政治舞台。把家庭和政治强加界线是误解,因为一方面它忽视了家和国之间的相互作用,另一方面,它也忽视了家庭内、外的男、女间的相互作用。

作为一个分析工具,"男女有别"一直为汉学界以外的学者所质疑。在 1979 年发表的一篇颇具影响的论文中,女权主义史学家琼·凯利提出,女性史要用"双重视野"来写。她指出,"女性的位置不是一个隔离的生存空间或存在领地,而是居于社会整体存在中的一个位置",凯利强调,将"男和女"归于相互隔绝的空间,通常反映的是父权制的愿望,而不是真实的社会现实。[①]

社会科学家们,如著名的布尔迪厄,建议以新的理论架构去打破家庭对公共空间的二分法。布尔迪厄提出"体质"与"体现"两个概念,对区别社会再生产,特别是男女身体动作和家务空间安排,有着重要贡献。他将社会等级制度和个人、家庭空间结合起来,"体质"这一概念超越了"决定论和自由……或个人和社会……间常有的矛盾"。[②] 在一个相关的探索中,人类学家简·科利尔和西尔维亚·柳迫批判了既成人类学传统将"宗族"与"社会性别"独立

---

① "女权主义理论的双重视野"("Doubled Vision of Feminist Theory"),载凯利(Kelly),57 页。
② 布尔迪厄(Bourdieu),《逻辑》(*Logic*),55 页。关于"体质"(habitus)和"体现"(embodiment),同上作者,《大纲》(*Outline*),72—95 页。

研究的不足。从事历史研究的也可以借鉴：如果我们先预设"私人/公众""内/外""生产/再生产"的对立性，又何从探究这二元对立本身是在什么样的历史及社会条件下产生的?①

循着这些学者的真知灼见，本书的编排计划将建立在一个从内而外的延伸空间。作为女性栖居活动的领域，内和外的领地是一个连续统一体。尽管在英文中经常用"家内"（domestic）和"公众"（public）来进行描述，而在它们的中文文本中，"内"和"外"则永远是相互对应和联系在一起的两个词。内/外结构并不是相互划分特有的社会和象征空间的，而是依着转换的场域和视角，二者相互界定和构成。如，在清代君主政体眼中，家庭正是公共道德能够成为范例的特定场所。因此当我在本书使用"公众"（public）一词时，我并不意味着有一块独立于家内的场域，而是在谈论公众眼中的关系和作品。

建立在内-外连续统一体这样的概念基础上，我将本书所研究的妇女生活定位在一系列社会交际圈中，这些圈子在闺阁的私人领地内组成，并延伸至亲属关系、邻里和公众领域心脏的"社会"，她们参与的社会活动包括印刷文化、诉讼和反清复明的颠覆等。女性在这些多样活动领域内的社会生活，构成了本书的两个主题。首先，我探讨她们与其他妇女所锻造的友谊纽带，及这些友谊纽带中的情感内容。其次，我将描述妇女与其生命中男性间的相互作用，就闺秀来说，这些男性是父亲、丈夫、儿子、亲戚、教师、作者；就名妓来说，则是她们的客人和相好。

这两类亲密行为构成了女性情感、智力和宗教生活的经、纬

---

① "绪言"（"Introduction"）和"社会性别和亲属关系的建立统一分析架构"（"Toward a Unified Analysis of Gender and Kinship"），载科利尔（Collier）和柳迫（Yanagisako），1—50 页。

线。明末清初女诗人所创造的文学传统，在很大程度上是独立于男性世界之外的，尽管它绝不是分离主义的。事实上，虽然女诗人之间透过文字往来，建立了一套共通的关怀、情感内涵和表达方式，足可以称为"妇女文化"，但这套妇女共通的关怀，本身是在与男权、男人交际网络和文人事业互相碰撞下产生的，并不可能独立存在于男人世界之外。所以，没有一个词如"支配"或"征服"，能充分描述这些错综复杂的男、女间关系。①

因为内和外、私人和公众间的界限是矛盾、转换和向通融开放的，所以女性跨越界限的个例，特别能够说明男、女界限是如何被建立，又如何受调整的。如第三章所讨论的，一些社会性别角色颠倒的例子，如把女孩当男孩一样抚养和出外奔波养家糊口的女作家，将为这一观点提供进一步的支持，即社会性别界限是建构的而不是预设的存在。

妇女文化及结社

以上我所强调的，是妇女史必须要放在男、女性别互动的大架构中研究。以下我希望提出一个乍看是相反的观点，就是我们需要认识到"妇女文化"的独特性。要解决这个表面上的矛盾，我们得深入思考"妇女文化"和"一般文化"之间层层相因的关系。

我所用的"妇女文化"这一概念，源于历史学家格尔达·勒纳

---

① 人类学家多琳·孔多（Dorinne Kondo，299 页）对日本工厂中的权力和社会性别状况进行了研究，他也注意到："像'反抗'（'resistance'）和'适应'（'accommodation'）这样的词实际看起来并不充分，如同'适应'经常产生预想不到的破坏效果一样，不同程度的有意识共谋和妥协，也经常使明显的'反抗'得以缓和。"可与罗伯逊（Robertson，65 页，82 页）对通融（negotiation）概念的运用进行比较。

的解释,这一词的人类学含义"包含女性家庭和友情的交际网,她们的情感纽带和她们的仪式"。勒纳认为"很难把一半人类的文化定义为次文化。女性的社会生存是处在整个大文化中的……女性的生活具有二元性——既是大文化的成员,又是女性文化的参与者"。① 对生活在这样一种二元性中的女性来说,虽然强调女性和男性空间的联系,但并不能减损她们生活中或她们自己认识中的"女性文化"的独特含义。尽管明末清初中国的闺秀,经常依靠男性出版她们的诗歌和扩大她们的交际网,但这种依靠并不妨碍只属于女性私人所有的友谊纽带和情感。

如女性在文学中的清楚表达所显现,这些纽带的强度和持久力是非常突出的。女性文化的特殊性,建立在女作家、编者和读者对文学的共同爱好基础上。女性创作或相互传递的诗集、序跋、随笔和版本,使我们在每日闺房生活的场景中,重构了一个爱情、性和友情的论述。虽然身在异地,这些妇女通过交换诗歌来相互传递感情,这就如同邮政交流时代朋友间的通信一样。② 诗歌的交换创造了若干女性交际网,它们类似于 19 世纪美国的"爱情和仪式的女性世界"组织,如卡罗尔·史密斯-罗森博格所描述,它就是通过书信得以维持的。③ 在如上两个事例中,作品传递是妇女文化得以延续的基础。

进而言之,一些女读者开始意识到她们与男读者鉴赏观点有异,因而努力去发展自己对文学的品味和评点。阅读汤显祖

15

---

① 勒纳(Lerner),242 页。

② 关于明清中国上层女性间的书信往来,参见魏爱莲(Widmer)"书信世界"("Epistolary World")。

③ 史密斯-罗森博格(Smith-Rosenberg),312 页。在对长时段内女性朋友间爱情书信往来进行的研究中,史密斯-罗森博格得出了这样的结论,他认为这些女性热烈和柏拉图式的关系,证明了维多利亚美洲时一个独立的妇女文化的出现。

(1550—1616)《牡丹亭》的女性们，经常被感动得去写她们自己的评论，因为她们觉得其他男性读者并没有理解女主角的感情。一个"妇女文学批评"的萌芽，可从三位女性的努力中看到。她们在不同时期嫁给了同一个男人吴山，先后合作了《吴吴山三妇合评牡丹亭还魂记》。这些女性所发展起来的紧密关系及其评论的内容，将在第二章中予以分析。这种女性读者的自我认识，是明末清初妇女文化的最好证明。

换言之，中国妇女文化的产生，不仅源于单个女性的自我视角，也来自她们逐渐形成的这样一些关系，即与其他女性、与男性世界和与布满了文学人物、历史名人和传奇英雄的想像空间之间的关系。由于这个妇女文化主要是靠文学创作和鉴赏批评来传承，所以我称之为"才女文化"。这一才女文化的产生，固然受阶级及社会性别所局限，无法在大众社会中广泛流传，但它肯定不是隔绝的、单色的或贫乏的。胡适和其他"五四"作家称之为"风花雪月"，是对历史的曲解。

明末清初时，这一才女文化也获得了非正式和正式的组织存在形式。在这层意义上，"妇女文化"与"妇女社团"是可以交互使用的。在中国，女人结社拥有很长的历史；一件 10 世纪的敦煌文书，记录了一个由 15 位妇女组成的为增进情谊的结社。① 尽管我们知道明末清初的女性组成过一些小团体，以研讨佛经或相互促进对基督的信仰为主，但士大夫阶层的妇女社团最常以诗社的形式出现。②

---

① 肯尼思·陈(Kenneth Ch'en)，288—289 页。

② 有关诵经的人群，参见韩德琳(Handlin-Smith)，"吕坤的新听众"("Lü Kun's New Audience")，28 页，需要指出的是"the classic"和"sutras"在中文中都是"经"的意思。加迪达·徐是著名的明代基督教学者徐光启的孙女，她与女基督徒一起研讨《圣经》，并为她们在松江的教堂制作手工艺品(菲斯特[Pfister]，307—308 页)。感谢西奥多·N. 弗思(Theodore N. Foss)博士的这一参考意见。

　　基于成员资格和活动,我将妇女诗社分为三类:家居式、社交式和公众式。① "家居式"社团是最不正规的,它出现于饭后母亲或婆婆与其他女性亲属聚在一起谈论文学或当她们于花园散步吟作诗歌之时。因所有妇女都是由亲属关系纽带联结在一起的,并且她们的文学活动也是在日常生活中进行,所以这种结社是"家庭式"的。"社交式"社团由一些有亲戚关系的女性及她们的邻居,或是远方的朋友所组成。尽管"社交式"社团较"家居式"社团所撒之网更广,但她们的活动也是非正规而不张扬的。它可以被视作其他两种社团的过渡形态。第三种结社之所以被称作"公 *16* 众式"社团,是因为它的出版物及其成员的文学声望所带来的公众认知度。有个别的女诗社有正式的名字,如蕉园七子、吴中十子等。作为亲属、邻居、同门或是气味相投的作家,一群才女聚在一起,谈诗论词,结集出版,和男性诗社一较高下。

　　明末的名妓组成了另一类公众社交网,它可以被称作"家庭外"的。这样的关系网是一种公众社团,她们其中许多享有"闺阁才女难以望其项背"的声望。尽管名妓独立于男性为中心的亲属体系之外,表面看来最自由,但实际上这些社交网与男性公众交际网的羁绊更深。具有讽刺意味的是,尽管名妓过着看似自由的生活,但她们的交际网是最仰赖于男性支持的,并且也是表现其成员女性身份最弱的工具。

　　这三种模式也可以用来描述一个团体所走过的历程。当一个家居式社团逐渐吸收家庭以外的成员时,它就变成了社交式的;当一个社交式社团在文人圈中得到承认,或从事编辑和出版

① 在博士论文中,我将这三种女性社团称作"家庭的"(familial)、"家庭以内的"(intra-familial)和"家庭以外的"(extra-familial)。感谢万志英(Richard von Glahn)建议使用"家居式"(domestic)、"社交式"(social)和"公众式"(public)这样的术语。

计划时,它可能最终变成了公众式的。三类不同社团的影响,在时间上也显示出了一种进步。在明中期到嘉靖年间,家居式社团是最为普遍的;到了明末万历乃至清初时,公众式社团遍布全江南,这是因为各地方都视女性诗歌为其家乡文化进步的明证。

这三种才女文化社团有不少共性。首先,它们都是一种女性间亲密关系的延伸,这种亲密关系是女性创造的传统,它在闺阁内代代相传。就此而言,它们是其成员作为女性的情感和智力关注点的表达;其次,这样一种文学传统,是建立在女性对诗歌和文学的共同热爱基础上的。尽管她们也借交换纪念物品,如扇子、画像、绘画和绣鞋联谊,但社团存在的目的是书面文字的欣赏、创造和传播;①第三,要吸收新成员和扩大规模,交际网的三种形式都要仰赖于男性世界。特别是,公众社团的特定存在方式,是建立在男性文人承认和推动基础上的。

书面文字居中心地位这一点暗示,这一才女文化的特定形式
17 是局限于上流女性或有着受教育机会的富裕地区的妇女的。尽管婢、妾和妓女偶尔也参与到这些交际网中,但她们之所以这样做,是因为透过结社,她们可以打进文人士大夫的世界。② 从这点来看,这一才女文化本身就是一个特权的存在。它的特异性和排他性,正彰显了儒家士大夫文化的优势,也特别说明当时士大夫家庭的成员——无论是男是女——在社会中享受的文化优势

---

① 我在这里参考了18世纪法国"礼物"(souvenir)的用法,它既指钱,也指公物(欧雷斯特·拉努姆,Orest Ranum,"亲密关系的避难所","The Refuges of Intimacy",载沙尔捷《激情》,Chartier, *Passions*,232页)。

② 但最近在对湖南江永县一种用"女书"所写的妇女文学的研究中,即使像这些与儒家传统脱节的农村女性,也通过发明一种独特的书写方式,显露出她们信奉着自己系于书写文字的重要性。已有大批关于女书的人类学研究著作和文献著作。关于其中的一种分析,参见史凯姗(Silber)。尽管当地传说是一位宋代女性发明了这一书写方式,但现存的最早文献证明,它出现的年代不超过1900年。

和权威。

对这些享有特权的才女来说,儒家意识形态和文化传统的力量,既是一种压制,也是一种机会。于她们而言,受过如此好的教育、如此熟悉男性名流,但是被正式地拒于科考世界之外,这的确是挫折。因此,不仅有才华的女儿及其有抱负的母亲,偶尔会惋惜才女福薄,怀才不遇,也有如王端淑的父亲公开感叹:"虽有八子,不如一女。"虽然无可否认妇女才华没有被儒家传统正式认可,但我认为,用"压迫"和"受害"去形容她们的处境是不恰当的。因为"压迫"或"受害"这种被动式,只能使用于身处儒家文化之外的异类。但无论是闺秀也好,名妓也罢,她们本身就是儒家社会的一分子,也是儒家文化的产物。她们是在体制之内,灵活运用既有的资源,去为自己争取更大的生存空间。她们不是儒家文化权力运作的受害者,而是有份操纵这一权力的既得利益者。

儒家传统中的妇女

只有我们停止视"儒家学说"为抽象的信条或静态的控制机制时,儒家传统中妇女复杂、矛盾的生存状态才能够得到阐释。"儒家传统"不是铁板一块和固定的价值、实践体系。无疑,作为一种哲学和一种生活方式,被制定于经典中的儒家意识形态信条,在漫长的历史中享有相当程度的连续性,但同时它也有相当大的弹性。这一弹性是个别学者不断阐释经典的结果,透过这种适应和通融,他们将经典传统与变化的社会现实重新组合。在这层意义上,儒家传统与内/外界限一样,在某种程度上是向通融开放的。

我并不视儒家意识形态传统为整体一块,而是对如下三方面进行了区分:(1)一种"官方意识形态",它在宋代理学的规范中得以概括综合,并在明、清两朝科举考试的课程中呈现;(2)一种"应用意识形态",它被表达于各种识字课本和训诫中,目的是解释和普及官方意识形态;(3)"意识形态实践",由受过如上两种意识形态训练的士大夫和男性文人的个人观点表达出来,从他们的书信、日记和序跋中得以显示,比官方的规定更具体和切实。虽然三者都是对社会变化的回应,但第一类回应的程度最低,最后一类最高。我对"意识形态实践"范围内的变化最感兴趣,尽管它也有某种官方意识形态僵化教条的东西,但在这一范围内,明末清初有关家庭生活和女子特性的新话语最为明显。

在 16—17 世纪,即使是官方意识形态,也在经历着重大调整。在城市化最高的江南地区,一些通常被泛称为阳明学派信徒的男性思想家,从根本上重新阐释儒家教义。尽管如其政治经历一样,他们的哲学关注点会发生变化,但这些男性都对儒家"主流"的枯燥理性和学院式定位感到不满。取而代之的是,他们支持直觉、自发和情感表达。① 关注于文学和家内生活的细节,我称这一内在转变的一个方面为"情迷"("情"包含了感情、情绪、爱情)。这一内省不仅对哲学和宗教,也对文学、社会生活和社会性别关系,产生了深远影响。换言之,明末清初时变化的可能性不是来自儒家体系之外的挑战,而是源自这一传统自身的有力发展。学习男性著作和出版自己诗歌的才女,在这些内在转变中扮演了一个清晰可见的角色。

当儒家传统在进行内在重整时,一些女性以男性替身的名义出现,并且进入到一个没有女性立足点的男性文学和艺文世界

---

① 狄培理(de Bary),"个人主义和人道主义"("Individualism and Humanitarianism")。

中。中国的文学经典传统几乎完全是由男性作品所构成的,这样一个事实,意味着女性作家不得不奋斗争取进入这样的一个世界——她们没有正当的位置,也没有独特的声音的世界。然而,正像如下诸章所显示的,明末清初的女性艺术家并不视此为问题,她们仅是挪用以男性为中心的哲学和文学传统观念、习语,来表达自己的想法和情感。在选择文体和文学语言时,她们的作品在形式上可能与男性没有太大差别,但情感内容则毫无疑问是女性所独有的。

另外一些女性作家,则刻意要为自己在儒家文学传统中争得一席之地。一些人试图在这一传统内建立一个女性系谱,援引历史上一些著名才女的名字——汉儒班昭,唐代诗人薛涛,宋代词人李清照和诗人朱淑真,元代画家兼书法家管道升——借以证明儒家传统中有女学的渊源。另一些人则通过证明《诗经》中的许多作者是女性,来试图从儒家经典中寻找女性文化的起源。

一些女性比寻找合法性走得更远,她们积极信奉儒家价值观,将复兴儒家处世方式并将其传给下一代作为女性的职责。如本书援引的某些事例所显示,许多女性作家哀叹社会秩序溃败,并视重振儒家道德伦理为她们的天职。对她们来说,母亲身份是一个崇高的职业,通过它,女性可以拯救这个世界。对家庭生活和母亲身份的着迷,可能首先由男性文人所推扬,但只有当女性因其自身原因而接受这些观念时,它们才拥有了具体的含义。妇女对儒家传统的肯定,或她们对它的阐释,并不是简单地为父权利益服务。尤其当一些母亲利用它来陈述女子教育的正确性时,这种肯定甚至还可以说有松动正统思想的潜力。

可以说,儒家传统在本质上是动态和多样的。以一种长时段的历史视角看,儒家传统应被理解为是一种建构的而不是自然的秩序,一种对社会变化有着回应的秩序。如果我们并不能仅视男人或女人为被动的话,那么"居统治地位的意识形态"本身,也不是一种预设的、固定的和一成不变的存在。

江南的特殊性

明末清初江南才女文化的发展,是与这一地区因城市化和商品化而增长的财富相辅相成的。妇女受教育、读书、出版和旅行机会的不断增加,都是这一才女文化增长的必要条件。还有,一个相当大的文化女性群体的存在,也给这一地区的城市文化留下了一个持久的印记。作为读者、作家、画家、塾师和旅行者,这些妇女延伸了好妻子和好母亲的传统性别角色,甚而上升到为妇女重新定位。

这些女性参与到了地区和国家的生活中,主要不是作为经济生产者,而是作为文化生产者和消费者。但在明中期以后,只有随着经济发展的快速脚步,她们的文化活动才得以维持。[①] 中国、日本和美国学者对明中叶以来经济社会变迁的性质,是否能用"资本主义萌芽"来涵盖,仍未有定论。但可以肯定的是,16 世纪白银的流通,使帝国的经济生活出现了一个新的面貌。农业的商品化,栽培地区的拓增,都促进了贸易航线网和市场网络,这些都使政府对经济的总体控制减退,同时也使中国成了世界贸易体

———————————

① 只能顺便提及中国商品化的本质与西方化资本主义间的争论。伊懋可(Mark Elvin)在《中国过去的模式》中(*Pattern of the Chinese Past*),谈到"高水平的均势陷阱"。黄宗智(Philip Huang)将中国的经验描述为"错综复杂的商品化",一种使小农经济未受损害的商品化。对这一商品化本质争论的概述,参见《绪言》,载黄宗智。

系中一个令人生畏的输出国。

这些经济发展是伴随着广泛的社会变化一起进行的。学者们已经关注了这些变化中的一些突出方面,如扩大的教育机会、繁荣的坊刻业、流动的阶层分工和身份结构、城市乡镇的激增和官僚家庭投资中商业财富显著的重要性。富商与不在地的地主,一起主宰着城市和市镇中浮现的城市文化。[1] 但这些根本性变化,对不同社会地位和不同地区妇女所产生的影响,则没有成为深度研究的焦点。本书便试图填补这一空白。当时的评论家广泛认为,混乱的社会性别等级制度,既是总的社会混乱的一个缩影、象征,也是造成总的社会混乱的一个罪魁。仅基于这一原因,社会性别就是明末清初中国社会和经济历史的主要构成要素。

社会经济变化对男女性别关系产生最深远影响的地区,莫过本书所探讨的江南地区。"江南"对明末清初之人来说,是与隋炀帝的"扬州梦"纠缠在一起的。它与其说是一个有着明确界限的地理区域,不如说是一种经济生产消费模式和一种文化特性。[2]在地理位置上,明末清初江南的心脏,恰好与位于浙江和江苏两省的太湖流域地区重迭。在行政区划上,苏州、松江、常州、嘉兴和湖州等府涵盖了江南的核心地区,相邻的镇江偶尔也会被包括在内。但正是它的经济生产模式,赋予了这一地区明显的富足和城市化。自晚唐以来,这个温暖和多排水系统的地区就是帝国的粮仓。明代中期,货币化的作物,著名的桑叶和棉花,开始取代稻

---

[1] 关于一个简要综述,参见罗友枝(Rawski),"经济和社会基础"("Economic and Social Foundation")。

[2] 对江南地理疆界的一种解释,参见海津正伦(Umitsu Masatomo),《中国长江三角洲地形的形成与城市的位置变化》("中国江南デルタの地形形成と市镇の立地"),收入森正夫(Mori),《江南三角洲市镇研究》(*Kōnan deruta shichin*),27—56页。

米的种植。随着接踵而至的贸易航线、市镇、移居人口就业机会
的增加,棉花和丝绸生产使江南变为中国最富庶、城市化程度最
高、人口最密集和变化最快的地区。①

21   较之地理、行政和经济概图,作为文化区域的江南更难界定。
因为江南是一个特定的名字,是一种流行的诗意暗示、想像出的
丰富形象、享乐主义和肉欲的美丽,这些都是少数人的特权,也只
有这少数人能够置身于这种丰富多彩之中,所以江南的界限永远
是充满争议的。扬州矛盾的位置可以充分说明这一点。扬州是
大运河上的一个主要港口和盐政管理中心。尽管它的自然位置
在江北,但因它的富庶、繁盛的商业文化和与长江三角洲经常的
交通往来,而被视作明末清初江南的一部分。到了19世纪,它的
命运骤然下降,扬州被归于江北(长江以北),江北与江南相对,变
成了地位低下、文化落后的象征。②

这样的一种政治排他性,与江南所在地的语言生活紧密联系
在一起。扬州的被贬,导致了对其方言、一种江淮官话变种的诋
毁。来自太湖地区的各类吴地方言成了特别的口语,在某些北方
县中,甚至达到了取代官话的地步。但吴语本身并不是一种单一
的方言。③ 也就是说,明末清初的江南,一方面被种种风俗习惯、

---

① 但这一商品化对小农经济所产生的影响,学者尚未达成共识。对清早期、中期江南
经济转变的一个简要概观,参见韩书瑞(Naquin)和罗友枝(Rawski),147—158页。
关于小农经济,参见黄宗智(Philip Huang)和罗友枝(Rawski),《农业变化》
(Agricultural Change)。对长江三角洲县以下生产和集贸中心的详细调查,参见
樊树志。

② 韩起澜(Honig),20—35页。

③ 周振鹤,15页。关于吴地方言侵入江北五县的情况,参见周振鹤和游汝杰,44页;
及韩起澜(Honig),25页。吴地各类方言相互敌对的一个例子是松江县。明时,嘉
兴话最有声望;至清代,苏州话取而代之;20世纪早期则见证了上海方言的崛起
(周振鹤和游汝杰,67—68页)。

地方主义和方言分割开了，同时也如广袤的土地一样，被一种繁华的想像统一着。

于妇女史而言，明末清初江南这种不确定的文化特征具有重要的含义。来自苏州、松江等核心区域的女作家，去旅行或接待来自杭州、绍兴和其他地区的才女，而按严格的江南地理、行政定义，这些地区充其量仅能算作周边地区。我们看到，这些妇女通过她们的文学历险和社会交际网，正在创造着她们自己的地理学，这一地理学使原本就未定型的江南地区文化特征，更蒙上了另一层复杂性。与此同时，女性对家乡的忠诚，也是造成女性社团分裂的因素。只有通过将个人关注点与公众领域、社会性别与大历史相结合的一元化分析，女性文化和江南文化间的紧张关系，才能得到探究。

在帝国的其他地区，如著名的北京大都市地区和广东，本书所描绘的才女文化也曾出现，但只有在江南，它才达到了这样的高度。文学的生产和消费、诗句的交换、观点的相互丰富，促使这一才女文化日趋成熟。它发达的先决条件，是有相当数量的受教育女性和支持她们创作的男性。同时还需要建立出版中心、学校和艺术市场。这样一个整体的才女文化现象，首先出现在 16 世 [22] 纪后期的江南，并直到 19 世纪，它还在以各种形式和在不同地区继续繁荣着。

本书集中关注的是从万历到康熙（1570 年代—1720 年代）这一阶段。在这段时间里，产生了最有利于才女文化发展的社会经济和文化条件。将这一个半世纪归入宽泛的"明末清初"这一标签下，我是有意在对总的中国历史分期，特别是围绕明清变迁时代的历史变化本质做出说明。鉴于我们目前称之为历史分期的大纲，有意无意间是用政治史作基准（如晚期帝国时期、清代）。

所以，社会历史学家需要从不同的视点，来重新审视历史的变化和连续性。就社会性别关系来说，明末清初这一时段，自有其内在逻辑和连贯性。

强调社会经济和文化的连续性，并不是试图轻视相关的政治变化，只是提出更多的历史分析框架而已。1644 年的政治更迭，及随之而来的清王朝政权的巩固，在权力阵营、文化政策、少数民族政策和军事组织上，都带来了重要的变化，其中的许多变化，又影响了女性的生活和女性特质的定义。如，像第七章所描绘的，明朝统治大厦的垮塌，有效地结束了以博学和政治面貌存在的江南名妓文化。出现在 18 世纪商人行列中吟诗作对的所谓名妓，只传承了明代名妓艺术素质的极小部分。清末上海出现的"名妓"虽不乏才貌双全、声色夺人者，但整体青楼文化的文化定位，已大不如前。

清朝的统治虽然强调道德和意识形态的重整，但并不阻碍女性教育的传播和女性对公众印刷文化的介入。早在 1979 年，史景迁和卫思韩就提醒关注"从明中期（16 世纪 90 年代）到清朝康乾时期可以看到许多非常重要的长期发展趋势，这些趋势仅短时被清朝入关打断。这些趋势包括了商业增长、城市化、科举考试人数的增加、更加广泛传播的不断精深的经学和对'经世致用'的讨论"。① 实际上，这些长期发展趋势是一种力量补充，它被注入了女性文化和女性教育传播的持续活跃中。

这样的一种持续活跃，很明显地体现在许多社会活动和制度的弹性上，这些活动和制度是与本书所描绘的女性文化的产生相伴在

---

① 史景迁（Spence）和卫思韩（Wills），xvii 页。关于明末清初的全面危机和清政权在敌对状态下重构旧帝国体制的成功，参见魏斐德（Wakeman），《洪业》（*Great Enterprise*）。

一起的。从阅读大众的增加、闺塾师的增长到妇女诗社的激增,这些长期发展显示了女性介入中国文化的日渐繁盛。这些发展轨迹不少甚至在明末清初以后一直长期延续到现代。因此,尽管本书的叙述 23 几乎都落在 16 世纪 70 年代至 18 世纪 20 年代之间,但偶尔我也会讨论在 18 世纪中期到晚期才呈现结果的某些趋势。它们包括了女师作为职业的发展和地方史中对博学女性的公开认可和颂扬。

因为承认许多长期发展趋势是超越王朝更迭的,所以一些中国台湾学者,还有日本学者已经开始视"明末清初"为一个连续的历史时代。[1] 如在一部研究画家和艺术批评家董其昌(1555—1636)的著作中,著名日本历史学家宫崎市定,将个性化的文人艺术理想与这一时期繁盛的商业主义现实进行了比较。他指出,明末清初对财富的强烈关注,导致了艺术、古玩市场的繁荣,推动了绘画地区流派的激增。这些地区流派先前是以省会为基础来划分的,现在则是基于最低的行政单位——县(松江的华亭、苏州的常熟)。宫崎认为,这样的一种细化,源自缺乏比县市更广泛的公共展览场所。[2] 在这层意义上,明末清初的艺术世界,浓缩了商业主义与唯美主义、世界主义与地方主义的矛盾。

在社会历史中,称明末清初构成了一个完整单位的看法,并不排除承认在这一时期内,发生了巨大的变化,及由此所引起的各种内在矛盾。这些矛盾使明末清初这一时代呈现了复杂的历史面貌。如果我们着眼于它所经历的社会经济变迁,这一时期是最自由也是最混乱的时代;如果我们转而集中关注意识形态控制的强烈高压,特别是那些由清朝统治者授意的,同样的时期看起

---

[1] 参见,如"中央大学"。
[2] 宫崎市定(Miyazaki),1—11 页。

来就是限制最多和最正统的时代。本书的主角——闺塾师——享受过这些自由,也同样认识到了这诸多限制。

比较妇女史的困惑

中国历史学家大多视明末清初为晚期帝国时代的一部分,它大致从 16 世纪持续到 19 世纪。但这几个世纪出现的社会经济变化的本质,促使一些历史学家将中国与早期现代欧洲进行比较,并认为较之"晚期帝国时代","早期现代"恰当地描绘了这一时期的后半段。

在对长江中游城市汉口的资本主义和城市制度发展的研究中,罗威廉指出,到 19 世纪还存在的国家远距离贸易网和共有的城市共同体感受,都是早期现代时期的特点。① 同样,在对明早期到中期的通俗文学及其读者群的研究中,罗溥洛也得出了这样的结论,他认为,扩大的受教育机会、繁荣的出版业和对性别平等更高程度的要求,都预示着一个新时代的即将到来。② 柯律格在奢侈品的研究中,也称 16 世纪中期到明朝灭亡(1644)这一阶段为"早期现代"。③

本书探讨的许多社会趋势和制度,确实与早期现代欧洲有许多表面的相似,可以指出的明显之处有:女性文学水平的提高、女作家的出现、作为文化消费者的城市读者和观众的重要性的增加、

---

① 罗威廉(Rowe),《汉口,1796—1889》(*Hankow,1796—1889*);同作者,《汉口,1796—1895》(*Hankow,1796—1895*)。罗威廉通过对人类情感和个人及平均主义有限方式的研究,进一步刻画了中国早期现代社会的特性,参见"女性和家庭"("Women and the Family")。
② 罗溥洛(Ropp),《早期现代中国的异己思想》(*Dissent*)。
③ 柯律格(Clunas),4—7 页。尽管我赞赏柯律格将中国历史放入一个更大的比较框架内的想法,但我的确未发现其"早期现代"(early modern)的说法是具说服力或意义的。他颇具洞察力的分析,仅是为其令人赞赏的目的服务的。

对家庭生活和情感这样一些私领域的重新认识等。然而,这些表面的相似,却掩盖了社会结构、政治制度和历史变化等方面的本质差异。关于相似性的一个非常好的例子,是在明末清初的中国和早期现代的法国,印刷的流行都成了双刃剑。当时,虽然通过为城市公众制作宗教小册子和书籍这些可行办法,打破了上流对知识的垄断,但两个国家的印刷业,同时也制造出了正统教义读本。①与现代早期欧洲君主政体垮台相比,在巨大的社会经济变化面前,17世纪和18世纪的中国君主制国家却保持了它的道德权力。虽然事实上它从一些公共职能,如水利控制和地方粮库管理上退出了,但君主制国家的道德权力和合法性并没有因此而动摇。

　　如果中华帝国的国家本质和政治控制是与欧洲有着根本区别的话,那么在个人主义和个性塑造上的不同则更加突出。在中文语境中,使用"内在情感"(inner emotions)和"主观性"(subjectivity)等词,并不意味着个性化自我的存在和明确察觉到自我和他人的界限。同样,在本书对男性和女性交际网的研究中,着重于在明末清初的中国,构建个人和公共空间时,家庭和交际纽带的至上重要性。因此,我所描述的"中国人生活的私人性"只代表的是现象,与欧洲同样文字下描述的情况有很大不同。　*25*

───────────

① 在对早期现代法国印刷业的研究中,纳塔莉·戴维斯(Natalie Davis)认为,尽管印刷的传播促进了对流行思想的新控制,但其更令人生畏的后果,则是一个更丰富的城市文化和对知识垄断的打破(参见"印刷和人民"["Printing and the People"],载戴维斯[Davis])。同样,罗歇·沙尔捷(Roger Chartier),《印刷的文化价值》(*Cultural Uses of Print*,238页)也写道:"在迄今尚不能确定的程度上,图书传播有着看似矛盾的后果。一方面,不论它们是否包含忠心、公民行为和职业技术,都促进了新式戒规的反复灌输。另一方面,通过获取信息或使自己处于幻想中,人们摆脱了日复一日的刻板生活,也就破除了思想障碍。"在一个更深的理论层面,他对这样一些谬见提出了异议,如视"流行文化",或任何阶层的文化,是与教会及国家强加的文化有别和敌对的(3—11页)。这样一种灼见对中国社会同样适用。

我确信这一点，即中国历史的内涵不得不在中国文化和中国历史的动态中找寻，但是中国史的重要性需要在比较史的大框架下才能呈现。我并不是要贬低比较史学的重要性，我只是认为，时至今日，我们对明末清初社会变化本质认识太少，这种情况还不允许我们做出富有成效的比较。如本书所证明的，虽然我从欧洲和美国学者的相关研究中，获取了诸多的洞见和视角，但我还是抑制住把中国和其他国家历史作比较的冲动。当中国现代性的特殊含意仍在今天的中国进行讨论时，用"早期现代"并不能说明问题，而是使人更加迷惑。因此与其使用翻译过来的"早期现代"这样一个标题，我还是选择了这样一个矛盾和变化时期的简单年代特征——明末清初。①

根据思想史家约瑟夫·李文森的名言，有的书是网状而不是线状的著作。本书虽然亦是如此，但它的七章被安排在上、中、下三卷之中，它们是遵循着一个简单逻辑的。上卷探讨的是有关明末清初江南的社会文化环境。第一章的写作重点是从社会性别视角，来描述社会经济最显著的发展：坊刻的繁荣和在涌现的阅读大众中女性的能见度。第二章关注的是在这样一个流动的社会中，"情"作为一种新的社会人伦关系准则的首要位置。对"情"的关注，助长了妇女文化的发展。但"情迷"最终的社会效应，是强化了"男女有别"的差异。

---

① 在一篇遗作中，约瑟夫·福莱彻（Joseph Fletcher，"一体化历史"["Integrative History"]）尝试在对亚洲历史的研究中，避免使用西方作为参照系。他关注的重点是16—18世纪的东亚和中亚，他认为，中国、中东、亚洲腹地和印度都有着"早期现代历史"（early modern history）的七个特征，极为显著的人口增长、地方城市的激增、城市阶层的兴起和加快的变化步伐等。但于我而言，这些对"早期现代性"的定义，仍带有欧洲中心论的影子。

"情"迷和现实生活中受教育女性的不断增长,都促使我们重新思考家内生活这样一个女性空间和女子特性。中卷关注明、清时人对女性教育原理和内容的辩争。第三章对女性生活空间进行探讨,第四章则考察一种新的女子特性:才、德、美并重。

下卷介绍了女性社团的四种变异,它们是繁荣于印刷文化和新女子特性肥沃土壤基础上的。如果家内生活的内领域与公众领域是两个圆圈的话,那么这些交际网就位于两个圆圈的交叉空间中。第五章关注的是闺阁诗人的夫妇关系,及与其家庭中女诗人的结社活动。第六章追寻了"社交性"诗社的轨迹:这些女诗人有过出门旅行的经验,在社会和公众领域,她们构筑了一个女性文化空间,并试图建构一个跨时代的女作家谱系。这些女性建立起了一个明显的才女文化,并且还为它在文人学士和亲属的交际 [26] 网中,赢取了一定的认同和赞许。

第七章描绘了所有才女中最灵活和最大胆的一群人——名妓、职业作家和给予她们帮助的上层人士之妻。她们短暂的社团体现了这样一种悖论,女性社团发展的范围愈广,它就愈变得支离破碎;女性从家庭生活束缚中解放出来,获取自由最大时,也正是其依靠公众领域的男性程度最高时。正是这些分合的调节机制,促使在社会经济剧变的情况下,社会性别体系得以重新整合,并得以延续。

上　卷

情史与社会秩序

第一章　都市文化、坊刻与性别松动

　　16 世纪后期的两种发展构成了本书的背景，实际上也是必不可少的条件。在中国历史上，首次有相当数量的女性在有生之年出版自己的作品；与此同时，因为雕版书籍商品化大量流通，阅读不再是传统精英上层等级的特权。繁荣的出版业不但推动了女性读者兼作者的诞生，也导致了一个读者大众群的出现。[①]　本章的主旨，就是勾勒在十六七世纪的坊刻背景下，妇女与出版文化的关系。

　　女性读者兼作者诞生的先决条件——作为一类人而不是独立的个体——是一群有相当人数的识字妇女的同时存在。尽管历史上几乎每个朝代都自诩拥有若干博学的杰出女性，如宋代的李清照、元代的管道升。但是她们愈有名气，愈显示了她们的孤单——她们的才华在同时代是绝无仅有的。相反，在明末清初江南的每个城市、每一代人中，都有写作、出版和相互探讨作品的妇女。受教育女性人数的增多，她们相互间影响和与社会相互间作用机会的充分增多，创造了一个过去不曾存在的阅读批评群体。因此，在明末清初的中国文化中，文学女性所扮演的角色在性质

[①] 伊恩·瓦特（Ian Watt）也有着同样的观点，他认为因闲暇时间由自己支配，英国 18 世纪的中产阶级女性，也是浮现的阅读大众群中的积极分子。参见伊恩·瓦特（Ian Watt），44 页。

上有着很大的不同。本书针对的就是这些女性及其塑造的文化。

妇女首次以作者兼读者的身份出现,是晚明城市文化最显著的特征之一,这一城市文化自嘉靖中、后期以来,就在江南的集镇中初具雏形。坊刻和图书流通的快节奏,为男女间思想、区域和跨地方文化、书写和口头间传统的交互受益,创造了肥沃的土壤。在这样一个秩序松动的世界中,男性文人构想出了若干新的哲学和文学可能性,在这些可能性中,受过教育的女性扮演着积极和建设性的角色,在第二章中,我将借对"情迷"现象的分析,而使这些可能性展开。读者大众文化的特征是界限的流动性,着眼于这一特点,我称其为"浮世"——一种日本浮世绘中对城市文化的引喻。

受教育女性既是这一新文化的消费者,也是其创造者。作为读者、作者和编者,她们从与世隔绝的闺房中显露出来,在文学领域中僭取了一个清晰的位置,而这一位置从前是男性文人的特权。当把"浮世"一词用到这些女性身上时,它唤起了更深一层含义,这些女性运用读和写的创造性行动,通融于家内与公众界限及想像与现实的细线之间。特别是小说和戏剧的读者,从那些想像出来的情节和人物的隐喻中,发现了她们所经历的现实。还有,在日常生活中,她们谈论着想像出来的人物,通过双关语、游戏和仪式,创造着她们自己的幻想世界。换言之,女性读者通过运用她们的才智和想像,栖居于远大于其闺阁的世界中;当她自己开始提笔写作时,她在公众领域中的位置就更加牢固。在这层意义上,阅读开启了一个浮世,在这一浮世中,对女性生活的规范约束也因而松动,并且更向通融开放了。

为了阐释女性读者兼作者增长的重要性,在本章中,我将她置于一系列更大的社会现象中——读者大众群的出现、坊刻、城市文化、商品化社会和货币化经济的发展。在接下的各部分中，我将首先简要考察因白银流入中国而引起的各种社会关系变化。然后，我将转向书商及家刻和坊刻所起的关键作用，它们都预示着一个崭新城市文化的到来，我称其为读者大众文化。通过分析坊刻商刊刻的为女性和由女性自己写的大量书籍，我将对它的特征——能够读和写的妇女的公众能见度——予以特别关注。最后我将推测，对更大程度的社会性别平等来说，女性读者兼作者增长态势的矛盾含义。

货币和社会等级的失序状态

首先从货币说起。16 世纪时，从美洲和日本进口的白银，使江南经济完成了向彻底的货币化的转化。据估计，在 17 世纪的前三十年，至少每年有 25 万—26.5 万公斤的硬币到达中国沿海和中亚边界地区。[①] 毫不奇怪，如此数量的白银进入到经济生产和流通领域，带来了社会等级的大混乱。传统的社会等级界限——上下、士商、男女、良贱——都是一些理想结构，它们适应的是自给自足的自然经济社会。到 16 世纪时，在一些高度商业化的地区，这些二元对立似乎与复杂的人际关系不协调了。理想的儒家理念，是通过社会等级和区分的延伸，而逐步达到社会和谐。在商品化冲击下，这一理念与现实日渐乖违。但也正因此种动乱不安，而使社会和谐、井然有序的理想更具吸引力。

货币经济中社会关系的复杂性可在三个层面进行理解：个人

31

---

① 参见魏斐德（Wakeman）"17 世纪的危机"（"Seventeenth-century Crisis"）。

特性的定义、社会组织原则和地方社会的疆界。^① 如上三种变化的基础是个体经济网络的减少,这种个体经济依赖于地主和佃户的关系,它仅与很少的经济交换联系在一起。通过为市场生产或向萌芽的城市迁居,农民追求着新的社会和身体流动机会。^② 结果,在江南的城市和乡村,四处游走的劳动力和"无赖"成了常景。但这种旧身份属性的削弱,却很少转化为更大的个人自由,也没有导致社会分层的减少。自由不仅引起极大焦虑,还强化了老的奴役形式和引入了新的从属关系。事实上,一个更加自由的劳动力市场,是与契约雇工对地方士绅服从的增加共存的。

日本学者岸本美绪敏锐地观察到,"在那些生活于 16 世纪及以后的人们眼中,传统的社会等级——高/低、良/贱、旧族/新门——都已荡然不存"。但她接着指出,崩溃绝不意味着明末清初的社会分裂成了一个无序的自由个体群。相反,长江下游的人们通过垂直和水平的纽带,重组新的社会集团,从文人结社到友

---

① 明清江南商品化、阶层分工构成和社会秩序间的关系,是日本几代学人潜心研究的对象。对这一传统的介绍,参见小山正明(Oyama Masaaki),田中雅敏(Tanaka Masatoshi)、鹤见俊辅(Tsurumi Naohiro)和重田德(Shigeta Atsushi)撰写的诸章,载顾琳和唐立(Grove and Daniels)。小山(Oyama)和重田(Shigeta)举例说,日本主流学术看到的是明末清初时,通过被称作"共同体"的社会组织,由地方上层支配的封建体系的巩固。另一种不同意见则关注的是在同一时期这一支配结构的崩坏,参见滨岛敦俊(Hamashima)、森 正 夫 (Mori)"明 末 社 会 关 系 秩 序"("Minmatsu no shakaikankei")。新一代学者避免使用"封建制度"(feudalism)一词,他们对地方士绅和地方社会作了非常细致的结构性研究。关于试图调和两者立场的创新观点,参见岸本美绪(Kishimoto)"明清时代的乡绅"("Min-Shin jidai no kyōshin")。这些学者还没有人对女性身份进行过探讨。考虑到女性的经历,我对身份体系和地方控制的观点更接近岸本美绪。白馥兰(Bray)曾对 1000—1800 年间的商品化如何影响了女性著作的社会价值,进行了精彩研究,参见白馥兰(Bray)。

② 在对明清变迁时嘉定的经典研究中,邓尔麟(Jerry Dennerline)解释了商品化对社会关系网、意识形态和领导结构的影响;特请参看绪论和第 3 章。关于明末清初松江城乡间的迁徙,及随之出现的流动社会体系,参见岸本美绪(Kishimoto)"地方社会和'世论'"("Chihō shakai to 'seron'");亦请参见刘志琴。

情盟定,到主仆契约关系,到血亲组织再到漂泊者交际网。① 随着社会控制和福利等传统机制的削弱,人们在一个充满竞争和不安的社会里,愈发灵活地运用着旧的和新的组织原则,来创造共同利益集团和安全感。

结果不仅是民间自发性集团激增,更重要的是一些崭新的社会组织原则的出现,其中最显著的是女诗人、才女的联谊网络,它们所依赖的组织原则便是把妇女视为同一社会性别群体的"女性"意识。通过面对面的接触和手稿的交换,女诗人与来自不同家庭、不同城市,甚至是不同社会身份的共同爱好者,锻造出了她们自己的社团。通过这些社团的具体例子,我们将在本书的下卷,探讨女性社会性别范畴如何与其他现存组织原则如亲属关系和邻里关系交叉,并仍然保持着自己的独特性。

这些女性和她们的社交网是商业化社会的产物。在江南的城市化地区,许多富足的家庭出资建学和出版,直接增加了女性受教育机会。原本仅属于男性的学问大门,渐渐开始向妇女敞开。在这层意义上,伴随着传统等级制度如高/低的崩溃,男/女间的分界也较先前为弱了。一旦受过教育,女性在扩展其眼界和构建更大规模、更正式女性社团时,就变得更灵活了。这些问题都是本书的主题,它们将在以后做进一步详述。在这里我们注意到的是,理想的等级制度和货币化社会中流动的现实之间的矛盾,导致了"女性"作为一种社会组织范畴的出现。

女性社团是源于一种新的社会组织原则,其他社团则体现了现存原则的更新利用。在本章的下面,我们将看到在出版交易

---

① 岸本美绪(Kishimoto)《历年记》(Rekinenki),71—72 页。对明末清初江南无赖的研究,参见上田信(Ueda)"江南都市的'无赖'"("Kōnan no toshi no 'burai'")。清政府鼓励垂直的集团,但视平行的集团如文人结社是具破坏作用的。

中,锻造于亲属关系和地理基础上的生意安排事例。日本社会史家上田信创造了一个名词"回路"(kairo),以显示明清社会此类社会结构与传统社会交际网的区别。"交际网"指的是建立在个体纽带基础上的暂时性群体,它不能延续于其成员生命之外,但"回路"则是固定于社团中的制度安排,它们在特定的地方社会循环运转,给小地方带来稳定。"回路"建立在众多重叠和不稳定的基础上,如门第、官僚、秘密会社和出生地的交叉互动,这些回路比经济循环更耐久,清朝征服的政治剧变也不能动摇它们的影响力。[1]

人口流动和新的社会组织激增,削弱了村长和里长的地位,掏空了以乡村为中心的传统"地方"社会。[2] 原来"地方社会"是一个以地域为单位相对稳定的存在。随着村落的地缘性下降,以及城乡之间的人口流动,"地方社会"本身也成了一个界限游移的有机体。它的界限和构成,是随观察者的身份和视点而转换的。如,地主的活动范围日益扩大到最低一级行政单位——县里。这在很大程度上归之于不在地主身份的盛行,它意味着地方争端不再可能于地方基层得到解决,而要在县和县以上得到处理。名门望族也一样,他们经常于其所在县的范围内选择通婚对象。[3] 地方领导真空的一个显著后果,是宗族地方组织的地位变得日益重要。我将在第四章中,阐述增长的门望权力和婚姻圈对女性教育

33

---

① 上田信(Ueda)试图显示,重叠和转变的回路首先在明中期的地方社会中建立,明晚期得到巩固,并在进入19世纪前后达到顶峰;参见"村中运转着的磁力"("Mura ni sayō suru jiryoku")。

② 关于村长和里长的地位,参见岸本美绪(Kishimoto)"地方社会和'世论'"("Chihō shakai to 'seron'"),131页;及邓尔麟(Dennerline),70页。

③ 关于县作为一个由不在地主所有制养育的社会单位,参见上田信(Ueda)"地域和宗族"("Chiiki to sōzoku")。146—151页。对安徽桐城婚姻联盟集团而言,县作为语境的情况,参见贝亚蒂耶(Beattie),51—52页。

的深远影响。

简而言之,货币的介入在江南创造了一个流动和易变的社会、一个浮世,在这一浮世中,身份定义、社会关系和社团,都不再是预设的,而是因情境关系而确定的,并在个人的一生中发生变化。时人都清楚地意识到了这一浮世的现实与理想的儒家秩序间的差距,支撑儒家秩序的二元理念,如高/低、长/幼、男/女,也日见松动。

理想和现实间的鸿沟,使新知识的生产成为可能,但同时亦促使许多人寻求旧秩序的再生。坊刻的发达和妇女对它的参与,都正处在这些紧张关系的十字路口。对初露头角的才女来说,她们既享有实际上的自由和实现自我的机会,自然不必公开挑战这些理想秩序。在拓展她们的交际和视野上,这些知识女性是很有技巧的。她们不断增长的作为读者兼作者的公众能见度和扩大的社交网,都是最明显的例子。

理念和社会现实之间的鸿沟,对才女文化的发展有第二种更直接的影响,即增加了她们的受教育机会。在商品化社会里,道德教育的吸引力并没有缩小,理想理念和现实间的突出距离,反而促使一些卫道士通过大规模印制的课本,加强了他们的说教努力。这些卫道士,包括不少受教育女性自己,认为母德修养是移风易俗的关键所在。因此,社会无序为女性教育提供了最强有力的辩护。但因这一教育是为强化社会和社会性别等级制度的思想基础服务的,所以它关于女性幸福的含义就是成问题的了。我 *34*
将在讨论为女性坊刻出版的女诫之书时,再回到这一主题。

城市生活的复杂和流动性,使人们对一种新知识形式要求——实践的、基本指导——的强烈涌现。从最安全的旅行路线,到运用于房产契约中的条款,再到恰当地嫖妓和光顾赌场,浮世中迷途的旅行者所需的日用知识，是儒家经典所不能提供的[①]。流动的商业化社会，现在提供了多样的致富渠道和少量民政服务外的威望，民政服务包括加工、贸易和官僚政治的辅助服务，但竞争远比以前激烈。对那些向上爬的人来说，书的用途是多重而不是单一的：学生临摹最新的科举文章；商人用以保持与市场的同步；在盖房、旅行和为女儿缠足之前，家庭也会用年历来选择黄道吉日。反之，那些因此而爬上去的人发现，拥有书籍是他们新的社会地位由来已久的象征。

换言之，加剧的社会身份竞争增加了对书籍的需求，不但作为进取的手段，也是胜利的标志。就是这样一个为实际知识服务的新市场刺激了坊刻业，并创造出一个独具特色的读者大众群。在理想和现实的缝隙中，种种可能性都出现了。一旦被刻在了雕版上，它们很快就会从印刷出来的纸页上成为一种物质存在形式。

出版的繁荣和读者大众的诞生

出版业是以满足对实际知识的需求为前提的，它本身就是商业化和货币化社会的一部分。日本学者近期的研究成果显示，除了"革命"，没有其他的词能够形容嘉靖时期（1522—1566）中国出版业出现的转折。[②] 它不是一种技术革命——所有的雕版技术

---

① 关于一本现存的妓院和赌场指南，参见沈弘宇。关于商人指南，参见卜正民（Brook）"为迷途的旅行者所作的指南"（"Guides for Vexed Travellers"）。

② 在明代印刷中，因缺少主要的技术革新，而致使学者发挥了重要作用。近期，一些日本学者试图修改前人的看法，他们认为嘉靖时期是中国印刷的分水岭，此时是印刷而不是手摹，对传统文人阶层以外的人来说，书籍变得容易得到了；参见井上进（Inoue）；大木康（Ōki）"出版文化"（Shuppan bunka）。

在 9 世纪已经成型——而是一种出版经济和学习文化的革命。[①]
在明代的后半期，书籍的供应和需求剧增，价格急降，引起了全国
范围内前所未有的出版繁荣。

16 世纪的中国，白银的涌入和接踵而至的商品化，宣告了一
个大规模出版时代的到来。交易路线和区域市场的激增，加速了
书籍和思想的传播，与此同时，也造就了一个新的富裕的消费阶
层。许多繁盛的书坊都是绵延几个世纪之久的家庭式产业，它们
可以追溯至宋代，但通过迎合新读者群的要求和口味，它们顺应
着市场的变化，这一新的读者群并非传统的士大夫精英。特别是
16 世纪中期——这一时期恰好与嘉靖时期吻合，标志着印刷由
质量时代向数量时代的转折。质量印刷时代从宋代延续至明代
早期，在这一时代，木版的雕刻和校对都十分仔细，只有质量上乘
的纸和墨才能被使用。作为艺术品，书籍是财富的象征。

接之而来的数量印刷全盛期开始于万历时期。[②] 大规模印
刷的出现，是由多重经济和文化因素推动的，即价格更低廉的纸
从根本上降低了生产成本；新的字款拥有见棱见角的笔画，它简
化了雕版的刻制；手艺的专业化促进了劳动分工，也提高了效率。
处在变化的风口浪尖上，家刻事业以家庭和商业印刷形式迅速增
长着，无论在种类和出版的卷册上，都超过了官刻品。

作为这一出版繁荣的结果，以前不能接触到印刷纸页的人
们，或以前不得不花费时间和精力去借阅和抄写书籍的人们，都

---

① 因技术成本投入较低，木刻印刷成了十七八世纪书籍生产的主要方式。从晚明开
　始，家谱以不固定的方式进行印刷，所以它是个例外。名字的重复减少了印刷的环
　节。关于明清时期书籍以不固定方式印刷的情况，参见张秀民《印刷史》，678—
　729 页。
② 吴光清(K. T. Wu)，203—204 页；钱存训(Tsien)，172—175 页。

能毫不费力地从公开市场中买到书籍,并建立一个私人收藏。①
这些人,包括学生生员、在乡试中举的、农村小地主、小业主和士
绅家庭女性,都加入了传统的精英行列,而构成了一个新的读者
大众群。如它的社会构成一样,这一新的读者大众群的阅读口味
也是多种多样的。不仅更多的人们开始接触书籍,而且除了与科
举相关的格式用书、样本文章和学习辅助材料外,他们需求的种
类多得令人吃惊——故事、诗歌、散文、剧本、识字课本、综合图
书、宗教小册、道德课本、旅行指南、日用类书等等。② 因此,从它
的顾客和口味的多样性看,读者大众成了货币化社会多样性的一
个例子,并且也是它的一部分。

　　"规模印刷"一词,让人们关注十六七世纪生产的书籍的巨大
数量和繁多种类。同样,"读者大众"一词,突出了作为读者和文
化消费者的士大夫精英垄断的终结。但"大众"(public)一词,并
不包含"公共生存空间"(public sphere),甚至也不包含经常使人
联想到的欧洲历史中常有的"公民社会"(civil society)的涵义。
"大规模"和"流行"印刷业所形容的东西,也不是建在一个中产阶
层社会存在基础上的。③ 中国 16 世纪和 17 世纪的读者大众更

────────────

① 井上进(Inoue),418—422 页。大木康(Ōki,"出版文化","Shuppan bunka",74—98
　页)称他们为"更新的文化阶层"和"新的中产阶层"。他们也是白话小说特定的读
　者群。关于大木康与矶部彰在这一问题上的争论,参见大木康(Ōki)"白话小说的
　作者群"("Hakuwa shōsetsu")。矶部彰(Isobe,《西游记》的主体受容层",
　"Saiyūki no shutaiteki juyōsō")指出,中国社会结构两极分化为两个阶层——"权
　力拥有者"和"被统治者",像《西游记》这样的小说的读者群被限制在前者中。
② 在精致情趣指南与农村小土地所有者使用的日用类书之间,柯律格(Craig Clunas)
　(36—39,46 页)作了一个有趣的区分。对我这里的分析层面,这一区分不很明显。
③ 在对 18 世纪英国期刊的研究中,凯瑟琳·舍韦洛(Kathryn Shevelow,10 页)强
　调,一个阶级的价值观和表现可能先于它的社会经济存在:"我们可以用'中产阶
　级'这一概念,指称某种此前已经存在的文化价值、信仰和实践的特定表现,或仅仅
　是除了最终将它们在概念上与某个社会范畴接合。"请与阿姆斯特朗(Armstrong)
　比较,63—66 页。

是传统精英的延伸,而不是它的敌人。一个对价格的粗略统计充分表明,即使有着大规模的生产,书籍仍是远离于大多数家庭之外的。

史料的不充分,使我们很难对出版经济的规模进行探讨。除偶然情况外,书籍的价格是不印在封面上的,据我所知,也没有现存的书商价格表。但零星的材料还是显示,书籍市场是存在着双重价格标准的。宋本和其他稀有书籍的价格出奇的高,但是,中等家庭能够拥有诸如通俗文学和实用指南之类的书。如,明后期苏州著名的藏书家和家刻出版家毛晋(1599—1659),据说就以每页 200 两的白银购买了一个宋版珍本,还以超过 1 000 两的白银购买了一个稀有明代抄本。[①] 17 世纪时,一个宋本《史记》可以卖到 300 两。[②] 在市场价格较低的另一端,大致 1 两白银就能买到一本家用类书或小说(见表 1)。日本学者酒井忠夫解释说,大规模生产大幅降低了价格:"在万历年间,大多数家用类书和实用指南被定价在大约 1 两。此后,在崇祯年间(1628—1644),赶制而成的印本只有这一价格的十分之一。"[③]

表 1　明末清初零售书价实例

作品类别	书名和出版年代	价格(以每两白银为基本单位)
旅行文学 a	《金陵梵刹志》,南京,1607;977 页	0.225
实用指南 b	《新编事文类聚翰墨大全》,建阳,福建,1611;2800 页	1

---

① 叶树声,220 页。

② 吴光清(K. T. Wu),223 页。

③ 酒井忠夫(Sakai),89 页。

作品类别	书名和出版年代	价格(以每两白银为基本单位)
小说 c	《封神演义》,苏州,万历时期;20 卷	2
曲谱 d	《月露音》,杭州,无日期;4 卷	0.8
家用历书 e	《万宝全书》,江宁,福建;1614;34 卷	1
家用历书 e	《便用万宝全书》,江宁,福建,1628;37 卷	0.1

　　a　井上进(Inoue),423 页。

　　b　吴光清(K. T. Wu),235 页;井上进(Inoue),423 页;张秀民,《印刷史》,518 页。

　　c　张秀民,《印刷史》,518 页;大木康(Ōki),《出版文化》(*Shuppan bunka*),103 页。(关于天启时期〔1621—1627〕的一个版本,参见韩锡铎和王清原,10 页)。

　　d　魏隐儒,124 页。

　　e　酒井忠夫(Sakai),89 页。

37　　　比价格更棘手的问题是货币购买力。先不谈各种各样的纯度,从一个地方到另一个地方、从这一年到另一年,一两白银的货币购买力都是不一样的。无需钻研交换比例波动的微观经济学,这一点就已经非常清楚了,即对大多数人来说,一两白银并不是一笔小数目。随意举出一个例子,按 1585 年南京出版的律令之书所列出的商品价格,1 两白银能买到 3.2 石米,或 320 斤盐,或 80 斤茶,或 200 张纸,或 400 支毛笔。以工钱来看,从 17 世纪 30—50 年代,湖州一个中等农业劳动力在劳作一年后,除了可以得到全年的伙食外,还可得到 5 两白银。① 很显然,付一两白银去购买一本书是相当昂贵的,但对一些中等家庭来说,也不是不

① 这个及其他工钱资料来自中山美绪(Nakayama),96—97 页。有实例价格的律令之书名为《御制大明律例招拟折狱指南》(张秀民,《论文集》,148 页)。对从明代小说和笔记中搜集到的食品和调味品价格的研究,参见杨永安,1:151—190 页。亦请参见柯律格(Clunas),128—132 页,177—181 页。

能承受。但这种消费仍超出了下层家庭的承受力。新兴的富有的书籍购买群体，因之处在了一种矛盾的社会地位中。尽管对拥有科考功名之人来说，他们看起来很土气，但对大多数人来说，他们仍然生活在另一个世界中。

可以肯定的是，在一个大多数人为文盲的社会中，不管读者大众群的发展有多快，它一定不会超过总人口的 10%。但它给其时的文化和智力生活所带来的冲击，远比这些简单数字所传递的意义深远。在审视它的生产和传播的两大媒介体——私刻和坊刻业后，我将在下文详述这一阅读文化的含义。这两类非政府出版业形式在现象上的增长，极大地增加了普通作家，包括妇女，接近书籍和在其一生中出版自己作品的机会。

官刻和家刻

当书籍变得更便宜和销路更好时，印刷产业的三种形式——官刻、私刻和坊刻——在 16—17 世纪都加快了发展步伐。官刻是由政府出资，由政府机构、亲王和官僚监管的。出版书籍最多的机构是礼部下的国子监系统和内务府的司礼监。总体上，官刻侧重于儒家教义，它构成了科举考试的基础，官刻也印一些官府必需的东西——日历、方志、医书。但现存记载显示，像《三国演义》和《水浒传》这样的流行小说也偶尔置身其中。① 这些由官府 *38*

---

① 韩锡铎和王清源，3 页。对明代部司参与官刻及其生产的书籍名称的概述，参见李致忠，217—244 页；对前清的考查，见 285—304 页。李致忠(214 页)注意到，明代的第一任皇帝太祖曾将诗集和小说类的书籍送给亲王，以分散他们对政治阴谋的关注。1639 年，清太宗印制了一个《三国演义》的满文本(285 页)。关于这部小说官刻本和坊刻本的一览表，参见张秀民《印刷史》，466 页。

刻印的书,大多数被藏于书楼或被政府资助的地方学校购买以用作教科书。官刻的垄断性质使得它的价格居高不下,也使其在官府之外的流通渠道受到限制。①

与都市化江南的读者和作者的需求关系更加密切的,是其他两种印刷形式——家刻和坊刻。家刻,是一种将家庭文化资本转化为声望甚至商业利益的手段,它的经营可以是特定的或长时段的。在"特定"情况下,上层家庭会为一个特别的项目雇请一组工人,这个特别项目通常是他们博学的儿子(们)和女儿(们)的文集。作为家庭财富和文化成就的象征,这些书籍大多被赠出,用以巩固各种社会关系。偶尔它们也会在书铺出售。② 在今天图书馆珍藏室中看到的数量庞大的明、清个人和家庭文集,就是这一习俗流行的产物。家谱也同样作为特定的项目被印制出来,为此,这些家庭要雇用一些四处游走的活字工人。许多士绅之家的女性诗集也是以这一方式出版的。第二类家刻,是著名作家和收藏家在他们的别业中建立的完整印刷所。工人都是长期的,他们生产出高质量的再版珍品图书,这些珍品图书都是来自其家庭收藏,同时也出版主人自己的作品。③

没有商品化经济的推动,家刻的繁荣是不可能的。它以三种方式预示了明末清初江南的浮世精神,而这三种方式都直接对女读者兼作家的出现产生了影响。首先,它预示着知识生产节奏的加快和多重的流通渠道。书籍生产由原有的政府集中刻印,扩散至家庭别业中,这意味着知识生产地的一种扩散。对女读者和作

---

① 井上进(Inoue),422—427 页;钱存训(Tsien),178 页。

② 家刻在书铺被销售的例子,参见井上进(Inoue),427 页。

③ 有名的例子包括毛晋和臧懋循(1550—1620);参见大木康(Ōki)"出版文化"(Shuppan bunka),36—38 页,77—79 页;及徐朔方,294—297 页。

者而言,在引发一个相互批评的读者群体上,这一点具有特别的决定意义。个别妇女的作品合集主要由家刻推出,就像一些与功名无关的文人尺牍、杂文一样,它们以前是被视作没有出版价值的。商业书坊抓住了这些男人和女人的私人沉思,使文化市场上充塞着一种情感狂热。

其次,当家庭开始成为许多正式的"公众"活动场所,家庭生活承担了不断增加的感情含义时,家刻便构成了明、清时期中国人生活私人化大趋势的一个方面。这一发展改变了男和女的生活内容和结构,但它给困居于家中的女性带来的冲击更大。不用越出家庭围墙,士绅之女就可以饱览家中藏书,观看搭建于厅堂舞台上的戏剧,还能够与远近的来访者交往。换言之,即使士绅女性在身体上仍然保持着与世隔绝,但当一个全新的世界从外部走向她们时,其闺房的界限已经变得可以渗透了。在三至五章中,我将在家内生活的含义中,详尽阐述这一根本性转变。

第三,在推动人们接受女性作为智力型人类这一新形象上,家刻也起了重要作用。在将文化和学问这一世界带入妇女的传统领地方面,家刻促使妇女和学问结合成了一种新型关系。不仅更多的妇女在这样一个潮流性的氛围中学习读和写,而且许多妇女还被视为其家庭的骄傲,这些家庭资助她们的作品出版。将女性才华融进家庭文化资本中,促进了对女儿进行文学教育的合法性,也促使了地方志对女性作家的推助。在帮助重新定义家庭生活的同时,家刻对建构一个新女性特质也起到了作用。

坊刻:为钱而出书

尽管有为数众多的家刻,但出版业中的第三类——坊刻——

的组织和类型,则集中体现了由货币化经济所带来的深刻文化变化。在经济和道德意识上,在读者和出版者心中,书籍都变得与利润紧密相连了。为了促销,出版商融娱乐于训诫中,融图画于文字中。通过这样做,他们不仅出产了新的图书品种,也为作者和读者间的互动,创造了一种新的文化氛围。直接、真诚和有话直说,都成了出版文化在纸面上助长的风气。

坊刻成长于 16 世纪中期,并于清代继续繁荣。与家刻一样,它的运转也是分散的,这一点归之于雕版印刷所需工具的轻便和生产工具成本投资的相对低廉。[①] 江南的一些城市,如杭州、苏州和南京,虽然在精品市场方面胜出,但出版中心则兴盛于帝国的每一个地区。即使在离长江腹地很远的一些省份,如山西、广东、湖南和河北,出版商也在竞相刊印最新的畅销书。[②] 万历年间,大规模印刷的冲击,将贸易动力转向这样一些新兴地区,如浙江的吴兴和安徽的歙县。[③] 从宋代以来,福建北部建阳地区就在专业市场上占有一席之地,并且继续繁荣至清前期。此地的衰落,促进了南京、苏州和杭州产品的确立。18 世纪由于不断迎合大众市场的需求,江南重返出版中心舞台。[④]

坊刻是改变帝国面貌的商业扩张的一部分。特别是安徽徽州和福建建阳的书坊,迎合了读者大众的多样化口味。与著名的徽商和晋商一样,这些印刷商利用传统文化资源,如血亲纽带,运转着其管理合理的事业。[⑤] 而且,恰如由山西和宁波银行家创建

---

① 罗友枝(Rawski),"经济和社会基础"("Economic and Social Foundation"),17—28 页。

② 大木康(Ōki),"出版文化"(Shuppan bunka),30—31 页。

③ 许培基,220 页。

④ 肖东发,"建阳余氏",第一部分,243—245 页;第二部分,198—199 页。

⑤ 关于徽商和晋商利用宗族关系招募雇工的情况,参见余英时,566—569 页。

的银行业一样,坊刻中存在着程度很高的地区和血缘专门化。一个著名的例子是徽州歙县虯村的黄氏,从明早期到 20 世纪,这一家族的几代人都是雕版插图家。他们现存最早的作品出自 1489 年,黄氏在万历年间达到了其生产能力的顶峰,在这一时期,他们将其一流画家的工作转向了印刷,以其技术而使小说、戏剧的页面和训诫之书变得更加漂亮。在为家族赢得"雕龙手"的称号后,这些手艺人循着其徽州商人同伴的足迹,于明末清初迁居到了江南的主要城市中。①

　　另一个地区和血缘专门化的例子,是福建建阳的刘氏和余氏。作为规模出版的名家,他们在量刻上处于领先地位,并且以速度和效率知名,虽然他们出书的错漏也是知名的。他们的特长是插图小说和日用类书。这两个闽北家庭都是从宋代开始其生意经营的,在生产上,它们于 16 世纪的早期和中期,经历了一个沉浮曲折,并在晚明迎来了命运的高峰。② 余氏是建阳最大的印刷联合体,从留下的历史记录可知,它拥有超过 30 家独立经营的书屋,这些书屋在万历年间曾繁荣一时,并生产出了超过千种的书籍。仿效文人雅士的书斋,这些书屋经常被称作"某某堂"或"某某斋"。每一间书屋都由一位余氏血亲统领,此人被称作"主人",身兼出版者、管理者和销售者等多重职责。他也经常书写和编辑手稿。

　　一位典型的书商兼企业家是余象斗(约 1560—约 1637),在

----

① 对黄氏 31 位兄弟和 46 部现存著作的研究,参见张秀民,《论文集》,171—179 页。在其后的著作中(《印刷史》,503—507 页),张秀民对其所列诸表稍作更改。黄氏迁居杭州、南京和苏州的情况,参大木康(Ōki),"出版文化"(Shuppan bunka),61—71 页。

② 关于刘氏家族,参见方彦寿。

参加科举考试失败后，他于 1591 年接过了其家庭的买卖。作为一个专业经销商，他经常将自己的肖像放在其出版的书中，还有抄写人、刻版人和装订人的名字。这种对专业手艺人的公开承认，其实是一种误导。事实上，从明代中期起，坊刻书是在工场流水作业式生产的。为了加快生产，各种技术水平的雕工开始以组工作，徒弟专管文字的竖直，而师傅则负责更为重要的笔画。除了监管这些手艺人，余象斗还喜欢搜集口头故事和编制家用类书。以现代术语看，他垂直地使企业与写、编、切版、印刷、零售和广告结合在了一起。仅在 1591 年这一年，他的书屋就发行了超过十部著作。① 虽然余象斗的许多肖像被保存在他的书中，但几乎没有传记性的文献保存，以记载他所在之时的明显优势所在。

在他们高效率的企业运转中，通俗小说和实用指南的大规模生产、积极的自我宣传和绣像插图的充分运用，这是如余氏家族一样的坊刻为其时代定下的基调。坊刻使书籍成了金钱能够买到的数量极大的商品之一。为了竞相引起读者的注意，各种书籍不得不通过着眼于其需求、开启其心灵、满足其感官、予其以实用指导，来直接与读者对话。当商人谈着以无情的差价来加速其营业额和获得更多的利润时，书籍的世俗化便得以完成。② 书籍与金钱的这一结合，是读者大众文化的一个最生动的特征。

① 关于余象斗，参见张秀民，《论文集》，162—170 页；及肖东发，"建阳余氏"，第二部分，195—219 页。对雕版刻工工种新划分的讨论，参见大术康（Ōki）"出版文化"（Shuppan bunka），50—53 页。
② 这样的一位书商是陶正祥（1732—1797），他在北京有一家著名的书铺。他通过大胆的价格策略，赚了很多钱，其他经营绘画和书法的商人也循其先例。关于他的墓志铭，参见孙星衍，1.35ab。在余英时的书中，这份墓志铭的一部分也被引用，572—573 页。

书商:越界文化的建筑师

书籍与金钱联姻的诸多涵义,通过书商的社会地位得以说明,他们体现了商品社会中的无数矛盾。他因此是栖居于先前相互脱节的诸多领域中的,处在金钱与文化、生意与学问、娱乐与道德、地区间文化与地方文化的十字路口上。他灵活地将这些全异的世界编织在一起,并一道帮助锻造了一种新的城市文化,即读者大众文化。

这一越界性的文化是一种既非"精英"也非"大众"的文化,在中国社会中,它们之间的界限从未被清晰地界定过。[①] 它也不应被称作"中产阶级"或"商人"文化,因为如果这样称呼的话,它就意味着有一种独立存在的城镇自由民力量,而这一力量是与传统的士大夫精英相对抗的。在中国,旧的上流家庭成员,如果不是士大夫本人的话,经常是企业家;反之,为金钱奋斗的商人,在为其儿子购置尽可能是最好的传统教育的同时,也在倡导着学问和艺术。[②] 在突出迎合商人和金钱交易方面,从商品化中成长起来的新城市文化,是与儒家上层所管理的理想农业社会不同的,但它既非一个全新的创造,也不是对旧世界的反叛。因为没有一个更好的词语,我们暂且称之为"读者大众文化"或"新的城市文化"。它因传统二元性的模糊和界限的流动——士绅和商人、男

① 参看余英时,576 页;罗友枝(Rawski),"研究主题"(Research Themes),97—98 页。
② "绅商"是一个合成名词,它集中体现了偏见和这些家族权力资源的二元化特点。关于江苏和浙江这样一些家族的例子,参见赖惠敏,"明末清初士族的形成与兴衰",载"国立中央大学",381—382 页。关于中国商人不能独立于士大夫之外的情况,参见余英时;及何炳棣(Ho),"盐商"(Salt Merchants)。

和女、道德和享乐、公和私、哲学和行动、想像和现实——而带上了自己的特性。简而言之,它是一种浮世的文化。

在西欧历史上,"城市文化"一词有多重特定的涵义;但在中国,则有两个显著不同。由出版业迅速发展而引发的城市文化,在特性上实际是超城市的,在某种程度上,它渗透于每个商业化的江南城镇中,但并不必然促进出现显著的城市特性。同样,在形成这一文化的城市自由民阶层意识方面,书商也未起到关键作用。与欧洲旧贵族统治消亡相比,中国的商品化,并未使商人为政治权力而起来反抗封建政府。事实上,士大夫和商人在社会或法律方面并未有明显的差别。换言之,读者大众文化既不能被包容在固定的地理疆域中,也不能由任何特定的阶层所代表。产生于一个流动和变化的社会中,它使各种不同的领域混合在了一起,而它的标志也恰恰是这些混合在一起的可能性。

由坊刻引发的混合在一起的可能性,非常突出地表现在塑造读者大众文化特征的两组紧张关系上:在其空间位置上,越界范围和地方范围的不稳定共存;在其社会文化定位上,学问和生意的相汇。在商业化的农业生产模式中,这一文化矛盾的空间位置找到了其相似的东西。地区中货币化作物的专业化,使地区间的交易成了必需,它为如下两者创造了条件,即对地区特质和特性认识的提高,及一种共同的变异城市文化的锻造。持续的变动和流动特性孕育了不安全感,促使人们重新肯定业已熟悉的本土文化或居住地。通过出版地方志和地方景点旅行指南,书商迎合了这种地方情感的复兴,这些出版物在明末清初时激增。[①] 也是在 44 这样一种环境中,地方后裔提倡着女作家写的书和县、府、村或市

①关于徽州地区荣誉感的增加,参见宋汉理(Zurndorfer),第6章。

中的贞妇故事,因此也将妇女牵涉进了地方主义的竞争中。在这层意义上,读者大众文化在范围上既是超地区的,也是越地方的,同时在定位上既是结合的,也是分裂的。"地方"的含义不可避免地是矛盾的,因为"地方社会"的真正界限已经不再是固定的了。

但较之分开的力量,经常的旅行和不同地区间人们的交互受益是更有意义的。最成功的书商影响所及是地区间的。为了削减成本和保证产品质量,他们例行地从一个省到另一个省,为书籍的生产转运原材料——纸、木和墨——同时还有手艺人。为不断发展的谷物和纺织品运输而开辟的长途商贸线路,也同样成为有利可图的书商、手艺人和思想流动的渠道。如徽州的木刻工受雇而工作于北京、苏州和杭州;苏州的抄写工和木刻工与来自南京、江西和福建的工人并肩劳作;福建的余氏派亲戚到南京经营其旗下的产业。通过他们,南京的书籍得以在福建重印,反之也如此。①

书籍的流通如其生产一样也是越界性的。16 世纪后半期,书铺在一些大都市中心,如北京、南京、苏州和杭州兴盛起来。一个地区生产的书籍能够流通至全国,尽管由远处水运而来的书籍实际上要贵一些。如来自浙江腹地的书商,通过此地纵横交错的水路,为繁茂的江南市场提供书籍。② 甚至有更多的小地方百姓能够接近地方书市,这些书市是定期市场网络的一部分。如福建建阳的书市每五天举行一次,它吸引了帝国各地的商人。③

比书籍装运更有益于思想互惠的,是书籍购买者本身的流动性。特别是购买者从帝国的各个角落汇集于北京。每三年春季

① 张秀民,《论文集》,174 页;冀叔英,216 页;肖东发,"余象斗",206 页。

② 吴光清(K. T. Wu),254—255 页;井上进(Inoue),419 页。

③《嘉靖建阳县志》,3.6,引自张秀民,《论文集》,162 页。关于前清诗歌对市场的描述,参见肖东发,"建阳余氏",第一部分,244 页。

举行的科举考试,为京城书铺兜售他们的商品,提供了一个理想的场合。随着各地举子的被"贡"来,北京书商在考场外搭起了临时的货摊。另外,这些商人也光顾都城每月和每年举行的周期性市场。每年二月十五开始的三天里,书商要参加一个于北京东部灯市举行的早春节日集市。每月的初一、十五和二十五,他们还要加入进城西边城隍庙里举行的其他商人的活动。[1] 当来京城的举子和其他游人返家时,他们便开始在或远或近的省份中,四处转运小说、范文和迎合读者的书籍。

新兴的富裕的书籍购买者人群分散于各地,但他们阅读着同样的书籍,在这群人中,出现了一种越界性文化,这一文化竭力仿效现存的文人学士文化的优雅口味,但在社会身份和存在的原因上,又与之存在着差异。科举考试在那些通过科举并成为官员的人中,长期培育着一种同质文化;在准备科考的过程中,他们数十年钻研着相同的经典,说着同样的语言,并互相交换诗作。同质是文化排他性的一个工具,它使士大夫对政治权力的垄断得以长存。相较而言,新兴的超城市文化是一种多样的和包容的文化,向所有能承受得起它的人开放。这一文化并不想与根深蒂固的士大夫文化抗衡,因为它还没有独立的哲学或规范基础。它与文人学士文化共存,因为它属于另一个不同的领地,较之哲学或统治的终极关怀,它更多关注的是瞬间和世俗的愉悦。这一超城市文化萌芽的最突出象征,便是依着文人雅士习惯和情趣的书籍的通俗化,如品茗、燃香、收藏石头和古董。[2] 这些指南迎合了各个

---

[1]《书笺》,3a,载屠隆。

[2] 作为一种文体,这些指南是明代小品或短文复兴的一部分。在焚香、品茗这样一些消遣中最近"应该做什么",参见曹淑娟,238—241 页。在实践环境中对这些情趣指南的研究,参见柯律格(Clunas)。

小镇暴发户之所好,这些暴发户购买的不仅是书籍,也是官人生活方式的魅力。

上流社会情趣指南并不是 16 世纪的一项发明。品茗的经典著作《茶经》写于唐代;宋人更是开了古董鉴赏艺术文章的先河。① 但在晚明各类百科全书和选集中,所有各种消遣的文章得以连篇累牍地大量生产。在一个坊刻时代里,庸俗的模仿得以更广泛地传播。如在明后期指南经常收入的宋代藏书家的一篇文章中,一位时令书籍收藏者就正确的读书习惯,告诫初学者说:不要折书角;不要用指甲刮字;翻页之前不要用手指舔唾液;不要用你的书作枕头。② 还有一些劝告,其庸俗性表现得更过分。一本花道指南的作者在讨论如何使用恰当的器具、协调主要花朵与"陪衬者"间的关系、水、每天清洁花瓣的必要性及诸如此类的问题时,不断重复告诫说:将花瓶摆在一个大的但摸起来细润、光滑的式样简单的桌子上;避免使用嵌金和珍珠母的漆桌;不要在摆放的花瓶旁燃香,免得闻不到你如此精心培育的自然芳香;呷茗,最好是不分季节地在花前,还不要与朋友阔谈;如果你喜欢在赏花时酩酊大醉,最好在妓院里这样做。③ 这些劝告,被看作是上

_46_

---

① 茶的经典名著为陆羽的《茶经》。在一本由喻政(1612)所编的通俗文集《茶书》中,将它与宋、明时关于茶的其他文章一起重印。这部文集非常成功,自己就是品茗行家的喻政,后来以同一名字并加进其他文章发行了重印本。两个版本都存于内阁文库中。柯律格(Clunas,28 页)认为,因为经常被结集在一起,明代鉴赏文学整体可被视为一个单独文类。

②《书笺》,5a,载屠隆。

③ 袁宏道,5a—8b。这篇关于花道的文章有一个日文版本,它印于 1882 年。冯可宾的百科全书《广百川学海》——袁宏道的文章就能在其中找到,汇集了众多关于各类消遣的文章,从兰花、金鱼、果树到更传统的棋、茶、酒和文具。另一部文集——关于生活艺术中的八个话语——的内容,参见柯律格(Clunas),18 页。对晚明这种"着迷颂扬"的分析,参见蔡九迪(Zeitlin)"僵化的心"("Petrified Heart");同作者,"异史氏"("Historian of the Strange"),第 3 章。

层鉴赏家与其模仿者间的区别标识。

雅趣指南书的流行，是商品化带给十六七世纪中国文化若干微妙变化的象征。尽管旧上层的情趣仍然被确立为效仿的标准，但现在于闲暇时忙着掸去花瓣上浮土的不断增加的人们，既来自非官员家庭，也来自官员家庭。无论是旧的有钱人家，还是新的暴发户，都在享受着先前所无法比拟的富足，这种富足使他们能够更细致地关注每天带给其生活乐趣的家内陈设，在室内设计、世俗消遣、装饰艺术品上，追逐一茬又一茬的时尚。这一点构成了中国人生活私人化的另一个方面，这一点在论述家刻时已间接 47 谈及。在一个崭新的超城市文化的标题下，将这一给予世俗乐趣的实用性和放纵归类，并不意味着我提出旧的士大夫文化是不受这些发展影响的，或新旧文化是没有冲突的。我的兴趣更在于商业化生产的指南著作所起的关键性作用，及在传播这一新文化中书商所拥有的广泛交易网，及其顾客更加多样的社会基础。这种新的超城市文化在与旧文化衔接的同时，在空间和定位上也更加多样和包容性更强了。

除了在空间维度上包含了地方和世界，书商带来的这一文化的第二个特性，是商业与学术追求或金钱与文化的交汇。书商有着跨立于两个世界的自信，这一点由一位南京书商的自我介绍生动地传递出来，这一自我介绍出自孔尚任（1648—1718）的戏剧《桃花扇》："在下金陵三山街书客蔡益所的便是。天下书籍之富，无过俺金陵；这金陵书铺之多，无过俺三山街；这三山街书客之大，无过俺蔡益所。"这位成功的商人带着对各类学人的熟知，炫耀着他丰富的藏书："你看十三经、廿一史、九流三教、诸子百家、腐烂时文、新奇小说，上下充箱盈架，高低列肆连楼。不但兴南贩北，积古堆今，而且严批妙选，精刻善印。"其专长所得到的回报是

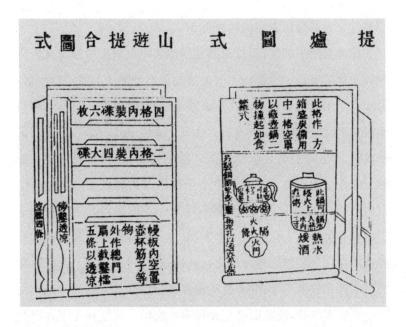

休闲的用具:为郊游所设计的透气提篮,内部有足够的空间,以存放足够六人聚会所用的食物和器具,同时还有一个移动的炉子,以烧开水和温酒(屠隆,《游具笺》,8ab,载《考槃余事》)。

多方面的:"俺蔡益所既射了贸易诗书之利,又收了流传文字之功;凭他进士举人,见俺作揖拱手,好不体面。"

这位书商在生意上的精明,将他带入了官僚政治的中心。他不仅必须与投考者的政治命运保持一致,而且在宣传流行的文学形式和哲学上,他也起着引领作用:

> 今乃乙酉乡试之年,大布恩纶,开科取士。准了礼部尚书钱谦益的条陈,要丞正文体,以光新治。俺小店乃坊间首领,只得聘请几家名手,另选新篇。今日正在里边删改批评,待俺早些贴起封面来。风气随名手,文章中试官。[1]

---

[1] 这一明清转折时期的著名戏剧场景完成于1699年。这里引用的书商独白,节选自孔尚任,212—213页。

既是藏书家、生意人、文学领潮人,也是自我推销者,这位书商为 *48*
读者大众文化确立了基调。虽然这位南京书商是一位想像出来
的人物,但当反观如上所介绍的余象斗这样的坊刻家的生涯时,
他在学者书斋和无情商海中的灵活性,听起来都是真实的。他们
除了有着将看来水火不容的金钱与知识的关心混合在一起的能
力外,在将个人感触传达给日益增长的非个人化产业方面,如余
象斗那样的书商也毫不逊色。实际上,他们做这些是非常成功
的,以至于使大规模生产的书籍,成为狂热追求个人间亲密关系
的具有反讽意义的载体。

个性摹写与人际交往

生产线上的产品,一种典型的商业出版书籍,有着一种单调
的、规模生产的外貌,它与宋元版书有很大的不同,后者的每一卷
都是一件艺术品,带着制版和装订等艺术家的个性标记。具有讽
刺意味的是,在散落着机械化文字的大规模生产的书籍纸页上,
人际交往真诚的理想和个人间的亲密关系开始广泛散播。这一
内心事务的首要位置,便是读者大众文化最重要的特征。

牟复礼和朱鸿林描绘了 16 世纪时,规模生产如何使一部书
的书体变得一致:

> 以前,我们可以识别出如"颜体"或"欧阳体"或"晁体",
> 明中期的印刷者则取而代之地开始使用均匀的书体,我们可
> 以泛称为"宋代风格"。通过普通工匠对这些木版的重复使
> 用,这种很难归类的书法开始被称作"匠体"。工匠的这样一
> 种控制,表明了中国书法走向单一标准的广泛潮流,显示了

> 一种全面的同一性,一如机械化生产的西方字母铅字;随之,
> 个性化的生气和表达越来越少……即使这些书变得更易读
> 了,但它们失去了其更多的风貌和个性。

然而似乎为了补偿这种单调,坊刻者开始在书的正文前,印刷个
性化的书法摹写作品:

> 不管在那个年代的书中,插入摹写的序言和后记是否为
> 一种明显的骗术,它给读者带来的视觉印象则是个性特征之
> 一——通过与众不同的书法看出个性。①

⁴⁹ 这一由摹写复制技术推动的"个人特征视觉印象",成为自然、真
诚交往理想的缩影,这些理想通过其时的一些时髦词语表现出
来:情、真、契。在小说、散文和诗作中,内心的真诚被赞为人类存
在的基础;感情的狂潮是如此的猛烈,它甚至对准了年久的等级
制度。印刷出来的纸页本身是以一种媒介的身份出现的,通过
它,陌生人发展出了亲密关系;通过远方之人的加入,阅读和写作
创造出了新型的社会现实。

令人好奇的是,恰恰是对内心事务和个性特征视觉表现的助
推,创造了一种理论上的可能性,这种可能性是作为一种自主动
因的个体化自我的新建构,在中国,这一所谓"个人主义"的可能
性从未像在早期现代欧洲那样被开掘出来。不是将阅读视为一
种私人或个人行为,中国的读者大众从开始就为阅读所引起的社
交和交流的可能性所迷住。尤其是,印刷出来的纸页成为造就三
类个人关系的竞技场:出版者和读者、作者和读者及读者和读者。
在接下来的一章中,我将探讨后两者在受教育妇女中的引入,这

---

① 牟复礼(Mote)和朱鸿林(Chu),169 页。

些妇女构成了读者大众；在这里，我集中关注的是出版者与读者
的关系程度，这一关系是由出版者的头像插图传递出来的。

在翻开一部小说或类书的封面，而看到出版者正用眼睛看着
他或她，就好像他是读者最好的朋友时，没有读者会感到意外。
正如上文所提及的，福建书商余象斗喜欢将自己的肖像置于其出
版的类书或小说之中。在另一个例子中，金陵书商唐少村将其紧
握书卷的肖像，置于一部他于1615年出版的《楚辞集解》中，并附
有这样的推销广告："先知我名，现见吾影，委办诸书，专选善
本。"①这样的一种个人号召力，首先出现在元后期印刷的书籍
中，但直到明后期，它才成为惯例。在一个创造性的广告年代里，
实际上出版商是使**他自己**成为正在推销的商品。这种亲密关系
的表象，用广告人的脸所给予的看似真诚的形式表达出来，它掩
盖了出版者和其消费者间首要的经济和非个人的交换本质。

在出版世界之外，这种自我绘画表现也同样流行。在士大夫
圈子中，作为友谊的象征，绘制和交换个人肖像是一种习惯。虽
然，或因为，在一个竞争的社会中，人与人充满着不和及争斗，所
以直接的面对面的交流和有着共同心理的个人间的共鸣，就成了
期待着的理想。在我对情迷的讨论中，我将回到这些理想的社会
性别意义。

不仅出版者力图在个人层面上与读者对话，读者也从作者那
里期待着同样的热诚。当一位读者拿起一个剧本、一本小说或一
部诗集时，他不仅是被引导着的，也在与作者进行着对话，甚或在
做着将自己投身于虚拟世界的努力。我将在如下诸章中，考察女
读者与其作者间的情感介入；这里，我思考的是为这种作者兼读

①　张秀民，《印刷史》，519—521页。

者的亲密关系,而将摹写技术的引入。通过邀请读者直接参与,明末清初插图书籍的时髦,帮助改变了阅读的特定含义。在插图书籍的页面上,文本和视觉的混合是读者大众浮世的另一特征。

17世纪上半叶见证了中国木刻印刷的黄金时代。由木刻套印的彩印是明代的一项发明,以这种技术生产出了优美的文选和地图,它们都是收藏者的藏品。在市场的较低层面中,各种风格的书籍——它们是小说、剧本、百科全书、家用类书、训诫之书或识字课本——至少含有一张或两张黑白插图。① 插图成为时尚,以至于1625年版的《牡丹亭》的杭州出版者,似在为下面的情况辩解:"戏曲无图,便滞不行,故不惮仿摹,以资玩赏,所谓未能免俗,聊复尔尔。"②

文字与图画的共存,是设计出来以拨动读者心弦并逐渐灌输一种个人参与意识的,它意味着读者大众中的一种新的欣赏口味。这批新的书籍消费者较少受到迎合科举考试的传统教育的浸染,他们规避过分修饰的文学形式和抽象的思索。取而代之的是,实用性、立刻的满足和情感表达成了当时的风气。就是在这样的环境中,女读者的需求被凸显出来,她们在16世纪和17世纪的大文化中留下了抹不去的印记。按照旧的社会性别陈规,妇女不仅应该是较少受教育的,她们至多只能按图识字,而且她们还被认为是性情中人,居于被自然情感支配的私人世界中。换言之,无论是对插图书籍的狂爱,还是情感亲密关系所表达的首要位置,在那些赞同社会性别陈规之人的心目中,妇女的情趣和关注点现在得到了传播并且开始普及。

51

① 吴光清(K. T. Wu),"明代的印刷"("Ming Printing"),203—210页;张秀民《印刷史》,499页)将插图区分为四个流派:北京、南京、建阳和徽州。对明版插图的简要概述,参见柯丽德(Carlitz),120—121页。
② "凡例",《牡丹亭还魂记》(杭州,1625),引自张秀民,《印刷史》,498页。

很长时间以来,插图书籍就与妇女教育结合在一起。妇女经常被与"无知大众"相提,因此给她们图画和白话是合适的。毫不奇怪,最早的木刻插图书籍之一便是针对妇女的女教书《列女传》,它大致是在元朝由福建的余氏家族所生产。在刘向(公元前79—公元前8)所写的好、坏女性事例的传统文本基础上,这些插图具有高超的艺术技巧,明、清两朝的插图小说和剧作刻版家都在模仿它的风格。① 如我们将要看到的,插图版《列女传》和其他女训著作,是明末清初充斥市场的畅销品。

这样一种女读者与图画的对等关系,是一种想像出来的意识形态建构,它遭到了明末清初江南社会发展的破坏。女性受教育的扩展和多产女作家的公众能见度,都使女性是无知大众的形象失去了效力。同时,女性也不是画书的惟一消费者;男性也同样是《列女传》和其他插图文本的热心读者。但两种旧的社会性别成规——女性是无知的和感性的人——是很难消亡的。在第二章对"情"迷的讨论中,我将考察这些社会性别成规对女性自我认识的含义;这里一个积极的发展——在新的城市文化中女性的公众能见度——更加与此相关。明末清初对插图书籍的狂爱,关注到了女读者的不同需求;它还溢出对女性的能力、与男性的差异和她们于社会中的角色定位的更全面的讨论。简而言之,在一个由坊刻带动的新环境中,女子特性的特定定义和社会性别差异正在被接合起来。这一关于女子特性的新话语,导致了一个更复杂

---

① 肖东发,"建阳余氏",第一部分,231—238页;第三部分,239—240页,247页注6。依其序言,许多学者将这部著作的出版年代定为1063年,但肖东发认为,序言日期并不代表印刷时间。肖东发在研究中将其定为更具说服力的元代,是从余氏家谱中推知的。关于刘向的《列女传》,参见下见隆雄(Shimomi),《刘向〈列女传〉》(*Ryū Kyō "Retsujoden"*)。

和多元的理想女性形象，这也是第四章将要探讨的主题。

在插图书籍纸页上培育的人类间交流的首要位置，部分应归之于女性读者兼作者自己的创造。在下一章中，我将探讨女性如何看待作者兼读者的个人关系，这种关系是"情"迷的一种表现形式。这里，我分析的是真诚和情感狂热所带来的最重要发展：女作家正面形象的起源。在一个重视感情自然流露的年代里，一些文人开始承认女性被排斥在科场之外是一件幸事。没有被期待遵从习俗，并且还受到儒家老套经典的宽容，女性仅仅是作为真实自我的表露，而自由地创造着文学。因此，对男性文人追求的风格化和程式化的八股文和诗句来说，女性的作品起到了一种矫正作用。女性文字的边缘化、与任何官方政治权力的要求无关，是其文学拯救作用的特定来源。女作家不仅有别于男作家，而且她还更出色。

这一对女性作家的推助，是建立在旧有的"男女有别"的基础上的。吴国辅这位男性文人，为一位职业女作家王端淑（1621—约1701）的诗集《吟红集》写了一篇绪言，强调了女性被排斥于男性公共领域之外，是占主导地位的社会性别体系所导致的结果："至于闺阁丽媛，绝不闻科制事，誉非所望也，故其言真；亦不与兴亡数，骚非所寄也，故其言冷。间有所怀疑，不过谢妪柳絮词思伯飞蓬句耳，何足当辞坛之再瞬也。若吾乡闺秀映然子更有异者。"①另一位文人徐野君（士俊；1602—1681），强调了作为生物结果的女性的特点。在一本书信集中，他有一篇文章代表女性进

---

① 吴国辅，《序》，载王端淑《吟红集》，《序》2ab，3b—4b。吴国辅进一步指出，王端淑——她对国家事务非常关心——是这种统治的一个例外。按吴国辅的观点，王端淑有着不同寻常的爱国热情和正直个性，她其实是在以一种令人尊敬的男性特点进行写作。这一对女性的看法，因此也就带有了男性优越感的痕迹。通过对明朝的忠诚，王端淑的爱国心得以表现，关于她的生平和爱国心，见如下的第三章。

行辩护，他言简意赅地宣称："夫女子之异于男者，徒以其形质耳。"

但徐野君接着强调，对于女性的道德和智力潜能而言，这样一种生物学的差异是第二位的："若夫书盘织绵之才，挽车举案之操，断臂投崖之节，突围讨叛之勋，何一甘出男子之下？"他接着指出了女性的潜在优势，并再次指明，这植根于她们与男性公众领域的分离："又况尺璧碎金，如区区鱼笺雁帛乎？吾当谓女子不好学则已，女子而好学，定当远过男子。何也？其性静心专，而无外务以扰之也。"① 尽管徐野君没有质疑内在于女性道德的不平等，如忠诚和贞操，但通过赞美女性的意志力和成功地完成了加于其身的费力要求，他实际上是在说明女性是能够赶得上男性的。如果给予机会学习，女性是有着与男性同样的智力和道德能力的。

以一种现代女权主义的视角看，无论是徐野君还是吴国辅都是有问题的，他们都是在以男性所取得的成就作为衡量女性的标准。这种男性中心的偏见，反映了其时社会性别体系的排他本质。尽管我们应当承认个人和体系中的偏见，但对我们来说，承认他们对其同时代女性的观点具有积极影响也同样重要。深信女性可以成为值得投入精力的有智力的人类，促使这些男性去推动女性的教育和编辑、出版女性的文字。在下文中，我们将看到明末清初时，坊刻促使人们对女性诗集的兴趣激增。这些书卷通常是由像吴国辅和徐野君这样的男性编辑、出版的，他们不仅意识到了女性诗歌表达的市场价值，也意识到了其文学价值。这一对女诗人的推助，在女读者中促成了一个积极的自我形象，它也在拿起笔的女性的著作中得到了回应。鼓励无数女性坚持阅读

_____

① 徐野君（士俊），《闺阁序目》，收入汪淇《尺牍新语初编》，24. 目 1a。

和写作——这一推助是由坊刻所引发的社会文化交流的最具深远意义的遗产。

女性读者:道德消费与娱乐消费

当反观受教育女性在保守的儒家传统中颇成问题的地位时,对女诗人推助的新奇和意义就变得更加显著。十六七世纪受到鼓励的女读者和作者,不得不在自己没有位置的学问传统中,勉强维持着一种不稳定的存在。儒家的"男女有别"规范把男性、文学和政治权力归之于公众领域,而将女性、生育和家务劳动归之于家内领域。因为对儒家传统著作的阅读和知识构成了通向官员任命的途径,因此,政治权力、阅读和写作就被看作是男性独有的特权,至少理论上是这样的。女性对这一学术传统的贡献至多是次要和间接的,尽管是必不可少的。作为母亲,她生育儿子,指导他们的早期教育,还要不停地纺纱织布以供养他们的学业。作为妻子,她要提供家庭的日常需要,以使其丈夫能够全身心集中于他的公众追求。

为了训练女性符合母亲身份和家务管理要求,从刘向《列女传》开始,若干女诫文本在几个世纪内被写成并被流传下来。如果说儒家教育包含了两个要点和目标——道德修养和文化教育——男性无疑在两者上都是胜出的,而女性则仅致力于前者。换言之,保守的儒家传统承认适度的女性教育;但无论在内容和目的上,这一教育都是与男性教育有区别的。女性通过特别为她们写作的训诫之书这种方式,来培养她们的道德;因为儒家经典、历史和文学需要太多的时间和努力去掌握,所以对女性的社会需求如自我牺牲的母亲和妻子而言,它们就被认为是与之无关的,即使并不是有害的。①

　　但在对待女性与知识的关系上，儒家传统充满了内在矛盾。在知识传统中，女性名义上的边缘化存在状态以这种方式得到了体现，即她们应读的书被这样清晰地界定了——只是《女四书》，除了名字，它与《四书》这一儒家经典毫无关系，而未带标识的《四书》，是被理所当然地视作面对男读者的。② 但就专门针对女性的书籍而言，它承认在对理想准则的严格阐释中，有一条必然的鸿沟，它在字面上告诫阅读并不是女性的职责，以及能够阅读和写作的女性是令人生厌的。但综观历史，极为博学的女性不但精通女诫著作，而且也精通儒家经典和史书。实际上，一些为女性所写的训诫著作是出自女作家之手的。她们的公众能见度和很高的声望表明，现实中的女性与儒家学问传统的关系，远比理想准则所展现的要复杂多重。

　　不仅博学的女性在官修史书中得到了歌颂，而且偶尔也允许她们中的一些人在学术传统的男性传承中，成为必不可少的角色。最著名的例子是历史学家和内宫之师班昭（公元41—约115），在其父、兄死后，她编纂了官修断代史书《汉书》中的若干部分。另外，作为流行的女训文本《女诫》的作者，班昭在儒家传统中占有一个特殊的位置。③ 尽管班昭是以其男性亲属的代理人

---

① 对儒家规训中母、妻理想规范的综合分析，参见山崎纯一（Yamazaki）的介绍。

② 参见 M. 特里萨·凯莱赫（M. Theresa Kelleher），"《女四书》"（"*The Nü ssu-shu, or, Four Books for Women*"），新儒学讨论会提交论文，哥伦比亚大学，1987 年 4 月 3 日。关于绘画源出于这些训诫之一的历史，见孟久丽（Julia Murray）"对妇女的说教艺术：《女孝经》"（"Didactic Art for Women：*The Ladies' Classic of Filial Piety*"），收入韦德纳（Weidner），《盛开在阴影中》（*Flowering in the Shadows*），27—53 页。

③ 关于班昭传记及其作品选编翻译的情况，参见斯旺（Swann），《班昭》（*Pan Chao*）。关于《女诫》的一个注解本及其于明清时期再版的一览表，参见山崎纯一（Yamazaki），75—106 页。

而展示其文学和学术功绩的,但对女读者而言,不管官方如何限制女性接受文学和经典教育,班昭不容置疑的声望,还是证明了这一体系的灵活性。

这些儒家传统中经年已久的不协调,在十六七世纪时变得愈发突出。不仅经济和文化的繁荣,使女性置身于儒家经典教育中成为平常之事,而且男性和女性也开始直接探讨这些不协调,以支持给女子以适当的文学和文化教育。他们经常引用班昭的名字,以证明即使以儒家的标准来看,阅读和写作于女性也是一个令人尊敬的天职。① 在一个带有为女性道德教育服务标记的书籍失去其特定的社会性别和特定目标含义的时代里,她们的天职就具有了意义。毫无疑问,女性既读《女四书》,也读她们不应读的《四书》,及其他所有市场上能够找到的历史著作、戏剧、小说和诗集。相反,男人恰恰迷恋为女性所写的书。当理想准则与社会现实之间的鸿沟变得愈加明显时,为男性服务的书籍与为女性服务的书籍间的界限,如训诫之法、实用知识和娱乐之间的界限一样,变得越来越难以界定。

在浮世文化世界中,准则与现实及女性道德多重含义之间是存在着不一致的,就是在这样的环境中,我们应当试着去理解十六七世纪女诫之书传播的含义。这些书籍的流行是不可否认的。虽然许多书是由利欲熏心的出版商仓促制作而成的,但一些有着至美插图的则成为收藏家的藏品。即使是现存抄本的数量和种

---

① 高彦颐(Ko),"才、德的追求"("Pursuing Talent and Virtue"),20 页,28—32 页。也请参见如下第三章中这些维护妇女文学和文化教育之人的观点。

类也是巨大的。① 如 1587 年,南京的一位印刷商发行了一本全插图的《列女传》;著名的歙县黄氏接着于 1606 年又发行了一本;一位一流的苏州印刷商也重印了一个据说是宋代的版本。② 其他畅销品还包括一个插图本的《女范》,由一位黄氏插图家于 1602 年创作,及一本于 1600 年发行的双色插图《闺范》,这个版本非常流行,以至于在 1612—1615 年间的某个时候被重印。③ 1618 年,这部作品的另一个插图本在徽州被一位文人出版商印出。当地各界集资赞助 1220 部之巨的印刷费,以助女教,尽管我们不知道这个数字是否与实际印制的抄本数目相符。④

女诫文本的广泛流通本身,并不意味着它们的训诫被很好地接受了。浮世文化的特征是流动性,它充分反映到了这些书籍的纸页上。金钱和道德、小说和历史、训诫和娱乐之间的界限经常被混淆。当《列女传》一再被以白话的方式讲述及以《列女传演义》之名的插图本小说的形式发行时,历史上的典型人物就变成了虚构的英雄。⑤ 儒家女训历史在这里逐渐演变成了通俗的娱乐物。

即使没有这种风格上的质变,女性道德教育书籍的流行也带有一个双重矛盾。首先,因为具有理想美德的女性是不应有文化的,所以市场上大量的此类书籍,不能不使人看到如上所讨论的 *56*

---

① 关于明清时期通行的女性指导用书的完整一览表,见山崎纯一(Yamazaki),31—45 页。但版本印刷数量是不可确知的。关于妇女写作女训著作的传统,也请参见柯丽德(Carlitz),123 页。

② 魏隐儒,117 页;张秀民,《论文集》,178—179 页;许培基,230 页;韩锡铎和王清源,20 页,126 页。

③ 叶树声,223 页;张秀民,《论文集》,178—179 页。

④ 柯丽德(Carlitz),135 页注 41;亦请参见 124—125 页所载出版于 16 世纪晚期和 17 世纪的《列女传》和《闺范》的不完全一览表。

⑤ 关于一个演义了的《列女传》,见犹龙子。

理想与现实之间的脱节。而且,因为道德是被视作物质利益对立面的,所以女诫之书于商业上的成功,就使其与传统道德训诫的关联性失效了。但对成长于矛盾、变化之中的读者大众来说,如上矛盾只能使这些故事更具诱惑力。

女诫之书大规模生产和流行背后的动力是多方面的。在一项对明后期插图本道德指导书籍的研究中,柯丽德指出,与读者的目的一样,这些女诫书籍的编者、资助者和出版者的动机也是多种多样的。吕坤,这位非常流行的《闺范》一书的编者,是一位以训育女性和文盲大众道德为己任的士大夫。但坊刻出版商们是否与他有着共同的忠诚道德信念,则是值得怀疑的。尽管他们基于不同的目的而利用了对女性美德故事的兴趣,但无论是道德教育者,还是利益驱动的出版商,都意识到了对一个浮动和颓废的社会而言,忠诚理想的感染力。根据万志英对明末江南地区五通神的研究——五通神的信徒相信他是喜欢年轻处女的,万志英认为,在明、清时期的江南,女性是有着与金钱相似的属性的:"流行的财富观念,因此与女性的惯常形象有了惊人的相似之处,迷人但又前后矛盾、反复无常,蕴藏着破坏力量。"[1]一些男性发现了财富的短暂无常,一如肉欲快感一样的惹人烦恼的渴望,对这些男子而言,女性执着于道德故事,无疑对他们是双重的满足。

商品社会中,矛盾关系最明显地表现在地方宗族对组织和资助出版女诫之书的兴趣上。因村长让位而造成的地方领导权的中断,促使宗族组织承担了更多的现行政治角色。这些宗族寻求利用士绅的文化威望,促进本地区的自豪感,并加强他们自己在邻里组织中作为领导的地位。三个最有权势的徽州宗族参与了

①万志英(Von Glahn),694页。

地方对《闺范》的印制,这一点非常引人注意。如柯丽德所说,它集中体现了金钱、道德和地方自豪感间的引人兴趣的关系:

> 女性的美德被很严肃地对待……社会上不少人呼吁要把它复兴。这些努力是用金钱来衡量的,并且为出版而进行的捐赠,将这一地方的不同人结合在了一起:男和女、地方上拥有科考头衔之人、商人及和尚。因此金钱是用来资助一种新的地方产品……通过呼吁一种美德,以巩固地方的和谐,徽州在这点上是很成功的。①

徽州这一合作出版训诫之书的努力,服务于商品社会的众多需求。当金钱瓦解了传统的社会等级时,这个出版计划为一个新的社会组织提供了重整的切入点,这一社会组织包括了各色出身的富有资助者。这一浮动社会中的宗族组织力量,通过他们对资金筹集活动的慷慨贡献得到充分证明。在一个书籍、人和思想穿越地区和社会界限的世界性年代里,出版的书籍本身,证明的是徽州的地方自豪感和特性。 ₅₇

一如这些书籍的出版商一样,读者对这些女训之书的用途也是多方面的。一位明末清初的文人顾自俊从江南迁居到了北京,以寻找赞助人和职业,他为一个《列女传》的抄本,写信给一位杭州的朋友:"有便人入都,《列女传》幸捎一部,盖以胸中,未尝多贮古今女子,无能作闺阁应酬诗,得此便可'莲花落'一曲,惟道兄爱我。"②《莲花落》是乞丐唱的民谣。这个文人在这里用这个词取笑自己,将写社交性诗歌与讨饭等同。《列女传》对这一追求的用

---

① 柯丽德(Carlitz),134—135 页,139—140 页;亦请参见 132—133 页对四部插图本女训编者初衷的分析。
② 顾自俊,《与陈晋水》,载汪淇,《尺牍新语二编》,12.16ab。

途,证明了它的流行和非训诫用途。女性道德的特定主题,已成了一种消遣应酬的内容。

对外在表现的时代精神来说确是这样的,道德与消遣的这一合流,被强烈地表现在插图书籍的纸页上。柯丽德发现,为一个《列女传》版本所制作的图画刻版,又被同一个书坊用在了另一个戏剧中。而且,一个为女诫之书刻版的插图画家,为浪漫剧本所创作的刻本更多,而浪漫剧本并不像女诫之书那样虔诚,因此在同样的面貌和同样的场景下,一位节妇则以患相思病的女士形象出现。[1] 不知当时的读者是否意识到了这一区别,或到底插图与文义有什么关系。

不仅道德和消遣开始变得越来越难区分,而且道德教育和实用指南也在插图本的日用类书的封皮下合流。一本 18 世纪名为《坤德宝鉴》的手册,为我们提供了一个生动的例子。此书的前半章节通过贞妇的故事,来鼓吹家务生活和驯顺;另一半章节则是对家庭杂务的指导,诸如如何洗花色衣服、如何避免丘疹、如何准备大蒜以避免引起口臭及如何将一个女胎变为男胎。这一类书包括了大量的处方、刺绣图案及做鞋帽的方法。[2] 这本家用类书以口语编写而成,并且是以有着大量插图的版式印刷的,它是为不必有太高文化的家庭主妇而发行的。

比训诫与小说和实用指导合流更具讽刺意义的,是它与诗歌的合流,而这被最刻板的教义看作是对女德发展有害的。道德与诗歌难以理解地并置在了一起,它的一个例子便是一部女性诗歌选集《名媛玑囊》,其编者的真名不得而知,只知其笔名为池上客。这位编者

---

[1] 柯丽德(Carlitz),128 页。
[2] 张履平。

只相当简单地谈了从古代到明代女性诗歌的选择，并附录了《女论语》。虽然他没有谈到其初衷，但通过草率制作的卷册及其商业上的成功判断（至少通过不同的刻版印制了两个版本，一个在1592年，另一个在1595年），女诫的附录是想，也确实达到了增加销售的目的。

令人奇怪的是，在这一再版中，《女论语》的作者——一位唐代名为宋若昭的女性，被错写为了班昭。池上客接着为班昭写了一个正式的传，他甚至指导他的读者正确读班昭的荣誉称谓，"曹大家"（"家"应读姑）。① 班昭所写之书实际应为《女诫》。是不是池上客太急功近利，以至于他的记忆出现了问题？抑或是他非常机敏地意识到，班昭的名字比宋若昭更具市场价值？两种解释似乎都有道理。② 在任何情况下，在女性诗歌封面下出现的道德说教都昭示出，女性文字的商品性已将训诫和诗歌合二为一，它们虽是为阅读，但最重要的一点是为消遣。

女训文本的明显激增——与消遣、实用指导和诗歌的合流——因此就成为一个复杂的现象。同样，将女读者置于由男性支配的学术文化中，是有着同样矛盾含义的。在浸染于儒家正统观念的男性眼中，许多新的女训是令人焦虑的。女诫之书的广泛传播，推动了诸如家庭生活和贞节等美德的流行，但也存在着冲淡训诫含义及相关作用的危险。因此，即使如吕坤这样有远见及务实的士大夫，一方面在抱怨市场上太多的书籍所招致的灾难，

---

① 《女论语》，卷首1a，载池上客。尽管这里所引的1595年版的印刷质量要好于1592年版，但它也有不少错误。因装订有误，《女论语》的7—9章从前一个版本中消失；10—12章则与第9章的最后一行混在了一起，并且，它们又在后一个版本中消失。两个版本都存于内阁文库。

② 池上客有可能被宋若昭的谦虚迷惑。宋若昭不想将《女论语》的著者说成是自己，便将其归于班昭。实际上，另一本由一位唐代女性撰写的女训著作《女孝经》，也将其归于班昭。但关于如上两部书，真正的作者已十分清楚（王相"论语序"，1b，收入同作者，《女四书集注》）。

但同时又试图通过口语化的女诫之书,利用大规模出版的力量。① 他的矛盾,实际上也是吕坤身处的儒家道德、学问和社会思想领域面对坊刻的矛盾。

女作家:清物与清玩

如果相较于理想道德妇女,女读者形象看起来是棘手的话,那么更成问题的则是一个女人挥动着一杆写作的笔——因之名扬于外。但在明、清时的江南,妇女不仅是以读者而且也是以作家和出版者的身份,参与进了繁荣的出版业中。由妇女自己创作的作品甚至比道德女性故事更具投资价值,它能够带来丰厚的回报。不单有不少诗歌选集非常畅销,而且其他文体,如书信集和戏剧,也同样找到了它们的出版途径。②

并不是所有妇女作品的发行都是为了利润。出版和销售有两个独特的汇聚点,尽管对资金和所印抄本数量等细节问题仍知之甚少。如果说商业出版者是从市场需求出发,个别才女的结集作品则通常由她的家庭发行,仅为小范围的流传,以纪念家内的某一幸事或见证家庭的文化优越地位。家庭出版计划的例子将在以下诸章中讨论;我在这里集中探讨的是为市场而生产的女性著作。表 2 列举了现存的女性诗、文选集,尽管并不是详尽无遗,但它具体地呈现了明末清初印刷文化中女性作家的一个侧面。③

---

① 柯丽德(Carlitz),138 页。

② 关于 23 位女戏剧家出版和未出版作品的一览表,见徐扶明《元明清戏曲》,270—272 页。

③ 编完此表后,我偶然看到了孙康宜(Kang-i Sun Chang)对这些书名的许多精彩研究。读者如对选编方法感兴趣,一定参考她的"明清诗集导论"("Guide to Ming-Ch'ing Anthologies")。

表 2 17、18 世纪中国妇女出版作品中的主要选集　　60

出版年代	编者	书名	作品风格	包含的女作家数量
1557	田艺蘅	《诗女史》	诗	26(明)
隆庆时期(1567—1572)	愈宪	《淑秀总集》a	诗	17(明)
1595	池上客	《名媛玑囊》	诗和词	23(明)
约 1620	钟惺	《名媛诗归》	诗	110(明)
1628	赵世杰	《(精刻)古今女史》	散文和诗句(31种作品风格——墓志铭、编年史、书信,等)	52(明)
1636	沈宜修 b	《伊人思》	大部分为诗;也包括词和序文	46(明)
1667	王端淑 b	《名媛诗纬》	诗	约 1 000(大部分为明清)
1673	刘云份	《翠楼集》	诗	201(明)
1685	归淑芬等 b	《古今名媛百花诗余》a	词	26(明);45(清)
1690	徐树敏和钱岳	《众香词》	词	410(明清)
1716	胡抱一	《本朝名媛诗钞》	诗	57(清)
1773	汪启淑	《撷芳集》	诗	2 000＋(清)

注:列出的选集符合下列标准:所有都是总集,而不是单个作家或家庭的作品集;都包含着至少十位妇女的作品;都是出版了的著作,而不是私人手稿;包含的主体内容都是明或清妇女,而不是宋元作品的重印;都专注的是妇女作品。关于所引之书的完整情况,参见本书附录。

a 我还没有看到这部书,这一消息来自二手材料。

b 女性编者。

男性文人对女诗人的推助,或将女性声音等同于真诚、自然和真实,是女性诗集繁荣背后的一个主要动力。男性文人所扮演的主要角色,可以从两个角度进一步探讨:女性诗词的商品化,及其在明末清初文学改革运动中所扮演的必不可少的角色。

16世纪末前后,男性文人开始认识到女性作品的文学和市场潜力。以文学史的视角看,这一对女性作品的关注,乃是反对风格上教条沿袭的一种反映,台湾学者曹淑娟将这次运动称为"性灵文学",它从隆庆年间(1567—1572)繁荣至明末(1644)。受哲学家李贽"童心"概念的影响,这一运动服膺一个原则,即好的文学是人的内心自我的真实表达。[①] 光是引经据典,或盲从附和既定的流别之风,都是不合时宜的。如陆云龙在《叙袁中郎先生小品》中说:"率真则性灵现,性灵现则趣生,即其不受一官束缚,正不蔽其趣,不抑其性灵处。"[②]女诗人的作品,尤其"不受一官束缚",因此受公安三袁、竟陵钟惺和谭友夏推崇,也就不足为奇了。

尽管短小的随笔和小品——以前因太过私人化和琐碎而没有受到重视——因而获得了地位,但还是诗歌最好地表达了时代精神。宇文所安已陈述说:"全盛时的中国抒情诗,是以与别人交谈的最高形式构思出来的。"换言之,诗歌既是个人的也是社交的。"也就是说,诗歌是社交的一种基本途径,借此文人雅士不仅与在场者交谈,而且也可跨越时间建立一个活动的社交圈。"[③]在61后面的诸章中我们将看到,明末清初时,受教育女性是如何充分开掘诗歌的个性表现和社会交往等方面的情况。直感的表达和

---

① 曹淑娟,第四章随处可见。

② 曹淑娟,37页。

③ 宇文所安(Stephen Owen),"中国传统中的诗歌"("Poetry in the Chinese Tradition"),载罗溥洛(Ropp),《中国的遗产》(*Heritage of China*),295—296页。

风格中的情感特性,都暗合了女性是私领域中的情感生物这样一种社会性别陈规的强调重点。所以有如此多的女诗人是不足为奇的,她们的作品对读者大众有一种特殊的号召力也不足为奇。

韵律、抒情和女性的联系在"词"这一文体中表现特别强烈,词是一种长短句的形式,它被认为更富于表达,因此较律诗也更女性化。孙康宜注意到,许多明、清批评家强调词本身是阴柔抒情的文体,在风格上与女性气质吻合,他们因而认为女性能够成为更好的词人。晚明这一风格的复兴,因此也就与女性诗人的流行及备受推崇有着密不可分的关系。而且,此二者都是建立在"情"迷基础上的。①

女性诗人最热心的倡导者是钟惺(1574—1624),他是晚明最著名的选集《名媛诗归》编者。在这一包罗广泛的集子中,36 卷中的 1/3 都给了明代女性,而其他的 2/3,则涵盖了以前历朝的女性诗人。在序言中,作为文学竟陵派领头人的钟惺,认为才女居性灵文学之首。其论点的根据是这样的一种对立,即一方面是妇女、性情和私领域,另一方则是男性、人文传统和公领域。在他的观点中,不仅真正的诗作源于前者,而且它还特别体现了女性的纯真和敏感。

"诗也者,自然之声也,"钟惺宣告说,"非假法律模仿而工者也。"作为自然表达的一个标志,他然后引证《诗经》这部儒家经典,并且相信《诗经》的很大部分是由女性所写,"三百篇自登山涉阻,唱为怀人之祖,其言可歌可咏,要以不失温柔敦厚而已,安有所为法律哉"。在对曲解了诗歌本质的当代男性诗人提出批评

---

① 孙康宜(Chang),"明清诗集导论"("Guide to Ming-Ch'ing Anthologies"),141 页;关于情迷与晚明词体复兴的关系,参见孙康宜(Chang),《陈子龙》(*Ch'en Tzu-lung*)。

后,钟惺将诗人的成长与女性心理的发展进行了类比:"今夫妇人始一女子耳,不知巧拙,不识幽忧,头施绀幂以无非耳。"然而当她长大后,纯真让位于一种直觉经验。一位青春少女慢慢开始意识

62

到"世事不无反覆,而于时喜则反冰为花,于时闷则郁云为雪,清如浴碧、惨若梦红,忽而孤邈一线,通串百端,纷溶蔺篸,猗旎草歊,所自来矣"。换言之,灵感的直觉是一种内心的自然和本能的显现,它不可能由有目的学习或模仿原则所促追而成。"故凡后日之工诗者,皆前日之不能工诗者也。"①

不仅因为女性较少受到人为学术传统的浸染,更因为她们的存在本身就是诗歌的体现,所以她们天赋自然是更好的诗人。"诗,清物也。其体好逸,劳则否;其地喜净,秽则否;其境取幽,杂则否。"然后,钟惺谈出了一个与吴国辅一样的观点:女性被排斥于男性的公领域和政治奋斗之外,实属一件潜在的幸事。此外,钟惺还对男性世界的物质性与女性世界的虚幻性和心理本质,进行了一个饶有意义的对比:

> 盖女子不习轴仆舆马之务,缛苔芳树,养丝熏香,与为恬雅。男子犹借四方之游,亲知四方,如虞世基撰十郡志,叙山川,始有山水图;叙郡国,始有郡邑图;叙城隍,始有公馆图。而妇人不尔也,衾枕间有乡县,梦幻间有关塞,惟清故也。②

钟惺深信清静构成了诗歌的真正本质,这种认识促使他去出版女性的诗歌,以作为走入歧途的男性的榜样。这种对女性声音的推助,颠倒了传统的男尊女卑等级;令人诧异的是,男女有别这一概念本身则变得更加牢固了。男和女之间的区分,被认为是植根于

---

① 《古今名媛诗归序》,1a—3a,载钟惺。
② 《古今名媛诗归序》,3b—5a。

心理上的。女性仍是直觉和感性的性别,而男性则继续被认为是知性和理性的。与此同时,钟惺承认女性凭文学想像可以构建一个超然物外的现实,这是一种极为敏锐的观察。如我们将要看到的,女性读者兼作者单凭想像力便能超越闺阁,身虽在内,心志却驰骋在外,身心分离是一种策略,也成了性别越界的最佳武器。

钟惺将女性、诗歌与自发性间的联系接合在了一起,却没有明言第四个最要紧的环节:金钱。钟惺编辑、再版及搜罗天下名家出合集的成功,都给了其他出版商以灵感。接下来出现的一个主要女性作品集《古今女史》,是一位杭州坊刻出版家赵世杰的作品,他的利润动机更为明显。为了在一个蜂拥而上的领域中显示出自己的特色,赵世杰的方法是既收诗歌,也收散文,开掘出大量过去被视作男性特权"公"领域的文类,如赋、文、序、传、疏、表、上书、状、启、笺、诏等等。女性文字的有利可图,也促使了一些评论的出现,这些评论来自那些担心女诗的清静在坊刻竞争下可能荡然无存的人们。甚至连为宣扬其"性灵文学"而出版《名媛诗归》的钟惺,也受到了另一编辑的指责:"名媛诗归书虽略备,似出坊贾射利所为,收采猥杂。"这位谴责者名叫徐树敏,是 29 位士大夫和文人小组的头儿,他们编辑了一本珍贵的、收集广泛的词集《众香词》。尽管他表示这部书的出版要归功于四位赞助人,但这些赞助可能是作为投资,并不表示这事业完全没有受到利润目的的影响。①

为制作出部头更大、选材更新的女性诗歌而进行的竞争,使搜寻秘而不宣的手稿工作持续不断。如苏州的胡抱一,挨家爬梳

① "凡例",1b,载徐树敏和钱岳。关于主办者和出资者的一览表,参见"凡例",2b—3a。一些人是著名的学者和妇女诗歌的推动者,但坊刻商的名字也赫然列于其中。

了印刷商的书店、亲朋好友的书斋以及书商存放女性诗歌的货栈,在其夫人和门人的帮助下,对它们进行注释,并出版了一本选集。本书的绪言包含了他的家庭住址,并且鼓励"四方名媛如有不吝赐教、有琼章见贻者,幸邮至苏郡府学前凤池门胡抱一舍下,以便续刊"。投资的商业目的由其最后的严厉警告暴露出来:"版藏凌云阁,倘有翻刻,千里必究!"①(凌云阁是胡抱一的书斋,同时也是其坊刻事业的招牌。)这种如见其人的个人调子,使人联想到了出版人通过印制自己头像而作的广告宣传。

许多流向市场的诗文集都有续集发行——如果第一集卖得好的话,然后这些利润就可以资助出版下一集,如此延续。来自出版商对读者的征稿请求,因此就是实际上的广告。一个成功的例子是邓汉仪,他是扬州文坛的领头人及《诗观》的编者。与45位女性的诗作一起,他插入了自己的评论,他模仿的是一个世纪前田艺蘅在《诗女史》中的做法。没有比邓汉仪在结尾处对读者的呼吁更具私人色彩:"是编行后,即谋二集,鸿章赐教,祈寄至泰州寒舍,或寄至扬州新城夹剪桥程子穆倩大东门外弥陀寺巷华子龙眉宅上,其京师则付汪子蛟门,白门则付周子雪客,邮寄最便。"②六年后他出版了一本包含33位女性作品的续集。

64　　　对更新、更大规模女性文字选集的要求,不仅令一些已传世的才女更广为人知,更促使从未见经传的女诗人得以渐为人知。就出版商及读者而言,遍寻尘封档案与手稿征集,都带有一种偷

---

① "序",1a,和"凡例",2ab,载胡抱一。哈佛-燕京有这个版本和另一个序为1716年的版本(在抱一的原名胡孝思名下),除年代,两者完全相同。通过其夫人顾可贞,胡抱一收录了大量诗歌,但并没有认可她在编辑中的作用。
② "凡例",3b,载邓汉仪。二编之序作于1678年,在内阁文库,二编与初编放在同一个封盒中。

窥癖的味道。但结果却是提高了大量女性诗作的公众能见度,否则这些诗作有可能遗失于历史中。不仅诗人的数量因此高涨,而且她们的地理和社会位置也愈来愈多样化。早期诗文集一般是以江南出身的作家为主,通常都是被编者个人所知或与编者直接有关系的女性,但当进入明末清初时,来自边远地区甚至外国如朝鲜的作家都变得很常见了。到了乾隆时期,农民诗人也首次露面,尽管其中最知名的贺双卿的真实性仍存疑。①

在商业上和文学上,像钟惺、胡抱一和邓汉仪这样的文人对女性诗歌的兴趣,促进了女性的教育和女作家的积极形象,它较之哲学说教更具说服力。他们,及为这些集子作序的有着同样想法的文人,并没有提出关于两性平等的观点,也没有公开拥护女性的教育。但他们因其感情的直接和自然的流露而对女性诗歌很欣赏,这就是对女性创造力的公开承认。女性诗歌的流行促使更多父母相信,使他们的女儿会读、会写是非常自然的事情。因此男性出版商的推动帮助,为文学女性,特别是诗人,在江南的城市文化中创造了一定的地位。

文学女性也有着自己的思路,并开始着手编辑女性的诗歌,以服务于她们自己的目的——构筑跨越时空距离的女性社团。在下面的诸章中,我将回到两位这样的编者——沈宜修(1590—1635)和王端淑——的生活中,及她们保存和传递女性著作的历史使命。

女诗人和女读者日渐增多,女性出版商则非常稀少,但也并

---

① 这一多样化表现潮流持续于 17—18 世纪。来自周边地区的女性,更是被很好地呈现在了一本 19 世纪的文集——《国朝闺秀正始集》中,此集由一位妇女恽珠编辑而成。围绕农民诗人贺双卿真实性的争论,参见罗溥洛(Ropp),"史震林和女诗人双卿"("Shi Zhenlin and the Poetess Shuangqing")。

不是没有。如,一位杭州才女梁瑛(1707—1795)的诗作便是分别由两位印刷商的妻子出版的。其中王夫人是湖州印刷商吴砥澜的妻子,她在湖州发行了梁瑛的诗歌。李夫人是一个扬州书坊主人吴果堂的妻子,她于 1730 年以非常精美的形式出版了梁瑛的诗歌。现代学者胡文楷曾看到过这一《字字香》卷本,按照他的看法,不论是版刻还是印刷都是一流的,是传世中质量最好的女性著作集之一。①

65   梁瑛的丈夫黄树谷(1701—1751)对其写作生涯多有帮助。黄树谷是杭州女族长和知名诗人顾若璞(1592—约 1681)的五世后人,是顾若璞将梁瑛引入了一个有着女性作家和诗歌圈子的家庭传统中。作为文人的黄树谷曾漫游江南以寻求资助,他曾于 18 世纪 30 年代早期,留居于扬州商人吴轶容的庄园中。② 尽管我们还不清楚吴轶容与发行梁瑛诗作的印刷商是否有关系,但很有可能是黄树谷在扬州时安排了其夫人著作的出版。他还邀请了两位好友为她写序。如我们将在以下诸章所看到的,黄树谷是著名女诗人的男性亲属参与其著作出版的典型。

阅读、写作、编辑和出版,作为文化消费者和生产者,明、清江南的受教育女性开始参与进了写作文化中。无论是印刷文化还是她们自己的生活,都因而走进一个新纪元。

浮世中的社会性别关系

一个女作家和读者批评群体的出现,是明末清初江南城市文

---

① 胡文楷,《历代妇女》,542—543 页。关于梁瑛的传记及其部分诗作,也请参见吴颢,30. 30b—31b;及恽珠,12. 16b。
② 史震林,1. 21, 60。

化的一个显著特征。但对社会性别关系而言,这一出现也承载着诸多的矛盾含义。正是那些有目共睹的社会和文化变迁,掩盖了其潜在的引人争论的本质。

公众能见性是城市印刷文化及维持它的货币经济的本质。新的有钱家庭忙着"摆阔"式的消费;女性读者兼作者从其隔绝中走出而出现在公众视线中。对其时和后代的所有明眼人而言,印刷文化的新奇之处是非常清晰的:大量的书籍呈现在读者眼前——充满了错误的书籍,有图画的书籍,出版商和艺术家的肖像在亲自对读者说着什么,节妇故事被以不同的风格重复讲述着,女性诗作被收入一系列出版物中。形象化表现年代要求隐藏的文字曝光,新奇之处以夸张耀目的时尚形式突出。

但这些变化的含义生来是具有矛盾性的,因为它们的评价是好是坏,仰赖于观察者的价值观及立足点。某士大夫会担心坊刻发达带来社会性别界限的侵蚀,他的妻子却可能会乘机拓展视野。与此同时,她也可能与他一起悲叹社会秩序混乱、人心不古。没有任何综括表述,能够涵盖这一变化时代的复杂性。同一个人,往往会前后矛盾,既同情又反对女人写诗。

评估这些变化给女性带来的冲击,因此便是相当困难的。学者们指出,新的城市文化播下了更为平等的社会性别关系的种子。如罗溥洛就将 18 世纪描绘成一个"旧有文化"与"新兴文化"的战场。"旧有文化"是指正统的儒家思想,它有着对女性日益严格的规范;"新兴文化"兴起于江南的城市和商业中心,在这里,小说家描述了有知识的女主角和男性文人对妾滕和缠足的反对。① 费侠莉也论证说,一种"豪放不羁的反主流文化"的价值和生活方式,对

① 罗溥洛(Ropp),"变化的种子"("Seeds of Change");同作者,《异己思想》(*Dissent*)。

家庭中家长的权威形成了威胁，但是她也告诫说，那些反主流的艺术家依靠的是旧的精英赞助体系，他们并没有独立的经济基础。①两位学者都赞同商品化为更加平等的社会关系提供了可能性。

我对江南印刷文化中的女性的研究，是建立在这些前辈的研究基础上的。但关于这一文化的定位及其对社会性别关系的意义，我的评价是不同的。首先，将这一浮世称作"新兴文化"或"反主流文化"，是在儒家传统与明后期江南出现的城市文化之间，画了一条太过刻板的界限。如本章所指出的，这一文化不是一种变态；反而它是在"主流"儒家文人学士文化的发展中成长起来的，并且进而转变了儒家的价值和表现。而且，对于个人情感表达这样一种审美情趣的欣赏，是触及中国人生活的方方面面的。与市镇中的交易、风月场的私通、大众化宗教派别的号召力及文学和文学批评流派中的交往模式一样，上层家庭卧室中的私人事情也在很大程度上受到了影响。阅读大众文化应被视作明末清初中国大文化中的一个主流。

我的第二个异议针对的是对更大的社会性别平等而言，这一印刷文化中的女性的浮现，并不意味着男女因此平等或同步。城市印刷文化的冲击是非常自相矛盾的。在个人层面上，一些女性在学问和文学的世界中获得了与男性平等的地位；但在体制层面上则恰恰相反，对女性作家的推崇，反而强化了社会性别区分即"男女有别"这一前提。而这一矛盾同时明显地表现在妇女教育的传播和对妇女诗歌的颂扬上。

通过给文化教育以合法地位，明末清初的印刷文化改变了女

---

① 费侠莉（Furth），"父权制的遗产"（"Patriarch's Legacy"）。费侠莉也称这一"生活不羁的反主流文化"（bohemian counterculture）为一种"浮世"（floating world）文化。但她的用法与我稍异。

性教育的理论和实践。但妇女识字率的提高，并没有减弱儒家道
德的控制。实际上，宣扬儒家意识形态的媒介物，从未像现在这
样的强有力和具有渗透性。道德榜样故事通过形象的插图和白
话故事方式表达出来，比干巴巴的说教更生动，它们进入到了更
多的家庭。更厉害的是才女们自身对儒家道德的拥护，她们编写
诗、歌以教授其他女性忠诚的美德。换言之，女性读者兼作者的
兴起，在很大程度上标志着儒家社会性别体系的强化，而不是它
的消亡。受教育女性将其新的文化资源，服务于她的母性和道德
守护天职。在博学的母亲和教师的支持和推动下，社会性别体系
的基础甚至变得比以前更牢固。

对女性诗歌的表扬也同样是矛盾的。因为这个，更多的女性
被鼓励去追求教育和献身写作。虽说读书写作传世一直是男人
的特权，才女们无疑是开始踏足男人的世界，但这一踏足并没有
助长男女平等，反而更扩大了男女间的差距。在"好诗＝清物＝女
人"这一方程式下，才女的才华愈受肯定，她们愈被等同于阴柔、情
绪化和闭隐的异性。面对社会经济变化的剧烈冲击，儒家社会性
别体系不但没有瓦解，而且证明自己是颇具弹性和生命力的。

简而言之，明末清初的江南是一个充满矛盾的瞬息万变的世
界。它给受教育女性以前所未有的空间，去创造性地表达和情感
上得到满足，但因与家庭背景紧密相连，这些机会并不对所有的
女人敞开。古老的社会性别陈规很难消亡，经常与对女性更具同
情心的思想并存在一个人的身上。我们听到了个别女性的声音，
但明末清初中国的妇女还没有明确表达她们的共同抱负。在这
样的一个浮世中，最重要的故事是个人每天的具体生活内容。正
如以下诸页所显示的，这些故事中的每一个都交织着自己的酸甜
苦辣，是希望与挫折、自由与限制、友谊与孤独的混合体。

第二章　情教的阴阳面：从小青到《牡丹亭》

虽然儒家社会一直将女性视作直觉的、感性的存在物，但与这些陈说相反，受过教育的妇女既有着丰富的智力世界，也有着多彩的情感世界。事实上，正是阅读这一行为，将理智与情感融为一体。在上一章，我对明末清初江南印刷文化中女读者的社会文化位置，作了客观的分析；在本章中，我将考察阅读对女人自己的主观涵义，这一阅读包括戏剧、诗歌和相互间的作品。我将特别关注女性对《牡丹亭》的狂爱。《牡丹亭》是明末伟大剧作家汤显祖所奉献的一曲爱情颂歌，它阐明了阅读的两个重要结果：阅读浪漫作品如何塑造了女性的自我认识；女性如何将其自我认识化为纸上的评论和诗作，从而于读者群中燃起一股情迷。

痴迷的读者：三妇传奇

明清妇女的阅读不是为掌握传统教义以搏杀于科场，也不是信手翻阅而消磨时光。她们是为充实及满足自己而阅读的，这种阅读通常接近于狂热。戏剧和其他小说作品也特别卷入其中，当这些作品为现实生活中不完美的经历提供慰藉时，它们也就实现了读者的渴望。从这些虚构的纸页中，女读者建造起了她们自己的浮世，于此浮世中，智力刺激与情感和宗教的满足结合在了一起。

尤其如本章将要显示的，着迷的女性读者从小说和戏剧中发现的含义，能够以四种方式得到理解。首先，虚构的人物为女子的社交活动提供了角色样板。文学批评家已经指出，妇女不是从观察现实生活而是从阅读小说中，学习如何在社会中应对自处。① 就《牡丹亭》而言，这一点尤为如此，《牡丹亭》的女主角杜丽娘，成为几代年轻女性的自我再现。

其次，阅读也是一种创造性行动。阅读的女性不仅创造了她们的自我形象，还构建着她们幻想的多彩世界。《牡丹亭》是一个有着完美结局的浪漫故事，但一些女读者将它与小青的口头传说联系在了一起，而小青故事则是以悲剧收场的。② 无论是浪漫戏剧还是小青悲剧的读者，他们本身又都成了被歌颂的对象，并且激励着对诗歌和故事的新一轮诵读。现实生活中，读者变成了小说戏剧中的人物，反之，这些创作又被更多的读者阅读，他们又创作出了新的作品。最终，一个爱情受创的女人杜丽娘的简单故事，被编织成了一套有着冲突信息的故事传说。每位读者都对这些故事有着再想像的空间，以满足其变化着的心境和需求。

阅读的第三层涵义源自其所具有的上瘾特性。对许多女孩而言，早年对书的热爱，最终发展成了终其一生对学问和文学的献身。她们沉迷于装订整理、抄写和传播书籍、手稿，与宗教狂热分子很相像。如所有其他成瘾的东西一样，阅读是令人

① 瓦尔特纳（Waltner），"不要成为女主人公"（"Not Becoming a Heroine"）。瓦尔特纳通过一个创作人物阅读另一个创作人物的研究，支持了她的个例。孙康宜〔Kang-i Sun Chang，《陈子龙》（Ch'en Tzu-lung），63 页〕指出，晚明名妓柳如是"总试图在她阅读的当代戏剧和小说的女性形象中，寻找其生活的抽象对等物"。

② 费侠莉（Charlotte Furth）在其"诗歌与女性文化"（"Poetry and Women's Culture"，5 页）中，首次对《牡丹亭》与小青剧作结构上的联系进行了考察。

愉快的,但又是耗费精力的,甚至可能是致命的。的确,小青和其他热爱文学女孩的过早死亡故事是非常普遍的,以至于当女性阅读现象变得普遍时,女人才高便福薄的迷信看法也得到了流传。

但不管迷信的威力和耗费精力的真正危险有多大,妇女并没有停止阅读。作为最超越的行动,阅读带有第四层涵义。妇女靠读书可以进入一个世界,这个世界远大于四壁之内的闺阁。阅读可以使女性连接到一个由志趣相投的读者构成的社交世界中、一个由想像出来的人物构成的虚构世界中,这些世界看起来比生活更真实、更引人入胜。书籍如宗教献身一样,提供着一条超脱世俗乏味存在的路径。当读者展开想像的翅膀,设计出妇女专有的家内仪式,以纪念如《牡丹亭》这样的剧作中的女主角时,阅读本身便成了一种宗教式行动。

70 三位传奇才女的故事,很形象地说明了阅读是如何引发这四层涵义的。这三位女性编写了《吴吴山三妇合评牡丹亭还魂记》,此作品出版于 1694 年,它是作为文化制造者而涌现的女性读者兼作者中最登峰造极的事件。其漫长的创作过程,特别展现了书籍深入女性闺阁的程度及明末清初江南出版界如何深深地影响了女性的生活。

三妇传奇始于一位年轻女子陈同(约 1650—1665)单纯且私人的迷恋,她生活在黄山。如同时代的其他许多女性一样,陈同被吸引进了由《牡丹亭》所唤起的爱情世界中。《牡丹亭》在 1589年初版后,立刻获得成功。① 陈同成了此剧的一个戏迷,几小时

①《牡丹亭》一剧是在更早的一个话本《杜丽娘慕色还魂》的基础上写成的,它出现在十六世纪早期。关于此话本,参见徐扶明《〈牡丹亭〉研究资料》,12—19 页。

几小时地校对、改正江南书商承印的不同版本。一天，陈同从其嫂手中得到了一个权威版本，它是由属于剧作家汤显祖本人所有的书坊发行的。① 不能再对这一版本作出校正，她便开始在页边草写评论。

陈同对文学的热爱非常强烈，以至在罹病后仍熬夜读书。母亲担心她的健康，夺走并烧毁了她所有的书籍，包括她的珍藏本《牡丹亭》的第二卷。但陈同的乳母救回了陈同枕函中的第一卷，并用它夹花样本。烧书并未能使陈同恢复，她死于其婚礼行将举行之时。陈同死后，她的乳母将这部书带到了其未婚夫吴人的家中，并以一金卖给了他，随同带去的还有一双作为纪念物的鞋，这是陈同为她的未来婆母做的。②

吴人居住在景色优美的杭州郊区，他是一位有些名望的诗人，并且进入到了著名剧作家也是其家庭老友洪升（1645—1704）和他的邻居毛先舒（1620—1688）的社交圈中。毛先舒是清早期几个杭州诗社的成员。③ 吴人本身也是一个戏迷，他很喜欢陈同留在《牡丹亭》页边的那些小草作，里面充满了禅式顿悟，他对消失在炉火中的第二部分感到非常惋惜。

吴人很快迎娶了另一位清溪才女谈则（约 1655—1675），她也像陈同当年那样喜欢这部剧作。谈则牢记了陈同的评注，并以陈同的精神完成了第二部分，她将自己和陈同的评注手抄在一个原版《牡丹亭》的页边，这个版本是吴人从吴兴书商手中买到的，吴兴

---

① 这个权威版本被称作"玉茗堂定本"（汤显祖，《吴吴山三妇合评牡丹亭还魂记》，"序"，2ab；下文中仅引其名）。

② 汤显祖，《吴吴山三妇合评牡丹亭还魂记》，"序"，1a。

③ 关于洪升与吴人间的友情，参见陈万鼐，244—246 页。关于吴人与毛先舒于吴山街为邻之事，参见朱彭编，《吴山遗事诗》，13b，载丁丙，《武林掌故丛编》，第一册第二集。毛先舒的女儿安芳是蕉园七子的一员，这个女性诗社将在第六章进行探讨。

是江南书籍零售的领军地。谈则将这个本子借给了她的侄女,但她不愿对其才华表现出自夸之意,所以假称此评论为其丈夫所作。侄女让其塾师看了这个本子,很快杭州的文学圈都在谈论吴人对71 《牡丹亭》的评论,①但吴人本人却非常坦白地承认了真正的作者为谁。一天,在其老友洪升的北京厅堂中,他用陈同和谈则对梦和情的评注与洪升辩论,洪升对此印象颇深。②

在婚后的第三年,即 1675 年,谈则也死了。十多年后,倒运的吴人第三次结婚,新娘又是一位古荡才女,名为钱宜。她也是通宵阅读《牡丹亭》及两位"姐姐"所写的评注。钱宜非常渴望保存这本女性手稿,她对丈夫说:"宜昔闻小青旨,有《牡丹亭》评跋,后人不得见,见冷雨幽窗诗,凄其欲绝。今陈阿姊已逸其半,谈阿姊续之,以夫子故,掩其名久矣。苟不表而传之,夜台有知,得无秋水燕泥之感,宜愿卖金钏为锲板资。"③小青是扬州的一位妾,如我们后面将要看到的,在她著名的"冷雨幽窗"诗中,写出了由阅读获得的慰藉。钱宜设法说服丈夫以三妇的名义,重新发行有她们评论的《牡丹亭》,并且变卖她的珠宝以资助刻版和印刷。其结果便是 1694 年出版的《吴吴山三妇合评牡丹亭还魂记》,洪升的女儿和蕉园七子所作的序、跋也为此书增色不少,蕉园七子是杭州的一个女性诗社(参见第六章)。④

《吴吴山三妇合评牡丹亭还魂记》是中国历史上第一部出版的女性文学批评著作,其漫长且曲折的创作过程,浓缩了本书的

① 《三妇合评牡丹亭》,"序",1b—2a。
② 洪之则,《还魂记·跋》,载《吴吴山三妇合评牡丹亭还魂记》,"跋",3a。
③ 《吴吴山三妇合评牡丹亭还魂记》,"序",2ab;也见吴人,《三妇合评牡丹亭杂记》,载《香艳丛书》,1:4. 1b。
④ 关于三妇评论产生环境的简要概述,参见王永健。

主要主题：男性和女性交际圈的关系；伙伴式婚姻的蔓延；通过书籍、手稿和纪念物如鞋子的交换，在家内生活中，一种女性文化的打造；在这一女性文化中，文学作品、鉴赏和普及所起的中心作用；女性写作和出版的重要性。就本章的目的而言，它也有效地说明了女读者被《牡丹亭》及其为爱情辩解所迷住的程度。陈同、谈则和小青等读者都死于少年时期，她们既证明了创造性才华的力量，也证明了由阅读这一看似随意的行动所带来的耗费精力的危险。

《牡丹亭》中爱情的戏剧性表现

当书籍不仅被静静地阅读，而且被大声地读、被口头描述、被搬上舞台表演时，阅读的社交效果就被放大了。三妇被《牡丹亭》中崇高的爱情迷住，它也证明了情迷所具有的诱惑力，这是明末清初江南城市文化的特点。《牡丹亭》及其他许多戏剧的普及——既是为阅读也是为表演而写——对造就狂热特别重要。如上章所讨论，坊刻出版商个人销售的投入及插图书籍的泛滥，都对形成崇尚真实表现和个人交流的潮流起到了作用，它也推动确立了女性作为更自然因此也是更好的作家的形象。对于出版界的这些发展，我想再多说几句，我在这里试图通过考虑与戏剧表演有关的一些方面，来更全面地展现"情"迷的情况。首先，通过《牡丹亭》和小青戏剧的例子，来探讨"情迷"的哲学基础、女性在其蔓延中所起的决定性作用及男性和女性给情的含义下的阅读带来的不同视角。

情迷出自对小说充满同情的阅读和对舞台上戏剧的欣赏。孙康宜已非常敏锐地观察到："晚明情迷的兴盛，在很大程度上是出自读者对当代小说和戏剧中人物类型的模仿。"①对汤显祖《牡丹亭》的读者和听众而言,这一点尤为贴切。在它于1589年首次出现后的很短时间内,这部戏剧就被誉为异常精彩的情的具体化。在明末清初的江南,出版业的繁盛及剧场的普及,都扩大了它的影响。

《牡丹亭》的感染力既与汤显祖的文学创新也与其女主人公杜丽娘的吸引力——作为才女这一新女性的样板——有很大的关系。许多明末清初的批评家都承认,从艺术上讲,此剧代表了南方戏剧的顶峰。日本研究此剧的专家广濑玲子指出,汤显祖浓缩凝聚了戏剧的关注点和语言,使之更适合创造深层情感的虚幻世界。感情被提升到了唯美主义的领域。《西厢记》是一出有着同样爱情主题的元杂剧,与之相比,《牡丹亭》显得更加"浓而厚实",而《西厢记》则使人感到"淡白而干"。通过对其角色最深层想法和感情的熟练戏剧化表现,《牡丹亭》能够使人沉醉,而这是其他戏剧所未能做到的。②

杜丽娘内心世界的真实展现表明了她的可信性,因此也为其大胆行动的过程赢得了同情。杜丽娘是一位地方官的女儿,她熟知儒家经典和女性道德规训,但她发现死记硬背和道德说教是令人窒息的。一天,杜丽娘没有跟随塾师学习课程,而在花园中睡着了。在梦中,她爱上了一位书生柳梦梅,并且疯狂地追求他。杜丽娘是以一位意志坚强的女性形象出现的,她无视各种社会限制,而生活于自己的幻想之中。

受爱情打击的杜丽娘病倒了,并在其15岁时死去,但她非常

---

① 孙康宜(Chang),《陈子龙》(*Ch'en Tzu-lung*),11页。
② 广濑玲子(Hirose),"明代传奇文学"("Mindai denki no bungaku")。

有心地在其身后留下了一幅肖像。其梦中所爱恰是一位现实中
人，他偶然得到了她的肖像，并且也爱上了她。即使在另一世界，
杜丽娘继续找寻着柳梦梅，他们最终结婚了。最后，杜丽娘复活，
柳梦梅在科考中夺得状元，杜丽娘以其坚忍不拔最终获得了
真爱。

　　在其时的城市文化中，杜丽娘代表了完全居于家中的新的迷
人女性形象——受过教育但是自然、漂亮迷人但为良家、直到死
都在坚持不懈地追求自己的志向。尽管丽娘同样迷住了男性和
女性，但它尤其成为其女读者的知己。

　　《牡丹亭》在女性中的流行达到了惊人的程度。如果明、清
女性读者有着一个共同的词汇，那它就是源自《牡丹亭》的。没
有其他文学著作激发出了如此倾泻的女性情感。也不乏男性
爱好者改写此剧、将其搬上舞台和对其进行评论；几乎所有明、
清江南知名男性文人，都或多或少对此剧进行过评论。[1] 无论
女读者在理解上有着如何细微的差别，她们的反应则是一致使
人震惊于它的新奇、炽烈和某种感情上的共鸣。就像我们在
《吴吴山三妇合评牡丹亭还魂记》这一例子中所看到的，才女们
通过对此剧共有的欣赏，创造出了各种超越时、空、甚至世俗樊
篱的社团。

　　尽管现有的材料不足以使我们探明实际印过的抄本数量，但
此剧现存有超过十个的明、清版本，有些还精心配有插图。由其

---

① 有两部主要由男性所作的关于此剧评论的精彩汇编：徐扶明，《〈牡丹亭〉研究资
　料》，81—138 页；毛效同，2：845—1060。关于当时人对明清时期此剧上演的描述，
　参见徐扶明，《〈牡丹亭〉研究资料》，139—212 页。

时的私人书坊和一流坊刻商所发行,此剧无疑是最热销的产品。① 吴人的第一任妻子陈同开创了三妇评《牡丹亭》项目,她校对整理了此剧的 12 个不同版本;吴人后来从吴兴(江南最兴盛的书市之一)书商手中,为他的第二任妻子买下另一个抄本。② 女性也手抄此剧,并在朋友中间传阅。女性阅读时于页眉上草写了一些诗作,由此可见,实际上许多女性手头拥有此剧的抄本。

《牡丹亭》中的对话是以优美白话的散文写成的,它交织着传统的隐喻。因此作为一部文学著作,只有受过教育的人才能够接近它。尽管一些戏剧的初衷只是用于阅读而不是表演,但汤显祖却是为舞台写作的一位实践者。仅在明代,他最著名的作品《牡丹亭》就至少被五位剧作家改编搬上了地方舞台。③ 汤显祖自己亲自监督着许多此类表演创作,这些演出都是在其家乡江西由剧团搬上舞台的。汤显祖估计在其家乡宜黄周围,有超过千人的职

① 臧懋循(1550—1620)是这些插图本《牡丹亭》的出版者之一,他自己写了此剧的一个改编本(参见徐朔方,294 页;广濑玲子,Hirose,"臧懋循","Zō Bōjun",71—86页)。此剧最早的版本之一制作于万历年间(1573—1620)。至 17 世纪 40 年代中期,同一木刻版仍在使用,后来它们被一位徽商买去,用以生产怀德堂本,这是现存最流行的版本(汤显祖《牡丹亭·附录》,275—276 页)。按照罗友枝(Evelyn Rawski,"经济和社会基础"["Economic and Social Foundations"],20 页),一个中等木材刻出的雕版可印 16 000—26 000 个抄本。毛效同做了一个列有 26 种明、清和现代此剧版本的图表,参见毛效同,2:1421—1424。尽管不清楚它们是否存于现在,但至少有 19 种印于万历至乾隆年间(1736—1795)。

② 陈同收集这些版本的信息,可在一篇她所写的未命名的文章中找到。它出现在《吴吴山三妇合评牡丹亭还魂记》中吴人《〈还魂记〉序》(2a—3a)的后面。对吴兴书市的谈及,参见谈则的评注,也未命名,同上,3ab。

③ 几乎所有汤显祖同时代的一流戏剧家都改写过《牡丹亭》。他们中的主要一位是沈璟(1553—1610),他是对立的吴江戏派的创始人(徐朔方,为汤显祖《牡丹亭》所作的序,1 页)。另一个著名的例子是冯梦龙(1574—约 1645),他是一位通俗故事作家和《情史》的编者。

业演员。① 到明晚期,折子戏在北京和江南非常流行,不但在文人家中,也在通俗剧场中。② 直到 19 世纪时,这些剧目的四分之一仍是演出剧目中最流行的部分。③ 随着舞台上的表演,此剧的信息达到了文人读者圈外。

为了理解像《牡丹亭》这样一些剧作的巨大影响,我们必须对剧场在明末清初中国的广泛流行及妇女于其中的公众能见度做出评估。元代(1271—1368)见证了作为一个文学门类的戏剧的成熟期,而明代则是戏剧的黄金期,作为一种表演艺术,更恰当地应称之为歌剧。④ 随着职业剧团的激增、极大扩展了的剧目和增加了的演出地点,用各种地方曲调演出的歌剧,迷住了来自所有地区和各个社会阶层的男女。⑤

明清时期有三类剧团——皇家资助的剧团、职业演出群体、文人和商人家庭雇用的私人家班。因第一类的演出仅为皇室成员和一些进入皇宫的达官贵人服务,所以在此不对其进行分析。

---

① 徐朔方,51 页。江西宜黄地区是海岩曲调的大本营,这一曲调最初由浙江嘉兴地区传来。汤显祖戏剧的极大流行,是建立在江西宜黄本土曲调繁荣基础上的(王安祈,275—281 页)。

② 当于大众聚集地表演时,此剧的对话和曲调采用的是适合平民的口味。关于《牡丹亭》上演的情况,参见王安祈,186、189、196、197 页。

③ 徐扶明,《〈牡丹亭〉研究资料》,140—154 页;汤显祖,《牡丹亭》,xiv 页。

④ 一些学者反对将中文"戏剧"(music-drama)一词译为"歌剧"(opera),因为前者是由文人所创作,而"歌剧"则是由音乐家所谱曲(徐朔方,74 页)。尽管这一区分是有根据的,但我发现,称舞台上表演的戏剧为"歌剧"更合适。

⑤ 元代是杂剧的黄金时期。元代后期的若干年中,也可以看到"传奇"的出现,它繁荣于明代。杂剧是上流的形式,而传奇则经常对民歌进行吸收(马克林,Mackerras,13—15 页;听泉斋主,Strassberg,"真我","Authentic Self",70—73 页)。15—16世纪,传奇以各种地方曲调的形式繁荣着。尽管还有其他许多地方戏种,但一些学者主要将其划分为四大门类:余姚、海岩、戈阳、昆山。经常的相互交融,使严格的区分变得十分困难。昆山是一种文人风格,它最早发源于苏州,于清时扩展至北方,并成为京剧的一个重要元素。所有主要作品都采用了一系列的地方曲调和方言,所以很难将个人的作品鉴定为某一特定风格。对明传奇各种地方风格演变的研究,参见王安祈,273—306 页。

自我摹写：为情而死的杜丽娘，临死之前留下了一件遗物，即通过从镜中反观自己，而画下了自己的肖像。通过将其笔锋定位在丽娘自己的脸上，这位雕刻匠探究了中文"写真"一词的两可之意（写生一幅肖像/写生真实自我）。他的名字鸣岐可以在左上角看到；他是著名的徽州黄家的一位成员（《牡丹亭》，初印于 1617 年；再印于昌彼得，10 页）。

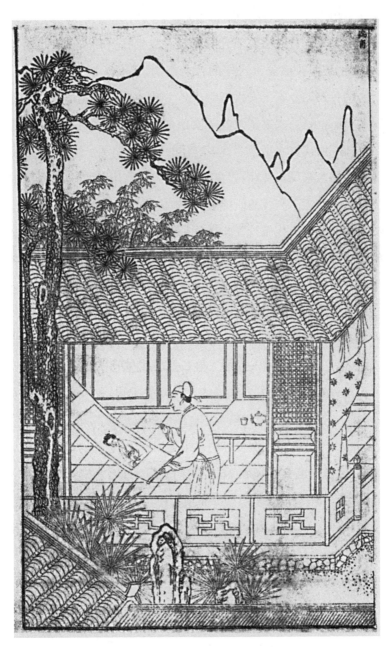

情的传递力量：杜丽娘的梦中情人恰巧是一位现实中人，他爱上了她的肖像/真实自我（《牡丹亭》，初印于 1617 年；再印于昌彼得，10 页）。

与出版业类似,作为商品化的结果,在十六七世纪时,剧场领域中的私人部分经历着非凡的增长。由于物质和文化富足的扩展,无论是职业或家班这样的社会组织,都有了根本性的改变。研究明传奇的专家王安祈指出,元代的私人家班都是以家庭为基础的,通常由丈夫、妻子及其子女组成。没有亲属关系的职业演员群体在明代首次出现。许多这样的群体都由男子组成,它们雇用一些男人来反串女性,但在 16 世纪的最后几十年中,女演员也变得日益普遍。当代的研究显示,她们与男性同台演出,尽管我们对其幕后生活或旅行安排一无所知。戏迷也曾写到过全女班的剧团。① 朱楚生是这些女演员中的一位,她非常认真地与专家学者探讨措辞问题,她明显地视自己为有尊严的职业艺术家。②

不仅剧团的构成是多样化的,而且其剧目和资助人也同样多种多样。依据演员的培训和它们的资助人情况,田仲一成将职业剧团分为三等。最高一等的人群长期居住在地方城市中,他们服务于富有的家族、地方官和商人。从功夫上讲,这一人群是水平最高的,它们反映了地方精英服膺的儒家伦理藉舞台戏剧演绎对忠诚和贞节的拥护。次一等的是半巡回剧团,它们的基地在地方城市,但偶尔也会巡演到农村。它们也反映了乡村老人保守的口味。③ 最低一级是在集镇和寺庙集市中巡演的剧团,它们通常与秘密社会有关,其演出的剧目更富浪漫色彩而少美德内涵。尽管

---

① 王安祈,79—87 页。无论是对明代剧场的社会方面还是艺术方面,王安祈的研究都非常详尽,对此我深表感谢。对清代男性剧团的描述,参见欣施(Hinsch),152—156 页。关于明清的家班女戏,参见胡忌和刘致忠。

② 张岱,75 页。

③ 在 15 年研究的基础上,田仲一成(Tanaka Issei,"江南地方戏剧"["Kōnan chihōgeki"])认为,在 16—17 世纪,江南地方戏剧完成了两极化过程,出现了两种模式——家族(高雅的)和市场(通俗的)——这种情况贯穿这一世纪。

所受培训很少，但较之其他两类，它们更富于创新。自然他们也遭遇到了地方官府最强烈的反对。① 这三类剧团对从总体上塑造江南城市文化、特别是情迷起到了推动作用。

除了这些为公众而雇佣的职业群体外，也存在着由私人家庭经营的家班。这一习俗在 16 世纪后期首先开始普及，特别是在江南的文人家庭中。在一些戏迷的监督和资助下，这些家班有着多种功能——新曲调的试验、私人娱乐、社交网的建立、证明这一家庭的博学和富有。与家刻相似，家班成了将文化资本转化为声望的手段，也象征着中国士绅生活个性化的潮流。除了演员，这些队伍中通常还包括负责训练的师傅和乐手，较大家班的规模达到了 20—30 人。一些演员由职业剧团征召而来，其他人则是受过特殊训练的婢、妾。家班的流行，说明了戏剧渗透到文人阶层私人和官方生活的程度。但到 18 世纪，这一习俗则由文人学士转向了商人家庭。②

尽管在家班这一组织中，文人学士的妻、女并未扮演正式角色，但她们得益于每日浸染的音乐和文学。家庭聚会通常结束于几个唱段；妇女有时也可从屏风的背后欣赏到它们。③ 并不使人

78

---

① 关于三类职业戏团的观点，参见田仲一成（Tanaka），"明清地方戏剧"（"Ming-Ch'ing Local Drama"），143—147 页。田仲一成还指出，传奇繁荣于明朝，它是一种精英形式，只为有文化的人所喜爱。但当农民再次起来反抗官府和地主的权威时，晚明则见证了通俗地方戏剧的复兴（160 页）。尽管传奇的语言一般是精致的，但我并没有看到传奇是一种专有的上流形式。实际上，许多传奇戏剧歌颂的是浪漫爱情，这是一个被田仲一成视为"通俗的"主题。从这些传奇戏剧如《牡丹亭》中节选的情节，被上演于村庄和市镇中；它的主角杜丽娘是一个传奇的名字。田仲一成为此提供了一条依据（148 页注 20）。

② 关于家班，参见王安祈，94—113 页。关于明代早期扬州的文人和商业剧场，参见听泉斋主（Strassberg），《孔尚任的世界》（World of K'ung Shang-jen），127—133 页。

③ 客人有时带着自己的戏班参加聚会。关于良家妇女在屏风后面观看歌剧的情况，参见王安祈，160—161 页。

奇怪,一些家庭是因其家班而闻名的,如吴江的沈家、山阴的祁家和南京的阮家,他们还都以特别集中地出现了才女而感到自豪。阮大铖的女儿丽珍(约死于 1652)是一位剧作家,她起草了其父的名剧《燕子笺》。[①] 来自沈家和祁家的妇女组成了诗社(将在以下诸章中讨论)。沈家的一个女孩叶小纨也出版了一部剧作。

尽管平民百姓通常不能参与到文人私人队伍的表演中,但他们对歌剧的狂热是可以在其他地方得到满足的。著名戏迷张岱(1597—约 1689),偶尔带着他的家班到一些公共场所如寺庙和公园表演,吸引了成千的地方戏迷。这些观众似乎对演出剧目很熟谙,曾有一次,当某一角色刚登场,他们就发出嘘声对其表示不满。[②] 但较之精英剧团的这些即兴出现,更经常的是职业巡回剧团进行的固定表演。这些表演可能采取两种形式:宗教和世俗节日时,在寺庙和临时聚集地进行的表演,及在戏院进行的固定表演。[③] 另外,大众也可在小客栈、酒馆和妓院欣赏。17 世纪和 18 世纪的许多名妓,都是仰仗着其歌剧技艺而吸引客人的。

从古时,卖淫和演剧活动在某种程度上就是联系在一起的,所以女性在明、清时期的中国剧场起着积极的作用。在某种程度上,戏剧仍未完全摆脱"陋俗"的恶名;地方官府不断宣布它们认

---

① 《燕子笺》一剧是在阮大铖名下出版的。阮大铖是一位降清的声名狼藉的明朝大臣。关于阮丽珍,参见谭正璧,《文学生活》,271—276 页。

② 上演的歌剧之一是关于臭名昭著的宦官魏忠贤和一位忠诚义士杨涟。流行的版本将杨涟置于一种否定的眼光中。尽管在此剧被搬上舞台前,张岱已将其修改,但观众事先对此并不知晓,所以当杨涟亮相时,便遭到了嘘声(王安祈,111—112 页)。

③ 寺庙集市中的演出,经常是由与秘密社会有关的职业经办人组织的(田仲一成,Tanaka"明清地方戏剧"["Ming-Ch'ing Local Drama"],146 页)。王安祈(130—137 页)确认了地下社会的介入,但指出,身为戏剧爱好者的地方名流,也扮演着组织者的角色。他们被称作"会首",负责从村民那里收钱,以支付各种开销。王安祈视这些演出为村社精神的体现。关于纪念各种节日的演出,参见徐扶明,《元明清戏曲》,246—255 页。

为的淫秽剧作为非法，并且家庭指导也不断告诫儿女剧院的罪
恶。但文人家庭厅堂中表演的流行，及一流文学之士的推动，都
赋予剧场以某种尊重。作为剧作家、读者、批评家和观众，士绅女
性很严肃地视戏剧为文学的一个门类及一种表演艺术。百姓之
女则只是对角色和看戏非常着迷。在将感情以演戏形式表现出
来方面，女性是无可匹敌的。

男性对情的辩护

在某种程度上，女性读者和听众对男性创造出来的文学形象
有着更大的回应，情迷是在男性带动下的两性合作的产物。尽管　⁷⁹
在承认情的首要位置上，男女共有着相同的话题，但男、女的视角
还是有着细微差别的。总体来说，男性关于情的话语是以哲学术
语的形式表达出来的，它反映了明代理学与佛教和道教的普遍融
合。尽管妇女并不是没有受到佛教术语的影响，但她们更倾向于
强调这样一些与其个人直接相关的事情，如婚姻和幸福。她们还
通过设计出各种家内仪式，而使这种崇拜具体化。

男性情迷支持者的最典型代表是汤显祖。用文学学者夏志
清的话来说，对汤显祖而言，情迷的中心宗旨，是假定"爱情是作
为生活中首要的和必不可少的条件"。这位剧作家对此的深信不
疑，清楚地表达在其所写的《牡丹亭》题词中，这是经常被引用的
一个情迷宣言：

> 情不知所起，一往而深。生者可以死，死可以生。生而
> 不可与死，死而不可复生者，皆非情之至也。梦中之情，何必
> 非真？天下岂少梦中之人耶！必因荐枕而成亲，待挂冠而为

密者,皆形骸之论也。①

夏志清指出了这段话中的三个关键词:"生""情"和"梦",他从总体上强调了理学泰州学派对汤显祖哲学的影响及他对"情"的特别肯定。②

泰州学派是由盐商之子王艮(约 1483—1540)创建的,一般被认为是王阳明理学学派的一个通俗和激进的分支。王艮终其一生为民,他以宗教般的热情向平民百姓宣扬儒家美德。他的名言"街满圣",浓缩了他对普通男女实际需要的赞成。在肯定每个人在道德和智力上都有获得圣哲之道能力的同时,王艮还为他或她表达自我和实现自我的能力进行了辩护。③

泰州学派是以位于扬州府的王艮故乡命名的,随着吸引了来自士绅、商人和平民的信徒,它成为明代中、晚期江南最有影响的知识分子运动之一。在成员身份和基本宗旨上,它集中体现了城市文化———一个流动的身份体系、强调自我和对生的赞颂。许多拥护情迷的戏剧家、欣赏女性诗作的编者和鼓励女儿受教育的父亲们,都是受了泰州学派的影响。

如汤显祖,他是王艮第三代门徒罗汝芳(1515—1588)的学生。罗汝芳是一个有着超凡魅力的演说家,他经常给几千人演讲,深信男性的善行、固有的知识和生活的永恒更新。一些学者甚至认为罗汝芳将"生"抬高到了与"仁"等同的位置上,而"仁"是

---

① 汤显祖,《牡丹亭》,ix。
② 夏志清(Hsia),276 页。亦请参见听泉斋主(Strassberg),"真我"("Authentic Self"),73—78 页。
③ 关于王艮的生平和思想及对泰州学派的概述,参见狄培理(de Bary),"个人主义和人道主义"("Individualism and Humanitarianlsm"),157—178 页;岛田虔次(Shimada),246—248 页。

儒家人性道德的终极理想。① 按照夏志清的观点，在写作《牡丹亭》的过程中，汤显祖在肯定情作为"人类存在的一个显著特征"上，比罗汝芳走得更远。但在引入时间因素时，汤显祖加入了一种悲观语气：只有在梦中，生命和爱情才能得到彻底的实现。②

在洪升的著作中，汤显祖对情的拥护得到了回应，洪升是清早期的一位著名剧作家和吴人的密友。在《长生殿》（定稿于1688年）中，洪升抨击了安禄山攻陷唐代都城，歌颂了被推翻的皇帝李隆基（唐玄宗，在位时间为712—756）与其配偶杨贵妃之间的爱情。继汤显祖之后，洪升也将情与基本的人类需要等同，他提出如同善与恶一样，也存在着真情和假情。在其多样的表现形式中，情是帝国及其他历史事件兴衰的关键。③ 那些被赋予了真情的人，能够"感金石，回天地，昭白日，垂青史"，洪升在第一出中写道："看臣忠子孝，总由情至。"④

吴人将《长生殿》的中心主题形容为："情之根性者理也，不可无，情之纵理者欲也，不可有。此曲明示生天之路，痴迷者，庶知勇猛忏悔矣乎。"⑤吴人不赞成某些批评家所认为的情与新儒学道德准则从来都是不一致的，他指出："人受天地之中，以生所谓性也，性发为情，而或过焉，则为欲。"⑥在区别情与欲和引导情进

---

① 韩德琳（Handlin-Smith），《晚明思想中的行动》（*Action in Late Ming Thought*），46页；41—54页关于罗汝芳的背景情况。关于汤显祖和罗汝芳的关系，参见徐朔方，14—19页。
② 夏志清（Hsia），250，276—279页。关于泰州学派对苏州派戏剧家的影响，参见耿百鸣。苏州派繁荣于晚明和前清，它创作的通俗戏剧推动了"情"迷。
③ 孟繁树。
④ 洪升《长生殿》，1页。
⑤ 吴人，第五十出眉批，引自陈万鼐，107—108页。
⑥ 吴人，《或问》，4b，6a，载《吴吴山三妇合评牡丹亭还魂记》。

入道德准则范围之内方面，情这一概念带有正统儒家观念的味道。[1]

对情的辩护不仅是戏剧的中心主旨，也是流行于晚明江南读者大众中短篇故事的主旨，"情"字本身变为一个陈旧的主题。因此通俗文学的编者和出版者冯梦龙（1574—约1645）发行了一个集子，名为《情史》，此集收录了超过八百个关于爱情的故事。在序中，冯梦龙将情写为支配全人类关系的一个至上准则：

> 天地若无情，不生一切物。一切物无情，不能环相生。生生而不灭，由情不灭故。四大皆幻设，惟情不虚假。有情疏者亲，无情亲者疏。无情与有情，相去不可量。我欲立情教，教诲诸众生。子有情于父，臣有情于君。推之种种相，俱作如是观。万物如散钱，一情为线索。散钱就索穿，天涯成眷属。[2]

以佛教偈颂的方式、用通俗的口语写成，冯梦龙对情教的宣言因融合了儒家道德和佛教术语，而吸引了普通读者。冯梦龙以一种全新的、更温和的眼光，重新安排了儒家伦理的两大支柱——父子关系和君臣关系。标志着这些关系的并不是诚、孝这样的一些传统美德，而是发自内心的共鸣。换言之，人类情感软化了等级

---

[1] 大多数当代中国学者都视汤显祖为一位直率的理想主义者，他用"情迷"向理学宣战。于他们而言，汤显祖的"情"的概念从来都是与"理"（原则）对立的。参见，如，杨天石。我对这一观点持保留意见，我发现徐朔方（14—27页）的看法更令人信服。徐朔方认为，汤显祖被吸引在对"理"的哲学信奉和对戏剧、"情"的感情认同之间。"情"和"理"的对立，是《牡丹亭》的中心主题，但在他自己的生活中，汤显祖则试图在两者间寻找一个契合点，但最终这一努力被证明是无效的。

[2] 冯梦龙，1—2页。关于冯梦龙的出版活动，参见大木康（Oki），"出版文化"（"Shuppan bunka"），143—158页。关于《情史》的英译本，参见莫里（Mowry），此书也包括了对这一爱情小说集出版的文学环境及其著作情况的精彩介绍。

职责的界限,并撒下了更加平等和互惠关系的种子。同样的信息也在冯梦龙编辑的短篇故事中传递出来。研究冯梦龙的日本专家大木康指出,冯梦龙在为其选集系列《三言》挑选故事时,评价一个人的惟一标准是他或她的"真诚"。[①]

如韩南所指出的,冯梦龙将儒家美德降至为真诚和如上所引的吴人辩护,都是试图将情包容于儒家的道德中。[②] 但这一包容是颇具颠覆含义的。在一些明末清初的戏剧和散文中,自杀的痴情妓女被等同于投井的贞妇,因两者都体现了儒家名言"从一而终,至死不渝"。而且,这些女性也如为国捐躯的忠臣一样被颂扬。被一种真诚的终极行为结合在了一起,一位死去的妓女因此就与流芳百世的官员和将领,如屈原和文天祥,拥有着同样的名望。儒家道德的淡化,引起了一位 19 世纪早期学者对贞妇的真正动机的质疑,这些贞妇的名字被铭记在地方志中。他猜想这些女性实际是殉情,而非出自道德准则。[③]

尽管汤显祖、洪升、吴人和冯梦龙一方面试图将视情为首要的信念与理学的宗旨结合在一起,另一方面也试图将其与佛教结合在一起,但情迷并不是一个哲学上的抽象概念,它的真正意义 *82* 只能在生活中被意识到,而这种生活充满了更多自由和更大幸福

---

① 大木康(Ōki),"冯梦龙编纂《三言》的意图"("Fu Muryū Sangen")。关于冯梦龙在《三言》故事集中对爱情的评说,参见韩黎范;亦请参见蔡特林(Zeitlin),"僵化的心"("Petrified Heart"),7—16 页。

② 韩南(Hanan),《中国的白话故事》(*Chinese Vernacular Story*),79 页,96—97 页,221 页注 13。

③ 合山究(Goyama),445—446 页,449 页注 14。这位学者的名字是徐润第(在世期约1796—1820);对其观点的讨论,参见汤浅幸孙(Yuasa),164—165 页。孙康宜(Kang-i Sun Chang,《陈子龙》[*Ch'en Tzu'lung*],9—10 页)指出,于反清复明之人而言,对国家的爱,无异于对女人的爱。由一位苏州文人卫泳(在世期约为 1643—1654)提出的类似观点,参见曹淑娟,186 页。

所激励着的期望。首先是年轻、受过教育的女性，她们因生活缺乏满足而颇感挫折。拥有着提高了的感受性和文学技巧，她们试图从文学唤起的情的世界中寻找慰藉。

情和仪式的女性世界

《牡丹亭》传递出的信息——情作为一种自然冲动，是不受道德准则甚至死亡约束的——撞击着明、清时代女性读者的同情之心。卢梭在出版了《新爱洛漪丝》后，不得不从天窗逃走，以躲避女读者对他的包围示爱。与卢梭一样，汤显祖因《牡丹亭》而声名鹊起。[1] 这位作者对女性的吸引是空前的。一些女读者疯狂地爱着汤显祖，甚至要将自己奉献给他。[2] 更大的影响则是读者以剧中主人公自居。据说一位扬州女子对此剧极为着迷，以至白天黑夜地读它，并要求死后与它葬在一起；[3]一位未能与其所爱之人结婚的杭州女演员，因其对杜丽娘的刻画而蜚声于世，她极为强烈地认同杜丽娘，据说最终是死于一个戏剧高潮时的舞台上。[4]

这部作品的感染力绝不仅限于爱情受挫者。一位清早期的徽州才女程琼，曾描绘过此剧是如何风行于良家闺阁中的："盖闺人必有石榴新样，即无不用一书为夹袋者，剪样之余，即无不愿看

---

[1] 关于卢梭（Rousseau）和《新爱洛漪丝》（*La Nouvelle Héloïse*），参见达恩顿（Darnton）。非常感谢康无为（Harold Kahn）的这一提示。

[2] 某位内江女子的爱情受挫故事，首先被一位清代戏剧学者焦循（37 页）记录下来。但有些学者一直对其真实性表示怀疑（徐扶明，《〈牡丹亭〉研究资料》，214—215 页；也请参见 215—216 页，另一位女读者坠入对汤显祖爱情的故事）。

[3] 徐扶明，《元明清戏曲》，104 页。

[4] 徐扶明，《〈牡丹亭〉研究资料》，217—218 页。

《牡丹亭》者。"其结果是十分严重的："闺人恨聪不经妙,明不逮奇,看《牡丹亭》,即无不欲淹通书史,观诗词乐府者。"①换言之,一部纯粹的戏剧将做女红的主妇引入到一个全新的文学和学问的世界中。这些新眼界的吸引力,部分应归之于此剧在闺阁中的流行。

　　更大的吸引力是杜丽娘本身。年轻、有才华的女性与杜丽娘发展起了非常亲密的关系,如她是朋友一样。叶小鸾(1616—1632)是一位来自吴江的少年诗人,她写了三首诗,并将它们奉献给了贴在其《牡丹亭》抄本上的杜丽娘画像。在其中的一首诗中,叶小鸾将杜丽娘想像为来自广寒的仙女："凌波不动怯春寒,觑久还如佩欲珊。只恐飞归广寒去,却愁不得细相看。"②叶小鸾对杜丽娘的柔情,象征着情的世界开始进入到像她这样情窦初开的年轻的、受过教育的女子心中。

　　《牡丹亭》信徒的态度极大地展现了她们的浪漫感受。这些 ⁸³ 才女将此剧的三大主题——生、情和梦——发展到了极致,她们将自己的生活变成了一个充满情的梦幻世界。如吴人的第三位妻子钱宜在这部著作出版后,在她的花园中建起一个祭坛。在祭坛上,她供着一张杜丽娘的画像及一支红梅,红梅象征着杜丽娘的爱人柳梦梅。在火炬之光下,钱宜为杜丽娘奉献上评注、酒和果品。当吴人责备妻子将虚构的人物看得过于认真时,钱宜反驳道："虽然大魂之气,寄于灵者,一石也;物或冯之,一木也;神或依之,屈歌湘君,宋赋巫女。其初未必非假托也,后成丛祠,丽娘之

---

① 程琼,《批〈才子牡丹亭〉序》,载毛效同,2:920页。
② 叶小鸾,13页。小鸾死后,其父将她比作广寒仙女,一个使人联想到才女诗人的名字。关于叶小鸾及其母、姊的家内生活,参见第五章。

有无，吾与子又安能定乎？"①

　　这一将虚构与现实合并在一起的情况，源自钱宜的这样一种信念，即情能在感性世界与虚幻世界的龃隙间架起一座桥梁。在她于杜丽娘祭坛完成祭拜的那个晚上，钱宜梦见她与丈夫走进一个花园，这里的场景使她想到了剧中著名的一出"惊梦"（在这一出中，女主人公首次在梦中遇到了她的爱人）。② 在牡丹花眩目的颜色中，钱宜看到了一位她认为是杜丽娘的丽人。当大风遮住她的视线并打断她的美梦时，钱宜唤醒丈夫，并将这个梦告诉了他。使她意外的是，吴人自称他也刚刚做了一个同样的梦。他们对此非常兴奋，以至无法再度入睡，钱宜和吴人唤来婢仆为其烧水沏茶、漱洗梳理，并开始将梦的细节记于纸上。吴人还请钱宜依梦中所见，画一张杜丽娘的画像；而结果是，它与吴人所见的女人非常相像。两人为纪念他们不同寻常的"同梦"感应，应和了几轮诗作。吴人然后承认对钱宜的责备是不对的；杜丽娘确实是一位"真"人。③

　　如同在宗教含义中一样，幻想世界也丰富地存在于夫妻间的感应中。1693年的冬天，即三妇合评集出版的前一年，在送交出版商之前，钱宜和丈夫正在用谈则的原稿校对一个手抄稿。当渐强的暴风雪吹得竹子劈啪作响而致使他们分心时，一页书稿打翻了蜡烛，并使原稿付之一炬。在18世纪的小说《红楼梦》中，有一个著名的场景，即多愁善感的主人公林黛玉葬花，钱宜和吴人的

---

① 钱宜，《〈还魂记〉纪事》，1ab，载《吴吴山三妇合评牡丹亭还魂记》。在首版的三妇合评集中，收入了钱宜所画的杜丽娘肖像。参见徐扶明，《〈牡丹亭〉研究资料》，221页。

② 这可能是此剧最著名的情节。参见汤显祖，《牡丹亭》，42—53页。

③ 钱宜，《〈还魂记〉纪事》，1b—2a，载《吴吴山三妇合评牡丹亭还魂记》。

行动便使人想起了这一场景，他们唤来一位仆人，在花园墙边挖了一个坑，将书稿的灰烬裹入丝绸，将它们埋在了一棵梅树旁。据说一个烧灼的标记出现在了这棵树上。① 谈则的手稿更像是一种纪念，它是她的精神的具现。

《牡丹亭》因而引出了一系列的家内仪式——于祭坛上祭拜、绘制肖像、焚燃书稿等。年轻女性竭力模仿杜丽娘的遗物，她们也绘制和相互交换自己的肖像。另外，一位来自江苏常熟士绅之家的女诗人陈兰修（在世期约为 1662—1722），从剧中选取了一些精华诗句，并将它们排列成一种双关语，将其称之为牌谱，这种排列被用作女性闺阁中的一种游戏，尽管关于它的细节已经遗失。② 这些文字游戏和手稿体现了作者的精神。这样一种信念表明，对这些文学爱好者来说，这一感伤世界及其全部想像出来的味道，都是与书写出的文字密切关联着的。③

情迷下的女性阅读

献身于《牡丹亭》的女性读者奉献出了一系列对此剧的阐释。很难从它们推断出一种单一的"女性阅读"——由所有女性共享和明显区别于男性的一种阐释。但这些女性在将情的评说置于首要位置上，确实表现出了一种情趣的共性。将这些结合在一起，我们看到，她们的文字构成了情迷女性观的范围。

《吴吴山三妇合评牡丹亭还魂记》的中心即是对情的深信，这

---

① 吴人，《或问》，7ab，载《吴吴山三妇合评牡丹亭还魂记》。
② 毛效同，2：883—884 页；徐扶明，《元明清戏曲》，104 页，118 页注 2。
③ 这样一种"情""文"同一的认识，也流行于男性中。参见孟繁树，50 页；及毛效同，2：948 页。

种情包含了浪漫之情和性欲之情,情是给人类生活以意义的崇高感情。陈同从开始时就为这一主题定下了基调。汤显祖的《牡丹亭》中有这样的台词:"白日消磨肠断句,世间只有情难诉。"对此句,陈同的眉批写道:"情不独儿女也,惟儿女之情最难告人,故千古忘情人必于此处看破,然看破而至于相负,则又不及情矣。"钱宜补充道:"儿女英雄同一情也,项羽帐中之饮,两唤奈何,正是难诉处。"浪漫之情和此类悲剧主人公如项羽的情感,都可谓之情。[1] 与冯梦龙将诚、孝降低为内心的真诚相似,这些女性肯定情是一个支配着所有人类关系的中心准则。因此,情不是某一性别独享的特权。

但她们都赞同杜丽娘是至情的最高化身,她们称她为"情痴",称其爱为"情至"。于她们而言,最能说明她献身于爱的情节,是当她知道自己将因相思病而很快死去时,为后世留下了一张自画像。在剧中,这一幕的描绘给人留下了至美的感受,16 岁的杜丽娘有着自己特有的丽质,带着使人感叹青春稍纵即逝的气息。流着泪,杜丽娘唱道:

> 杜丽娘二八春容,怎生便是杜丽娘自手生描也呵!
> 这些时把少年人如花貌,
> 不多时憔悴了。
> 不因他福分难销,
> 可甚的红颜易老?……
> 打灭起离魂舍欲火三焦,
> 摆列著昭容阁文房四宝。

---

[1] 汤显祖,《牡丹亭》,1 页;陈同和钱宜在《吴吴山三妇合评牡丹亭还魂记》中的评论,上 1a。

然后她画了一幅自画像，并为其展现出的甜美魅力而高兴自豪。①

无论是杜丽娘对自己美貌的敏感，还是对其易逝本质的悲叹，都深深触动了陈同和钱宜，她们在写评论时，也正如杜丽娘一样的年龄。她们对如上一出的评论是："丽娘千古情痴，惟在留真一节，若无此，后无可信矣。"情，体现于杜丽娘的肖像和魂灵之中，它是一种充满活力的生命力，不受时间流逝或肉体死亡的约束。陈同将此情称为"无生债"，此说暗示了佛教于情的认识，佛教认为情是某种污物（痴），能导致对存在的真实本质（无明）的忽视。② 但使用佛教词汇只是一种时髦的惯常做法。这些痴情者似乎并未受到情的理想化解释和佛之原始教诲不相容的干扰。

如我们所看到的，情的超自然本性导致这些女性在她们的评论中将情与梦等同，并且她们相信，梦和虚构的人物构成了"真实"生活的一部分。陈同写道："柳生此梦，丽娘不知也；丽娘之梦，柳生不知也。各自有情，各自做梦，各不自以为梦，各遂得真。""真"字也意味着"现实"之意，如钱宜对陈同的文字所做的说明："柳因梦改名，杜因梦感病，皆以梦为真也，才以为真，便果是真。"③

在杜丽娘复活后的一幕中，她计划着与柳梦梅私奔，她称其重回生命为"梦境重开"。谈则对此评论道："凡人日在情中，即日

---

① 汤显祖《牡丹亭》，68—69 页。
② 《吴吴山三妇合评牡丹亭还魂记》，上 40b，下 15b—16a。"无生债"一词，出自陈同对汤显祖的作者题词、即引于前的"情迷"宣言的评论（《原序》1a，同上）。
③ 《吴吴山三妇合评牡丹亭还魂记》，上 2b。值得注意的是，"真"字还意味着一张肖像。杜丽娘自画像一出，在中文中也被称作"写真"。

在梦中,二语足尽因缘幻影。"①这些文字生动地描绘了如陈同、谈则和钱宜这样的年轻女子所生活的感伤和幻想世界。

通过将情与才等同对待,谈则详细阐明了情之至上的主题。在《牡丹亭》中,当杜丽娘与柳梦梅相遇于阴间时,她表明了对柳梦梅(她梦中男人)的爱:"爱的你一品人才。"担心读者可能误解杜丽娘对柳梦梅的钦羡是对科场功名及高位的庸俗渴求,谈则评论说:"爱才绝非俗见。"钱宜补充道:"情善则才善,孟子辩之,盖才人即是情人,无情者不可称才也。"②

86　　　　情与才这对概念,否定了"男:才/女:情"的模式,这是才子佳人式通俗浪漫文体的典型模式。这些女性批评家宣称,无论是情还是才,都不是某一性别所独有的特权。这一论点以这样的两种态度展开:她们认可杜丽娘的教育,及她们关于柳梦梅是像杜丽娘一样的伟大的情之奉献者的观点。关于杜丽娘的教育,这些读者分享着剧作家贬损杜丽娘塾师的快乐,杜丽娘的塾师陈最良是一位僵化的儒学道德家,他没能发现因而也就放任不管青春期的杜丽娘正在萌芽的感情;但她们赞成塾师为杜丽娘选定的课程内容,及其让杜丽娘背诵儒家五经之一《诗经》中的诗作。于陈最良而言,这些由孔子亲自选定的训诫诗作所包含的寓意,可由这样一个词概括:即"无邪"二字。对杜丽娘来说,这些诗作只不过是爱情颂歌,还有可能为女性所写,它们引起了其浪漫感受性的共鸣,这也是年轻女性批评家共有的看法:"从闺门内论诗极合,不

---

① 汤显祖,《牡丹亭》,174页;关于谈则的评论,见《吴吴山三妇合评牡丹亭还魂记》,下,15b。

② 汤显祖《牡丹亭》,159页;《吴吴山三妇合评牡丹亭还魂记》,下3a。

然三百篇从何说起。"①换言之，男性并没有垄断儒家经典的阅读，特别是就诗歌而言，女性的才华也同样重要。上章所讨论的出版女性诗集的男性编者，也有着相同的看法，并且我们还将看到，女性教育的支持者重申了相同的观点。

情也不是女性的专利。当称颂杜丽娘为情的典型化身时，女批评家也同样承认她的爱人柳梦梅的奉献。关于柳梦梅着手使杜丽娘回生，并极力劝说她不轻信的父亲同意他们结婚的努力时，谈则写道：

> 此记奇不在丽娘，反在柳生，天下情痴女子如丽娘之梦而死者不乏，但不复活耳。若柳生者卧丽娘于纸上，而玩之、叫之、拜之。既与情鬼魂交，以为有精有血而不疑，又谋诸石姑开棺负尸而不骇，及走淮扬道上苦认妇翁，吃尽痛棒而不悔，斯洵奇也。②

如果没有柳梦梅的回应，杜丽娘的理想之爱是根本无用的。对相互之爱的强调，就是抛弃了这样的一种陈腐角色定位——富有感情内心世界的女性和墨守外界成规的男性。

情、性和婚姻的神圣性

情之相互性的看法，在某种程度上解释了明末清初伙伴式婚姻增长的原因（参见第五章）。伙伴式婚姻的流传，也许能解释年　*87*

---

① 汤显祖《牡丹亭》，26 页；《吴吴山三妇合评牡丹亭还魂记》，上 15a。另一位评论此剧的晚明妇女，重复着对才女的辩护：即使在她死后，教育也会使妇女受益（黄淑素，"《牡丹记》评"，见徐扶明，《〈牡丹亭〉研究资料》，88 页）。

② 《吴吴山三妇合评牡丹亭还魂记》，下 78b。关于柳梦梅的这些行动，见《牡丹亭》二十六出、十八出、三十五出、五十三出。

轻女性对婚姻制度本身高度重视的原因。在《冥誓》一出中,柳梦梅和杜丽娘的幽灵发誓相爱并达到顶点时,柳梦梅请杜丽娘露出她的身份。杜丽娘叹息道:"秀才,俺则怕聘则为妻奔则妾,受了盟香说。"之后两人交换了爱情誓言。谈则记道:"必定为妻,方见钟情之深,若此际草草,便属露水相看矣。"①在称赞杜丽娘对婚姻制度尊重的同时,这些女性也断言,情是值得尊重,也的确是神圣的情感。这一看法与一些反对《牡丹亭》的卫道士相左。后者认为,情是具有破坏作用及可耻的。

不仅浪漫情感可与婚姻和谐共存,情爱亦如此。杜、柳之情是热烈而性爱的;《牡丹亭》明确提及了性爱之事。当她的幽灵深夜造访柳梦梅时,杜丽娘即称:"妾千金之躯,一旦付与郎矣,勿负奴心。每夜得共枕席,平生之愿足矣。"对像这样一出戏的评论,为我们提供了难得的机会,以瞥见年轻女性对性——一个通常只在暗地里讨论的忌讳话题——的看法。对上面的"幽媾"一出,陈同及钱宜写道:"纯是神情,绝非色相。"但这一纯情并未排除肉体的欢娱。对杜丽娘走进柳梦梅卧房时的热切但羞怯、且镇静自若,她们评论道:"展香魂而近前,艳极矣,观其悲介,仍是千金身份。"②对情的追求——包括性爱——对良家之女而言是合适的。

这一坚持两性真爱者间的性不是淫猥的观点,得到了女性批评家的进一步支持,她们捍卫着汤显祖明确提及的性行为。在颇具刺激味道的一出中,描绘了柳梦梅与杜丽娘之间的爱前抚慰,它出现在敲门声搅乱了他们并致使杜丽娘逃走之前:

> 睡则那,把腻乳微搓,酥胸汗帖,细腰春锁。

① 汤显祖《牡丹亭》,160 页;《吴吴山三妇合评牡丹亭还魂记》,下 4b。
② 汤显祖《牡丹亭》,143 页;《吴吴山三妇合评牡丹亭还魂记》,上 92a—93b。

陈同对此评论道："极写两情欢狎，必不可离之意，反映下将挠乱。"①换言之，情节的发展和戏剧性的结果需要直率。事实是，当陈同作这一评论时，还是一个未婚的年轻女子，她选择对这样一个性爱场景做出评论，说明在女性闺阁内，对这一主题还是有着某种开放性的。当然，陈同是私下写其评论的，并没有将其书稿出版的打算。

这样一种开放性和陈同的关注都表明，这些年轻女子是视性爱为高尚的。在另一个例子中，杜丽娘的侍婢询问女主人与柳梦梅做爱的细节，展开了童贞这样一个敏感话题：

> 则问你会书斋灯怎遮？送情杯酒怎赊？取喜时，也要那破头梢一泡血。

担心道学家有可能谴责剧作家的这些文字为淫秽，谈则为他进行了辩护："亵语用在幽欢时，故觉其雅。"②

总之，三位女性批评家将情设想为生命中的一个至上准则，一个具有改造力量的准则，它能赋梦幻世界以真实之感。而且，作为情的一面，浪漫之情是婚姻的一个固有组成部分。钱宜痛惜道："今人选择门第及聘财嫁妆不备，耽搁良缘者，不知凡几，风移俗易，何时是桃火之化也。"③情，不是以金钱或家庭为前提的，它关系到婚姻幸福。就此而言，情是值得花费时间，也是值得尊重的一种情感。

对情的这一辩护，并通过延伸至女性的才华，在其他《吴吴山三妇合评牡丹亭还魂记》的女性读者中，拨动了她们颇具同情的

---

① 汤显祖《牡丹亭》，151 页；《吴吴山三妇合评牡丹亭还魂记》，上 101a。
② 汤显祖《牡丹亭》，257 页；《吴吴山三妇合评牡丹亭还魂记》，84b。
③《吴吴山三妇合评牡丹亭还魂记》，上 27b。

心弦。① 林以宁(1655—约1730)，一位活跃于女性蕉园七子诗社中的杭州闺秀，为这本评论集撰写了序言。本身就是一位颇有造诣的诗人和剧作家，林以宁发现三位评论者对情的公开阐释特别值得称道："自古才媛不出世，而三夫人以杰出之姿，间钟之英萃于一门，相继成此不朽之大业，自今以往，宇宙虽远，其为文人学士，欲参会禅理、讲求文诀者，竟无以易乎闺阁之三人，何其异哉！何其异哉！"尽管溢美之词出现在序言中很常见，但林以宁的兴奋应是发自内心的，它源于其赞同三妇对杜丽娘的评价。与某些男性批评家认为杜丽娘不贞的看法展开争论，林以宁这样写道："盖杜丽娘之事凭空结撰，非有所诬，而托于不字之贞，不碍承筐之实；又得三夫人合评表彰之，名教无伤，风雅斯在，或尚有格而不能通者，是真夏虫不可与语冰，井蛙不可与语天，痴人前安可与之喃喃说梦也哉。"林以宁认为那些不能看到如此简单道理的人，是不值得与之交谈的。②

89　　这些女性对情之高尚性的坚信，与吴人、洪升和冯梦龙这样的文人很相像，但他们的论述方法是不同的。正如我们在上面所看到的，男性致力于哲学层面的论辩，他们试图将情既纳于儒家原则，也容于佛教信条之内；女性则关注爱与婚姻、情与才的和谐共存。对女性情迷而言，男性对情感与道德准则或爱与欲之间界限的思考，充其量只能算作边缘事情。总而言之，她们更希望强调情的自若表达，而不是对其节制。即使是三妇对婚姻的辩护，也是建立在一种颠覆基础上的——杜丽娘与柳梦梅在互换婚姻誓言前，已在床上完成了他们的情爱。

----

① 《吴吴山三妇合评牡丹亭还魂记》是一部被坊刻商再版发行的畅销作品。关于其中的两个版本，参见毛效同，2∶1423页。
② 林以宁，《〈还魂记〉题序》，2b，载《吴吴山三妇合评牡丹亭还魂记》。

彩凤与乌鸦:其他女性的共鸣

大量明、清女性写过对《牡丹亭》的评论。但与陈同、谈则和钱宜不同,她们的作品都没有出版。仅有这些描写的片段,所以很难对她们于情的评说做出系统分析,但只要注意她们突出关注如上讨论过的三妇合评中的哪些方面,便可对此问题略有了解。

如,晚明的女性批评家俞二娘,便模仿着陈同、谈则对文学的献身,并且也死于尚未成年的 16 岁。俞二娘的故乡为江苏太仓,她赞美《牡丹亭》是因为"书以达意,古来作者,多不尽意而止,如'生不可死,死不可生,皆非情之至',斯真达意之作矣!"而俞二娘的文字也恰是富于表达和直率的。在她的评论中,用的都是第一人称:"吾每喜睡,睡必有梦,梦则耳目未经涉者皆能及之。杜女固先我著鞭耶。"①俞二娘以梦为真实的观点,与陈同、谈则和钱宜产生了共鸣,她对写作目的的阐释,集中体现了存在于情迷心中的作者—读者间的私人关系。

另一位评论者是安徽歙县的程琼(约 1695—约 1719)。如其他迷恋《牡丹亭》的女读者一样,程琼也是一位死于韶华之年的有着良好教育的诗人。一位其丈夫的密友记载说,她擅长书法、绘画、数学和围棋,她反应敏捷,并充满了哲学洞见。很明显,程琼

---

① 汤显祖自己写了两首诗以悼念俞二娘之死。首先记载俞二娘故事的学者是汤显祖的一位朋友,他证明了这一故事的可信性(焦循,37—38 页;徐扶明,《牡丹亭研究资料》,213—214 页)。俞二娘的故事还被两位女性详述,这两位女性都为《吴吴山三妇合评牡丹亭还魂记》写过题跋(李淑,《〈还魂记〉跋》,1ab;顾(启姬)姒,《〈还魂记〉跋》,2b)。

经常与其丈夫的朋友探讨禅宗和文学。① 作为一位幼儿之母,当儿子四岁时,为教育儿子,她自己编了一本蒙书。但此后不久儿子便死了,程琼将此书焚毁,将它的灰烬封存于儿子的棺木中,很快她也死于悲伤。②

程琼的丈夫吴震生(1695—1769)是一位家境富裕的学者。程琼死亡对他的打击很重,他自称"鳏叟",并写了几卷东西以纪念她。这些细致深情的作品,也表明了程琼生前他们之间的关系。当程琼病倒并知晓自己将不久于人世时,她写了一首诗,以示与吴震生的诀别:

> 风流嘉庆古难均,共命并心异别亲。
>
> 应恨块泥将打破,谁能再塑管夫人。③

管夫人指的是元代书法家和画家管道升(1262—1319)。在为其丈夫所写的一首著名诗作中,她将夫妇比作由一团泥捏成的两个小雕像。婚姻的结合就如同将两个小人弄成粉末,再将泥与水和在一起,重新将其塑形为一个新的男人和新的女人,这便是"你中有我,我中有你"④。将自己比作管道升,程琼不仅表达了对丈夫的爱,也传递出了对自己才华的自豪之感。

程琼对情的歌颂不是哲学式的抽象化,这与其婚姻生活中情

---

① 史震林,《西青散记》,4:48 页。史震林(1693—约 1779)、程琼的丈夫和另一位朋友曹震亭(1697—1773)是密友。三人都为歙县人,并于 1736 年一起赴京参加科考。史震林和曹震亭明显都对程琼非常了解,他们以她的号"安定君"称她。

② 关于蒙书之跋,参见史震林,1:67—69 页。

③ 同上,1:65—66 页。关于吴震生与程琼间的爱情,亦请参见刘宣。

④ 管道升的丈夫是著名的书法家赵孟頫。对其婚姻的简要叙述,参见马兆正和周蒂棠,253—258 页。关于管道升的诗歌,参见 256 页。明清时期,管道升与赵孟頫及宋代词人李清照与丈夫赵明诚的婚姻,都经常被引为文人与才女伙伴式婚姻的例子。

的经历密切相关。一天，当吴震生抱怨他正因过多的情而受到损害时，程琼以汤显祖的一段台词来安慰他："自古以来，有有法之天下，有有情之天下。"她接着指出，后者更重要："才之可爱甚于富贵，由情之相感，欢在神魂矣。"①这样一种将才与情的相提并论，使我们想起了谈则和钱宜的相似观点。这样的谈话表明，程琼和吴震生之间的和睦关系，是建立在智力吸引基础上的。他们的相互献身，是情和才相互促进的最好证明。

程琼是一位《牡丹亭》迷，她观看了由一位同族长者承办的家班的表演，并发现扮演杜丽娘的女演员是本地最有魅力的一位演员，"族先辈吴越石家伶，妖丽极吴越之选，其演此剧，独先以名士训义，次以名工正韵，后以名优协律"。她对《吴吴山三妇合评牡丹亭还魂记》非常熟悉，但发现它缺乏对隐藏的含义及其类推的探究。在她为其丈夫注解并出版的《牡丹亭》所写的序中，程琼并没有泄露太多她的阐释。② 据说此前她自己曾写了一部名为《绣牡丹》的评论，在这部著作中，她比较了此剧的不同版本，并从原作中删去了超过六十个字。因为这部著作并未出版，且现已失传，所以我们无从了解她所揭示的隐藏含义是什么。但从其丈夫的密友史震林（1693—约 1779）记载的片断中，我们看到，程琼似乎更着迷于不平等的婚姻问题。

与其同辈的读者一样，程琼也视杜丽娘为一位完美的女性："杜丽之人，形至环秀，心至缠绵，眼至高远，智至强明，志至坚定。习闻强凤归鸦，已有内决于心，不服贤文之意。休道暗随，幽媾折莫不是人家彩凤暗随鸦一句，固已明明注出，不容等闲藉口。其

---

① 史震林，4：48 页。

② 程琼，《批〈才子牡丹亭〉序》，载毛效同，2：919—921 页；亦请参见吴震生自己的序跋，916—917 页。这部作品本身已失传。

云,但思莫负者,母本怀者凤,而迁就者鸦也。有些侥幸者,得梦中之凤已足,于博地之鸦无羡也。愿都似咱者,宁与梦中之凤偕死,不与博地之辈俱生也。"这一品质表现在,她坚持丈夫应配得上她的貌和才。谈到此剧的一句台词"彩凤暗随鸦",程琼将杜丽娘比作宁愿于梦中追求自己的理想男性,而不愿在现实生活中嫁给一只乌鸦的彩凤。"愿都似咱者",程琼毫不掩饰地将自己等同于杜丽娘,"宁与梦中之凤偕死,不与博地之辈俱生也"。程琼自己非常幸运地有着一位与她匹配的良偶,但她也意识到对才、貌双全的女子而言,找到一位完美的配偶几乎是不可能的。因此,杜丽娘的坚忍不拔就愈加弥足称道。①

尽管程琼对爱情婚姻的称颂,是对《吴吴山三妇合评牡丹亭还魂记》的共鸣,但其关注点则超越了后者对爱情高尚性和婚姻圣洁性的肯定。在对嫁给乌鸦的彩凤的同情中,她恰好提出了一个特别的社会问题,这一社会问题是由女性教育蔓延所引起的。一位有才华的女性经常发现,包办婚姻中的丈夫是一位智力上不能与之相配的伴侣。这一问题既是如此的普遍,也是这样的新奇,所以它引起了流行文学作家和读者的关注。如我们将在下面看到的对小青的讨论,在明、清的短篇故事和剧作中,它的变种之一——"妻管严"丈夫和妒妇成了一个屡见不鲜的主题。这些故事的灵感明显来自现实生活经验。如下诸章所讨论的几位女作家,就嫁给了平庸的丈夫,后者只能通过作为某女士的丈夫获取声名。

这些女性所感到的不满足,并未以一种公开非难传统婚姻制度的形式表现出来。取而代之的是,它推动了她们去寻找与其他才女的交往,促进了生长于闺阁内的各种交际网形式的发展。与

---

① 史震林,4:49—50 页。关于"彩凤暗随鸦"这句台词,参见汤显祖《牡丹亭》,141 页。

此同时,许多母亲也意识到了受过太多教育的女儿的不幸,开始相信,对一位女性而言,才华是最不幸的天赋。如下文将要讨论的,大量死于青春期的女诗人似乎都证明了她们的看法。对相关的女性而言,女性读者时代的到来,因此就是一件复杂的幸事:婚姻殿堂中的甜蜜许诺和女性间的友谊,都带着失望、消耗和灾难的危险气息。

小青传说的发展

情迷很少幸福的方方面面都体现在了小青(1595—1612)的传说中,小青是被歌颂最多的一位《牡丹亭》读者。有才华的年轻女性——陈同、谈则、钱宜、叶小鸾、俞二娘和程琼——都视杜丽娘为自我的再现,并且当作对她们自己生活的隐喻而阅读这一剧本;但与此不同的是,遭遇挫折的男性不是对剧中的任何角色,而是对小青的悲剧——一位不幸的妾,有着同样的感情强度。魏爱莲总括了两位女主人公感染力间的对比:"杜丽娘更幸福、更健康的角色特点,使她成为战胜性情和习俗的那位女性,而小青的被动、幽雅之美,则使她成为通过其死亡方式,而迷住读者的那位女性。"①

汤显祖可能没有料到,通过赋予杜丽娘以血肉,他不仅创造了一个文学产业,而且也创造了一个有才华但不幸的女主角的民间传说。魏爱莲研究的重点,是由这些男性写成的一系列关于小青的传记及剧作,以及一些女诗人对小青的兴趣所在。② 我分析的重点,则在女性读者对这些传说主题的创作,以及它们被迫承

92

---

① 魏爱莲(Widmer),"小青的文学传奇"("Xiaoqing's Literary Legacy"),128 页。
② 魏爱莲(Widmer),"小青的文学传奇"("Xiaoqing's Literary Legacy"),111—155 页。亦请参见高彦颐(Ko),"社会史"("Social History"),第 4 章。

担的复杂且经常是矛盾的含义，最明显的是爱情的魅力和命运。在《牡丹亭》中，杜丽娘自从做了一位真正的妻子后，生活得很幸福；而自做妾开始，小青的生活便注定是不幸的。在对两人鲜明的命运差别反应的背后，是一系列对婚姻制度、女性本质及女性于社会中被赋予的角色的观点。归根到底，杜丽娘—小青故事的持久感染力，表明了一种对女性在家庭和社会中恰当位置的忧虑。

小青的一生是一个难以置信的悲剧。正如为其作传的文人所云，小青是来自扬州的"瘦马"之一——被卖为妾的女孩。当她 15 岁时，一位高官的儿子冯云将（1572—约 1661）买下了她，并将她带回杭州的家中。冯云将的妻子是一位妒妇，她让小青搬到西湖边的一栋别墅中，并禁止冯云将探望她。小青从写诗、绘画及一位朋友杨夫人的偶尔相伴中得到了慰藉，杨夫人试图劝说小青离开冯云将，但她拒绝了。后来，杨夫人随其夫到了一个远离杭州的驿站，孤独、压抑的小青变得衰弱起来，但她每天都穿上盛装并重新化妆。[①] 在 17 岁去世之前，小青通过将自己的肖像画下来，并以焚香和敬酒献祭于它，而竭力模仿着《牡丹亭》的女主人公。那位妒妇烧毁了她的手稿，但给杨夫人的十一首诗和一封信被保留了下来。[②]

[①] 据说杨夫人曾是钱塘学者杨元荫（进士 1595）的妻子（潘光旦，第二部分，12—13 页）。

[②] 这一简短的生平故事，由三部最早的小青传记编写而成。我谈到了那些与小青"故事情结"文本情况相关的东西，高彦颐（Ko），"社会史"（"Social History"），126—131 页；魏爱莲（Widmer），"小青的文学传奇"（"Xiaoqing's Literary Legacy"），114—119 页；及八木泽元（Yagisawa），"小青传资料"（"Shōseiden no shiryō"）。八木泽元非常下功夫地研究了这三本传记的年代，并将它们与其他九种此后创作的小青传记进行了比较。"冯云将"的名字没有出现在这些故事的任何一部中。关于对小青文集的讨论，参见魏爱莲（Widmer），"小青的文学传奇"（"Xiaoqing's Literary Legacy"），113 页。

小青约死于 1612 年，在此后的十年中，作为典型的受难女主人公，在大众的想像中，她变得极富传奇色彩。她的故事最初是以传记的形式普及开来的，然后是戏剧和故事。一位给很多此类剧作中的一部作序的作者，这样颂扬小青的生命："天下女子饮恨有如小青者乎？小青之死未几，天下无不知有小青者。"①最终，有超过十五部这样的剧作出现了，其影响所及甚至达到了不识字的听众。② 同样的出版繁荣和剧院文化扩大了杜丽娘的感染力，同时也使小青的传说长久不衰。当作家们争相从陈旧故事中发现新含义时，小青被赋予了更多的象征意义，这些象征意义远超过了其短暂的生命所承载的东西。

小青的传说不仅成形于书籍的纸页上，而且也被具化为个人手工制作的各种物品和公共场所的纪念碑等。她的诗作被传抄，开始是在私人间，然后是在公开出版物中；她的传记的不同版本出现了；戏剧家带着更丰富的想像，将她的故事再创作为剧作；当画家们竞相提供他们自己所绘制的小青画像时，这些画像便成了收藏家们的一项藏品；为她在西子湖畔树立的一座墓碑，引来了参观这一景点的男、女所写的或为庆贺其定期整修而创作的诗歌。小青的传说不仅可以被阅读和观看，也可以被切割、占有和合并。从 17—18 世纪，在物质和文学文化的界限之间，小青的魅力因此获得了新生。到 19 世纪时，她的悲剧——既

---

① 卓珂月，为《春波影》和《情生文》所作的序，引自潘光旦"小青考证"，第二部分，15页。徐野君的《春波影》首版于明末，它是三出经常被搬上舞台、并为评论界所称颂的小青剧作之一。另外两出是朱京藩的《风流院》（序为 1629 年）和吴炳的《疗妒羹》（首版于崇祯年间，1628—1644）。

② 我计算的总数是 16 部，其中包括了一部写于民国早期的剧作。其中的一些现已不存。关于书名和作者一览表，参见徐扶明，《元明清戏曲》，311—312 页；潘光旦，"小青考证"，第二部分，14 页；八木泽元（Yagisawa），"冯小青传说"（"Fū Shōsei densetsu"），第二部分，78 页。对小青主要剧作的介绍，参见大塚秀高（Ōtsuka）。

孤寂的小青:在西湖边的闺房中,这位被遗弃的妾在一盏孤灯旁,读着《牡丹亭》(末集之,《挑灯剧》)。初印于 1627 年;再印于郑振铎,《中国木刻画选集》)。

是传说又是历史,已在西湖佳话中占有一席之地。①

从一开始,小青的传说就与杜丽娘的故事交织在一起。对几代读者兼作者而言——无论男、女都一样,两人共享着同一个角色。这样的一种界定,是在抛开妻、妾间身份根本不同的前提下进行的,它源自小青的一首诗:

> 冷雨幽窗不可听,挑灯闲看牡丹亭。
>
> 人间亦有痴于我,不独伤心是小青。②

"人间亦有痴于我"之句,谈的是杜丽娘。这首诗被其时的许多女性读者引用,它是由女性阅读想像所唤起的情界的形象化描述。如其他读者一样,小青在情感上将自己等同于杜丽娘——这位真爱的追求者。她自己无回报的爱与杜丽娘爱情实现间的差距,都只能使杜丽娘更迷人。真诚、"痴"于爱,都成了不计结果的最高美德。在她对真诚的强调中,及其通过阅读而将自己等同于想像出来的角色中,小青都集中体现了情迷的宗旨。

在着迷于自己的肖像上,小青将自己视作杜丽娘的行为推向了极致。依据两部早期的传记,当小青患病时,雇画匠将自己的肖像画了下来。在她满意之前,这位画家不得不重画了三次。然后作为自己精神和死亡的忠实拷贝,她献祭于它。③ 这一做法与杜丽娘死前画自己肖像一幕非常相像,甚至一位传记作者说小青也希望复活。④ 在接受了一个与"乌鸦"的婚姻中,这位年轻的妾看起来比杜丽娘更被动。并且,作为一个妾,小青没有杜丽娘享

96

---

① 潘光旦以粗略的弗洛伊德式方法,对小青传记进行了分析,他断定因性和精神压抑,小青患有自恋症,参见氏著,《小青之分析》。

② 陈文述,《西湖三女士传》,18 页。此书中有小青现存作品的一个流行集子。

③ 戈戈居士,12.3b—4a;支如增,39b—40a。

④ 支如增,40a。

有的幸福结局的现实希望。但小青从她的女主人公那里获得了满足，并且也模仿了她的死亡方式。

小青的故事因此也就集中体现了17世纪江南商品世界的许多对立关系：精通文学女性的能见度、对爱情的着迷，以及两者对关于婚姻、母性原则、女子气质等传统理想所造成的威胁。小青被赋予了打动人的象征性含义，即使小青可能并不是一个真人，她也可能是被非常精彩地创造出来的。事实上，正是围绕着其真实性的争论，才最生动地阐明了其时困扰着其读者世界的社会紧张关系。

对女性写作的怀疑

小青的传记和诗作刚刚问世，其真实性就受到了怀疑。在江南的印刷文化中，有这样一种怀疑是普遍存在的，不少人怀疑每位出版过作品的才女背后，都有一位潜在的男性代笔人。固然，当时江南地区不乏如钟惺那样高抬才女的文人，但对女性才华并不认可的亦大有人在。一些人根本不相信女性真能有与男性相同的智商；另一些人则坚持女性的文字无论多么优美，都不应被昭之于香闺之外。这些对女性文学价值积极的和消极的评论，不外是社会上对女性身份特征和女性社会位置大讨论中的一种表现。

《牡丹亭》的读者和评论者是经常受到怀疑的。如我们已经看到的，《吴吴山三妇合评牡丹亭还魂记》最初便是出于谈则的谦逊，而在其丈夫吴人的名义下于私人间流传。重新在三妇名下发行，便遭遇到了不信任。吴人为三妇提供了一个详细的辩护，但也承认拿不出书面证据。他解释，在两次不同的偶然事件中，陈同和谈则的手稿都毁之一炬。厌烦了对三妇文字真实性做无止无休的辩解,他便听任了永远不能说服每一个人这样的事实存在:"女三为粲,美故难兼,徐淑苏蕙,不闻继美,韦丛裴柔,亦止双绝。子聘三室,而秘思妍辞,后先相映,乐乎,何遇之奇也。抑世皆传子评牡丹亭矣,一日谓出三妇手,将无疑子为捉刀人乎。吴山曰:疑者自疑,信者自信,予序已费辞,无为复也。"①

97　　对小青真实性的争论更为激烈。从一开始,小青的身份就被披上了神秘的外衣。实际上,在小青的传记和剧作中,每一位卷入小青故事之人的身份都被搞混了。陈寅恪论证,小青的丈夫是冯云将的儿子,他是一位杭州人和艺术收藏家汪然明一生的朋友。② 柳如是(1618—1664),一位名妓,她的生平将在第七章中讨论,曾在 1638—1640 年间于西湖旅行时,造访过冯云将。当冯云将 86 岁时,柳如是的丈夫、诗人和学者钱谦益(1582—1664),称他是"一位五十年的老友"。冯云将与小说家李渔(1611—1680)也是朋友,李渔曾与他探讨过诗歌。③ 但这些细节并不为明、清时期的大多数小青故事的读者所知晓。小青的娘家姓冯氏,恰与其夫家之姓相同,但这一点并未在明时的传记中被提及;冯云将也从未被详细描述过。④

　　冯云将的朋友们也最强烈地认为小青是一个创作出来的人物。如钱谦益就写道,小青的传记和诗作是某位谭姓学者为消遣

① 吴人,《或问》,6b—8a,载《吴吴山三妇合评牡丹亭还魂记》。
② 关于冯云将的身份,参见陈寅恪,368 页,448—449 页;及潘光旦,"冯小青考",1709 页。钱谦益为庆贺冯云将的 79 岁生日(80 岁是中国人的计算方法),于 1654 年作了一首诗,冯云将的出生之年据此推算(陈寅恪,368 页)。关于汪然明及其与柳如是和黄媛介的友情,见本书的第 3 章和第 7 章。
③ 陈寅恪,448—449 页;潘光旦,"小青考证",第一部分,19 页。
④ 关于学者对小青为冯姓的争论,参见八木泽元(Yagisawa),《小青传资料》("Shōsei den no shiryō"),75—78 页;及潘光旦,"小青考证",第一部分,18 页。

而编造出来的。钱谦益还补充说，小青的名字是基于"情"字的两部分创造出来的。钱谦益的理论在明末清初非常流行，它促使学者施愚山（1618—1683）决定展开调查。施愚山有一位朋友住在杭州，并认识冯云将的父亲，他证实这个故事确是真的。陈文述，一位19世纪小青坟墓的再建者认为，钱谦益是出于重视来自冯云将妻子家庭的请求，才窜改了这些记载的。① 陈寅恪更指出，按《礼记》，纳一位同姓之妾是犯忌的，但冯云将确实这样做了。陈寅恪认为，钱谦益是为了包庇他的朋友对礼教的僭违。②

　　不论小青是真是假，明末清初时对钱谦益理论的迅速接受，显现出了男性中普遍存在的对女性文学造诣的不信任。尽管作为一种无害的消遣，许多男性谅解甚至鼓励良家女性偶尔写写诗句，但他们在将这些作品印刷出来的想法面前，还是畏缩不前。即使当妇女的文字被出版出来，它们也经常被认为是劣于男性的。一位士大夫周亮工（1612—1672）就劝告女性不要将其诗句发表出来，因为："今妇人之能诗，盖鲜矣，以其为妇人也，故人不求备，不大望焉，于是或并其陋者载之。"但周亮工的所说和所为，却是令人难以理解的自相矛盾：他自己的妾就是有作品出版的词人。③

　　即使是推动女性作品的编者，也受到了这种对女性才华不信任观点的影响。吴颢，一位清代的编者，将许多女性的作品收入 ⁹⁸

---

① 关于钱谦益的观点、施愚山的调查和陈文述的反驳，参见陈文述，《兰因集》，在一个便捷的现代版本中，此书被更名为《西湖三女士传》，8—9页。

② 陈寅恪，448页。关于双方的观点，参见魏爱莲（Widmer），128—130页。我同意她的这一结论，即可用的证据都是缺乏说服力的，并且"不用对此问题进行深究，更有效地是探究关于小青存在的疑问，和看看它们为何持续如此长时间"（130页）。

③ 周亮工，《书影》1.1.24页。其妾王荪也编了一本明代上流妇女语录集（胡文楷，《历代妇女》，251页）。

他关于杭州的诗集中,他明白地说:"闺秀之作,本应降格求之,不得过为绳检。至于啮霜茹蘗,皆当表其贞操;纵声律未工,亦藉以存其姓氏;若妙龄夭折,更属可悲;虽或未可言诗,实有所不忍删也。"①不论这些女诗人越出其被规定的家内角色有多远,生活中对其职能的假设,都在性质上与公领域中男性孜孜以求的东西截然不同。通过对女性文字的文学价值及其出版正当性的辩论,男性标准的运用从来没有受到过挑战。一种对女性才华所带有的优越态度,因此也就是一种牢固树立的男、女分领域及不平等观念的表现。

明清不少文人坚持公共场所不应有女性声音的位置。帮助其妻钱宜出版《吴吴山三妇合评牡丹亭还魂记》的吴人,就被一位男性学者嘲笑为:"吴山只欲传其妇之文名,而不顾义理,书生呆气,即此可见也。"他批评的理由是:"从来妇言不出阃,即使闺中有此韵事,亦仅可于琴瑟在御时,作鉴赏之资,胡可刊板流传,夸耀于世乎?且曲文宾白中,尚有非闺阁所宜言者,尤当谨秘。"②坚持公/私或内/外界限这一摆脱不了的思想,看来只能是一种一厢情愿的想法了,事实上,女性文化教育的蔓延已在现实生活中侵蚀了这些区分。

这些普遍流行的恩赐和非难态度,更清楚地解释了为什么当小青的诗作受到批评界的喝彩时,对其真实性的怀疑也有所增加。施愚山,这位调查钱谦益理论可靠性的学者,也流露出了小青作品可能被男性学者润色过的想法。他于文中记道:"客问小青固能诗,恐不免文人润色。"他的一位杭州朋友笑曰:"西湖上正

---

① 在"顾若璞"名下的评论,载吴颢,30. 1a。
② 徐扶明,《元明清戏曲》,267 页。

少此捉刀人。"①

　　女性因此经历着一种喧嚣的矛盾信息：一方面女性的才华受到怀疑，另一方面女性的声音又受到推崇。她们包含着各种紧张关系，也试图通过各种方式，通融于内/外界限之间。尽管是以男性的名义，但一些人还是选择了出版她们的著作。许多人则继续出版合集文卷，并以骄傲之感附上她们的名字。另一些人则明显使女性文字不应越出闺阁一步的男性观点内在化了。他们的观点，可以从充斥于明、清时期的各种记载中发现，这些记载说一位姐妹或邻居为消遣而写了些什么，事后便将其焚毁，她们说诗歌或写作不是女人的天职。② 尽管这些妇女中的一些人从其父母那里吸收了这些价值观念，另一些人则必须招架来自其不赞成女性诗人的丈夫们的压力。③ 但通常是婆婆下的禁令，惟恐写作会分散新妇的家庭职责。④ 更为常见的是，妇女自己将强加于她们的空间和创造力的限制内在化了。

　　尽管许多有天赋的女性并没有留名青史，她们的许多书稿也已被焚毁，但在目睹了大量出版物被冠以"焚余诗草"及类似之名时，声称焚毁手稿有时就只是一种文学比喻了。无疑有人对女性才华的合理性有诸多怀疑，但他们并不代表时论。正如前面所提

---

① 陈文述，《西湖三女士传》，8 页。假冒小青之名的作品确实存在。关于这些伪作中的一部《冯小青全集》，参见潘光旦，"书冯小青全集后"。

② 引用的两个例子，见"贞仙传"，载史震林，《华阳散稿》，11—12 页；恽珠，关于刘氏一条，8.15ab。据像方维仪这样的多产诗人，也烧毁过其略显病态的诗稿，但许多还是保存下来并被出版（胡文楷，《历代妇女》，82 页）。

③ 魏爱莲（Widmer，"书信世界"［"Epistolary World"］，7 页、28 页）描述了一些男性的矛盾立场，他们一方面出版妇女的作品，另一方面又禁止自己女儿习学诗歌。关于某位禁止妻子写诗的丈夫的例子，参见刘云份，《翠楼集·新集》，容湖女子之条。

④ 沈宜修的婆婆就是一个例子（叶绍袁，《亡室沈安人传》，附录于沈宜修，《鹂吹集》，151 页）。

到的,许多人有着一种女性诗歌是有优势的强烈认识。压迫和强
制沉默的故事可能非常有势力,但它们并不能减损这样一种事
实,即许多女儿在家里得到培养,她们的文学追求得到支持,在家
中,母亲、父亲、丈夫和/或婆婆,扮演着诗歌冒险行动中的老师或
伙伴的角色。这些家庭的内在动力将在以下诸章中详论。

男和女对女性识字的蔓延及其多样化公众表达的态度,因此
就承载了各种矛盾。但要强调的是在这种不和谐的下面,存在着
一个共同的前提也很重要——男女截然不同的体质,因此也就有
着独特的诗歌表达和文学目的。那些认为女性不应该出版作品、
她们的文学应以分领域标准(较男性为低)评判或她们的诗句作
为一种男性提高的样板的认识,在最终的分析中,同样都使这样
一种认识永存,即女性和男性在作用和能力上存在着差别。所有
围绕女性作家及其真实性的争论,最终都在强化着男女有别的既
有理想。

天才的命运

与将女读者卷入大众传说类似的过程,是将年轻诗人神化为
家内之神。两个过程都是由根深蒂固的男女有别的教条所助长
促成的。我将在第五章讨论家内之神,它们有着女性死后永存的
魅力。这里,我简单着眼于对少年诗人之死的病态迷恋。小青便
是明末清初江南少女行列中的一员,这一行列中还有陈同、谈则
和叶小鸾,她们都在过早离世后成为传奇。我们还可以从许多父
母出版的悼亡诗作中,发现许多其他事例。一些女孩可能是为逃
避婚姻而自尽的,但这并无确切证据,另一些据说死于疾病。我
将在第五章中,推测几位过早亡故女孩的死因。

100

　　对这些过早死亡的女孩来说，公众对其死亡的迷恋，助长了才女命定短寿这样一种迷信观念的流行。这一天才命数的看法，兴盛于现实生活中女性受教育机会增长的沃土之中，但充当着社会现实和认识之间裂隙的另一指向标。但正如创作出来的人物通过塑造读者的期待，而具有影响其生活的能力一样，对天才命运的认识，可能是作为自我满足的预言而被认识到的。正是在想像、信念和现实的结合点上，小青故事加进了叶小鸾和俞二娘的故事，她们是另外两位不幸的《牡丹亭》读者，在她们身上，显示了天才未能完全展示的哀婉。

　　尽管叶小鸾是真人，而小青的真实性则备受争议，但叶小鸾生活的某些方面，却与小青有着惊人的相似，这两位《牡丹亭》迷都在过早死亡后被神化。① 19 世纪早期，叶小鸾的诗作出现在一本与西湖有关的女性诗集中。② 叶小鸾是吴江人，并且从未去过杭州，她出现在这本诗集中，只能用其死后的角色已与小青结合在一起这样一个事实说明。而且，在一本为纪念小青之墓重建的作品集中，一位女诗人写道："《焚余诗草》《返生香遣集》，真应号断肠。"③这一结合显示，两人的生活有着同样的象征意义。小青的很多遭遇源自其婚姻，而叶小鸾则是死时尚未达到其生命的顶

_____

① 带着对她的同情，在戏剧中，小青被与各种仙人等同起来。而且，一位 19 世纪的女诗人回忆说，在她出生时，其母曾产生了小青以慈悲女神观音出现的幻觉，她手持一个双头莲花（陈文述，《西湖三女士传》，55 页）。19 世纪时，小青甚至在杭州的寒食节被献以牺牲（同上，59 页；寒食节时禁烟火、吃冷食以纪念忠臣介子推，他在春秋战国时被烧死）。小青与介子推被联系在一起，可能源自明末清初对这一古老故事的翻写，它们将介之推之死归于他的妒妻。［对这一翻写的描述，参见韩南（Hanan），《中国的白话故事》（*Chinese Vernacular Story*），205 页］。死后被神化的同样过程，也见于叶小鸾的个例中（见第五章）。
② 陈文述，《西泠闺咏》，8.6a。
③ 陈文述，《西湖三女士传》，52 页。

点,她们可能共有的惟一象征,在于她们是其才华引起上天妒忌的女作家。

同样,小青这一角色又与另一位少女俞二娘结合在了一起,作为一部《牡丹亭》评论的作者,俞二娘曾在上文论述过。俞二娘的故事与小青传说非常相似,只是规模要小,它被许多作家讲述、再讲述着。最终,在有关小青的剧作中,两位废寝忘食的《牡丹亭》读者,被熔炼成了一个角色。如在《春波影》的一出中,一位老妇告诉了小青关于俞二娘的事情。小青那时正卧病于床,动情地说:"情种娄江不忍听,弄得个死死生生,断肠人遇断肠人,按不定泉路一同行。"小青甚至建议将俞二娘的故事谱成曲,由盲妇表演,以使更多人能够听到,"我近日听盲词,把俞二娘之件事谱在琵琶妇口中,到也新耳"。[1] 在另一部剧作《风流院》中,小青和俞二娘是以天宫中的仙人形象出现的,此宫的管理者不是别人,正是汤显祖。杜丽娘及其爱人柳梦梅则是宫中掌管户口之人。[2]

小青与叶小鸾和小青与俞二娘的结合,强调的是死于人生顶点前的天才的普遍凄婉之感。尽管表现出了对女性才华的某种怀疑,但这一观念经常由推动女性教育和出版她们作品的同一些人表现出来。如叶绍袁(1589—1648)——叶小鸾的父亲,在为出版而编辑了其妻和两女的生前作品后,被孤独和悲伤深深压倒,以至于写道:"我内人沈宛君,夙好文章,究心风雅,与诸女题花赋草,镂月裁云,一时相赏,庶称美谭。而长女昭齐,逾二十以忧死,

---

① 徐野君,14ab。
② 朱京藩,9ab,11a。小青成为汤显祖负责的天上花园中的永生之人的理想,在后来的一部名为《万花亭》的小青戏剧中重新出现,此剧由郎玉甫所写。八木泽元(Yagisawa,"冯小青传说"["Fū Shōsei densetsu"],第二部分,86—88 页)认为,在这部戏剧中,小青被塑造成了一位性欲指挥者。

季女琼章,方破瓜以仙死。今宛君又以孝慈感悼,短算长徂,流水无归,彩云去远。遗文在箧,手泽空悲,珠玉停辉,琼瑶陨色,甚矣,才之累人矣。令宛君与两女未必才,才未必工,何至招殃造物,致忌彼苍。"①这些苦涩的评论不能仅从字面意义去理解。它们毕竟出现在这样一本出版了的书籍的序言中,即为使其妻、女的遗作流芳后世的书籍。谈到天才的厄运,因此也就可以被理解为是一种明显带有掩饰色彩的假招,它与其所欲表达的意思——对女性才华的歌颂恰恰相反。

不管女性才华是一种福分抑或是一个祸因,在小青传说的流行中,它都不是一个事关重大的问题。在男读者的眼中,小青是一大堆屈原(前340—约前278)再生文学作品中最新的一个。小青—叶小鸾—俞二娘的强烈感人,很大程度上源自她们与屈原传说的结合,而屈原传说是一个关于忠诚与异己政治话语的讨论话题。

将小青的身份与屈原相提并论,源之于这样的一个长期传统,即把君-臣关系以夫妻婚姻的比喻形式表现出来。② 在一本传记中,小青将自己比作楚国大臣。对这位传记作者来说,小青的拒绝再婚,恰似屈原拒绝效忠另一位君王。③ 后出的一本传记作者,则进一步使小青扮演着既是屈原又是自己困境的代言人。在字里行间,作者大声疾呼:"小青初意以为天生我才必为我用,决不落于蠢鄙庸俗之手。"进而,小青的文学努力是带着某种救世,甚至是永存希望的:"然天之能摧折我者,身躯也;不能埋没

---

① "序",叶绍袁,《午梦堂全集》,上,3—4 页。
② 关于三国魏诗人曹植(192—232)对这一性别比喻的运用,参见芮效卫(Roy)。关于屈原传说及其几个世纪以来的不断变化,参见施奈德(Schneider)。
③ 支如增,36ab。

102

颇具才华的小青:在《女才子书》中,这位悲剧女主角,是以屈原这位楚国忠臣的形象出现的。不能在这个世界上找到一位真正的朋友,她徒然地看着水中自己的影子(初版于约 1644—1661 年;再印于傅锡华,《中国古典文学》,905 页)。

者,文章也。倘我死后文章在,即我在;我在□文章,人必我怜。"①无论从才华或流放的角度看,小青都是屈原。

后来的一个小青故事,出现在一本流行的关于女性足智多谋的故事集中,此书名为《女才子书》,在这本书中,作者更明确地将小青视作屈原。他写道,小青在她的前世一定是屈原。同样,她的丈夫冯云将是未能赏识屈原才华与忠诚的楚王;妒妇则是屈原的对头上官大臣。小青和屈原的悲剧在于,他们试图但又是徒劳地在这个世界上寻找知音。② 无回报的忠诚和才华的无处施展,而不是天才的厄运,说明了如屈原一样的小青打动人的原因。

这些作者对小青所充满的同情,并不因其是一位受害于不幸婚姻的女性,而且这一婚姻她又无法控制,而是因为她被浪费的才华,及这一才华未被当权人赏识。在某种程度上,小青与屈原的结合,与公领域男性的关注点产生了共鸣,她的故事被剥去了其特定的社会性别涵义。使其男性读者关注的并不是她作为女性的困境,而是她与某些男性共有的悲剧。这一倾向性不仅明显地表现在男性视小青为一位无能统治者的牺牲品上,也表现在他们视小青为一位妒且恶的妻子的受害者上。

男性和女性对《牡丹亭》中"情"的评说,只是重点不同,而非本质不同,但对小青故事的阅读,则明确显示出了社会性别特性。女性首先视小青为一位《牡丹亭》的阅读伙伴和另一位改变了的杜丽娘;而男性则将其形象理解为一位妒妇的受害者,一个《牡丹亭》中不存在的形象。在阅读小青时,实际是作为男性读者自己挫折感的一种隐喻,他们显示的是对这样两个问题的忧虑——

①朱京藩,1a,2a。
②鸳湖烟水散人,1页。

明、清江南地区流动的社会身份体系和攀登成功阶梯不断增加的困难。

小青——妒妇的牺牲品

在中国历史上妒妇很多,但在明末清初江南的城市文化中,她们似乎特别有市场。在这里,妇妒问题不仅为通俗作家也为严肃的思想家所特别关注。吴燕娜业已指出,明末清初时,泼妇妻与妻管严丈夫之间的婚姻冲突主题达到了其流行的顶峰,这时它"已从笑话和轶事的陈腐套路中,演化为全盛的喜剧和讽刺文学"。① 我以为,这种对妇妒的兴趣,显示的是对一个更大问题的更高程度的关注——女性于家庭和社会中的恰当位置,小青作为不幸之妾的感染力,只是这个问题的一个方面。"妒妇"通常是对"刚愎自用女性"的贬义替代,小青作为妒之受害者形象的流行,意味着对闺阁内、外强而有力妇女的攻击。

在小青戏剧中,对妇妒受害者女主人公的描述,是伴随着先前传记中所没有的两个转折同时出现的。首先,这位妻子看起来不仅妒,而且恶,而这位丈夫则由一个胆小的学者变为了一位愚蠢、粗俗的家伙——老套的妻管严丈夫。第二,作为妇妒的受害者,小青死后因福报而有着各种形式的美满生活。

妇妒与妇恶的结合,由《疗妒羹》的作者最简明地表达出来:

---

① 吴燕娜(Yenna Wu),"婚姻等级的倒置"("Inversion of Marital Hierarchy"),363页;她在《中国的悍妇》(*Chinese Virago*)中,将这一主题深化。韩南(Patrick Hanan),《中国的白话故事》[*Chinese Vernacular Story*],172页,241页注28)也称妇妒是"明末清初小说和戏剧中一个非常突出的主题",并且其时的许多喜剧家也着迷于这一主题。

"不毒不妒，不妒不毒，醋瓶醋瓮，堆满一屋。"①在《风流院》中，这位丈夫被迫解开妻子的裹脚布，并拿水为她洗脚，这象征的是最大的屈服与羞辱。这位妻子夸耀她的本领说："我的马子盖也是他掀，我的裹脚带也是他拿，我的脚汤也是他□，我的手巾也是他递。"②在《春波影》中，这位妻子在这样的想法中获得了安慰："凭他铁石般的刚强男子，也逃不过蛇蝎般的狠毒妇人。"③在《疗妒羹》中，通过妒妻以药为幌子，将毒药送给病榻上的小青，而使这一比拟更为突出。④

小青仁慈的朋友杨夫人与妒妇形成了鲜明对照，她体现了理想女子特性的传统看法。她是一位好心人、得力的持家者，拥有最为重要的品德——容忍。她告诉《风流院》中的妒妇："取妾，人情之常，宽宏是你之量。"⑤在《疗妒羹》中，杨夫人自己在积极地为丈夫寻找一位体面的妾，因为这对夫妻没有孩子。最终，杨夫人设法使小青成了丈夫的妾。结果两人都生了儿子；妒妇也开始悔改，并且人人都称赞杨夫人的妇德。⑥

像是在补偿小青于现实生活中所遭受的不幸，所有小青戏剧都给了她一个令人称叹的幸福结局。在《春波影》中，她逃离了因果报应之运，而成了一位具有神力的尼姑的徒弟，这位尼姑曾在小青九岁时遇到过她，并且劝告说只有不识字才是拯救她的良方。⑦ 另一些戏剧家将小青刻画为真爱的追求者。与上天预设

---

① 吴炳，1.43a。
② 朱京藩，1.5b。
③ 徐野君，6a。
④ 吴炳，2.19a—20a。
⑤ 朱京藩，1.7a。
⑥ 吴炳，1.15a，2.34a—36a。
⑦ 徐野君，22b—23a。

天上的小青：在《春波影》幻想的结局中，小青获得了永久的幸福。具有神力的女尼评论说："这世上人都道是小青娘九泉含疼，那晓得在三岛逍遥哩。"（徐野君，《春波影》，卷首插图）

的一样,她最终嫁给一位匹配的男子。在这里,小青戏剧就进入到"才子佳人"的套路中。① 还有一些戏剧家将她描绘为来自天上的仙女,在经历了人间的一段插曲后,重返那里。②

在所有这些戏剧中,男性作者都对小青寄予了明确的同情,他们对妒妇的谴责也是明确无误的。当然,一方是妒妇与妻管严丈夫,另一方是慈悲的杨夫人与小青,两方轮廓鲜明的对比,可能是出于戏剧效果而将其过分渲染。而且,戏剧中的描绘不一定代表了作者的观点,更不必说现实了。但他们一定是普遍的担忧和共同喜爱的成规老套的指向标。在对女性于家内、家外地位的争论中,他们同样阐明了若干截然分开的界限。在形成于随笔、笔记、白话故事和戏剧的成式中,这一关于妒忌和纳妾话语象征的是一种不适,它被那些看到社会性别等级和家庭秩序遭到侵蚀的人们感觉到了。闺阁内的无序,为政治王国内的和谐带来了灾难。溢出闺阁之外的"阴"性力量的过分强大将使世界颠倒。

男人、妻和妾:妇妒的话语

正是江南文化和社会中的女性能见度,如威胁一般撞击着许多当时的观察者。韩德琳指出,对明末女性参与反叛和情迷运动的力量,如吕坤一样的士大夫既有着深刻的印象,又十分担心。

---

① 在《风流院》中(朱京藩,1.18b),小青嫁给了一位科场失意者,此人将自己比作屈原,这是对如上所讨论的小青作为一个被黜大臣形象的有趣曲解。在另一部由明中期一位无名作者所写的戏剧《西湖雪》中,小青嫁给了一位杭州的地方官,此人对那位妒妇提起了指控(潘光旦,"小青考证",第二部分,15页)。
② 张道的明传奇风格的戏剧《梅花梦》就是一个例子。

他们因此开始意识到女性不断增长的力量，并试图寻找方法妥善处理它。[①] 在徽州文人金声（1598—1645）起草的一个民兵动员计划中，这一认识最具象征性。在这一计划中，他建议指导妇女在街头巷战中保卫自己和她们的家乡。[②] 这个计划系统阐述于1636年，尽管它从未被彻底实施过，但却表明了社会性别角色和社会秩序的混乱。在这种气氛中，妒妇隐喻的是权力过大和刚愎自用的女性，她们威胁到了公共秩序，而这时又正是要求她们对此公共秩序进行捍卫的时候。

麻烦的迹象也出现在了家庭关系的核心部分。对女性于家庭王国的权力，作家李渔也进行了同样的观察。李渔自己就有着多位姜，因此他对妇妒毫不同情，他悲叹道：

> 古来妒妇制日夫之条，□罚跪戒眠，捧灯戴水，以至扑臀而止矣。近□妒悍之流，竟有锁门绝食，迁怒于人，使族党避祸难前，坐视真死而莫之救者；又有鞭朴不加，囹圄不设，宽仁大度，若有刑措之风，而其夫摄于不怒之威，自遣其妾而归化者。岂非闺阁以内，便有日异月新之事乎？[③]

这些"妒悍"之妇的行为，很像小青剧作中对那位妻子的描述，它也表明，这些戏剧中将妒与恶的结合，是植根于对实际行为的

[①] 韩德琳（Handlin-Smith），"吕坤的新听众"（"Lü K'un's New Audience"），27页，36页。

[②] 邓尔麟（Jerry Dennerline），"许都和南京的教训：政治上的种族平等与江南的地方性反抗，1634—1645年"（"Hsu Tu and the Lesson of Nanking: Political Integration and the Local Defense in Chiang-nan, 1634—1645"），载史景迁（Spence）和卫思韩（Wills），110页。

[③] 李渔（《闲情偶寄》，1.18ab，载《李渔全集》，第五卷）补充说，这些并不是想像出来的，而是真正发生过的事情，他还希望剧作者们能用它们为其作品添枝加叶。

观察。①

女性放肆行为增多的另一个迹象，表现在反对它的教育的泛滥。明、清时期的女教猛烈对妇妒进行抨击。如《女孝经》就教导说："五刑之属三千，而罪莫大于妒忌。"并重申妒乃七出之首要。② 同样，明仁孝文皇后的《内训》用了一章的篇幅，来奉劝妻子应善待丈夫所有的妾，"故妇人之行，贵于宽惠，恶妒忌"。如果妻子不能抑制妒，她在家庭等级中的位置就将面临危险。③ 对我们来说，这一点是非常清楚的，即关于妻与妾之间争斗的这些教育，是要为丈夫的利益服务的。

从妻子的角度看，被男性打上"妒"的标记的行为，通常是在对不如意的丈夫进行牵制和保持对家庭管理控制的斗争中，所使用的最后手段。对于妾的介入，法律制度为妻子提供的保护极少。名义上明代法律规定，平民男子只有在超过四十岁并仍无子的情况下，方可纳一位妾。违反者将遭到四十下鞭笞。但这一规定很少得到强制执行。④

在法令中，妾作为潜在的生子机器而被默许，她们可以挽救行将断绝的家门血脉。同样的观点也反映在各类家谱中。一些家族只允许育有儿女的妾进入家谱；一些家谱容纳了她们，是因为原配之妻不能生育。⑤《疗妒羹》中的理想妻子杨夫人这一形象，就体现了这种情况。因为不能生出儿子，所以她自愿旅行到

① 吴燕娜（Yenna Wu，"婚姻等级的倒置"["Inversion of Marital Hierarchy"]，366页）指出，妒妇经常出现在明代的诉讼案中。
② 引自山崎纯一（Yamazaki），364—365页。"七出"最早被列在了《列女传》中。
③ 山崎纯一（Yamazaki），225—226页。关于这些女诫对妒悍的压制，参见藤川正数（Fujikawa）。
④《明会典》，引自陈东原，207页。
⑤ 多贺秋五郎（Taga），5页。

扬州,去设法为丈夫寻找一位妾。

一些男性支持的法典中详细说明纳妾的严格规定,以维护家庭的和睦。《家则》作者徐三重的观点是:"古者无子置妾,定以年齿,盖甚不得已也。若孕育已繁,更营姝丽,此则明示淫汰已耳。夫妾婢既滥,子女杂出,各私其类,便生异同。若无礼义之维,难免乖离之衅;中人或衰孝敬,不肖者遂滋忿争,恐薄世浇俗所必至此也。"①换言之,他视有控制的纳妾为保持家内等级必不可少的条件。如道德教育书中对妇妒的谴责一样,这也反映了家内男性作主的旨趣。

但明末清初时,当纳妾之风蔓延于士大夫和商人家庭时,这些法律规定却往往为男性自己所忽视,他们的着眼点绝少是传宗接代的生育。如小青一样的妾被买来,只是作为娱乐的对象或男性情迷的一个知己。在这一点上,较之法律规定,李渔的文字更能解释男性的行为:

108

  至于姬妾婢媵,又与正室不同。娶妻如买田庄,非五谷不殖,非桑麻不树,稍涉游观之物,即拔而去之,以其为衣食所出,地力所限,不能□及其他也。

  买姬妾如治园圃,结子之花亦种,不结子之花亦种,成阴之树亦栽……以其原为娱情而设,所种在耳目,则口腹有时而轻,不能顾名兼顾实也。②

在反对为行乐而买妾的丈夫时,妻子们没有法律追索权,有的只是她们的聪明才智。由李渔这样的一些作家所看到的不断增多的妇女强悍行为,在一定程度上就是对蔓延的纳妾之风的回应。

---

① 徐三重,《家则》,载陈东原,207—208 页。
② 李渔,《闲情偶寄》,3.45b,载《李渔全集》,卷五。

谢肇淛，一位16世纪社会习俗大纲《五杂俎》的作者，观察道："美姝世不一遇，而妒妇比屋可封，此亦君子少、小人多之数也。然江南则新安为甚，闽则浦城为甚，盖户而习之矣。"①谢肇淛是福建人，他曾访问过新安，并详述了那里的妒妇故事。

这些报道妒妇于16—17世纪明显存在的观察者，都间接提到了一个更大的历史环境，即由货币经济所造成的明显的社会、道德剧变，它是这一高潮出现的原因。这样一种妇妒源于较女性易妒心理更大力量的认识，经常以将明、清社会和南北朝社会进行比较的形式表现出来，南北朝时期是以妒妇全盛期而闻名的。② 这些作家控诉说，在这两个时期，强悍的妻子们都对丈夫颐指气使，以促进她们有权势的本家利益。妒妇因此既是社会混乱和道德衰退的原因，也是其征兆。

明、清时期关于妇妒的讨论，实际是在用南北朝时期编辑的一种古代语汇进行表达。如流行的小青剧作《疗妒羹》的名字，涉及的就是为南梁的一位因妒而生疾的皇后调制的黄鹂羹。这剂药减去了她的一半妒，但是在她的脸上留下了斑点。③

南北朝时期和明、清时期关于妇妒讨论的相似性，还集中表现在北魏一位官员元孝友的请求上，他请求批准建立纳妾制度。和明代纳妾制度支持者的论调相似，元孝友认为："凡今之人，通无准节，父母嫁女，则教以妒；姑姊逢迎，必相劝以忌。以制夫为妇德，以能妒为女工。自云不受人欺，畏他笑我。"元孝友认为，妒 109

---

① 谢肇淛，211页。

② 关于妇妒与北朝妇女地位变化的关系，参见山本德子（Yamamoto）的精彩论述。

③ 余正燮（495页）试图在正史中，以一些妒妇的故事为妇妒进行辩护，其中包括《魏书》中固定纳妾制的请求（将在下文讨论）。谢肇淛（212—215页）也给各朝的妒妇行为以很大的篇幅。黄鹂羹的原始食谱可能被发现于《山海经》中，这是一部奇特的地理著作。

破坏了丈夫控制下的夫与妻、妾关系的习俗。他担心这一混乱将会引起通奸和淫乱。为反对妒,他提出了一种制度,这一制度将根据丈夫的官位来分配妾的数量。① 这一请求明显认为妒是一种武器,妻子用它能够征服丈夫和保护自己家庭的利益。

在北魏和在明、清时代一样,妒妇通常扮演着与其本家通力合作的角色。夫妻间的冲突因此便有可能越出闺阁,而成为家族间的敌对。清代作家陈元龙(1652—1736)著有《妒律》,其中有这样的一个条例:"凡妇与夫小有间言,便呼兄唤弟,加之强横,以宣威夫妾";"凡妇举动难堪,因夫稍违,便从姊娣兄弟哭诉。"②当这些家庭为有限的财力和声望开始扭打争执时,妇女——作为女儿和妻子——不管她们在族谱中如何不起眼,通常都是有影响的角色。

日本学者山本德子认为,有两个因素造成了南北朝时期妇妒的盛行:政治混乱导致了道德组织结构崩溃;按照财富和权势划分家庭等级制度。③ 这两个条件也都呈现在了明末清初的商品化地区。《五杂俎》的作者也证实了社会中道德控制水准与女性强悍的关系:"宋时妒妇差少,由其道学家法谨严所至,至国朝则不胜书矣。"④内在于男人—妻—妾三角关系中的冲突,因此也就充分代表了由货币经济所引发的社会僭越。

总之,对妇妒的态度是带有社会性别特征的。男性作者和读

---

① 元孝友提出的请求,见《魏书·宗室传》,引自陈东原,71—73 页;也见余正燮,495 页。

② 陈元龙,《妒律》,载高剑华《红袖添香室丛书》,100—101 页。

③ 陈东原,73—74 页。山本德子(Yamamoto Noriko,89 页,93 页,101 页,以及其他各处)也提出了这一点,即权势之家的女儿对其丈夫作威作福。但她进一步指出,受北魏汉化过程的影响,北魏妇女表现出的妇妒不断加剧。

④ 谢肇淛,214 页。

者对妒妇受害者小青的同情，是由男性所拥护的同样的一系列价值标准所促动的，这些男性买妾是作为娱乐对象。他们对妇妒的谴责，通常是在"传统道德秩序"的名义下，与他们对父权制权力的捍卫结合在一起的。因此毫不奇怪，18 世纪和 19 世纪支持给女性更大自由的男学者，都是站在妒妇一边的。如余正燮(1775—1840)就认为，妒仅是妻子对纳妾丈夫的一种自然反应。^① _110_
他同时也谴责缠足、溺杀女婴和寡妇殉节。①

　　而妇女对妒妇的同情，正是她们对小青剧作不甚感兴趣的原因。尽管许多人喜欢读小青的诗句并写诗纪念她，但她们并没有像男性那样对那位妒妻进行谴责。女性之所以没有为小青剧作所感动，是因为其反映的是公领域的关注点和男性私人的恐惧。女性对此类剧作缺少评论，正与对小青诗歌的热情和对杜丽娘的迷恋形成鲜明对照。

　　杜丽娘迷是以她为效仿对象的，而小青故事的读者则视她为一个反面例子。"扬州西乡有农家女者，年方十五，为巨富某姓家婢。某夫人能诗。见其颖慧，辄教以吟咏，不三年而成。里中辄以才女目之。有富商某欲纳为侧室，女不从，曰：我宁为婴儿子，不愿为小青也。寻又议婚农家子，女亦不从，曰：我不能为双卿。竟不嫁，专事吟哦，十八岁而卒。"②

　　小青传奇的女性读者认为她是真实存在的——一位被作为

① 余正燮(497 页，另外书中其他地方也随处可见)指出：夫、妻的生活方式是一样的。如果夫纳妾而妻不妒，那这位妻子定是冷淡的。冷淡就破坏了家庭的生活方式。余正燮进一步区分了以妒为借口的自然反应和暴力行为间的区别。后者应受到法律惩处，而前者实际是女性的一种优良品质。参见罗溥洛(Ropp)，"变化的种子"("Seeds of Change")，15—16 页，对同一文本的讨论。
② 据说除了一首词，此位扬州农家女的其他诗作都遗失了。关于她和贺双卿的故事，参见雷瑨和雷瑊，4.4b，9b。

财产买、卖的妾。她们视其文学形象为杜丽娘的后继者，一位真爱的追求者——仅仅反对其婚姻的严酷现实，但又对此无能为力。另一方面，男性作家则将小青的形象由一位真爱的支持者，变为了一个纯粹的浪漫之人。而且，当他们将小青刻画为一位妇妒受害者时，他们也捍卫了小青悲剧所建之的纳妾体系。

情迷和社会性别关系

在这一章中，我分析了情迷浪漫和悲剧的两个侧面，并区分了男性和女性阅读之"迷"的区别。通过总体考察，我对"迷"于社会性别体系的含义得出了某些结论。与女训和女性诗集的扩展一样，情迷于社会性别关系和女性命运都有着矛盾的含义。能读擅写的女性的增加和她们助长的情迷，都创造了一个全新的空间，在这一空间中，一些女性享受着扩大了的自由和满足。但这些变化并未对明末清初社会性别体系的基本前提，即男女有别这一教条，造成挑战。

将情迷的潜能夸大为一种社会平等因素是一种误导。仅关注于浪漫之爱，一些学者就通常将情描述为"爱情"，并提出相互之爱的理想，预示着男、女间更均等关系的到来。尽管这种佳偶的具体事例很多，但情迷对社会性别关系的总体影响并不是如此简单。这种模棱两可的认识部分归之于这样一种现实，即对明末清初的读者而言，"情"的含义远比浪漫之爱宽泛，它包含了同性之人间的友情和其他人伦关系。① 另一个困难是，情迷并不是一

①在她对情迷的精彩研究中，孙康宜（Kang-i Sun Chang，陈子龙，*Ch'en Tzu-lung*，18页）指出，浪漫爱情和爱国精神成了一把双刃剑，并且"名妓成了爱情和忠诚的中介"。

个统一的学说主体。一些作家坚持情是促进两性的平等之物；另一些人则将其歌颂为男、女领域区分更分明的标志。

　　强调心灵的东西，就将男性的关注点带到了与女性传统特性更接近的地方。当这些时髦词语如"情""唱和"得到传播时，无论是在包办婚姻的范围内、还是外，更多的男性都开始将女性评估为情感伙伴。因此明末清初不但见证了伙伴式婚姻影响的增大，也见证了妓女、妓院文化和姬妾地位的提升。这两者都是男性寻求亲密关系和情感满足的结果。在这层意义上，情迷使某些女性过上更为充实的生活，也有助于视女性为有智力的人和天生作家这样一种新感觉的出现。但在本质上，它并没有对社会性别陈规造成挑战，这些陈规视女性为一种感性和多变的性别。事实上，情迷强化了将女性等同于自然和家内的倾向，尽管对这些属性的评价要比以前高。

　　女性气质的特有定义在被争论着，性别区分的现有理解也被重新考虑，但其结果则通常是新的社会性别框框或对旧有的性别陈规的再确认。如石成金（1659—约 1740），一位多产的扬州日用类书作者，便用一种通俗的说法开始了他的故事："男女虽异，爱欲则同。"也就是说，寻求情感和肉体的满足是人类的基本属性。在这层意义上，情使两性得以对等或相类。但石成金绝没有男、女平等的含义。他接着指出："妇女生来情性犹如流水，即以少配少，若有风流俊俏之勾引，还要夺其心肺。何况以老配少，既不遂其欢心，又不饱其欲念。"[1]"流水"一词谈的是女性易变的本

_112_

---

[1]《老作孽》（第十九个故事），载石成金，《传家宝·利函》（三组），八册，47a—55a。关于石成金和这本故事集，参见韩南（Hanan），《中国的白话故事》（Chinese Vernacular Story），209—210 页。"男女虽异，爱欲则同"这一说法，也见于 16 世纪的一本家用类书中（余象斗，21.1a）。

性,特别是在性上。在这里,石成金重复了女性的欲念是不能满足的,因此对意志薄弱的男子是危险的这样一种流行看法。但与许多作家相同,石成金暗示,妻子的性需求应尽量给予满足。

这个故事的寓意是年老的男子从来就不应纳年轻的小妾,即使他可以享受到乐趣或想要儿子。在另一篇文章中,石成金从总体上讲了纳妾制度的弊端,称它是"世上有罪恶极大而不可宥者,莫如娶妾纳婢而已"。他推论说,许多妻子生来性妒,绝没有心胸与其他女子分享一个丈夫,"要知妇人性情嫉妒者颇多,能有几人贤良哉!"他观察道,这样的妻子经常饿死和虐待姬妾,她们的妻管严丈夫根本没有勇气对此进行干预。"最可恨者,世有一种惧内之徒,明知妻之必不能容,而自己却勉强娶妾纳婢,徒有虚名,而无实惠,甚至饥寒逼迫,打骂频施,令妾婢度日如年。……伤心哉,人俱各有子女,何忍贻害至此,恶极罪重,因果报应,生生世世,莫能销解。"石成金很不情愿地退让说,只有当一个男人没有儿子而他的妻子又同意他纳妾时,他才可以纳一个妾。①

前面探讨过男性作家对小青传说所坚持的观点,与此相较,对婚姻和纳妾的态度,石成金看起来对女性更富同情色彩。在承认给女性以男性同样多的性满足的前提下,石成金在社会性别关系中引入了一个对称元素。他反对纳妾的观点,也有助于夫妻间一种更平等的关系。然而最终其女性本质是贪欲的观点,起到的是强化社会性别陈规的作用,而不是挑战它们。对"情"的一种新强调,使女子命定的古老角色在男人的眼中愈加鲜明——过分感情用事和性欲过强,女性仍然对意志薄弱的男子构成持续的威胁。

---

① 《娶妾纳婢论》,《通天乐》,载石成金《传家宝·利函》,15 册,31b—32a。

与这一熟悉的女性命定形象相反，杜丽娘的形象为明末清初江南城市文化中的女性带来了新启发。《牡丹亭》中有文化的、予人美感的、真情的女主角，是出版业和剧场文化煽动下的情迷化身。她成了数不尽的妇女的榜样和激励力量，这些才女们在丽娘的希望中看到了自己的未来。对她们来说，情、才、德都是崇高的追求，它们可以完美地与女人作为持家者这一惯常的角色相兼容。即使小青的悲剧，也推动提高了爱情结合这一浪漫理想的感染力，在年轻读者的眼中，其魅力恰恰在于它的未必可以得到。

中　卷

妇女性别的重写与重读

第三章 丈夫与女中丈夫：女性角色的错位与延伸

我们已经看到商品化、坊刻所推动的各种变化，以及情迷产生的讽刺结果，即强调了男/女间的区分，因此也就更加强化了传统的分离领域学说（男∶外/女∶内）。但社会性别区分概念的强化，并不意味妇女地位必然下降。上章所未涉及而本章将探讨的是，"女∶内"这一场域本身也在变化，以致"妇女"及"女性特质"在定义和界限上都比以前宽松灵活。

第一组变化源于女性教育的扩展，作为这一发展的一个结果，出现了不断增加的男性化的女作家及女职业艺术家。她们的灵活性和博学，明显提醒着分离领域原则与社会性别无序现实间的鸿沟。女性领域参数的扩大，缩小了这一差距。第二组变化关注的是女性特质的特征。只有伴随着女性领域和女性特质本身的重新有效界定，男∶外/女∶内这样一个结构才保持了生命力。这些调整缓和了理论与实际间的不协调，并重新组合了社会性别体系与社会经济现实间的关系。本章讨论的是女性职责的扩大，下章则重点关注女性特质的再定义。

女性的分类

如我们所看到的，读者大众对小青故事及悍妇的迷恋，展现的是一种对女性越界行为的焦虑。作家和读者的兴趣,恰是被现实生活中社会性别无序的种种现象引燃:男女衣服混穿的女性、像男孩一样被抚养的女孩、女射箭能手及男刺绣名家,这仅是举出了本书所讨论的少量例子。为弄清这样一种社会性别混乱,我们可以先看看一大堆关于女性的新标签,它们不但出现在十六七世纪的文人作品中,也出现在其时的通俗文学中。这些新的女性标签及做出这种区分的冲动,对认识社会现实背离社会性别区分的理想有多远,是颇具象征意义的。

明、清时期,以道德指导书籍和传记的形式,出版业以前所未有的规模,提供着有关女性的故事和图画。通过一大批日用类书、百科全书和文集,读者大众对有关妇女故事的热情也得以表现出来,这些书籍对女英雄不断增加的故事内容,进行了创造和再加工。特别是,对其时混乱的身份体系和社会性别分类的展示,是这些书籍的新奇方式,通过它们,这些著作描述了女性并将女性分类。不是在学术论文中,而是在这些通俗故事中,新女性的属性及女性的职责被首次宣示出来。

邓志谟(活跃期为 1596 年),一位从传统素材中编辑了大量有关女性故事的文人,将这些故事归纳为十类:列女、贤女、才女、悍妇、美女、征妇、妓女、歌妓、舞妓和商妇。其中一些是传统类别,女性在其中是被以道德类型或丈夫的职业进行分类的,但其他一些则是基于行为或外貌。如第一章所讨论的,道德与娱乐的结合也注入了社会性别类型中,通过它,女性在大众的心目中得到了领悟。

特别是美成为女性特质中的一个共有属性,即使对良家女性而言也如此。在其后的一章中,邓志谟将如"天姿"和"度量"归纳在了"美德"的标题下。通过这样做,邓志谟扩大了美的含义;美德和外貌，或内在和外在品质，都可以用美来形容。①

　　对女性外貌关注的增长，也集中体现在另一部仿邓志谟之书的故事集中，它明显是一个商业成功的例子。此书据说是著名文人陈继儒（1558—1639）所作，它将女性分为七类：节妇、才女、美女、丑女、妓女、贫女和丽情。② 美女/丑女这一对分类，说明了迷恋女性外表风气的流行。这一迷恋可能是源于一种心理需要，因为其时正处在一个混乱的身份标志和社会性别标准的时代中，所以需要区分男、女身体上的特征。

　　在广陵黄一正编的一本 16 世纪晚期的百科全书中，可以看 *117* 到从体质上区分两性的需求，在这本书中，他将"女性之美"和"女性举止"与"男性之美"和"男性举止"进行了比较。在被冠以女性标签的部分下，给出了混乱时代的更多证据。与这些惯常理想如"淑女""静女"相比较，有一批不符合旧的社会性别类型的女性：

　　女史：通书

　　女士：女有士行③

　　女丈夫：女有男才

　　女而不妇：知女道而不知妇道④

这些分类中的一部分，特别是故事集中的那些，是古代文学俗

―――――――――――

① 邓志谟，卷 4—5。

② 陈继儒，卷 6。

③ 有不同的方式可以翻译"女士"。"士"总指学者，包括取得科考功名之人和一般人，但也可总指男性（何炳棣，Ho，《阶梯》[*Ladder*]，35 页；《辞源》，346 页）。因此，"女士"能用以表示"女学者"或"男性化的女性"。另一个复杂性是，"女士"通行于明末清初和今天的一个用法，就是指"夫人""小姐"或"良家女性"。因此施愚山称黄媛介为"女士"，并且黄媛介在其诗集的标题上也被称作"女士"。

④ 黄一正，8.24b—25a。这部 46 卷本的大部头辞典，将其编辑时代的词汇进行了分类。

套的产物——如征妇——它们并不代表出版时代女性特质的新建构。但在有着如小青和献身于《牡丹亭》的女性读者兼作者这样的一个社会中,像"女史"或"才女"这样的标签的激增,是有着一定社会真实性的。

明末清初时,人们对女性分类和命名的特殊着迷,表明了于社会性别混乱外再建秩序的一种需求。但这些新标签本身,却很难充分重构社会性别秩序。重新界定女性位置的斗争,不得不开始与更大的争执纠缠在一起,这些更大争执是针对家庭生活的特定含义的,家庭生活是女性身份和存在的传统根基。

置身于家庭内外:家庭生活话语

没有一个人能像黄媛介(皆令,约 1620—约 1669)那样,概括了新女性能够得到的自由和所受到的限制,她的一生和职业生涯,违背了表达于"三从四德"名言中的传统女性气质的各项规定。[1] 不仅因为黄媛介受到了与其同时代的男性一样的教育,并且在诗歌和绘画上还更有天赋,而且她在公众领域中的职业生涯,也公然反抗了所有现存的界定女性的体制。黄媛介是一位职业艺术家和作家,婚后一直担当着养家糊口的重任。与丈夫和孩子一起或一个人,黄媛介漫游于江南的城镇中,以寻求被雇佣和

_____

[1] 黄媛介的生卒之年都是一种技术推测,两者都没有确切的证据。我对其生年的推测是基于以下几点:(1)张溥死于 1641 年,据说在他去世的前一年,曾向黄媛介请求帮助(陈寅恪,19—20 页);(2)作为诗人,至 1633 年,黄媛介已获得了声望,这一年,其给叶绍袁带去了她的诗句作礼物。所以她的年龄已不会太小。其亡年是由以下几点推测而出:(1)施愚山写道,黄媛介死于佟国器的南京别墅中,佟国器于 1661 年退隐在那里。因此黄媛介不可能死于 1661 年前;(2)毛奇龄于 1669 年提到黄媛介的女儿去世。按施愚山传,黄媛介死于其女亡故后的不长时间。因此,黄媛介应在 1669 年后去世。

资助的机会。高官之妻、名妓和男性学者都对她殷勤相待。如在
女性世界中一样，黄媛介在男性世界中也同样自如；如在高雅的 _118_
圈子中一样，她在娱乐世界中也同样自在。带着这种灵活性，她
穿梭于这些各自独立的圈子内、外，她证明了家内界限是如何开
始被渗透的。

　　黄媛介生于浙江省嘉兴的一个著名家族的一个穷支上。成
长于有抱负的学者哥哥和诗人姐姐的卵翼下，黄媛介很早就开始
接触学问和文学。她家太穷了，所以她姐姐不得不嫁给先前为显
要官员之人的孙子做妾。据说张溥（1602—1641），著名晚明文人
团体复社的创始人之一，曾想以媛介为妾，但最终她还是嫁给了
一位失意的学者杨世功，但他从来就没有能力供养妻子儿女。①

　　黄媛介设法通过教书及出售诗、画、字，来维持家庭的最低生
活，在一个男性统治的竞争领域，对一位女性来说，这一功绩并不
小。② 早在 17 世纪 30 年代，她便赢得了诗人的声誉。在清朝于
1645 年征服南方的骚乱中，黄媛介被士兵或强盗绑架，并有可能
被强奸或卖到妓院。获释后，她游历于江苏省的吴县和江宁，然
后归隐于邻近的镇江县金坛一位地方士绅之家的别墅中。后来，
她短暂定居于杭州的西子湖畔，这里是艺术家、名妓及她们的文
人和商人赞助者的天堂。进入到 17 世纪 50 年代，就是在这里，
作为画家的黄媛介画了很多画。在其时一流男性和女性文学之
士的社交圈中，黄媛介的作品售价越来越高。当她的声望到达京

---

① 陈寅恪，19—20 页。另外，媛介的大从姊黄德贞也是一位著名诗人。在一些对媛
　介之"姊"的记载中，德贞被弄错了。关于这个家庭的穷困和媛介之姊为妾的婚姻，
　参见陈寅恪，475 页；及胡文楷，《历代妇女》，663 页。
② 在明、清时期的江南地区，为家庭带来收入的女画家并不普遍；她们中的许多人出
　自职业画家之家（韦德纳［Weidner］，"历史中的女性"［"Women in the History"］，
　14 页；莱恩，Laing，32 页）。

城后,黄媛介受邀到那里为一位官员之女作塾师,加入到了数量日增的巡游之师——"闺塾师"的行列中。其子的去世和不久之后女儿的亡故,打断了黄媛介在北方的工作,不到一年,她便返回江南。很快她便患病并死去,其时她正在南京与一位退休的满族官员之妻在一起。她留下了超过一千首诗。①

从王朝交替这样一种大环境中看,虽然黄媛介的职业生涯看起来是不寻常的,但塑造其生活的力量并非不寻常。黄媛介受教育和流动的程度都暗示,明末清初时旧的社会性别规范是如何地过时了。面对如此博学和现身于公众领域的女性如黄媛介,以其手而非其心不停地为家庭劳作的陈旧家内女性理想急需修改了。不仅如此,家内生活本身的特定含义,即女性身份的所在地,在更大的社会发展过程面前,如扩大了的门第构成及文化生活的个性化等,也正面临着可以看到的变化。随着社会和社会性别体系处于流动之中,女性于家庭和社会的位置,也成了一个不固定的开放的问题,这既是无序的一个症候,也是其矫正的根基。另外,社会性别区分的性质,一个部分由情迷激发出来的事物,也成了与女性教育一样的热烈争论的问题,并且她们赢得的权力,恰好将其置于传统男性的领地之中。

为了努力了解这些变化的意义,并缩小规范和现实间的差距,学者和通俗作家们试着重新思考或扩大女性位置和能力的传统定义。在本章及下章中,我将对他们的思考进行分析。在这里

①关于黄媛介的传记,参见《黄氏皆令小传》,载施愚山,17. 13a—14a,和阮元,40. 19a—20a。有一个方便集子,记载了这些及其他被引述最多的有关黄媛介的生平,参见汪启淑,14.5b—8a。关于黄媛介作为画家的职业生涯,参见韦德纳(Weidner),"湖女"("Ladies of the Lake")。退休的满族官员是佟国器,他于1661年返回南京,并在他的别墅组织了一个沙龙;其妻钱氏,是一位被传教士称作阿加特的基督徒(陈寅恪,964—981页;冈本さえ,Okamoto Sae)。

119

很重要的是，通过更近距离地观察黄媛介生活的两个方面，而突出实际行动与理想理念间的明显背离：她颠倒了的夫妻关系和矛盾的社会身份。两者都代表了黄媛介时代家庭生活变化着的形态和范围。

黄媛介的夫妻生活是对儒家名训"三从"的一种嘲弄。"三从"是以一种完全稳定与和谐的理想世界形式，描述了社会性别关系。"三从"要求女性的社会地位和自我身份，都从属于其生命周期中每一阶段的男性：父亲、丈夫和儿子。但明、清江南极大的社会变化，却使两个性别的身份体系都陷入了混乱。① 如黄媛介这样的知识女性获得了多重身份，一些与其家内角色毫不相干（作家、画家），一些源自她们与其他妇女的联系（塾师、朋友）。这些女性的丈夫或呆在家中，或随其巡游，但不论哪种情况，他生命中的位置都是由她决定的。

由黄媛介的丈夫杨世功描述的一个场景——这是黄媛介众多沿江南水道无伴旅行中的一次，生动地说明了这种角色的颠倒。倾盆大雨已使河水涨满，媛介正等着摆渡过河。杨世功站在河岸为她送行，但失去了她的行踪。当他瞥向对岸时，看到了蜷缩在一个破旧驿站中的她，书箱和行李散落在门边的棚子中。对其劳作感到了歉疚，杨世功努力记下了这样的心境："皆令渡江时西陵雨来，沙流湿汾，顾之不见，斜领乃踟蹰于驿亭之间，书奁绣

---

① 关于明清社会身份体系的流动性，参见何炳棣（Ho），《阶梯》（*Ladder*），53—91页。曼素恩（Susan Mann，"培养"["Grooming"]，206页）指出，前清也是一个社会界限流动的时代。其根本原因——商品化——与明末清初时相似，但从1723年开始的废除贱民世袭制的系列皇家敕令，也是一项重要推动力。

帙半弃之傍舍中,当斯时,虽欲效扶风橐笔撰述东征,不可得矣。"①在黄媛介和杨世功的例子中,标准的夫妻关系被颠倒了。他是静止的,而她则在路上吃苦受累,并为在文学史中赢得一席之地而奋斗。

黄媛介的流动性及其越出家庭的各种身份,使我们对另外一套针对女性的陈旧属性产生了怀疑:良/贱之分,它是按照女性与家庭体系距离的远近而规定的。② 家庭永远是女性身份的一个最重要属性。大多数女性,不论她们来自上层、商人或平民背景,其身份没有比由男性中心家族体系——女儿、妻子、媳妇和母亲——所规定的更重要了。她们的社会交往在女性住所的闺阁内展开,她们的社会关系网也是围绕着其家庭展开。就这点而论,她们是"良家"女性,而不论其丈夫的官位或其家庭财富的拥有量。

一些平民女性至少在家庭体系的边缘或之外度过了生命周期的一部分,在这些时间里,她们被称为"贱"。妓女便是最明显的例子。一般的训诫文学认为妓女是最悲惨的,因为她们拒绝了家庭纽带。一位明代县令可怜妓女不得不"生为万人之妇,死为无夫之鬼"③。嫁人的妓女因而再次走入家庭体系时,便被形容

---

① 《黄皆令〈越游草〉题词》,载毛奇龄,《题词》13a—14a。"扶风"说的是班昭的故乡。113 年,在她与其子从都城洛阳到他于陈留任处的旅途中,班昭创作了《东征赋》(斯旺,Swann,《班昭》[*Pan Chao*],113—130 页)。

② 就国家而言,贱指的是特定职业和特定地区人群的世袭身份;良则是非贱之人。孔飞力(Philip Kuhn,21—23 页)指出,许多"非自由"人群始自国家的惩罚或战争的失败。换言之,作为一个适用于两性的法律门类,良/贱的含义是从国家或公众领域行为中派生出来的。我认为,基于她与家庭体系的关系,在通常的良/贱用法中,女性身份有着不同含义。

③ 这是被一位地方官引用的一种通俗说法,谈的是妓女为得到从良执照并结婚而提出的申请;它被明代的一个法令汇编再版,〔刻〕《法林照天烛》,4.1a—1b。这一事例出自乐安县,但不清楚乐安属山东或江西。

为"从良"。被抵押给剧团所有人、被妓院老鸨收养或被像婢女那样卖掉的女孩，都被视作放弃了她们的良人身份。

黄媛介生活于两者间的灰色地带，她显示出良/贱这样一种二元性并不是绝对的。由通常的标准看，她的良人身份应是无可指摘的：她是一位文人之家的女儿，不管它有多穷；从年轻时她就与其夫订婚，并且终其一生都保持与他的婚姻——她既不是名妓也不是妾。但许多黄媛介同时代的人，却一直在怀疑她的良人身份。毕竟，她没有依靠家庭体系过活，经常、广泛地旅行，并对其公众形象处之泰然——很像她混入其中的名妓们。即使在1645年前——这一年她的清白可能因绑架而遭到了玷污，黄媛介便是一位有作品出版的作者，并过着一种更像名妓而不像良家主妇一样的巡游生活。①

归根到底，是黄媛介的职业生涯而不是她的品行，使其同时代的男性感到不安。职业女艺术家这一社会公众形象，迫使他们重新思考家庭和社会中女性位置问题。如其兄的一位朋友，就在非难黄媛介诗歌的流行，因为它们带有"风尘之色"。他暗示，只有良家女性才配得上是诗人。黄媛介的哥哥支持她的写作职业生涯，但反对她与柳如是的友情，因为柳如是原为名妓。他传递的信息是，尽管职业艺术家所需的旅行和社交活力能够与良家妇女身份并存，但她仍然应该将与之交往的男、女限制在同类中。② 这两人都意识到，黄媛介的活动使良家和风月场间的界限湮没，

───────────────

① 1643年，黄媛介让其丈夫去拜访文人钱谦益，为她的诗集《士女黄皆令集》讨一篇增色的序言。在想建立声名和出售书籍的男作家中，这种做法很常见。后来，这一年的冬天，钱谦益和他的妻子柳如是，邀请黄媛介住在他们新建的书斋和卧房中。她的丈夫没有与她同行（陈寅恪，287页，483页，818页，847页，863页）。

② 阮元，40.19a。

但他们没有对其文学追求本身提出怀疑。

面对猜疑和直接的诋毁,媛介的男性传记作者们——都是其时杰出的文人领袖——通过强调她对家庭的忠诚,来捍卫她的良人身份。吴伟业(1609—1671)开头就给她贴上了"儒家女"的标签。施愚山,一位与黄媛介同时代的人,通过谈及"先世有显者"而开篇,以对其妇德的大量称赞结束了对黄媛介一生的描述:"妇人以才见者众矣。鲜有完德,则无非无仪者尚焉。李易安无足论,即朱淑真作配庸子,意多怏怏,诗固可以怨哉。"与这些宋代女诗人相较,媛介既有才又有德,"黄氏以名家女,寓情毫素,食贫履约,终身无怨言,庶几哉称女士矣。"①同样,钱谦益也称黄媛介为"儒家女",并为她的一部诗集写了一篇颂扬性的序言。②

尽管吴伟业、施愚山和钱谦益都对黄媛介作为诗人给予了很高评价,并且赞许她作为职业艺术家的生涯,但这一点绝非偶然,他们都选择将其刻画为一位来自清白家庭并充分完成了为妻之责的好女性。有两种方式可以对这些为黄媛介所作的辩护进行评估。从积极之处看,女性的新身份(养家糊口之人,作家)被认为是可与其传统职责和谐共存的,如女才是可以为女德生色一样。但与此同时,不管一位女性在文学和艺术世界中的成就有多大,她仍固守着其家庭和家内身份。也就是说,对受教育女性而言,公众领域历险的可能性,是会带来提高人们对家内生活向往这一相反结果的。与此同时,至少在这些文学领军人物如吴伟业、施愚山和钱谦益的心中,家内生活包含的内容变得越来越广泛了。

---

① 吴伟业,《梅村家藏稿》,卷58,引自陈寅恪,18页;施愚山,17.13a,14a。

② 陈寅恪,483页。钱谦益为黄媛介所写的序,收入他的《牧斋初学集》,33.29b—31b。

黄媛介以对家庭的忠诚，不断重复声称着她的良家身份。她以这样的表白，开始了自己诗集《离隐歌》的序："予产自清门，归于秦士。兄姊雅好文墨，自少慕之。"关于其职业生涯，她写道："虽衣食取资于翰墨，而声影未出于衡门。"通过公开称自己为"隐士"，黄媛介沿袭着其时流行于男性文人和名妓中的一个惯例。用一颗纯洁和忠诚的心抵抗着世道的败坏，她可能处在一个似是而非的世界中。为了彰显好友黄媛介的良家身份，从良名妓柳如是送给黄媛介一个绰号——无瑕词史。①

如那些领军文人为其进行的辩护一样，黄媛介也首先和最重要地选择将自己刻画为一个已经完成了家庭职责的女性。但这些职责的定义被扩大了，它包括了公众领域内的职业生涯。她的其他辩护，如"声影未出于衡门"，明显不能从字义上进行理解，因为无论是她的诗歌表达，还是实际中的人，都是完全站在公众领域视角的。实际上，黄媛介是使自己的居处和社会位置游离于其自我定位之外的，强调自己的身体虽在外奔波，心志仍然无瑕。通过这样做，她为其他女性打开了一条将家内生活与职业生涯、文学成就与妇德、良家身份与交际和流动结合在一起的路径。

通融于良/贱、内/外和公/私界限之间，黄媛介集中体现了受教于道德儒家学派中的女性所拥有的可能性和限制。她并未有意拒斥将女性置于家内生活义务的分离领域学说，而是通过自己对良家身份的辩护，显示出她对这些区分的极为看重。但它并没

① 黄媛介也将自己与汉代女学士班昭进行了比较。明清时期，班昭经常被从儒家传统中引来为妇女教育辩护（《〈离隐歌〉序》，载徐树敏和钱岳，《乐集》2.21b—22a）。这部选集本身已不存。"无瑕词史"之名，出现在柳如是的一个题词中，它被写在黄媛介所画的一幅扇面上（陈寅恪，487页）。参见第七章对"隐士"和"隐"成了名妓最喜爱名字的进一步讨论。

有阻止她追求自己的使命和家外的社交活动。不管她感到了怎样的矛盾,黄媛介的身体和社会灵活性都证明了社会性别体系的流动性及在一个商品社会中家内界限的可渗透性。

　　一个人身体的生理位置与其身份心理所在的分离,通过黄媛介得以说明,其意味深长的含义被许多受过良好教育的女性实践着,用以颠覆她们应有的家内限制。在本书的以下部分中,我们将看到上层女性如何跨越时、空与其他女性结社,而并不冒僭越闺阁之险。我们还将在第六章中看到卧游者,这是一些通过富于想像的阅读,来漫游帝国每一角落的女性。一个人身体与心理位置的分离,也被文人钟惺注意到了,如我们在第一章中所提到的,钟惺认为女性的诗歌要超出男性之上,这是因为女性固有的祥

123 和,一种她们游离于男性公众世界物质有形性之外的心理状态。黄媛介和其他家内女读者的不断支撑及其所含有的分离领域教义,因此就可以在家内领域本身之内,按照意义的深远再创造进行理解。

对女性才华的推助

　　家庭生活含义的扩大,部分是对公众领域女性才华承认和赞同的结果。我们已经看到,男性文人和坊刻出版商是如何竞相发现和编辑女性诗句的,他们相信女性诗歌的价值和销路。除了由坊刻出版商承办的诗集、故事和戏剧外,地方史也成了推助女性文学才华的阵地。就是在这里,作为评判女性惟一标准的妇德的让位是非常明显的。

　　16世纪以来,各级行政单位的各类地方志激增——大部分是重要的县,但也有府、省和地区,部分原因是将它们印刷出来变

得更便宜和更方便了。地方名流承担这项工作的欲望和在政府官员监管下的开销，都是由通过颂扬其所在地而使公有特性具体化这样一个由来已久的愿望所引起的。于地方特性而言，妇德的重要性通过将女性殉夫者、贞妇归入这样一些行列中而得以显示，她们与杰出的男性文人、商人、艺术家或长寿者等"义夫"并列在了一起。但最值得注意的是，在江南地区的方志里，单独因文学突出的女性，也开始被显著描绘。

如 1596 年版的《秀水县志》，就是以一对诗人朋友陆圣姬和桑贞白，来结束地方"名媛"名单的。秀水是浙江省嘉兴府的一部分，它是黄媛介的原籍之地。厕身于常见的富于牺牲的寡母们、割股做汤药的女儿们或反抗倭寇以防被奸的妻子们中间，陆圣姬和桑贞白作为新标准——文学的证明被凸显出来，通过这一新标准，女性得以名垂方志。陆圣姬一条是这样说的：

> 陆圣姬号文峦，天顺间陆广太守孙女。幼孤，母命适周恺为妻。性好吟咏，所匹非称，抑郁不乐，作诗每写忧怨不愤之思，有文峦草行于世。① *124*

用程琼的话来说，陆圣姬是一个"彩凤嫁乌鸦的人"。但她一直是一位忠诚的妻子、恭顺的女儿，并有着一个高贵的门第——在所有方面，陆圣姬都是一位良家女性。但她在地方史中受到颂扬，并不是因她的妇德，而是因为她的诗歌才华。她的朋友桑贞白的夫妻生活比她要美满，但同样是作为一位发表过作品的诗人而受到称许的。除了还出现在此后的一些县志、府志中外，陆圣姬和桑贞白还为无数的明、清诗文选集增色添彩。除了她们自己的诗

---

①《秀水县志》(1596)，6.40ab。

集外,她们相互交换的诗句也广布于不同的书籍中。① 在她们的生前和身后,陆圣姬和桑贞白都是名闻于其故乡内外的著名才女。

与公领域对美德倡导步伐加快的同时,地方史对女性才华的推助,也随着时间的推移而变得更加成型和平常。清早期,女诗人经常被置于更常见的称谓"贤媛"下,在杭州府的县志中,它则是以独立的类别出现的,杭州是女作家高度集中的地区。她们被等同于孝女、贞妇和女殉节者。② 19世纪,在她们的数量和复杂性不断增长时,擅写诗的女性开始被以更直接的名字"才女"相称。③

为浙江省嘉兴县作史传的编者承认,他们县以前的史家忽略了才女。他们开始着手梳理家谱和家庭历史以列出一个名单,而不使邻县大大超出,并为推助才女而提出了简单的辩护词:"曹大家之成汉史,韦宣文之讲周官,初非炫耀才华也。"曹大家是班超的尊称,她以其死去哥哥的名义,完成了著名的《汉书》,并将其教授给她同时代最杰出的学者,其中包括了一流的汉代儒学评论家马融(79—166)。韦宣文是对一位宋氏女性的尊称,她是一位精通《周礼》的学者。这一著作的写本,早在316年西晋垮台之后的绵长战争中消失。她被短命王朝前秦的皇帝苻坚(在位于357—385)召去,在垂帘后面为120位男性学者授课。④

---

① 陆圣姬和桑贞白唱和诗作的集子为《檇李二姬唱和》。桑贞白传,见胡文楷,《历代妇女》,148—149页;陆圣姬传,见同上,172页。
② 如在《钱塘县志》(序作于1718年)中,有七类妇女是受到颂扬的:皇后/王后、贤女、孝女、贞女、列女、节妇和长寿之母(卷28—29)。《仁和县志》(1686年)中则有五类:节妇、贞女、孝女、孝妇、贤女(卷20)。
③ 在《嘉兴府志》上(1866),有一个非常详尽的女诗人名单,并附有很好的传,卷79。
④ 《周官》是《周礼》的另一个名字。在其关于女性教育的文章《妇学》中,清代学者章学诚引用了这两位妇女的例子,她们被认为在口头传承儒家教义方面起了关键作用。但章学诚特别强调,她们只是特殊情况下的特例(《妇学》,241页,载高剑华,卷2;曼素恩,《妇学》,45—46页)。

在引出了传承儒家经典传统中起过决定作用的两位女性后，[125]这位地方史家接着写道："吾邑妇职相传约略近古，间有溢而著词采者，前志未载，兹遵府志例，增列于贞烈节孝之后。天性所优，讵得遗而不彰欤？"[①]

这样一种辩护的存在显示，伴随着地方史对女性才华的推助，也同时有着对它的批评。对才女的关注，深深烦忧着这样一些人，他们坚持女性的名字不应被公开听到。但具有讽刺意味的是，同是这些被家内界限的侵蚀烦扰着的男性和女性，也看到了适当培养出来的女儿是维持这些界限的关键。有了这样的一些性质，女性教育就成了明末清初中国最具争议的问题之一，并且也使流动的社会性别体系中的所有矛盾处在了显要位置。[②]

尽管从总体看，有文化女性的比例在明末清初的总人口中仍然很低，但在其同时代人的心目中，如黄媛介那样博学和流动女性的能见度，给女性教育问题以远比其本身更大的紧迫感。但争论的要点是道德培养与文化教育的恰当平衡，而不是女性教育本身合宜与否。[③] 方志中对受教育女性的推助，不仅证明了接受教育是如何的恰当，也证明了事实中的家内界限是如何地可以渗透。

家内界限的可渗透性，是混乱的社会性别秩序的一个明显方面，它是女性教育流行的直接产物。如我们所看到的，通过在地

---

① 《嘉兴县志》(1892 年)，29.35a。

② 曼素恩(Susan Mann，"培养"["Grooming"]，204—222 页各处)指出，18 世纪对女性身份的类似强烈关注，引起了一个对妻子职责和婚姻市场纯洁性的对话。

③ 高彦颐(Ko)，"才和德的追求"("Pursuing Talent and Virtue")，9—10 页。受教育女性在总人口中的比例是微不足道的。罗友枝(Evelyn Rawski，《教育和大众识字率》(Education and Popular Literacy)，140 页)估计，"19 世纪中、晚期的材料显示……2%—10%的中国女性知道如何读、写"。但这一看法并没有数量证据。

方史中僭取一个公众席位,和通过追求一种职业生涯,这些受教育女性穿梭于旧有的家内界限内外,如黄媛介个例所显示的那样。但如果我们更近距离地考察两类"职业女性"——闺塾师和职业艺术家兼作家的身份,我们将看到,她们的公众职业生涯和获得的权力,并没有削弱流行的社会性别体系前提。相反,由受教育女性所呈现的新的、多重角色,最终仅是服务于强化男/女分离领域理想。

巡游的女塾师

不论是女子教育的传播,还是它的双重性质,都通过明末清

126　初江南富裕地区和都城周围的职业女塾师这一阶层的增长明显表现出来。被其同时代人以"闺塾师"的名称知晓,这些巡游的女性通过为上流人家的女孩教授儒家经典、诗歌艺术和绘画而谋生。① 黄媛介就是一个被邀赴北京的著名例子,一如她的朋友,另一位职业作家王端淑(玉映、映然子)一样。有时职业艺术家也被雇为塾师。文俶(1594—1634),一位出身于苏州著名画家家庭的女儿,自己也成为一位非常著名的画家,以至于其他女性都希望找她作塾师。②

在她们于明末清初首次亮相后,到 18 世纪的早期和中期,职业塾师已更为常见。如诗人袁枚(1716—1797)就讲到她的一位族姑曾被一个高官雇佣,而与他的两个"女儿"生活在一起,并教授她们,这两个"女儿"实际是这位高官的妾。袁枚称她为"出外

---

① 高罗佩(R. H. Van Gulik,66 页)提到,明时,尼姑也在闺阁中做塾师,教授女子读、写和女红。

② 关于文俶,见莱恩(Laing),32—33 页。

为女傅"。[1]

这些闺塾师都是有着女性学问传统的文人家庭的女儿。如来自常熟的著名诗人归懋仪（约1762—约1832）的家庭，就出版了大量她的诗歌，其中包括与她的母亲（也是一位诗人）的一个合集。作为一位塾师，归懋仪游历于江苏和浙江，并因其在杭州的旅居而被记住。另一位诗、画塾师曹鉴冰，是清早期的一位多产作家，她与其母和祖母出版了一本诗歌合集。她还写了一部传奇戏剧。另一位18世纪的作家苏畹兰，是浙江仁和一位穷塾师的妻子。她做塾师非常成功，并且最终开办了自己的女"家塾"。[2]这些塾师经常被与汉代史家兼女师班昭相比。作为儒家传统中最受人尊敬的女学者的精神后裔，闺塾师们获得了一种不容置疑的尊重。

总体来看，这些有学问女性的生活，暗示了一种浮现出的职业模式。女性的学问，特别是诗歌，是一个家庭的传统。许多女塾师生于有学问但贫穷的江南家庭，并一直被母亲或祖母教育着。实际上，塾师看起来是为这些女性提供了一条维生之路，她们来自家道中落的上等家庭，这些家庭失意于竞争日趋激烈的科考体系。作为出版过作品的诗人或得到承认的画家，实际上，这些女性在因其声名而获得塾师的工作之前，就已经是职业艺术家了。与儒家视女性为安静和无名的这些限制相反，一个女性的文学名望对其家庭来说，可能是一笔经济财富。

---

[1] 袁枚，24页。

[2] 关于归懋仪，见胡文楷，《历代妇女》，784—785页；施淑仪，6.3ab；陈文述，《西泠闺咏》14.1a。她出版的著作之一是《绣余续草》。与其母李心敬的合集名为《二余草》，于1771年出版（胡文楷，《历代妇女》，785页）。关于曹鉴冰，参见胡文楷，《历代妇女》，540页；恽珠，5.11b—12a；及张增元。关于苏畹兰，参见胡文楷，《历代妇女》，798—799页；及恽珠，10.15a。

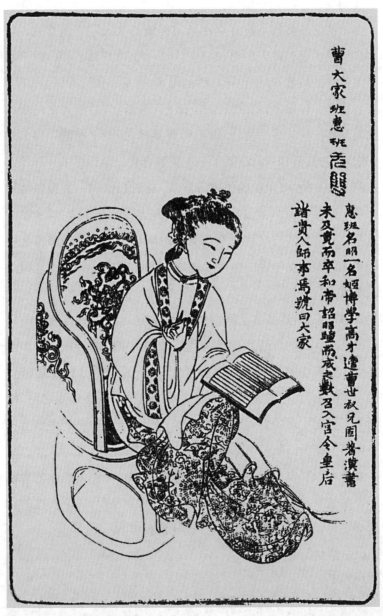

曹大家，完美的闺塾师。这位汉代大儒是以年轻女士形象，出现在清早期的雕版绘画中的。手拿书卷，她体现了新女性特质：才、德、美（金古良，《无双谱》。初印于约 1690—1699 年；再印于郑振铎，《中国古代版画丛刊》，卷五）。

塾师的雇主都是高官,学生则是这些高官的女儿或妾,但很 ₁₂₈
少是其妻。这种短期服务的报酬可能很高,如在一些例子中,提
到了象征性的"千金"。教授的主题有时只是基础的识字和绘画,
但最通常的是诗歌艺术。因为雇佣都是短期的,所以这些塾师必
须经常移动。"往来""出入"等动词经常用来形容她们的行动轨
迹,这也证明了其工作的巡游性质。苏畹兰的"家塾"是一个少有
的特例,这也暗示了女性教育的逐渐制度化。

依照理想的儒家社会性别体系,做一名职业塾师是最不应
该的一个职业。首先,一位女性独立于其父、其夫之外的谋生,
威胁了旧有的"三从"基础。其次,塾师的雇佣取决于作为有造
诣的艺术家的声望。但对女性而言,正是声望这一概念,违背
了安静和隐居的理想女性形象。一位女性的"名字",是不应被
闺阁以外的人知晓的。第三,闺塾师身体的流动性及其越出她
自己闺阁界限的能力和她的学生所具有的这样的能力,都颠覆
了女性生存空间封闭性的理想。接生婆、媒人及其他四类人被
称作三姑六婆,这种污辱性的称呼,正是因为她们灵活穿梭于
这样的界限之间。第四,诗歌成为上层家庭女儿教育的重心所
在,这也证明了现在的教育模式在与正统的道德教养进行
竞争。

不管其潜在的分裂本质,闺塾师是被写它的文人视作受人尊
敬的职业的,这样的事实极大地证明了人们对女性文化教育的接
受,至少在一些江南的闺阁中。如我们将在后面所看到的,这一
点可以从上等家庭对有学问母亲增长的渴望及此类新娘于家庭
婚姻方略中的重要性中得到解释。与此同时,不难从这些塾师的
生活推测出,许多刻板的社会性别规范已经与社会现实的流动性
不一致了。

当她们以自己的能力挣得一份收入时,巡游的塾师以从容之态穿过家内界限这一点是非常显见的。然而,教育女儿只是家内王国母亲神圣职责的一个自然延伸。并且因为巡游的塾师只是住在女性的香闺中,极少有与男性接触的机会,所以她们并没有妨碍闺阁的完整性。因为这些原因,闺塾师职业的上升,更多的是强化了而不是颠覆了隔离的生存空间学说。为了维持一种女性对女性的知识传承,这些女性甚至可以被视作重新构建女性生存空间的建筑师,一种在文化教育中突出塑造的知识传承。

129

女文人:如有威望的男人一样的职业作家

第二类"职业女性"——职业作家的流动性,也很难与儒家社会性别理念的内涵相吻合。王端淑不平凡的生涯,证明了女性职业作家面对的是怎样的更为复杂的通融情况,这种通融介于家内和公众领域之间,同时也介于男性和女性领地之间。

有着八位兄弟的王端淑,生于绍兴府山阴县一个博学家庭。其父亲王思任(1575—1646,1595 年进士)是一位著名的小品随笔作家,他以其深刻的幽默而著称。当 1646 年清朝军队横行于绍兴时,王思任因年纪过大而未能参加海上的忠明抵抗,但他在门上贴出了"绝不投降"的标语,拒绝接受清朝的剃发令,并退至山中绝食而死。[1] 王思任的气节及其忠明的信念,对其女产生了长久影响。

---

① 关于王思任的传略,见蒋金德,"前言",载王思任,《文饭小品》,1—8 页;及任远,"前言",载王思任,《王季重十种》,1—3 页。关于王端淑,亦请参见魏爱莲(Widmer),"书信世界"("Epistolary World"),10—11 页;韩南(Hanan),《李渔》(*Li Yu*),18 页,215 页注 31。

　　王端淑作为作家的职业生涯和造诣，与黄媛介十分相像。王端淑之父的仕途为经常的赋闲在家所打断，王端淑受教于父亲，她对历史和儒家经典非常精通。如黄媛介一样，端淑是一种艰深的汉代文体——汉赋的专家，也是一位有造诣的画家。王端淑是一位塾师，也被邀赴京教授宫中的女性，但这一邀请被她拒绝。[①]两位女性都为李渔的剧作写过序，李渔是她们共同的朋友。两人都受过良好教育，都比她们的丈夫有名望和被更多地雇佣。综合这些，她们构成了明末清初女文人的典型范例，这些文人女性凭着自己的文学和艺术天才谋生。

　　两位女性所走的路非常相近，所以她们很有可能于清代早期旅居杭州时见过面。通过兴盛于西湖周围的诗社和其他文人组织，她们明显有着许多共同的朋友，包括李渔，西湖是当时艺术赞助网的中心。[②] 尽管没有文字材料证明她们之间存在着深厚友谊，但两位有才华的女性偶尔会对相互的作品进行评论。在一篇精心解释黄媛介诗句的诗作中，王端淑赞扬了其艺术技巧："竹花吹墨影，片锦贮雄文，抹月含山谷，披云写右军。击音秋水寂，空响远烟闻，脂骨应人外，幽香纸上分。"[③]通过将媛介与著名书法家王羲之（321—379）和宋代优秀词人黄庭坚（1045—1105）相比较，王端淑明显是有目的的。[④] 如我们将看到的，上层寡妇商景兰首先将黄媛介置于一个女性谱系中，与此相反，王端淑则视她

130

---

① 据说这一邀请出自顺治年间（1644—1661）（顾敦鍒，180 页）。忠明的王家成员和她的家庭得到这一邀请，似乎让人费解。
② 汪然明——黄媛介的赞助人和朋友——提到，他看到黄媛介和王端淑几乎同时在西湖（陈寅恪，369 页）。李渔在 1650—1657 年左右生活于杭州（顾敦鍒，180 页及其他各处；黄丽贞，8—9 页）。
③ 王端淑，《读鸳湖黄媛介诗》，载《吟红集》，12b。
④《读鸳湖黄媛介诗》，载王端淑，8.12b。也请参见她的《题黄皆令画》，载恽珠，2.19ab。

的朋友,可能也是她自己为男性书法和诗歌天才的传人。

王端淑也非常清楚地意识到,较之家内女性,女作家的生活方式和关注点与那些公共领域中的男性更接近。王端淑是一位极为多产的作家和诗人,在清朝征服后不久,她便以职业艺术家的身份出现。① 围绕着其决定的争执显示,在她的家人眼中,女性职业艺术家的地位是成问题的。毛奇龄(1623—1716),一位来自其同乡绍兴府的学者,就她的动机生动地写道:"今玉映以冻饥轻去其乡,随其外人丁君者牵车出门。将栖迟道路,而自衔其书画笔札以为活。"②毛奇龄说得非常清楚,王端淑现身于社交界是迫于其家庭的穷困。但他们绝不是其时惟一受到改朝换代劫掠的上层家庭,这一事实反映,这些家庭中的男性没有供养家庭成员的能力。

尽管不晓得丁圣肇族人的反应,但端淑的兄弟们则都因其现身于社交界而略感窘迫。端淑出发前,她的哥哥们曾试图劝阻她。她将这些争论写在一首长诗中。她哥哥反对的理由是:"长兄诘小妹,匆匆何负笈。昆弟无所求,但问诸友执,且父海内外,如何人檐立。兄等制衣裳,各弟出供给,舍此去倚谁,睹悲气亦唈。"端淑回敬道:"阿翁作文苑,遗子惟图籍,汝妹病且慵,无能理刀尺,上衣不蔽身,朝食不及夕。"她申辩说,她只能"舌耕暂生为,聊握班生笔",意即她只能以教书和写作为生。

王端淑继续为其于公众领域曝光的合理性进行辩解:"诸兄

---

① 在王端淑作品选集《吟红集》中,有着诗歌之外的众多文风作品(见下)。另外,她出版了四部诗集,一部妇女诗歌选集,一部妇女随笔选集,一部关于以前诸朝皇帝和皇后的历史作品,以及其他似是选集和历史研究的作品。只有《吟红集》及妇女诗歌选集《明元诗归》现存。其诗歌作品的零散片断被保存在一些选集中。关于书名一览表,参见胡文楷,《历代妇女》,248—249 页。

② 《闺秀王玉映〈留箧集〉序》,载毛奇龄,7.7a—8a。

阿弟幸无虑，当年崇嘏名最著。"①黄崇嘏是一位颇具才情的女性，她曾假扮男子一年，并使自己成了前蜀的一位官员，她是女性僭入公众领域的一位令人尊敬的先驱。一旦当公众领域中的女性意识到穿或不穿男性的外衣，她的家内领域和他的公众领域间的严格的意识形态界限都在事实上是可以超越的时候，她们就可以起到替代男性的作用了。将穿着男女兼有外衣的黄崇嘏视作自己的偶像，王端淑看起来正是要将自己扮演成那样的角色。

　　王端淑的反驳令她的兄长哑口无言。"兄弟闻予一篇言，面 ₁₃₁ 赤各各相偷觑，兄辞有事暂先回，弟辈尚欲往他处。"端淑继续道："万分无奈择初三，携书哭别含悲去。"最后，她还不忘取笑她的兄弟："慎哉始信毛诗云，兄弟之言不可据。"②不管他们当初是怎样的反对，端淑的兄长们后来还是对她的出版历险给予了支持并为她写了贺词式的序言。王端淑的成功不但没有给她的家庭抹黑，反而为王家的声望添了光。尽管其父思任早在端淑公众职业生涯开始之前就已死去，但在一篇评论中他就预言，只有她有着他继承人的才华："身有八子，不及一女。"③他带着自豪，非常清楚地视她为儿子的替代者。

　　女作家如黄媛介和王端淑，被她们的男性亲属意识到了是在从事男人的工作。在某种程度上，这一感觉是客观正确的。在王端淑的例子中，她仅是出于生计，而追随父亲出售作品和书画。尽管所有文人偶尔都会应那些能够付得起钱的男、女的请求，而撰写墓志铭或传记，但王思任是以此酬金为固定收入的。思任被说成是"钱癖"。依他的一位朋友所说："遂东有钱癖，见钱即喜形

①《出门难》，载王端淑，《吟红集》，2.1b—2a。
②《出门难》，载王端淑，《吟红集》，2.1b—2a。
③ 阮元，40.5a。

于色，是日为文特佳。然其所入者，强半皆诿墓金，又好施而不
吝，或散给姻族，或宴会朋友，可顷刻立尽，与晋人持筹烛下溺于
阿堵者不同，故世无鄙之者。"①除了教育，端淑很可能也受益于
其父的社会关系。由王思任开始，为钱而写成了这个家庭的传
统；尽管端淑是女儿，但只有她才是他最有才华的继承人。

不仅代替了儿子，而且在文人圈中，端淑也成了丈夫的替代
者，尽管她的丈夫丁圣肇经常伴其左右。如，端淑为其丈夫代笔
向南明朝廷上奏文，试图为他的父亲——一位死去的东林党
人——恢复名誉。② 实际上，王端淑以其丈夫的名义，撰写了大
量的诗歌、书信、挽歌、传记和墓志铭，以至于有些不了解情况的
读者以为他没文化。她甚至替他坐在其诗社举办的赛诗会上。
非常明显，王端淑喜欢这样的一种角色颠倒，她采用男性的声音
写诗，其中一首幽默地题为《效闺秀诗博哂》，使自己置身于女诗
人的典型风花雪月题材之外："烟炉宿火熏鸳褥，堕燕新泥污绣
鞋，步出素屏聊遣闷，凄凉又听鸟喈之。"③

王端淑不仅擅长男性喜爱的风格和心安理得地装出男性的
声音，她还在传统上被视作男性的题材上胜出。这一点最突出地
表现在 1648 年和 1649 年她所写的一系列传记上，这些传记是为
殉难的忠明之人所写的。对男性来说，颂扬投井、跳河或咒骂兵
士以防被奸的女性是很常见的；端淑循着男性的惯常作法，颂扬
了九位这样的忠诚殉国者。④ 但更不寻常的是，她写了为垮台的

132

---

① 陶元藻，《全浙诗话》，卷 35，引自曹淑娟，86 页。
② 王端淑，《吟红集》，19.1b—6a。端淑的公公是丁乾学（进士 1619）。不知这两位都
　死于 1647 年的殉国者，是否真正归顺了南明王朝。
③ 王端淑，《吟红集》，9.4b—5a，10.3a，及各处。
④ 王端淑，《吟红集》，23.1a—9a。殉国者中的四位明确说是会稽人；因此王端淑可能
　是从口头文学得知他们行动的。

王朝而死的六位男性的报道。

端淑描述了当时的心态："自管文忠至金陵乞丐六传,皆予戊巳间之率笔也。时以丧乱之后,家计萧然,暂寓梅山,无心女红,聊借笔墨,以舒郁郁,愧未成文,恐不免班门弄斧之诮。"①尽管她不能明说,但她的"挫折"更多地来自于她只能欲言又止的对明室的忠诚,而不是其个人的经济困境。在端淑对忠明英雄的描绘中,她有意区别于男性所写的正式祭文,男性祭文着重于这些殉难者的家庭血统或公众职业生涯,而她则着眼于导致他们作出决断的事件和内心斗争。她对关键时刻的个人信念非常感兴趣,她并没有将忠诚视作一种抽象的道德。作为一位忠明之士,她同样被两个性别和所有阶层成员所表现出的气节感动。

在记载这些殉难时,王端淑不仅表达了她的政治同情,而且显示了她娴熟的述事技巧。尽管这些生动的传记很短,但读起来如小说一样;对突出刻画主人公性格的场景和通俗对话的鲜明描写,更为这些传记增色。从她对一个南京乞丐的描述,就可以看到与官式祭文极为强烈的对比:

> 每于留都乞化。甲申四月中,哄传北都变信,乞丐询问未得的。耗一日,偶乞于桃叶渡,间遇一士人,牵衣问信,曰相公识北都事乎? 士人曰:果有哀诏已到,崇祯皇帝自缢矣。乞丐闻之,容嗟不已,即向市中沽烧酒一盂。其一盂酒约值

---

① 王端淑,《吟红集》,20.9a—b。第七人,一位旅居会稽的朋友传,后来也被加进(20.9b)。前六人的传记也被出版在《石匮书》中,这是一本张岱编的忠明之人作品集,张岱是端淑及其丈夫的私人朋友(20.9b)。对忠明作家王端淑的一项精彩研究,参见魏爱莲(Widmer),"明代的效忠和女作家"("Ming Loyalism and the Woman Writer")。

二分，乞丐罄囊止有七厘，曰若肯与满，亦好事；如不然，即估价与我可也。市人慨然与之，乞丐一饮而尽，绕河而走。市人以为醉也，不之异。乞丐放声大哭曰：崇祯皇帝真死耶？连拍心胸数十，望北叩头数十，赴河而死，市人鸣之于当道。①

王端淑还写了十五位知名忠明官员的传记，包括刘宗周、倪元璐、祁彪佳和她自己的父亲王思任。对思任拒食清朝之谷绝食以死之事，她评论道："先文毅享年七十三，予实恨其少，但此数十日，予又嫌其多。"②1646 年的七月，即他绝食死前的两个月，思任为一个支持鲁王的忠明武装捐过钱，端淑的丈夫丁圣肇则在这一武装中任部队检查审计官。③ 尽管并不清楚端淑自己是否也参加了这一抵抗，但她的作品证明，她已让自己有着同一忠明目标。尽管对女性来说，有着忠明同情心已不寻常（见第七章），而如端淑那样有着众多的作品，则更属罕见。

通过作品公开透露自己的政治信念，王端淑正在行使着男性士大夫的特权。她之所以被特许进入别样的男性专有文人会社，就是因为其罕见的文学才华和眼界。在一份极不寻常的签名中，署名为"同秋社盟弟"的 47 位浙江文人，资助和监督了端淑 30 卷选集《吟红集》的出版。其中的一位是张岱——那位著名的戏迷，

---

① 《金陵乞丐传》，载王端淑，《吟红集》，20.8a—b。
② 王端淑，《吟红集》，21.9ab。下一卷中另有八位反清忠明之人的传记。绍兴于 1646 年四月陷落；王思任于九月撤至山中并自尽。
③ 王思任和丁圣肇卷入反清忠明抵抗，是在丁圣肇的南明编年史中提到的，时间为 1647 年二月二日，此书实际由端淑所写；参见"奏为陈乞当严事"，载同上，19.1b—3a。这部及其他由端淑所写的编年史，都始于"XX 元年"；从语境中可以推测，"XX"说的是永历，即桂王于 1647 年创立的在位年号。

和两位丁家兄弟丁圣化和丁从龙。[①] 从她为这种场合所写的众多诗歌判断，端淑参加了他们的酒会和赛诗。但并不清楚她是作为丈夫的随从，还是以她自己的名义，被接纳为正式成员的。这群人偶尔会在吴山（约1610—约1671）的楼阁中聚会，吴山是一位受人尊敬的寡妇，以出售自己的绘画谋生，并过着活跃的社交生活。[②] 他们组成了一个充满两性才华和交往的诗社，但这种交往并未引来任何明显的窘迫或流言。

与王端淑交往的文人从她的才华和关注点上将她视作男性，正是在这种情况下，他们认可着这样做所必须承担的社会性别倒置。如在为端淑的一部作品选集所写的序中，她的一位伯伯就带着骄傲评价说："映然子既得使今古闺中人不代文士受贬（凡文士之体，丰无骨寸，艳伤纤意，婉迂卑情，柔入媚者，即题之曰脂淹粉腻）。又使今古文士不为闺中留恨，厥功既伟，何妨共宝天下乎？嗟乎，家有名士，乃在香奁。"他解释说，按惯例，批评家是不接受像女性一样沉迷于情感和脆弱之中写作的男性作家的。通过用

---

① 关于这47人的名单及他们所写的序，参见《刻〈吟红集〉小引》，1a—2b，载王端淑，《吟红集》，卷1。这是第1卷中的第5个序；每个序都单独标上了页码。《吟红集》中的一些条目被注明写于1650年。尽管没有一个序注明了日期，但丁圣肇在他所写的序中提到，这些作品证明了端淑对其国家17年的痛悼（丁圣肇，"序"，2a，载同上，卷1）。因此，这部作品有可能出版于17世纪60年代的早期。毛奇龄回忆说，当他第一次读《吟红集》时，王思任还健在。思任死于1646年，所以，要么毛奇龄读的是一个更早的手抄本，要么就是他的记忆出现了差错（《闺秀王玉映〈留箧集〉序》，载毛奇龄，7.7a—8a）。魏爱莲（Ellen Widmer，"小青的文学传奇"["Xiaoqing's Literary Legacy"]，135页）将这一选集的时间定为1651年。按丁圣肇所说，《吟红集》书名暗示的是明朝的灭亡，"红"暗示的是明朝最后一位皇帝的自尽。

② 关于端淑应和吴山的许多诗作，参见王端淑，《吟红集》，9.12a—b，14a—b，15a，15b；10.9b—10a。在一首诗中，她明确提到了聚集到吴山楼阁中的"所有男人"（9.15b）。关于吴山和其他以卖画为生的妇女，参见莱恩（Laing），88—91页。王端淑也为她的盟姊写了很多诗。不清楚她们是这一社团成员的妻子，抑或她们本人就是成员（王端淑，《吟红集》，11.1b，13.4b，15.1b）

大胆的笔触写作——像有男子气概的男性一样——端淑挽救了历史上所有女性的声望。① 通过为其戴上一顶男性的荣誉之冠,而希望对端淑做出最高赞美,但实际上,她的伯伯不仅使男、女领地的区分长存,而且也使前者的优越地位得以永存。

就此而言,王端淑的支持者与其批评者的前提并无二致。对怀疑黄媛介良家身份的人也一样,这些批评家似乎并没有将他们的观点放在写作上,他们反对的要旨可以在那些为女性辩护的男性观点中找到。如一位端淑父亲多年的老朋友就指出:"若以胡天胡帝论文章、论人品,非所以知映然子也。"他以男性化的女性来称赞端淑的良家身份。"至于闺阁丽媛,绝不闻科制事,誉非所望也,故其言真,亦不与兴亡数,骚非所寄也,故其言冷。""若吾乡闺秀映然子更有异者,其所著牢骚愤激,绝去腻粉涂胭之状,而直追三唐,不应科制而具其才,不与兴亡,而有其感者也。"她因此是在历史上的著名男性中得以名垂青史的。②

在这种辩护中,暗示着王端淑遭到了批评家的个人攻击,他们不仅批评她的举止,也批评她的作品是"不守规矩"。如果用道德规训字面的意思对王端淑进行评判,这一控告是必然的,因为道德规训将女性的生活规定为沉默和无知的。但其辩护者认为,她是在被一种对绅士的道德和智力要求进行评判的。通过其超凡的才华和博学,王端淑在男性文人的行列中,赢得了受人尊敬的一席。换言之,王端淑的支持者和批评者都同意这样一点,即针对大多数、即使不是全部女性的规范是家内生活。她的支持者仅仅认为,特殊的女性应像有成就的男性那样给予优待。

---

① 王绍美,"序",1b—2a,载王端淑,《吟红集》,卷1,第一个序。
② 吴国辅,"序",3a—4b,同上,第二个序。

乍看起来,职业女性作家和艺术家似乎在威胁着其时流行的社会性别安排。有什么能比女性养家更是对"三从"的有力颠覆呢? 然而,就像这样的社会性别倒置现象可能给女性的夫、兄带来的窘迫一样,它并没有破坏社会性别体系的前提。在赞扬王端淑作为女性是如此的不平凡,以至于应是一位值得尊敬的男性时,她的男性支持者在不言而喻地坚持着将男性归于更高价值层面的社会性别等级,他们视男性有很高的文化成就、关心公众事务、英雄化情感的文学展现等。尽管个别女性因此获得了解放,而在通常情况下,这种解放是其同性成员在没有危害其良家身份的前提下不会获得的,但社会性别体系的总体不平衡依然存在,甚至更加强化。

彩凤和乌鸦:角色的倒置

一位有着男性一样写作生涯的女性的婚姻关系注定是有问题的。一如士大夫家庭的习俗,王端淑和丁圣肇的婚姻是由双方父亲安排的。圣肇出生后不久,他的父亲就向王思任求名,还向思任的女儿端淑求婚。丁圣肇是北京人,在他的成长过程中,一直是一个难管束的孩子,其岳父曾这样说:"圣肇少年,喜游冶,雠父书,孺人对之即泣,不饮食,圣肇拜杖乃已。"[①]圣肇的母亲是一位来自农家的妾,她不得不使出浑身解数来管束儿子。在圣肇的父亲死于太监魏忠贤之手后,思任认为取消婚约是势利的。所以在 1636 年前后,当新郎和新娘勉强到 15 岁时,端淑旅行到北京,

135

---

① 《赠孺人丁母李氏墓志铭》,载王思任,《文饭小品》,480 页。

开始了她的新生活。①

圣肇多少改了一些他的毛病,但也从来没能成为一位学者。在捐了一个恩贡后,他于1639年得到一个阙官之位,对此位置他还"嗤之以鼻"。1643—1644年,这对夫妇返回浙江,在那里,他们度过了清朝的征服。② 1644年春,端淑自己掏腰包为圣肇买了一个妾。尽管不清楚谁先提出了这个主意,但对端淑来说,这两人变得过于亲密了,在一首诗中,她记下了自己的怨恨。这位陈姓之妾为丁家生活了八年,在其过早死亡之前,生下了一双儿女。端淑以丈夫的名义写了一首悼亡诗。③ 他们看起来是这对夫妇仅有的孩子。

这个妾的插曲,生动地说明了夫妻间颠倒了的权力不平等。没有端淑的同意和金钱,圣肇是不可能得到一位妾的。他的被动达到了这样的程度:自己甚至不能为亡妾写一首祭诗! 在才华、获得的权力和声望上,端淑都超过了丈夫,所以她决定着家内的事务,并且在1645年后,她还决定着他们逗留的地点和时间。端淑并不否认"三从"的权威,但事实上的角色颠倒是非常清楚的——是她的丈夫跟着她到各处,是她在生活中的地位决定着这

---

① 无论是15岁,还是1636年,都是从王端淑为这一时刻所写的一首诗中推测出的,此诗这样写道:"吾母子息艰,生我偏娇弱。十四发齐眉,未识掀廉幕。十五习女红,十六离闺阁。远嫁去燕京,父母恩情薄。牵衿恋亲怀,顷刻天涯各。唯祈行云中,过雁频相托。隔有钱塘江,即是山阴郭。昆仲十三人,此身何漂泊。愿亲百岁龄,认我辽阳宿。"(《北去》,载王端淑,《吟红集》,2.3a—b)。端淑和她的丈夫都生于1621年。

② 关于他们返回南方的确切年份,记载前后矛盾。在他的编年史中,丁圣肇写道:"癸未[1643]二月,母之忧扶衬回越。"("奏为陈乞当严事",载王端淑,《吟红集》,19.1a)。但在丁圣肇为《吟红集》所写的序中,他则说他是在崇祯皇帝自尽后,带着全家返回南方的,所以它不会发生在1644年三月之前("序",1b)。前一个日期似更可能。随着清朝对江南的征服,向南旅行是困难、也是危险的。

③ 王端淑,《吟红集》,9.16a,4.14b—15a。

对夫妇的身份。在传统意义上，丁圣肇并不是一只"乌鸦"，他勉强算得上是个读书人，但他也知道，他是不能与其极有天资的妻子相匹的。

丁圣肇公开承认其家中的角色倒置情况——她是一位学者和养家人，他则是闺中良伴。关于端淑，他写道："内子性嗜书史，工笔墨，不屑事女红。"谈到他们巡游中的夫妻生活，他将他们比做一对翱翔的野鸭和野鹅，他补充说："将翱将翔，弋凫与雁，内子其有以勖予哉。"①飞翔的鸟的比喻，传达出了他对端淑取得成就的骄傲和她所带来的流动性。选择"勖"这样一个有着"勉励和盛大"意思的动词，表明他是视端淑为老师和恩人的。

丁圣肇还满足于做与黄媛介丈夫同样的中间人角色，以提升妻子的声望和作品。如以她的名义，他拜访了著名的诗人毛奇龄，让他看了端淑诗集的手稿，并请求他为出版的本子写一个序。对另一个朋友，丁圣肇则带去了一本《吟红集》，并向他索要一篇跋。很明显，端淑自己是认识这两人的，她并不需依靠丁圣肇的社交圈。② 他的媒介作用，因此也就有异于女性诗作流传中夫、父通常所起的作用（将在如下诸章中讨论）。因为上层妻、女很少有自己家庭以外的联系，所以她们不得不仰赖于男性家长，这些家长是作为家庭代表与外界沟通的。相较而言，丁圣肇和黄媛介的丈夫则纯粹是妻子的代理人。

尽管相形见绌的丈夫的真实感情并未得以展示，但丁圣肇则公开表达了他对其夫妻生活的满足："予不自言，得吾内子而于是获良友，亦足志也。"尽管从表面看，他所用"良友"一词与其他伙

---

① 丁圣肇，"序"，1a、2a，载王端淑，《吟红集》。
② 毛奇龄，《闺秀王玉映〈留箧集〉序》，8a；邢锡祯，"跋"，1b；二者均载于王端淑，《吟红集》。

伴式夫妻很相像,但二人的结合可能并不像丁圣肇让其读者所相信的那样亲密。在端淑与其女性朋友、兄弟和亲戚的所有"唱和"中,现存诗歌中很少有为丁圣肇而作或与丁圣肇一起作的。[1] 他惟一出现在她作品中,是她在以他的名义写诗、随笔、契约、墓志铭和悼亡之作。他们看起来更像是一对传统配偶,而不是一对伙伴夫妻,在这一结合中,她扮演着丈夫的角色,而他则是妻子。

妇女写作:精心构建的崭新社会文化空间

王端淑是如此灵活地穿梭于各种界限之间,但也是如此安逸地处在一个她自己的世界中,在这一世界里,她可以在她的写作中采用多重声音。她的一些诗歌颇具自传色彩,上面提到的描述其赴京成婚的一首就是一个例子;其他许多则是为其丈夫的角色特点而作。还有一些是以男性的声音精心创作的诗歌,它们是对财富和权势追求的痛惜。但最令人称奇的是她以其他女性名义为她自己写的诗。故意将她的表达与其真实自我拉开距离,她幽默地以一位来访朋友的名义,写了一首关于她隐居生活的诗,另一首则是以其嫂的名义,依照此诗,在一个秋夜,她被端淑的思想征服。端淑还将自己想像为她的《吟红集》的读者和她自己形象的崇拜者。[2] 在作品的创作过程中,男和女、自我与他人间的界限被暂时湮没。

---

[1] 一个少见的特例,是他们曾熬夜为一把绘过画的团扇赋诗,王端淑与丁圣肇一起赋写了一首诗,(邹流绮,玉映 28a—29b)。丁圣肇的引文出自"序",2a,载王端淑,《吟红集》。

[2] 王端淑,《吟红集》,10.4b—5a,11.9b,27.1ab。参见罗伯逊(Robertson)对男性传统中妇女诗歌声音问题地位的讨论。

王端淑自由地转换于其自身角色内外，以幽默地呈现其他身份特征，这象征着明末清初职业女性所拥有的崭新社会空间。没有逃避其传统的母亲和妻子角色，她在公众领域发现了一个合适的位置，以支撑她的家庭，于作品中充分发挥其"男性化"的关注点和情怀。其作品的流行，表明了开始于16世纪出版业繁荣的程度及作家—读者间的新型关系，这些都随之改变了社会环境，而在这样的社会环境中，受教育女性在阐释着自己的个性，也在表达着自己。在这一浮世中，职业和业余女作家都在赞美着她们提高的能见度及增加的才能和口才等技能。

尽管培养职业女作家的社会条件从16世纪就已处于酝酿之中，但王端淑进入社交界还是因其经济条件的丧失而引起的，这种情况在同样经历清朝征服铁蹄的许多江南上层家庭中很普遍。在明代覆亡前，王端淑和黄媛介都已是知名的诗人和画家，她们可能会因其诗画作品而偶尔得到赏金。但明确提及她们以作家和画家身份谋生，则是在明、清换代之后，王朝的更迭使其家庭失去了可行的谋生之道。在竭力维持生计上，黄媛介和王端淑只是替代了她们的丈夫。就这点而论，她们仍然严格置身于家内道德的支配下。她们对安静女性理想的明显违背被忽略了，而被解释为保证家庭生存的权宜之计。在忠实于家庭和忠诚于"三从"的名义下，职业女性事实在易如反掌地颠倒着分离领域的理想描述。

这样一个精心构建的崭新空间，是伴随着巨大心理压力的。她的私人想法能公之于众，既令人兴奋也使人担忧。总之，做一位有出版作品的作家，远不同于仅是儿女的私人教师。无疑，许多女性都怕被打上追名逐利的烙印，所以她们的手稿从未见过天日。对少数决心冒风险搏杀于出版和赞助这一公众世界的女性而言,生活就是一场艰巨的战斗,以与甚至包括她们的男性编者的俯就态度进行抗争。

黄媛介,曾为李渔的剧作写过一篇序和评论,面对称其绘画、书法和诗歌是剽窃的这样一些责骂,她必须不断地为自己进行辩护。① 同样,如我们在第二章中所看到的,小青诗句的真实性也受到了男性的怀疑,他们认为这些诗句太好,所以不应是一位女性所写。甚至为了防备万一,在以作家、画家和塾师身份竭力维生的同时,像黄媛介和王端淑这样的女性还要设法维护自己的良家身份。在某种意义上,她们而不是她们的丈夫是家庭生计的维持者,她们是真正的职业艺术家。

138   如王端淑的明代忠臣形象所充分展示的,这样一种公开承认女作家情况的出现,是与她们扩大介入公众事务相一致的。她们开始涉足过去只属于男性的艺术流派和题材,她们为女性创造了更大的可能性,也帮助在被认为是男性领地和女性领地之间的沟壑上,架起了一座桥梁。

女性职业作家所打开的崭新空间的三个方面——活动的自由、扩大的题材、广泛被认知和认同——在业余作家的生活和作品中也是存在的,不过后者没那么明显。16世纪晚期,大家闺秀也开始涉足并不熟知的领域,但并没有危及她们的好声誉。实际上,无论是业余和职业作家模式,都表现在明中期上层之妻邹赛贞的身上(在世于16世纪早期),到了明末清初,她的诗文选集都变得非常流行。

其父、其夫,后来是其子和女婿都是进士;邹赛贞有着没有瑕

---

① 关于黄媛介的诉说和她约写于1655年的序,参见韩南(Hanan),《李渔》(*Li Yu*),16—17页。

疵的文化门第。作为博学的诗人和随笔作者,据说她是第一位以
自己名字出版了单独一卷选集著作的明代女性。曹学佺,一位为
《午梦堂全集》写序(参见第五章)的著名诗人兼官员,最后引用了
邹赛贞的故事:"我明濮士齐始有集,士齐出自阀阅名家,伉俪兄
妹,唱酬往复,洋洋洒洒,可谓盛矣。"[1]曹学佺认为她是沈宜修、
谢小鸾及其他出现在家庭选集中的天赋女性的先驱。[2]

　　在过了四十多年的幸福婚姻生活后,邹赛贞成了寡妇,她与
所有的孩子和一个弟弟生活在一起。与其后的商景兰和其他女
作家相似(见第六章),邹赛贞的社会地位因她的高年和寡妇身份
而得到提高。她受到极大的尊敬,因而被冠上一个荣誉男性称
号——"濮士齐"。"士齐"是她的绰号,"濮"是其夫姓。这似是一
个少有的例子,一个有学问的女性被以其夫姓广泛知晓,而娘家
姓则被抛弃或遗忘。[3]

　　与其男性化的笔调和男性含义的名字相配,在与公众男性传
统相关的风格和技巧上,濮士齐有着过人之处。如她写了一个关
于其父的行状,并为其夫和其子写了悼词。[4] 明末清初文学批评
家钱谦益对濮士齐和她的一位上层朋友评论道:"博学攻诗,于时
以为女士,号曰士齐。……孺人与孙文恪夫人四德浑圆、五福成

---

① 曹学佺,《〈午梦堂集〉序》,1 页,载叶绍袁,《午梦堂全集》。

② 同上,1 页。邹赛贞的著作《士斋集》有 2 卷诗和 1 卷散文。它已不存,但在《四库
　提要》中被提到(胡文楷,《历代妇女》,189—190 页)。

③ 一群杭州诗人——蕉园七子,偶尔以丈夫的姓署于她们的著作。如柴静仪的丈夫
　姓沈,她有时就将其作品署为"沈静仪"。她的朋友冯娴(字又令)嫁给了钱某,她也
　用了一个复姓之名钱冯娴(胡文楷,《历代妇女》,396 页)。与濮士齐不同,她们用
　丈夫的姓只是暂时的,并没有形成一个新名字。使用复姓之名在今天的中国仍很
　普遍。

④ 关于前者,参见同上书,189 页;关于后者,《祭夫濮公文》,再版于赵世杰,《精刻古
　今女史》,11. 10a—11b。她为一个儿子所写的长篇祭文——《祭龙儿文》,接于其后
　(11. 12a—15a)。

备，近代妇人所希有。两大家之诗篇什严齐，多兔园册中之语，俨

然筓帏中道学宿儒，不当以词章取之也。"另一位文人赵世杰接着
这些赞誉文字说："以赛贞才德兼备，如果厕身名士之中，一定会
出人头地。"① 与王端淑的辩护者一样，在指出有学问的女性应该
以男性的标准进行评判时，这些濮士齐的仰慕者实际在高举着男
性优越的价值标准。

濮士齐为上层女性，如男性一样受教育、如男性一样写作和
如男性一样受赞誉，树立了一个令人尊敬的榜样。这些女性所关
注事务的广度，部分源自其提高的身体流动性，也传递出了其扩
大驾驭各类题材的能力。因丈夫的经常迁转，濮士齐过着一种流
动的生活。在以下诸章中，我们将看到更多上层女旅行家的故
事：一位晚明县令的夫人王凤娴写过一个旅行见闻；一位苏州夫
人徐媛(1560—1620)写了一些关于云南部族冲突的诗歌。与濮
士齐的作品相似，这些作品生动地说明了旅行的机会与作家题材
扩展间的关系。

但身体流动性并不是文学视野开阔的先决条件。即使没有
冒险走出家门的女性——卧游者——也同样对国家的政治和军
事事务发表了自己的看法。如顾若璞(1592—约1681)，一位多
产的作家、节妇和女家长，就是一位关于管理国家事务本领和经
济方面的多产作家，她的侄女创立了蕉园五子诗社。② 对杭州女
性而言，她的文学视野和男性化关注点给人以深刻印象，她从中

---

① 钱谦益，《列朝诗集》，《闰集》，4.7b；评论在《祭夫濮公文》之后，载赵世杰，《精刻古
今女史》，11.11b。

② 顾若璞的随笔被收于《卧月轩集》的卷5和卷6，此书出版于1651年。胡文楷(《历
代妇女》，206—208)明显看到了这一稀有作品的一个版本。顾若璞关于军屯的想
法，可从一封《与张夫人》的信中窥见，载汪淇，《初编》，2.7b—8a。

激发出的含义，将在第六章中进行讨论。

当然，著名女作家如班昭、李清照和管道升，一直是受到中国历史承认的。她们中的一些人，如班昭，也是以替代父亲和哥哥而获得声望和尊重的。明末清初女作家露面的新奇之处不仅在于数量，也在于男、女间角色和身份的颠倒。在黄媛介和王端淑的例子中，是妻子应得到一个单独的本传，而其夫、兄则是以其附庸的身份被载入历史的。同样，经常有人对一位才女嫁给了一个愚夫而深表遗憾。在这些特殊女性的职业生涯中，我们看到的不是一种新秩序的创始，而是一个熟知世界的颠倒。

在现实生活中颠倒成为一个受人尊敬的男性，濮士齐、黄媛介和王端淑很可能是明清时期大量有关女学者、女兵士、女官员诗歌、戏剧和故事的灵感来源。徐渭（1521—1593）的戏剧《女状元》，就是这一文风中最著名的例子，但一些知名度较低的作品，则是由女性所作。[①] 男性化女性文学形象的流行，影响了现实生活中读者的自我感觉和期望。我们已经看到，王端淑是如何引用黄崇嘏的例子来说服其兄长的，她认为公众生活也可以是有学问的女性的职业。于王端淑而言，黄崇嘏作为乔装的女性突入官场，显示了社会性别界限的流动性和在拓展其家内生活到公众领地时女性能够享受到的自由。

在故事和戏剧中，挥舞着战剑或毛笔的女性不断增多，她们有着男性化的外貌，这也给女性读者传递了一个矛盾信息。不是通过结合和再定义社会性别角色来向分离领域进行挑战，这些女

140

[①] 徐扶明，《元明清戏曲》，273 页。关于生物学和社会性别的两种解释，参见费侠莉（Furth），"雌雄合一的男性和有缺陷的女性"（"Androgynous Males and Deficient Females"）。关于蒲松龄作品中的社会性别交叉问题，参见蔡九迪（Zeitlin），《异史氏》（*Historian of the Strange*），第 4 章。

英雄鼓励她们的女读者去追求更像男性。没有人去写一部叫作《男儿媳》的剧作,以劝告男性去模仿富于牺牲的家庭主妇。不仅公众领域的男性关注点被认为是优越的,而且理论上男、女世界的分离也被强化了。

换言之,由现身于公众领域的女性所预示的社会性别倒置,基本上只是一种暂时的僭越,它最终使占主导地位的社会性别意识形态永存。因此,它们被宽恕了,甚或于小说和现实生活中是受到欢迎的。

受文学中女主人公形象流行的激励,一些上层人家实际也在像儿子一样养育和教育着自己的女儿。一位这样的女孩余其人(生于 1639 年),是福建玉田一位进士的孙女,她是被其无儿的寡母像男孩一样养大的。"母陈氏,系孝廉陈肇曾妹。陈氏以夫伯厘早亡无嗣,遂以尊玉(其人)为子,幼令服男衣冠,延师与姊。尊玉读书塾中,俱聪慧,不数载,能文章、善诗画。顺治七,尊玉年十二,学益进,能应对宾客,凡四方贤士大夫,及往来睹气之士,皆与定交。"

在文人社交圈和知识分子世界中,余其人应对得游刃有余,所以其母偶发一想,欲将她推荐给省科考官员。据说只是当有人劝她说,尽管余其人学识渊博并且"服男衣冠",但她毕竟不是一位男子时,陈夫人才放弃了她的野心,"时尊玉才名藉什,欲出应试。或尼之曰:黄崇嘏虽作状元,何益? 不如学班家大姑,拥百城书,使海内豪贤,皆北面也。"也就是说,与其做无用功以(假扮的)男人进入男性公众领域,不如让余其人现出女儿面貌,结果会使她拥有更多的空间去从事研究。其母亲信服了这一逻辑,"其母亦悟,遂止。是岁,即许字某,亦闽巨族,服男衣冠如故,不复令应对宾客矣"。还未成年,余其人已有诗集出版,并且她以男性口吻所写的一些关于社会事务的诗作，也被收入选集中。①

　　余其人是被其母有意像儿子一样养大的，但另一位清代早期的上层女儿徐德音，则是将自己想像成了男孩，虽然她是如女孩一样被养大的。徐德音是杭州钱塘一个名家的女儿，她在儒家经典、历史、文学和诗歌上，接受了男性化的教育。其父徐旭龄（进士，1655）回忆说，德音只有几岁时，当其祖父的士大夫朋友造访时，她便摘下耳环和头饰，将袍子的领子如男人一样翻起，出去迎客，像男子一样鞠躬，"幼时尝饰男子装对客，衣上墨沈斑驳，清献公绝爱怜之"。当她和她的祖父及祖父的朋友在一起时，他们非常高兴有她陪伴，她也参加他们的诗会。

　　德音的祖父通过韩愈不争气儿子的故事来夸赞她。韩愈（768—824）这位唐代的文学巨匠，有一个无知的儿子。因为对"金根"车一词不熟，这个儿子误将其念作了"金银"车，"金根"车是一种运送皇家旅客的古代运输工具。徐德音的祖父叹息道："生男如是，当不误改金根。"他含有这样的意思，即尽管德音在传承家学传统上已如儿子一样好，但因她是女孩，所以她必须满足于传统的女性角色。也确实如此，德音后来嫁给了一位士大夫，其后成了一个寡妇，但在努力培养着自己的儿子。②

---

① 余其人的资料源自周之标作品中她的传，7.15a—16a。更短的一个版本，在刘云份的《二集》中被发现，《族里》13。亦请参见胡文楷，《历代妇女》，296 页。除 26 首诗外，她的诗集已不存，她与其他文人一起写的许多关于社会事务的诗，被收入周之标，卷七。其他 5 首见于刘云份，89—90 页。

② 徐旭龄为德音诗集所写的序，被再版于汪启淑的著作中，4.9ab。这一诗集首版于1705 年，续集随之出版于 1752 年。关于徐德音和她的著作，亦请参见恽珠，6.2b—4b，11.4b；吴颢，30.8a；胡文楷，《历代妇女》，475 页。成年时，徐德音成了一位多产和受人尊重的诗人。她非常知名，所以同样优秀的杭州诗人林以宁邀请她加入蕉园诗社。尽管交换了一些书信，但徐德音从未成为彻头彻尾的诗社成员。十年间，徐德音和林以宁从未谋面，十年后的 1705 年，当两人的丈夫都旅居北京时，她们才得以相见。林以宁对徐德音诗歌的印象颇深，所以她要安排它的出版（汪启淑，4.9a）。

事实上，"女状元"这一文学形象是颇具矛盾含义的，与此相似，这些现实生活中社会性别倒置的例子，也承载着矛盾信息。一方面，他们对女性身份和角色的最终设想，证明了徐德音祖父的说法是明智的。不管一些女儿多有才识和多像男子，但男女间的鸿沟——部分是由生物学塑造的、部分是由强大的意识形态长久化的——则是难以克服的。女性永远不可能成为男性，除了假扮。但另一方面，这些女孩又非常安心地转回其女性身份，这表明，社会性别界限暂时僭越这样一种偶然是受到尊重的。穿或不穿男性服装、有或没有男性关注点、行为和自我感觉，特殊的个体女性开始将几个世纪以来的内/外和男/女两性分离领域搅得模糊不清。

尽管有这些暂时的僭越，男女有别这一分离领域的前提并未受到触动。当女性努力变得男性化时——已经达到了将男性士大夫视作其角色样板的程度，社会性别体系中的意识形态和机能上的不平衡现象并未受到挑战。因女性写作而创造的崭新空间及为拓展女性界限而做出的努力，最终都成了一个安全阀，女性人口中受教育程度最高的成员因此无意对既成的社会性别体系作正面攻击。

分离领域这一概念是明显具有弹性的，在这一公式内，扩大了的女性领域，事实上受到了人们默许。女性的位置不再被限制于厨房或织机；在为其家庭服务或提供生活来源时，她能够被允许越过水道、出售自己的书画、搬入上层人家做塾师、混入文人男性中。尽管这些不平常的"职业女性"的实际人数很少，但她们的事例激励着无数家内女性，在外表和写作上开拓新领域。与女作家开辟的崭新社会文化空间一样，并不是通过否定旧的家内界限，而是将其推进和伸展至新的界限之中，这些扩大了的女性领域得以构建。一个同样的扩大传统女性特质的定义过程也正在进行中。

第四章　从三从四德到才、德、美

　　我们已经看到,在分离领域持久理想的外表下,无论是家庭
生活还是女性领域的界限,都有了进一步的扩展。本章将考察与
此密切相关的重写女子特性的过程,它经常以对女性教育要义和
目的争论的形式表现出来。这一争论背后的各种社会变化、被争
议的各种女子特性理想、受教育女性自己的女子气质定义,都是
本章所要探讨的重点。女性教育在三个范围中进行:无形训育,
它通过操练女性的闺阁和身体,反复灌输各种训诫和价值观;文
化教育,指的是阅读和书写技巧及总体识字能力的获得;道德教
育,女性美德的培养。在对女子特性的争论中,三者间的恰当平
衡是最为重要的问题。

　　具体来说,新的女子特性是靠调和三种属性塑造而成:德、
才、美。如本章所显示,诗文选集和地方史中对女诗人的推助,
如现实生活中女读者兼作者大量涌现一样,都标志着作为一种
女子属性的才的日渐重要。对女性才华的强调,也由一些更大
的社会发展过程所推动,这些发展过程将家庭推到了文化生产
和知识的中心舞台上。这一新女子特性导致了年久的儒家四
德(德、言、容、功)公式的淘空,尽管在修辞上,新、旧公式之间
极为相像。

向心的女性

¹⁴⁴ 这一儒家"四德"描述了一个理想的向心女性，她的行为轨迹与一位理想男性的行动轨迹完全相反。儒家社会秩序视野是男性道德离心性的延伸。一系列秩序化的优先权，为男性描绘了各种行动领域，如《大学》的著名一章所表达的：

> 物格而后知至，知至而后意诚，意诚而后心正，心正而后身修，身修而后家齐，家齐而后国治，国治而后天下平。①

也就是说，男子应充分承担起维持家庭、地方社会、官府及世界秩序的职责；其个人道德乃是公众利益的基础。尽管士绅不应追逐虚荣，但声名和流芳百世却也为那些有这种发展事业心的人们所期待。女性也应不停地对其道德进行修炼，但她的贡献应止于"齐家"。女性的行动领域被限定在家内和私人间，其生活中的定位是向心的。

儒家意识形态强化了有着分离领域教义的社会性别等级。但令人称奇的是，捍卫内/外和男/女间界限的任务，却首先落在了女性身上。在女性行为指导书中，最习见的告诫之一，便是维护各种严格的界限。一些作者从像《礼记》这样的儒家经典中，为这一区分进行了辩护。另一些则像扬州的史搢臣一样，更关注给实践以指导意见："男女不杂坐，不同椸枷，不同巾栉，不亲授。内外不共井，不共湢浴，不通寝席，不通衣裳，诸母不漱裳。女子嫁而反，兄弟弗与同席而坐，弗与同器而食，男子入内，不啸不指，夜

---

①《大学》，载《四书章句集注》，7 页。

行以烛，无烛则止。女子无故不许出中门，出中门必拥蔽其面，夜行以烛，无烛则止。出入于道路，男子由右，女子由左，此曲礼别男女之大节。"没有好的理由，女性不应越出她的闺阁；当她必须跨出闺阁时，则应以巾遮面。其目的非常清楚："所以严内外而防渎乱也。"事实上，这些告诫最早是由宋儒司马光（1019—1086）写出来的，并在规训和家规中逐字做了重申。[1]

尽管男/女和内/外这样一些二元性被描述成了一种绝对和固定的统一体，但在实际中，这些界限并不是如此地整齐划一。即使规范的公式也未将理想女性视作是一种静态和与世隔绝的存在。在中文里，"内"这一概念包含了英语中"家庭的"（domestic）或"私人的"（private）含义，但与这些词又不完全相同。内/外是一个关联着的范畴，它描述了一系列套入其中的社会等级，这些社会等级的界限是随语境变化的。如一位女性，她是她的丈夫——一位"在外 *145*之人"的"闺中良伴"，但与其大家庭相对，这对夫妻和他们的孩子又构成了内。继之，整个家族又与外部地方社会相对，构成了内的单位。再进而言之，对一般的血缘集团如家、族、宗来说，这些模棱两可的中文词语，意味着"我们集团"的界限是能随形势的变化而被重绘的。[2] 这种模棱两可性为个人在理想规范和实际行为之间进行操纵，提供了更大的空间。事实上，正是由于其固有的概念上的模棱两可，才需要通过划分生活居处、区分服装和女性缠足，来从身体和视觉上强调内/外或男/女间的区分。

---

[1] 史措臣，《愿体集》，载陈宏谋，卷下 9ab。关于司马光和程颐（1033—1107）系统阐述的男女有别理论，参见伊沛霞（Ebrey），"女性、金钱和阶层"（"Women，Money and Class"），641—644 页。

[2] 中文亲属体系术语在概念上是很模糊的，关于这一问题，参见 J. 沃森（J. Watson）及崔瑞德（Denis Twitchett）接于其下的评论（623 页）。

妇女学习其位置,是从"四德"开始的。"四德"首先在《礼记》中被提出,经过班昭《女诫》这部中国历史上最流行的女训著作之一,得以广泛流传。班昭首先以否定的形式解释了"四德",就好像在告诫不要过分行使权力:"夫云妇德,不必才明绝异也;妇言,不必辩口利辞也;妇容,不必颜色美丽也;妇功,不必工巧过人也。"然后班昭以正面的方式,解释了女性应如何表现:她应该培养一种羞耻感,不要用言语冒犯他人,要经常洗澡,并且要全身心地投入纺纱织布和准备酒饭。① 与男性向外扩展的竞技场相反,女性的职责在锅灶和织机上。她的定位是向内的,在个性、外表和行动上,她都应是内敛的。

这一女子特性的向心理想,被其日常环境结构特别是房屋的布局和其身体的改造、最明显的是缠足强化。被布尔迪厄注意到的社会性别不平等,通过姿势和姿态,也通过他们占有的空间布局,而教育给了孩子。② 明清房屋的空间布局,也体现了谦卑、安静和家内女性这样一种儒家理想。庭院式房子这种汉族中国人中常见的居住模式,是儒家所坚持的内、外分离在本质上的一种反映,也是家庭生活中心地位的本质反映。"它的基本面貌是房屋展现了内部空间的私密性,背对外界的总是没有窗户的围墙。户内和户外是截然分开的。……围墙内……人际关系和感情能够达到一个很高甚至是叫人不舒服的温暖程度。"③

---

① 引自山崎纯一(Yamazaki),93—95 页。
② 我以"向心"描述理想中国女性定位,是受了布尔迪厄(Bourdieu)的启发《大纲》,*Outline*,92 页):"离心——男性定位和向心——女性定位间的对立……是家内空间布局的一个真实原则,毫无疑问,对他们的'精神'而言,也就是说,对他们的身体和更确切的对他们的性特征而言,它也是两性中每一性别的亲属关系基础。"布尔迪厄(Bourdieu)在《逻辑》(*Logic*)中,进一步解释了妇德、身体定位和妇女家内空间之间的联系,66—79 页。
③ 段义孚(Tuan),107 页,124 页。

对上流家庭中分离领域教义的理想化描绘,男人在读书,女人在做饭。尽管他们的家内空间是毗邻的,但男性和女性世界在功能和空间上是截然不同的(钱合,"鹤林和玉露:书法和绘画"。原作藏于台北"故宫博物院"。由洛杉矶加州大学艺术特别收藏复制)。

147   宅院的构成提醒着每一位个体男、女的位置,他们处在社会体系——主干家庭、扩展家庭、分支、族系——的住所等级制中。一间间卧室围绕着一个堂,这是小家庭吃饭的地方。这个家庭与住在同院的其他家庭的交往,是在一个毗连的露天院子中(北京称"院子";徽州称"天井")。祠堂是父系亲属团结的具体表现,它通常邻近这个院子。小一些的堂可以被称作"内堂",院子则被称作"外堂"。一队调查明清时期保存下来的中国民居的日本建筑师,得出了这样的结论,这种居住安排反映了"儒家父权制社会秩序"和它的家庭主义理想。[1] 但内部空间中内、外的进一步展示,表明内/外是相对的范畴,它们的含义是随处境变化的。[2]

宅院内部的空间分配,教给了女性在这个世界中的位置。厨房,一个她能在其中实现"女工"美德的地方,被隐藏在了一个暗处,这个暗处是露天庭院中的阳光所达不到的。相比之下,卧室和堂则舒适地处在阳光照射之下。[3] 此外,在明、清的上层人家中,离正门最远的房屋是被称作闺阃的地方。这个词出现在一张16世纪晚期的房产交易契约实例中,它包括了看来是一个相当

---

[1] 茂木计一郎(Mogi)等,216—217;232—234 页。有趣的是,与个人—家—族这一主题形成对照的是,客家圆形院子是依据个人—族建造起来的,反映了客家人中家庭忠诚观念的淡薄(236 页)。尽管现存房屋的年代不能很确切地知晓,而许多空间构成的研究又是基于此,所以学者们认为,这些房屋的结构自明清以来就没有太多变化。

[2] 布尔迪厄(Bourdieu,《大纲》[Outline],110 页)注意到了这一有联系的和流动的二元性的本质:"如房屋,当从外部、从男性的观点考虑时,全球都将其定义为女性的、潮湿的等等。……但当通过将同样广阔的实践领域与这一世界联系在一起,而它被停止这样看时,它可以被划分为一个男—女部分和一个女—女部分,它被取而代之地看作一个世界……对女性而言,它也的确是这样的,特别是在冬天。"对明末清初扬州内、外房间的描述,参见矢泽利彦(Yazawa),26—27 页。

[3] 在江南地区,三合院是最常见的。暗处的厨房又被称为"暗间",暴露在阳光下的住处则被称为"明间"(浅川滋南,Asakawa,101—102;茂木计一郎等,Mogi et al.,218—219 页)。

大的住宅庭院的各个组成部分的清单。① 阿尔瓦多·塞梅多(1585—1658),一位旅居上海、扬州和其他江南城市的葡萄牙耶稣会教士,对女性闺阁,他发现了一个最贴切的比拟——圣域。如果陌生来客(可能就是传教士本人)因为失误而贸然靠近它,就会有"女人在里边!"的警告来挡住他。他还观察到,女性闺阁从来没有向街道敞开的窗户。② 干活时,女性的场所是潮湿、阴暗的;休息时,她的闺阁则是被遮蔽和向内的。

作为身体训育的缠足

体现内/外和男/女界限的空间定位为缠足所强化,缠足是对女性身体的一种改造。缠足一直被视作在以男权为主的中国家庭体系中,女性受制和受害的明证。一位文化社会学家写了一篇文章,总括了 19 世纪晚期以来的西方观察者和中国改革者的定论,其文章的题目是"小脚,跛子:旧中国的女性"。③ 这一说法不 *148* 全错,但它忽视了介入其中的母亲和女儿的复杂动机和情感。缠足已成了残酷的、父权的"旧"中国压迫下的女性的绝对特性,问题是她们的个人声音和阶层差异,被淹没在了一个否定的普遍历

---

① 关于这个契约,参见余象斗,17,1b。

② 阿尔瓦多·塞梅多(Alvaro Semedo),《中华帝国》,引自矢泽利彦(Yazawa),27—29页。这部书写于 1621 年,1624 年首版于马德里(顾琳和唐立,Grove and Daniels,76 页注 153)。

③ 格林哈尔希(Greenhalgh)。格林哈尔希(Greenhalgh)的主题是"一旦缠足确立起来……它的长久存在就开始与充满恶意的家庭体系、自我重复循环联系起来:家庭体系要求缠过足的妻子承担它的家内和再生产任务;而且身体上被限制做其他事情的缠过足的妻子,强化了巩固这一体系的强大结构"。(15 页)我不能苟同这一观点,因为它是建立在一个错误前提基础上的:也就是妇女的家内劳动是没有经济价值的。在明清时期的江南地区,妇女是棉花和丝绸业中必不可少的劳动力。

史之中。"旧中国"似乎是无时间限制的,其中的女性是姓名不详和一样的,每个人因此被剥夺了历史。在本章的后面我们将看到,明末清初受教育女性是如何看待自己的身体和脚的。她们感到的自豪,带着发自内心的喜悦,都使男反对女或受害者对施暴者这样一种简单的两分落空。在以下各章中我们将看到,缠足并没有挡住女性旅行和建立远距离的社交网——远不是过着跛子样的生活。但在这里,我们的关注点是建立在缠足作为一种社会化的途径及它传递的价值观。

对现代改革者而言,将缠足视作男性使女性残疾和顺从的一种阴谋是非常自然的,但这可能是一个时代错误的观点,它并不能在历史记载中找到根据。传说认为,缠足的第一位女性是窅娘,她是南唐后主李煜(在位于961—975)宫中的一位舞者。① 非官方文献材料显示,宋时,特别是12世纪晚期以后,这一行为逐渐为良家之女所接受。宋儒朱熹(1130—1200)可能在他就任福建南部地方官时,推广了这一习俗。据说他的目的是教给那些不懂规矩的当地居民以男、女有别的美德。②

尽管这个故事并未能得到证实,但在将缠足与分离领域教义的接合上,它还是有着某种历史真实性的。伊沛霞指出,宋代缠足的普及,源自文人—贵族对模糊的界限——两性间和汉人与胡人间——的担心。男人对小脚妻子和名妓的渴望,心理因素是他们自己在威武的契丹女真人面前雄风尽丧:"如果头等阶层中的理想男性是相对屈从和文弱的,那他就有可能看起来太柔弱,除

---

① 冈本隆三(Okamoto Ryūzō),55—58页。
② 利维(Levy),《缠足》(*Footbinding*),44页;贾伸,8b。

非女性变得更娇弱、沉默和静止。"①换言之，缠足普及的动力，是建立在定义国家地位和社会性别价值的更大关注点上的，它并不仅针对的是女性。

明、清换代前后，对模糊的性别和种族界限的担忧达到了顶点。宋儒的最大恐惧看来真的实现了。在一个相对开放的社会中，女性不断增长的曝光率和流动性，都使社会性别区分日渐模糊。另外，清朝征服的威胁和最终的成功、它的薙发令及后来短期存在的缠足禁令，都促成了一个充满性暗示的疯狂氛围。特别是强令男子剃光前额，被认为是对汉族男子气的攻击，与强奸他们的女人同样是对男权的威胁，并促使一些江南城市出现了誓死忠明的抵抗活动。② 尽管没有一个人公开拥护缠足，但正是清政权的建立，造成了一种再次强调"我们"和"他们"及"他"和"她"之间差异的需要。缠足禁令因此从一开始就注定是行不通的，它被废止于 1668 年，也就是它颁布的四年之后。③

到明末清初时，缠足已成了江南城市长大的女孩都接受的习俗。许多女性专有仪式的发展，使它成了一个更有效的身体训育工具。从六岁左右开始，这也是儿子"明事理"的年龄，从身体上和心理上，缠足为女孩在未来成为妻子和一个从属的家庭成员做着准备。女孩开始缠足的年龄，与男孩搬出女性闺房而进入宗学

①　伊沛霞(Ebrey)，"女性、婚姻和家庭"("Women，Marriage and the Family")，221页；也请参见 216—221 页。伊沛霞认为，指责新儒学是"厌恶女人"的现代看法经常被夸大、并传递出错误的历史信息，她的这一观点，参见"女性、金钱和阶层"("Women，Money，and Class")，特别是 613—621 页。

②　魏斐德(Wakeman)，"地方主义和效忠"("Localism and Loyalism")，58—60 页。对17 世纪前十年至 1645 年间剃发政策发展的研究，参见陈生玺。

③　早在 1636—1638 年，清朝统治者皇太极就颁布敕令禁缠足(陈生玺，71 页)。令人奇怪的是，这一禁缠足令在 18 世纪几乎被忽视了(赵翼，656 页)。

或开始接受私塾指导的年龄一致。① 从这一年龄开始,性别差异被强调着,孩子们不仅被教导着两性间的气质差别和生活中拥有的独特身份,而且也被教导着外表的差别。通过缠足,分离领域学说被镌刻到了女孩的身体上。

缠足仪式,一种妇女专有的事情,强化了分离的男/女领地这样一种理想和实践。在缠足开始前的很长时间里,女孩的母亲就开始准备各种所需的工具。除了明矾,一种止血药外,还有一些或已经用于女红的工具——剪刀、指甲刀、针和线。一个样品清单是这样的:一条十公分宽和四米长的绷带,被轻轻上浆以免褶皱;五双平底布鞋;三双床上穿的布睡鞋;若干双紧脚袜。② 尽管这些工具的尺寸和质量在每个家庭可能不同,但准备总是非常细致而具体的。值得注意的是,缠足所需的材料也是她们自己的女红用具和成品——纺织、缝纫和针线活。通过使用它们,女孩能很快被教会如何掌握这些技巧。

缠足是家内女性文化的一件中心大事,它的过程通常开始于妇女特有的仪式。一本福建印刷的明代家用类书,规定了为挑选吉日以举行这一仪式的一些规则。③ 在苏州,缠足通常开始于 8 月 24 日,这一天,小脚姑娘这一掌管缠足的女神,要来享用其信徒的祭品。在这一天,女孩用糯米和红豆做成米团,祈祷她们的骨头也一样柔软。向灶神进献贡品也同时进行。这个日子的选择,部分是出于实际原因:对女孩来说,于秋凉开始缠足较炎夏来

---

① 格林哈尔希(Greenhalgh),18 页注 11。这一区分出现的年龄在 3—6 岁之间。

② 冈本隆三(Okamoto Ryūzō),18 页。

③ 这本日用类书是《通书类聚克则大全》,它在张秀民的《中国印刷史》中被提及,243 页。开始的日子通常与"五"联系在一起,它与另一个汉字"捂"——意思是"停止长大"——同音异义(利维[Levy],《缠足》[Footbinding],56 页,308 页注 63)。

150

得舒服。无论是开始的日期，还是举行仪式的时间，各地都是不同的。在一些地区，母女还要为观音这位万能的女性保护之神献上祭品。缠足开始前，母亲要缝、绣一双小鞋，并将它放在观音像前的一个香炉上。①

这些女性专有的仪式及其背后的信仰，帮助说明了这一习俗绵延长久和传播广泛的原因。虽然缠足对男性有着性欲吸引力，但如果没有相关女性的合作，缠足是不可能长存千年之久的。在排斥男性的一个限于母女间的私人空间中，在尊崇女性手工制品的成果上，在女性专有的宗教仪式的中心地位上，缠足都体现了女性文化必不可少的特征，它是女性自己的作品所证明的（将在余下诸章中详叙）。在女性的一生中，脚所显现出的魅力，一直是她与其他女性相互影响的一个中心主题。女性交换诗歌以颂扬小脚；如诗歌一样，像绣鞋这样的纪念物被广泛用来加强女性间的友谊。

在这一点上，展现了明末清初中国女性的自我认知和女性文化的矛盾本质。在一种消极的调子上，女性似乎是毫不怀疑地就接受了这一哲学和伦理传统，而它们正是建之于限制她们的基础之上的。明末清初，她们既没有对这一传统的前提进行质疑，也没有在一种共同的声音中产生拒斥。以一种积极的调子看，她们设法在其有限的历史时空中，创造了一个自在的富有意义和色彩斑斓的世界。黄媛介于江南水路上进行的每一次摆渡，每一位母亲向观音的低声祈祷，及每一首牢记于朋友心中的诗歌，都细诉

---

① 关于小脚姑娘，参见冈本隆三（Okamoto Ryūzō），22 页；胡朴安，《小辨》，164 页；利维（Levy），《缠足》（Footbinding），57 页，232 页。在湖南，八月下旬也是女孩修整她们耳朵的时间（胡朴安，334 页）。关于敬献观音，参见利维（Levy），《缠足》（Footbinding），57 页。

着女性与生命的必然所进行的通融。

我们研究妇女教育，首先要肯定儒家传统的持续性，和千千万万个别女性艰难取得的成就。意识形态教育、生活空间操纵和身体再建的结合，共同成为一个强有力的机器，它向无数女性反复灌输着理想女子气质的儒家概念。即使在18世纪儒家正统观念重构之前，也就是贞节观念"宗教化"之前，这一机器就已稳固地矗立在那里。为了了解明末清初两性的个人和社会生活轮廓，我们必须正确评价它在看似宽容的晚明时代和在朝代更替面前的渗透性和有效性。但与此同时，我们还应谨记，教育是一个介入人类动因的暧昧事业，在目的和结果之间或在准则和行为之间，存在着不可避免的豁隙。女性对其生活的看法是有着自己的逻辑和节奏的，它们不可能永远与儒家分离领域理想和向心女性相一致。

回归家庭：中国人生活的"私密性"

十六七世纪时，离心男人和向心女人的理想，被货币经济和坊刻印刷所导致的社会变化潮流抛入了混乱之中。这些变化异常清晰地显现在了家内生活的转变指数和家庭生活的内容之中。但因其定位不同，男、女所经历的变化也是不同的。向心女性的理想，掩盖了女性僭入公众领地的不断增长的影响，而通过情感、宗教和社会生活向内心的转向，男性的离心定位日益向相反的方向发展。家庭逐渐成了行动的中心场所，在这里，这些男性和女性的轨道相交。

特别是扩大和重组的家庭领地，成为这些新女性——才、德、美——茁壮成长的场所。以私人和社会的尺度看，家庭领地的这一重组是一个复合现象：家庭生活的一种感情定位，家庭作为学问贮藏地的显现，扩大了的宗族构成，及在上流人家的文化资本中，调教有教养的新娘的重要性。不仅家庭生活的主观界定，而且作为社会、政治和文化制度的家庭实际功能，都在经历着深刻的变化。所有这些发展，都对女性的日常生活和女子气质的抽象定义有着直接的意义。

在我们讨论上流女性生活变化的环境和内容之前，澄清"家庭"和"私人"的含义是非常重要的。在使用"家庭"（family）时，我指的是"家族"的涵义，我是故意使用这样一个含混名词的，作为一个仪式单位和经济单位，它体现了家庭通常的矛盾定位。在英语中，它包含了家、宗、族。[①] 同样，"私人"（private）一词也是以有意的模糊方式运用的。在英文的学术作品中，"私人"和"家内"（domestic）经常交替使用，以指称一个明确与被称作公众领域相分开的范围。在中国社会中，这种两分的概念化从来都是不贴切的，在明末清初的各种变化面前，更显得不适用，此时的"私人"和"公众"含义都在经历着较大的变化。 *152*

这些变化并不仅是修辞上的，它们卷入了各种社会变化之中，这些社会变化扩大了家庭于社会中的政治、经济和文化地位。这些变化都在证明着私人和公众的交互贯穿：首先，公众领域中的男性将家庭生活视作一个休憩的避风港，他们日益从家内生活中寻求慰藉；第二，家庭承担了许多先前的公众职能；第三，清初国家相信，宗族组织是公共制度的完美体现，而宗族组织依靠的

---

① 关于中国亲属关系术语概念上的流动性，及将其译为英语时的问题，参见 J. 沃森（J. Watson）；《导言》，载伊沛霞（Ebrey）和沃森（Watson）。关于家庭（family）作为"宗"和"家"的矛盾定位，参见伊沛霞（Ebrey），"家庭观念"（"Conceptions of the Family"），225—226 页。

又是它们所体现的家庭功能。作为这些变化的一个结果,家庭单位日益承担起各种公众职能和重要性。另外最重要的是,这一交互贯穿意味着私人、家庭和公众间的区分界限是不固定的,它们不得不依着语境而画出。

第一种发展,即对作为休憩天堂的家庭生活的尊崇,是由政治剧变和经济的持续富足所唤起的。它的一个实际结果,便是上层人家对爱好和品味的培养——对休闲本身的重视。我们已经看到,在新的有钱的读者中,有着对上流社会品味指南的疯狂迷恋;上层人士本身的热情也毫不逊色。他们不再着迷于为腐败的朝廷或异族统治者服务,许多富有的学者开始回避政治任命,而醉心于家庭乐趣:下围棋时品茗,在异国的香雾缭绕中冥思或展开纸卷。其他的私人乐趣则在露天进行:赏花会、到地方景点出游、月光下的诗会。如我们将要看到的,记载这些事情的诗歌和日记显示,当密友间相聚时,妻、妾、甚至孩子也经常加入其中。有或没有男人,上层女性都渴望享受深嵌于家庭生活节奏中的乐趣,并且这也是其家庭财富所能负担得起的。

就富有的公众男性而言,这种内省的一个结果,便是装饰艺术和实用物品如家具的繁荣,同时也使制作它们的工匠身份得到了提高。屈志仁将这一发展归结为货币经济:

> 对当代艺术品的需求,既反映了消费者的富足,也反映了市场推动力的成功。在独立制造者自由竞争的刺激下,许多装饰艺术种类的质量达到了一个相对高的水平,一些特定的艺术形式出现了或首次流行起来。硬木家具和木雕、竹雕、石雕、犀角雕和当然还有的玉雕……都变得极为流行。

153

屈志仁接着分析,这一繁荣的结果是混淆了艺术家和工匠的界限：

> 大多数文人还没有如朝廷的一些保守势力，上书请求取消政权授予一些手艺绝佳的工匠以官衔。但不少论者如王士祯都对杰出和富裕工匠、制造商与上层的自由交际感到不安。但是同时，戏剧家和画家徐渭(1521—1593)则写了一首诗赞扬玉工陆子刚，并且文人李日华也与陶工密切往来。

他进一步指出，在某种程度上，社会性别界限也已模糊。

> 当时和现在，时尚与装饰密切联系在一起。明代晚期的装饰是艳丽的，那时时尚最显著的方面之一，是男和女同样穿着的色彩鲜艳的袍子。一位当代作家评论说："在东南地区，生员、富裕人家和士大夫都像女人一样，穿着红色和紫色的衣服。"①

身份和社会性别的新奇，被认为是装饰艺术流行的一个组成部分，它部分是因对闲暇和日常乐趣的推助所引起的。

世纪末对回归私生活的向往并不是新鲜事，当公众生活黑暗败坏时，"避世"自然变得非常具有吸引力。但明末清初的新奇之处在于，对品味本身的痴迷，这是为出版业繁荣所激起、为货币经济所支撑的。通过写作关于茶、酒、烹饪、乐器和其他日常生活乐趣的书籍，自封的品味鉴赏家得以致富。但比品味本身更重要的是：一种对待生活的全新轻松态度和它所给予的世俗乐趣。在一本出版于1671年的名作《闲情偶寄》中，鉴赏家李渔概括了这一时代精神。从准备蟹的正确方法到做爱的恰当时间，到戏班的排练，再到妾滕的训练及建筑、家具、食物和饮料、花和树等等，李渔

① 屈志仁(J. Watt)，9 页。

都有着自己的看法。① 扇动了情迷的同一些坊刻出版者，也在推广着对私人乐趣的沉迷，在家内环境中，这种乐趣被热爱它的人共享着。

154
公众生活幻灭的男性撤回到了休憩天堂的家内生活，与此同时，家庭开始成为众多社交和文化活动的场所。以家庭为基础的家刻和家班，便是这一趋势中的例子。此外，精细产品的工匠——银匠、细木工——经常住在出钱人的家里制作物品。② 当成功的竞争变得日趋激烈时，家庭也承担起了男孩和女孩教育的关键作用。这些发展证明了中国人文化生活的私人化，而这种私人化最明显地表现在城市上层及商人家庭中，此时家庭承担起了过去发生在公众场所的许多职能，或这些职能过去是由非私人力量所处理的。

这一趋势中最明显的方面是家庭成了知识和学问的集纳地。这是伴随着家庭文化资本的重要性和多样性的增长而出现的，而书籍是最显著的文化资本。晚明出版业的繁荣，造就了一种藏书时尚，它使个体家庭能够建造起规模宏大的藏书楼。最著名的藏书楼——宁波范氏的天一阁和绍兴祁家的澹生堂——是其所有者家庭博学和富有及其场所精致的一种标志。祁家自称有 9 000 种和 90 000 卷的藏书；即使较少财力的藏书家，也能拥有其藏书楼的一半规模。③ 这一私人化知识潮流的一个生动体现，可以在

---

① 李渔，《闲情偶寄》，载《李渔全集》，卷五。《闲情偶寄》的书名由韩南（Patrick Hanan）翻译（《李渔》[*Li Yu*]，28 页，224 页注 113）。关于这本书，参见同上作者，59—75 页。韩南（Hanan）认为，"闲情"一词有时表示的是审美上的考虑（69 页）。关于其他品味鉴赏家及其出版物的例子，参见曹淑娟，238—241 页。

② 柯律格（Clunas），67 页。

③ 井上进（Inoue），420—421 页。关于祁家著名的澹生堂藏书建筑，参见寺田隆信（Terada）。关于杭州藏书家的藏书，参见斯旺（Swann），"七位私人书楼所有者"（"Seven Intimate Library Owners"）。

18、19世纪常州以宗族为基础建立的今文经学学派中看到,艾尔曼对此进行了分析。①

家庭作为学术知识集纳地,极大地增加了女性接受儒家经典、哲学和历史教育的机会。明末清初所有最多产的女诗人和作家,都受益于她们家庭的文化资源。以后的18世纪,一些女儿甚至还得到了科学、数学和其他学科的教育,而这些学科以前是被视作与女性天职无关或超出其智力水平的。如一位南京女性王贞仪(1768—1797)阅读了她祖父的书籍,并跟着他学习天文和历算。她与其姊在信中探讨几何学,并留下了如月食和圆形地球这样一些主题的论文。②

尽管天文学的知识很少,但诗歌写作则是文化资本的一个极为流行的方式。卜正民注意到,在宁波,对上层男性来说,诗社是建立社交网的一个重要途径,这一形式和其他形式的文化专门知识,由不到五十个最上层的家庭积累起来,这也使他们能够控制鄞县达几世纪之久。提供所有权和其他形式的经济资助,文化专门知识的控制造就了"一层专有覆盖物,精英们以之包裹着自己"。③ 如我们将要看到的,对16世纪晚期以后的江南上层人家来说,女性诗社、女性家庭成员合集著作的出版和调教很好的女 *155* 儿,都成为这一层覆盖物中关键的组成部分。地方社会中,有着对权力和资源的日益增长的凶猛竞争,当私人化的家庭在这样一个更大的环境中被考虑时,女性学问的重要性也就可以理解了。

---

① 艾尔曼(Elman),《古典主义、政治和亲属关系》(*Classicism*, *Politics*, *and Kinship*)。

② 关于王贞仪,参见徐早绪;和刘咏聪,324页。

③ 卜正民(Brook),"宁波的上层"("Gentry of Ningbo"),35—43页。

公领域的私人化:宗族组织的出现

如家庭生活中的内在变化一样重要的是其社会地位的变化,最明显的是地域宗族的日益发展。这样做的最大动力源自重构稳定地方社会的需求,先是由金钱带来的人际关系动荡,其后则是清朝征服所带来的政治创伤,都造成对稳定地方社会的渴求。在明末清初江南这样一个流动和激烈动荡的社会中,普通的血亲集团和行政机构是两个最重要的历史悠久的习俗制度,它们提供着某种程度的社团和连续性。

因此,如邓尔麟和艾尔曼在不同研究中所指出的,无论是嘉定还是常州的地主-文人,都竞相组成共同集团,并强化宗族的仪式和教育功能,培养一种有着公共职能的宗族利害关系认同。[1] 在稳定地方社会的过程中,普通的血亲集团逐渐土地化。在对宗族组织所有公田的研究中,中国历史学家张研发现,无论在速度上,还是在获得的规模上,明清时期的公田都有着明显的增长。在江南和南方的一些省份如广东和福建,这一宗族经济威力的增长特别盛行。[2]

与江南宗族发展的一个相似过程也在周边地区进行着。上田信在其对浙江山区宗族构成的研究中指出,提高了的地主所有制和阶层分化,巩固了晚明和前清的宗族构成。表面上宗族强调富裕和贫穷成员间的共同身份和共享利益,所以它软化了潜在的

---

① 邓尔麟(Dennerline),98—120页;艾尔曼(Elman),《古典主义、政治和亲属关系》(*Classicism*,*Politics*,*and Kinship*),15—35页。

② 张研,19—21页,38—54页。卜正民(Timothy Brook,"丧礼","Funcrary Ritual",465—499页)认为,十六七世纪男方宗族的统治,说明了佛教丧礼仪式到理学仪式转变的原因。

危险的两极化所带来的灾祸。由宗族倡导的一些教育、福利规划，把财富和资源回流同宗内较贫穷的成员，发挥了稳定社区的作用。① 换言之，在一个分化和竞争日益激烈的社会中，宗族构成是创造稳定和安全的一个途径。

对于宗族试图确立自己或于地方社会保持其霸权来说，婚姻结盟是一个重要策略。在一些有着很强宗族传统的地区，如宁波、嘉兴、桐城、徽州，一流之家长期采取着他们之间相互通婚的策略。张英(1638—1708)，一位来自桐城显赫之家的前清大学士，就颇以其母的显赫门第为荣。② 通过保持特有的上层社交 *156* 圈，婚姻纽带补充了如上所描述的文化资本控制。

在一些权力结构树立不牢固的周边地区，对那些向上爬的流动家庭来说，婚姻结盟就是一个更有力的工具。在一项对 18 世纪中叶至 20 世纪四川东部边界地区移民宗族声望增长的研究中，山田贤指出，移住宗族涂氏，在三个阶段内遵循着不同的婚姻策略。开始，他们与出身于同省的其他移民宗族、像他们一样的湖北家庭通婚。然后，在 19 世纪的早期，他们开始与原本是来自湖广地区的权势家庭结合，借此扩大贸易圈。在最后的阶段，六个主要房支做出共同努力，与当地原有的大族建立通婚关系，这也是一种他们自己新近获得声望的标志。③

---

① 上田信(Ueda)，"地域和宗族"("Chiiki to sōzoku")。

② 贝亚蒂耶(Beattie)，41 页；也请参见 51—52 页、128 页关于桐城上流家庭间的婚姻结盟。关于宁波，参见卜正民(Brook)，"宁波的上层"("Gentry of Ningbo")，27—29 页，39—40 页。赖惠敏(载"中央大学"，394—396)在她的研究中，也注意到了江苏和浙江婚姻结盟圈在地理上的扩大。

③ 山田贤(Yamada)也认为，宗族构成是锻造社会关系制度化"回路"的一个关键因素，而这些社会关系又稳定了地方社会。这一观点是建立在上田信先前著作基础上的[参见上田信(Ueda)，"地域和宗族"("Chiiki to sōzoku")、"州县行政管理和地方精英"("Shūken gyōsei to chiiki erito")]。

山田贤着重强调,在宗族努力表明和确立自己于地方社会中的位置时,女儿和新娘等女性都起了关键作用,这一点颇具启发意义。尽管很难将山田贤精彩的结构性研究复制于更早的时期,但是对明末清初已经确立地位的家庭和有欲望向上爬的家庭来说,婚姻联盟都是一种有意识的策略,这一点非常清楚。① 对家庭流动性而言,婚姻纽带的重要性,解释了为何家庭甘愿投资于女儿的教育。文化和道德教育,都增加了女儿做妻子的威望,使其成为既是父家也是母家的骄傲。调教很好的新娘是文化资本的一个引人注目的形式。

社会动力助长了宗族组织,而它更为国家所强化。为消除兴盛于晚明文人社团的被视作有颠覆作用的影响,清初国家鼓励回归家庭。作为包含有各代和不同阶层成员的垂直制度,亲属关系组织被认为在大众中培养对等级的尊重是有用的。作为一种社会制度的家庭,有着双重的角色:在其成员眼中,它确立了一个内部圈子的界限;但在国家眼中,它是公德的一种特定体现。相较而言,国家给建立在家外纽带基础上的平行集团打上了"私"的烙印,例如文人的结社因而受到排挤。② 这种带有公德作用的家庭的神圣性,和它作为文化和学问集纳地的显现,都在明末清初重建了公/私的含义。家庭已成为公、私交叉的一个舞台。相应的

---

① 关于明清转折时期到 18 世纪常州庄姓和刘姓家庭间的世婚关系,参见艾尔曼(Elman),《古典主义、政治和亲属关系》(*Classicism, Politics, and Kinship*),42 页,57—73 页。艾尔曼认为,女性是"宗族间婚姻关系的重要参与者。"关于无锡上流的婚姻策略,参见邓尔麟(Dennerline),"宋至清吴锡宗族发展中的婚姻、收养和慈善事业"("Marriage, Adoption and Charity in the Development of Lineages in Wu—his from Sung to Ch'ing"),载伊沛霞(Ebrey)和沃森(Watson),170—209 页。
② 艾尔曼(Elman),《古典主义、政治和亲属关系》(*Classicism, Politics, and Kinship*),32—35 页;岸本美绪(Kishimoto),"清初地方社会与'世论'"("Chihō shakai to 'seron'"),135—139 页。

家内生活的涵义也被扩大和夸大了。

从妇女相关的视角看,家庭生活和亲属组织的提升,改变了 *157*
妇女于其中操纵着的环境。男性所采取的向内转向,将他们带到
了更接近于女性传统的活动场所,因此造就出了若干新的社会性
别相互影响的方式。这些新方式中的一种模式——伙伴式婚
姻——将于下章进行探讨。而且,在他们特定的生活居处内,来
自显赫宗族的女性得以接近学问和戏剧表演世界,这些在先前都
是为公领域的男性所保留的。中国人文化生活的私人化,因此起
到了扩大女性视野的作用,她不必迈出家门半步,便可享受如私
人藏书和戏台等文化资源。

与此同时,女性美德的典型价值可能使她远于其闺阁之外得
到承认。勤劳、俭朴和贞洁的女性,作为家庭道德正直的一种象
征,而得到了公众的承认,一如其贞节牌坊守护着村口而显示着
其所在地的荣誉一样。① 国家提供了规范,宗族组织也发明了自
己的激励方法以推动贞烈女性。如苏州的范氏,为仅守寡三年的
寡妇提供粮米,这一要求远比国家的规定宽大。对昆山的王氏来
说,他们不但从粮米上,还从金钱上资助年轻寡妇,这一酬答还扩
大至二婚的妻子和嫁出的王家女儿。② 宗族在促进女性美德上
的积极兴趣,源于妇女道德的公共涵义。女性道德从来就不是一
个简单的个人问题。

因此妇女被设定为了十字路口上的具有象征意义的关键角

---

① 曼素恩(Susan Mann)的著作充分探讨了妇女个人美德与其社会地位的关系。关
　于作为家庭和村社荣誉象征的贞妇,参见"寡妇"("Widows")。关于作为家庭和阶
　层荣誉象征的受人尊敬的妻子,参见,"调教"("Gropming")。对我在这里思考私
　人和公众间的重叠,这些开山之作很有帮助益。
② 《范氏家乘》,卷15,和《琅琊王氏谱略》,卷10,两者都被引于多贺秋五郎(Taga),
　《宗谱研究》(*Sōfu no kenkyū*)。516页,565页。

色,在这一十字路口上,家庭与国家相遇、私人与公共道德相交。不管其特有的内容,妇女教育被认为是齐家治国的关键。出现于明末清初的对于女性教育的三种观点,必须在回归家庭这一背景中得到理解,此时的家庭是作为社交和个人生活及承认女性对它的贡献的一个场所。首先也是最常引用的辩护,涉及她作为道德卫道士这样一种角色,它要求培养其母德和妇道的教育。其次,她的诗歌和艺术成就,转化成了家庭的文化资本——因此就支持了对女儿的文化和文学教育。第三,男性于私人生活中对情感慰藉的寻求,促使他们期望获得伙伴式的妻子。换言之,无论是道德或文化教育,都能增加她在婚姻市场上的价值,以使其自己和其家族获益。大声谈论妇女教育或悄然教授妻女的男人们,都同意这些观点中的一个或更多。当家内领域被重构而包含了公众价值和功能时,无论对女性还是对社会而言,她们的传统位置便被赋予了新的含义。

158

为母亲职责而进行的女性教育

作为母亲和内领域卫道士的女性角色,为晚明时复兴的对她们道德教育的兴趣,提供了最强有力的理由。母教是儒家伦理传统的一个长久信条。① 刘向的《列女传》是女性训诫文学的开山之作,它以14位模范母亲的故事开篇,接着是有远见的、智慧的、贞洁的、自我牺牲的和能言善辩的女性故事。所有这些都明显与

---

① 下见隆雄([Shimomi Takao],"儒家社会中的母亲原则"["Jukyō shakai to boseigenri"])业已指出,母亲职责实际是儒家社会秩序的基本准则,并且理想地看,所有男—女关系都是母—子纽带的延伸。

书末一串女性祸事者形成对照。① 无论是母亲美德的首要性，还是其衰退后的危险，都非常清楚地体现在了《列女传》的结构中。这一要旨在明、清时代看来尤为贴切。一位学者总结了母亲职责与社会秩序间的必然关系："乱臣贼子成于天，而产于妇人。"他接着写了一个训诫，力劝女性抛弃纵欲的习惯，并培养美德以成为好儿子的培养者。②

尽管以母亲职责名义进行的女性教育背后的逻辑非常简单，但"道德教育"和"妇德"的确切含义，在明末清初却是有争议的问题，部分源自儒家传统中女性教育的两种潜在的不相容观点的不稳定共存。尽管没有人否定女性教育最终是为母亲职责所进行的培训，但道德和文学教育的恰当比例，则一直是被争论的。著名的孟母故事，浓缩了母德对儿子学业成功的重要性。据说她曾三迁，以使儿子免于邻人的影响。当他仍然还从学校逃学时，她断机以教育他半途而弃的严重性。③ 这个故事歌颂了她的道德聪慧，而并不是她的博学。在历史中，有一个很强的趋势，专以美德而不是才华来定义好母亲。

在宋元时代，精通儒家经典的母亲能够提高儿子科考的成功率，这一点得到了广泛认可。寡母督管儿子教育，被突出描绘在杰出男性的传记中，以至于它几乎成了一种文学惯例。如在元

---

① 《列女传》的第 1 章是关于模范母亲的，它是惟一有 14 位妇女的一章。而所有其他六章都有 15 人。这样的前后不一致，使一些评论者去加上第十五位寡母。我采用的是将其省去的四部丛刊本（下见隆雄［Shimomi］，252—254 页）。

② 《女镜》"序"，载夏树芳，"序"下 8.8a—11b。他写的女训书名为《女镜》（无出处，1608）。明清时期的传记，经常谈到寡母监督儿子学习，关于这一问题，参见何炳棣（Ho），《阶梯》（Ladder），88—89 页。

③ 孟母在刘向的《列女传》中，位于模范母亲这一部分的第 11 位。关于对这个故事的一个注解本，参见下见隆雄（Shimomi），《刘向〈列女传〉》（Ryū Kyō "Retsujoden"），219—236 页。关于一个英译本，参见奥哈拉（O'Hara），39—42 页。

代,士大夫经常称赞他们的蒙师——母亲——为他们背诵如《论语》《孟子》和《孝经》这样的一些儒家经典。[1] 在政治动荡的年代里,藏书往往会散失或遭到破坏,所以这样一种口头传承就特别关键。通过给士大夫的妻、母授以荣誉头衔,明政府正式承认了妇女对男性教育的贡献。[2] 因此与孟母这一榜样同时并存,在儒家传统中有一股强大的潜流鼓励妇女的文化教育,以准备成为儿子的蒙师。在儒家经典的口头传承中,母亲的作用为她赢得了一个合法的地位,虽然并不是直接的。[3] 尽管两者都是建立在女性存在理由是母亲职责这样一个假设基础上的,但在以道德事例进行教育的没知识的孟母和以基本儒家经典训练儿子的有学问的母亲之间,还是存在着明显的紧张关系的。

这样的一种紧张,部分源自中国家庭和社会中妇女固有的矛盾地位。以男性的视角看,女性教育,一如她们的生育能力一样,都是一把双刃剑。女性的生育能力赋予了她家庭中的权力,但她破坏内、外界限的能力,又使她变得很危险。[4] 同样,尽管需要有基本文学技能的智慧母亲监督儿子的教育,但学习了读、写的女性有可能变得不守规矩,进而迈出闺阁,因此也就违背了女性教育的特定理论基础和向心女性的准则。

明末清初对女子特性诸属性的讨论,一部分不外是内在于儒家传统中的这些紧张关系的加剧。但这一时代面对着更基

---

① 牧野修三(Makino)。
② 黄仁宇(R. Huang),193 页。
③ 关于班昭和韦母宣文君,参见本书的绪论,这两位女性被看成是儒家教义传统的关键传承人。
④ 关于女性危险权力这一概念,参见埃米莉·埃亨(Emily Ahern),"中国女性的权力和道德败坏"("The Power and Pollution of Chinese Women"),载沃尔夫(Wolf)和威特克(Witke),193—214 页。

本的变化：不仅女性的教育日程，而且其设想都发生了变化。面临着女性在中国文化生活中曝光率的不断增长——作为读者、听众和作者，在家内和家外，迫切的问题已不是"如果妇女有文化怎么办"，而是"我们应如何建构母亲职责的新概念，以能够使旧的价值标准包容现实"。对女性道德、文化教养和她们自我尊重的惟一源泉来说，母亲职责已不是仅有的辩护词。母亲职责的根本重要性并没有被否定；相反，作为女性的母亲职责，开始被看作是可以与其妻子和诗人的身份和谐共存的。

　　新母亲职责的打造，不是通过对惯常的"三从"美德程式的否定，而是通过巧妙的方式对这些属性进行了再阐释。在较早的一篇文章中，我指出了四德之一的"妇言"在经历质变，本来专指说出口的"言辞"，被巧妙地重新定义为书面的辞章，女作家出现后，女性的适当位置被扩大了，它既包括了厨房，也包含了学者的书斋①。我们将在后面看到，明末清初时"妇容"和"妇工"同样被再阐释。*160*

才、德、美

　　在明末清初的文章、笔记和白话故事中，才、德、美的适当平衡被公开思考着。伴随着构建新母亲职责这一过程所产生的忧虑，通过明末清初"女子无才便是德"这样一个格言的流行表现出来。② 这一说法不应从字面涵义进行理解；它并不表示明清时代

① 高彦颐（Ko），"才和德的追求"（"Pursuing Talent and Virtue"），19—22 页，29—30 页。
② 尽管这一格言的起源时间经常被定为宋代，但它和它的若干变种都是直到明末清初才出现的（陈东原，188—193 页）。

女性被压迫的加剧。事实上,它出现在才女涌现的明末社会绝不是偶然的。与其说它是一种禁制,不如说是一种感叹。小青的例子就很清楚,即使那些悲叹才女福薄的人们,也在继续推动着妇女教育。在江南的读者大众和士大夫的家庭生活中,才和德被广泛地视作女子特性中能够和谐共存的属性。[1]

三国魏时期(220—265)一位过分任情的丈夫的故事,成为将"美"嵌入显现的"才—德"公式这一讨论的主题。荀奉倩的故事被收入蒙学课本中,所以对明、清时期的男、女来说,这一故事的场景和道德都是非常熟谙的。荀奉倩是魏国一位官员的儿子,他娶了曹洪(死于232年)的女儿,并深爱着她。一个冬天,她发起高烧。荀奉倩走到院子中,将自己冻得冰凉,然后回到她的床上,用自己冰凉的身体贴着她以使其退烧。其妻亡后,他也很快死去。[2] 尽管读者可能认为荀奉倩的奉献是令人钦佩的,并且两人互相贴着身体的场景是富于挑逗性的,但他对妻子的依恋,是某种对儒家家庭主义理想最大颠覆的情感。因此原因,在官方史书中,荀奉倩被记为了一个可笑的和缺乏远大理想的男人。

据称荀奉倩还说过这样的话:"妇人才智不足论,自宜以色为主。"这一评论使荀奉倩故事的涵义极大地复杂起来。在这一语境中,"美"不仅指的是女性的长相,而且也是她的性魅力。如果抽离了故事去读,荀奉倩这句话本身削弱了这一故事的道德性。在否定美德于女性的重要性时,荀奉倩也就否定了儒家女子特性

---

[1] 高彦颐(Ko),"才和德的追求"("Pursuing Talent and Virtue"),9—10 页;刘咏聪。

[2] 荀奉倩,三国时魏人。他的故事首次出现在《世说新语》的"惑溺"部分中,《世说新语》是刘义庆(403—444)所写的一部集子,它的内容是关于 2—4 世纪的士大夫轶事(诸桥辙次,Morohashi,9:635—636,或 9989—9990 页)。曹洪是曹操(155—220)的堂兄弟。

的前提。还因为他赞许男女间的身体吸引力,他还可以被视作是对儒家家庭主义本身的颠覆。

这样一种引人兴趣的两可解释,及才、德、美诸范畴的流传,都使荀奉倩成了十六七世纪经常被引用的一位古人。谢肇淛,¹⁶¹《五杂俎》的作者,称荀奉倩所说为"千古名通"。谢肇淛所申诉的不平,是他所察觉到的其所处时代的一种颠倒了的社会性别体系:"女之色犹士之才也,今反舍色而论才,则士亦论以色举,而龙阳、弥子、列游夏之上矣,岂理也哉? 但佳人之难得,较之才士为甚耳。"

谢肇淛反对的是忽略美作为女子特性中一个属性;他绝没暗示女性不应有才。"妇人以色举者也,而慧次之。文采不章,几于木偶矣。"他说得非常清楚,美既意味着长相,也意味着文学才华:"但以容则缃缃接踵,以文则落落晨星。"然后他对历史上的若干女诗人如卓文君(约前 179—前 117)、班婕妤(约前 48—前 2)、鱼玄机和李清照等大加赞扬,并为那些没有在历史中留下姓名的其他人感到惋惜。①

在吴江闺秀沈宜修过早离开人世后,她痛不欲生的丈夫叶绍袁通过一次想像中的与荀奉倩的对话,思考着她吸引他的奥秘所在。叶绍袁并不苟同于荀奉倩所说,他告诉自己:"荀奉倩云妇人才德皆不必论,故当以色为主。余之伤宛君,非以色也。"但美当然是其吸引力的一部分,"然秀外惠中,盖亦雅人深致矣"。重要的是,最后几个字最早是用来形容《诗经》中的优雅诗句的,并与 4 世纪的著名女诗人谢道蕴联系在一起。② 在她丈夫的眼中,宜

---

① 谢肇淛,217—218 页,221 页。
② 叶绍袁,《《鹏吹集》附》,载沈宜修,《鹏吹集》,156 页。关于"雅人风致",参见《辞源》,1798 页。

修作为诗人的角色使她看起来更美。在下一章中，我们将看到这两人间的伙伴式婚姻也渗入了身体上的亲密，这也使人想到了荀奉倩对妻子的贴身奉献。

依照"才—德—美"公式，叶绍袁也认为其女小鸾非常出色。在编辑完她的遗作后，绍袁被巨大的悲伤笼罩，以至于他开始将小鸾视为仙女下凡："古来名媛，文君无德，左芬无色，荀奉倩妇无才。三者兼备，能无造物之忌乎？伤哉痛哉。"①

叶绍袁和谢肇淛这两位士大夫，事实上提出了：（1）美是女性的一个重要特性；（2）智力和诗歌才华是美的必不可少的组成部分。女性的长相不能与其内在品质相分离，这些内在品质可能包括天生的才华，但更经常的是道德教养和文化教育的结果。

在明清白话小说女主人公的新形象中，才、德、美的结合也很明显。如在《玉娇梨》中，学者男主人公概括了他对理想女性的认识："有才无色，算不得佳人；有色无才，算不得佳人；即有才有色而与我苏友白无一段脉脉相关之情，也算不得我苏友白的佳人。"②这一新女性形象，象征着对儒家"四德"的一种微妙颠覆，在另一个对这样一位美女描述的故事中，这一点也很明显："夫蝤首蛾眉，杏唇桃脸，女容也；然色庄语寡，笑乏倾城，则亦未足为艳。"较之班昭的告诫，对许多男性而言，"妇容"确实意味的是美色与魅力。

妇德与妇才的结合在这里也非常关键："刺绣织纺，女红也；然不读书、不谙吟咏，则无温雅之致。"这位作者接着指出："守芬

---

① 叶绍袁，他的议论被附于《汾湖石记》后，载叶绍袁，43 页。卓文君是一位汉代商人的寡女，她与著名作家司马相如（前 179—前 117）私奔。左芬（死于 300 年）是晋代作家左思颇具才华的妹妹，她被选为皇妃。但据说因为她的长相不吸引人，所以皇帝有意回避她，但经常传她写文章和祭文。
② 黄秋散人，5.3a。关于明清时期小说中的新型女主人公，也请参见赵兴勤。

含美,贞静自持,行坐不离绣床,遇春曾无怨慕,女德也;然当花香月丽而不知游赏,形如木偶,踽踽凉凉,则失风流之韵。必也丰神流动,韵致飘扬,备此数者而后谓之美人。"①这幅迷人和智慧的美丽图画,明显与杜丽娘这位《牡丹亭》的女主人公有很多相似之处,杜丽娘成为许多良家女子的自我再现。

因此在男性的眼中,美是新女性的一种明确特性。尽管在名妓和白话故事作者栖居的风月场里,这一点并不新鲜,但重要的是,即使像叶绍袁这样的士绅,也于其妻身上欣赏到了它,并且还试图扩大它的含义,以既容纳才,也包含美。现在妇女在读儒家经典、出版书籍和从事其他"男性"的工作,或许有人认为,强调女性美,也就是说使女性**看起来**更像女人,能够在社会性别体系内,恢复一种特定的秩序。对女性美的关注,可能就是这种深切感受需要的结果。模糊了的社会性别界限,明显烦扰着谢肇淛。正如上文所指出的,儒家社会等级的特定维持,必须建立在两性间的形象区分基础上;对模糊的社会性别界限的焦虑,能够成为解释这一时代缠足蔓延的一个原因。

因为"妇容"的含义扩大到了诗歌才能,所以它也鼓励了女性扩展眼界。从形象上区分两性这样一种法则,可能有着使社会性别陈规和限制女性活动领域长存的相反结果。这样的一种矛盾,*163*被女性自己所高擎着的美、才、德的观点更清楚地表达出来。

女性眼中的才和德

在女性的眼中,儒家道德是充满内在矛盾和对立要求的。如

---

① 鸳湖烟水散人,71 页。

在讨论节妇问题时,伊懋可指出,对寡妇保持贞节的道德要求,经常与其丈夫的男性亲属的经济利益相抵触,并可能与其父母的希望发生矛盾。[1] 这样的一种紧张关系,部分源自女性矛盾着的忠心,女性有着妻子、亲属和女儿的多重角色;另一部分原因,则是道德法律与人类情感间的不一致。不管行为准则的特性为何,在一种给定的情势中女性如何行动,通常会涉及其出于一己之利的有意识的选择。尽管这样一种很小的自由,能够使个别女性在内/外和公/私这样一种正式的两元性中,通融出一块自己的天地,但其中的不确定性也带来了相当大的心理压力。

女性的教育准则也充满着矛盾信号。我们已经看到,对于女性教育,儒家传统有着两种不同的看法。一方面,孟母的榜样教导着人要有始有终:男要发愤读书,女则勤于纺绩。当与女教书中告诫女性不应读太多书和不应做诗的训导联在一起考虑时,孟母就可能成了无知女性的榜样。另一方面,对精通儒家经典的母亲兼教师的承认,鼓励了女性成为有文化和有学问的人。许多受教育女性自己并没有看到诗才与妇德间的冲突。但对每一位通过诗歌教授女儿颂扬女性美德的母亲来说,仍然还有相当数量的固执的没文化的女性,她们还没有脱离第一类模式的旧习。

杭州女族长和女诗人顾若璞对女性教育的捍卫,显示了才、德女性模式在知识社会中得到充分接受的同时,也在遭遇着来自女性闺阁内的反对。没文化的女性通常是旧有女子特性——无知女性——的最强有力的捍卫者,实际上,在江南的城市中,愚昧女性是被许多受教育男性回避的。有这样一位老妇,她曾批评顾若璞为其家庭的女孩雇请了一位塾师,对此进行回应,顾若璞写

---

[1] 伊懋可(Elvin),142—148 页。

了一首诗,此诗概括了双方的观点:

> 二仪始分,肇经人伦,夫子制义,家人女贞。不事诗书, ¹⁶⁴
> 岂尽性生,有媪讽我,妇道无成。延师训女,若将求名,舍彼
> 女红,诵习徒勤。余闻斯语,未得吾情,人生有别,妇德难纯。
> 讵以闺壶,弗师古人,邑姜文母,十乱并称。

换言之,这位老妇认为从女性真正的职责——作一位勤力于针
线、纺纱织布的好妻子来说,勉强去赋诗撰文,乃是一种没必要的
消遣。但顾若璞认为,对社会来说,妇德是甚为重要的,所以不能
将其留给男性去阐释:

> 大家有训,内则宜明,自愧仔愚,寡过不能。哀今之人,
> 修容饰襟,弗端蒙养,有愧家声。学以聚之,问辩研精,四德
> 三从,古道作程。斧之藻之,淑善其身,岂期显荣,愆尤是惩。
> 管见未然,问诸先生。①

在母亲职责和家庭荣誉两点上,顾若璞证明了女性教育的正当
性,用母教去申明妇女教育的重要,她正沿袭着男性惯用的策略。
虽然使用的是一种传统语汇,但将妇德和“女工”的含义扩展到诗
才,顾若璞为新女性形象做出了强有力辩护。无论是顾若璞还是
这位老妇,都视自己为真正的儒家女,她们之间的不同意见生动
地暗示出,儒家理想女子特性形象充满弹性和紧张。

因此,明末清初女作家的自我认识充满冲突和矛盾,也就不
足为奇了,尽管这些女性并没有察觉到她们是这样的。以历史学
家的事后认识看,这些紧张在三个领域中看得最为清楚:对母亲

---

① 顾若璞,2.1b—2a。亦请参见罗伯逊(Robertson,79—80 页)关于顾若璞支持妇女
写作的观点。

165 职责和道德教育的肯定;她们对自己身体的描绘,特别是金莲;她们关于规定的男、女领地的看法。当受教育和具有美德的妇女进入到男性禁区时,她们选择的是对其作为女性身份的再强调和对其女人气的歌颂。

受教育妇女自我定义的一个主要组成部分,毫无疑问是妇德本身。她们对道德教育的肯定是非常明确的;她们意识到了儒家传统给予女性的家庭卫道士的巨大权力。因此带着一种讨伐的热情,她们对其时普遍的社会、道德危机做出了反应。再建家庭计划并不是公领域男人的工作;许多妻子和母亲意识到,通过于闺阁内的警惕,她们自己就可以使公、私领域间的界限变得整齐。但与顾若璞所非难的无知妇女不同,她们视诗歌和学问为道德更新所必不可少的要素。

一些妇女已经从扩大了的家内生活和她们自己于其中扩大了的角色中,获得了不少满足,所以她们觉得退居家内领域也并无不可。明末对妇女道德,特别是母亲职责的颂扬,赋予私职责以公和政治的含义。在女性的眼中,对母亲职责圣洁性及男女有别的拥护,并不意味着受限制,反而是一个大好机会:它是她们对这个世界作出贡献的最自然的方式。理想女性被安排是向心的,但妇德的力量却是从闺阁内散播出去以改变世界的。①

这样一种自豪和满足,源自妇女认识到自己在维护儒家社会和社会性别体系中的关键作用,这一点就表现在方维仪(1585—1668)的诗作中。方维仪是安徽桐城一个上层之家的女儿。她17岁时就成了寡妇,返回了娘家,并在余下的66年中,都保持着

———————————

① 曼素恩(Susan Mann,《妇学》[*Fuxue*])称这一紧张关系为"(女性)之道的展开",并分析了它在19世纪对妇女学问讨论中的含义。

单身。她的美德因其一位寡居的妹妹维则及一位姐姐孟式的殉节，而得到了提升，孟式的丈夫在 1640 年抗击清军、守卫济南的战斗中死去，她请一位侍女将她投进了池塘。[①] 从养育孩子和家内生活本分的杂务中抽出时间，维仪和维则将这些时间用在了写诗、注书和教育家内的男孩、女孩上。在八年时间里，维仪养育和教育着她的小侄子方以智（1611—1671），他长大后成了一位杰出的儒学思想家。[②]

对一位她教过诗歌的寡居侄女，维仪曾写下这样的一首诗：

> 深嗟吾侄女，慧质乃天资，闺阁十余岁，兰柬能咏诗。父母祝将来，富贵肇厥基，鸾凤翔霄汉，双飞连理枝。之知归六载，与君永别离，孤蓬回望飞，匪石志不移。尔子学成时，扬显当有时，峻节垂青史，百世为母仪。[③]

166

此诗的最后两句用了"峻节垂青史，百世为母仪"这样的告诫话语，维仪不仅在做女孩教师时视自己为道德卫道士，而且她和维则还编了一本女性诗选《古今宫闺诗史》，此诗选明显是出于训诫目的，它是以"邪""正"为特色而分部的。[④]

对一些现代观察者来说，这样一些带着热情的受教育女性，如方维仪、方维则和顾若璞，担当起了拱卫儒家道德任务的职责，这充分显示了她们所受"毒害"之深——他们似乎忘记了她们捍卫的主题、她们自豪的根源、她们身份的位置，是一个将女性定为次等地位的男性中心体系。如果以 20 世纪的标准来评判明末清

---

① 胡文楷，《历代妇女》，85 页。
② 裴德生（Peterson），21—22 页。
③ 引于易宗淵，1.69b。
④ 恽珠，1.17b—18a。不清楚方氏姐妹所编的诗选《宫闺诗史》及随之而出的一卷女性随笔是否尚存。

初之人,这一见识是说得通的。但事实是,在明末清初时,人们对儒家体系无从选择,它更多显示的是这一体系的强大,而不是其拱卫者的愚蠢或失败。没有理解女性的自豪和承认其所得到的回报,我们就不能了解明清中国社会性别体系的关键所在——上层女性的积极支持和她们因此而自认的骄傲。

内在美和外在美

受教育女性自我认识的第二个组成部分是外表,它突出表现在缠足上。在一个混乱的社会等级标准和模糊的社会性别界限的年代里,女性自己变得更关注她们与男性的形象区别。那些以牺牲妇德为代价来修饰自己外表的女性,那些顾若璞拒斥的仅是"修容饰襟"的女性,都是不被赞许的。但这些受教育女性却赞同如叶绍袁和谢肇淛这样一些男性的观点,他们视外表或美丽为一种内在品德的表现。妇容的旧有属性,还没有开始形容这些女性所包含的女性美表现形式。

在她们的闺阁内,母亲、女儿和朋友一点儿也不羞于谈论她们的身体和外貌;这些谈话的零散片断,能够从她们交换的诗句和所写的随笔中找到。沈宜修这位叶绍袁深爱的妻子,在其最爱的三女叶小鸾于 16 岁死去后,忆起母女关于美色的讨论:

> 己巳十四岁,与余同过舅家,归时君晦舅赠儿诗有南国无双应自贵,北方独立讵为惭,飞去广寒身似许,比来玉帐貌如甘之句,皆非儿意中所悦也。一日晓起,立余床前,面酥未洗,宿发未梳,风神韵致,亭亭无比,余戏谓之曰:儿嗔人赞汝色美,今粗服乱发,尚且如此,真所谓笑笑生芳,步步移妍矣。

我见犹怜,未知画眉人道汝何如。

沈宜修接着描述了小鸾如何整日深藏于闺阁内的书房中,以汲取书法、文学和古琴之艺。[①] 不幸的是,小鸾死于其婚礼举行的前五天,并且从未与其未来的丈夫谋面。她的美与才的完美结合,构成了镌刻于其母心中挥之不去的小鸾画像。

无论是父亲还是母亲,都毫无犹豫地喜欢着女儿的美丽。对沈宜修来说,"儿鬓发素额,修眉玉颊,丹唇皓齿,端鼻媚靥,明眸善睐,秀色可餐,无妖艳之态,无脂粉之气,比梅花觉梅花太瘦,比海棠觉海棠少清,故名为丰丽,实是逸韵风生,若谓有韵,致人不免轻佻,则又端严庄靓。总之王夫人林下之风,顾家妇闺房之秀,兼有之耳"。[②]"林下之风"说的是女性艺术家随心所欲、无忧无虑的气质。开放的空间和自由的涵义,是直接与"闺房"所含有的限制相对的。前者与4世纪的上层诗人谢道韫联系在一起,晚明时,这个词经常用来形容博学的名妓。但沈宜修发现,对其颇具才华的女儿而言,它也同样通用。

与谢道韫相媲美,是很适合小鸾对自己形象认识的,如第二章所指出的,她赞美杜丽娘就好像她是自己的一个朋友。对自己的诗情才艺并不感到羞怯,这位贵家女总希望能对内、外之美的界限表达自己的看法。小鸾病逝前的那个夏天,宜修为她订做了几条软缎女裙,但裙子的皱褶还整齐地迭着,这些衣服也未被动过[③]。叶绍袁有时逗弄自己的女儿,说她有着倾城之貌。小鸾总是温和地指责说:"女子倾城之色,何所取贵。父何必加之于儿。"

---

① 《季女琼章传》,载沈宜修,《鹂吹集》,下,129—130 页。
② 同上,129 页。"林下之风"和"闺房之秀"都出自《世说新语》。
③ 同上。

小鸾对倾城之貌的谴责,表明她是以怀疑的态度看待女性的外在之美的。

尽管她口头上不承认美对女人的重要,但叶小鸾却写了九首关于女性外貌和各个身体部位——发、眉、眼、唇、臂、腰、脚和整个身体——的系列诗作,最后以一首关于"七巧"的诗作结束。她模仿的是由一位男性作家刘孝绰(481—539)首创的"连珠"诗体,在小鸾突然死亡的前几个月,她创作了这几首作为诗歌练习的诗作,题为《艳体连珠》。从其笔尖流出的这行行诗句,传递出了一个陶醉于女性身体的青春少女的迷人魅力。一首名为《足》的诗这样写道:

168

> 盖闻步步生莲,曳长裙而难见,纤纤玉趾,印芳尘而乍留。故素縠骗跹,恒如新月,①轻罗约婉,半蹙琼钩。是以遗袜马嵬,明皇增悼,②凌波洛浦,③子建生愁。④

虽然有着众多的历史典故,但小鸾的诗句流露出了少女的含蓄、喜悦,这是一位 16 岁女孩在其婚礼举行的前几个月,于自己的小脚中发现的。这种快乐完全是高贵的,使人想到了三位年轻《牡丹亭》评论家于香闺中对性的讨论。

---

① 宵娘是第一位缠足的女性,她是一位宫廷舞者。据说她的双足被缠成了新月型(冈本隆三[Okamoto Ryūzō],55—58 页)。

② 据说杨贵妃(719—759)死后,在她被杀的马嵬留下了一只三寸绣鞋。尽管这是一种伪说,并且如大多数唐代妇女一样,杨贵妃可能是天足,但缠足成了其女性祸国形象的组成部分。关于对杨贵妃鞋、袜的描述,参见利维(Levy),《缠足》(Footbinding),38 页;冈本隆三(Okamoto Ryūzō),64 页。

③ 曹植(192—232)是著名《洛神赋》的作者。尽管诗歌的习惯表达方式赋予了女神踩水但不湿其袜的能力,但她并没有与缠足联系在一起。关于洛神形象的变化,参见谢弗(Schafer),90—91 页,112—116 页。

④《艳体连珠》,载叶小鸾,38—40 页。这一系列诗作被广泛收于明清的选集和文集中。参见,如王晫和张潮,2d 集,36.2b—3a;曹淑娟,5;28—29;及《香艳丛书》,1:3.4a—6b。

在《全身》一诗中,小鸾思考着内在和外在美的关系:

> 盖闻影落池中,波惊容之如画,步来帘下,春讶花之不
> 芳。故秀色堪餐,非铅华之可饰,愁容益倩,岂粉泽之能妆。
> 是以蓉晕双颐,笑生媚靥,梅飘五出,艳发含章。①

小鸾在这里赞美着青春少女的自然之美,强调她的魅力与人工修饰无关。这种女性美是内在道德力量和智力表现的观点,是与其父、母的观点相一致的。最后两句诗中谈到的梅花,直接表达了这一看法,所谓"蓉晕双颐""艳发含章",含蓄地表现了艳丽的性感。

小鸾将其草作给母亲宜修看了,宜修非常高兴,带着自认弗如之感,挥笔应和了同样的连珠系列:"然女实仙才,余拙不及也。"并不奇怪母女都发现"连珠"非常迷人。尽管这种诗体是由一位古代男性发明的,并且有着业已成俗的典故,但女性美和七夕两个主题,则都是女人自我认识的中心所在。七夕是一种女性专有的节日,以纪念和颂扬女红。②

缠足——女性对女性的传统

沈宜修并没有直接描述她三个女儿的缠足仪式,其他明末清初的闺秀也一样。许多女性文化的这方面行动和仪式都是口头传承的,这说明,对女人一生中所经历的一个最关键仪式,很可惜

_169_

---

① 叶小鸾,40 页。
② 沈宜修,《鹂吹集》,118 页。"七夕"是被中国各地各阶层妇女庆祝的节日,关于"七夕",参见曼素恩(Mann),"女性的工作和家庭经济"("Women's Work and the Household Economy"),4—9 页。

没有充分的文字描述。虽然她们交换的诗作中多典故而少真述，但还是为我们提供了瞥见上层女性在自我定义和在她们与亲朋好友的交往中，由脚和鞋所占据的中心位置。我们现在对缠足的理解，是建立在四类材料基础上的，它们都由男性所写：传教士的描述，文人学士对风俗习惯的研究，色情作品和反缠足宣传，它们中有时包括了对女性的访问。这些材料自然使我们目前将缠足看成是男对女的故事的看法长存。这幅画的另一半——作为女对女的故事的缠足，不得不从女性自己的声音中去寻找，她们既是缠足者，也是被缠足者。

为了应和其女关于双足的诗歌，沈宜修写下了这样的诗句：

> 盖闻浅印苍苔，只为沈吟独立，绕闻环佩，却因微动双缠。故窄窄生莲，东昏于斯娱美，①纤纤移袜，陈思赋其可怜。是以看上苑之春，落红宜衬，步广储之月，芳绿生妍。②

很少引用历史引喻，沈宜修的诗歌也就缺少了弥漫于其青春之女诗作中的感官之美。尽管带着矜持的语调，但沈宜修想像美女"微动双缠"步向等待她的男人，还是颇具挑逗性的。通过用历史人物作诗歌典故，母、女都能沉迷于关于魅力和其他与性有关的闲谈中，而这些闲谈听来仍是高雅的。

170　　另一些上层女性有时更直接。徐媛，一位苏州上层之妻，写了一系列关于与她亲近的名妓和歌女的诗歌。徐媛的诗歌主题

---

① 东昏君说的是南齐皇帝萧宝卷（在位时间为499—501）。按传说，他在花园建造了一些莲花垫座，并让其潘爱妃行于其上。萧宝卷的生活非常放纵，因此亡国，潘妃也成了一位著名的女祸之人。
② 沈宜修，《鹂吹集》，119页。叶绍袁也涉足过这类诗歌创作。但他的连珠系列（同上，119—121页）充满了超然的学术味道，因此与其妻、女的那些诗作形成了鲜明对照。

及她的女性亲密感,将在第七章中进行讨论;这里我关注的是在她对女性美的描述中,小脚的突出位置。如,以戏弄名为三丽的歌女为题,她写下了这样的诗句:

> 楚楚妖娥肌胜玉,莲花步步香飘毂。
>
> 纤腰无奈晓风吹,高筑瑶台贮金屋。①

除了歌女,徐媛还与一位极富才华的名妓薛素素(1598—1637)十分友好,薛素素是一位颇有造诣的画家,并且在其诸多爱好中,骑马瞄准是其中之一。② 在一系列题献给素素的诗歌中,徐媛赞扬了素素男性一样的才华和关注点,但在此赞扬前,她通过强调由素素缠过的双足创造出的女性优雅,而确立了这样的场景:

> 双弯娇衬步莲生,一束蛮腰舞掌轻。
>
> 乍倚东风力不胜,素华纤雾月中盈。③

当她们创作这些关于弓足的诗歌时,这些诗人中的一些人可能仅是在模仿诗歌的成规或练习对典故的运用。但小脚这一主题的特定重复出现,显示出了贵妇闺阁生活内的脚,并通过延伸而及于鞋子的重要性。事实上,许多妇女间的友情,是通过交换作为纪念物的鞋子而得以牢固的。如一位马夫人,回赠了一首诗给她的一位朋友,这位朋友刚为她做了一双绣鞋:

> 金莲小辩堕瑶池,想像深闺结绣时。
>
> 无限巧心劳远寄,露多不忍下阶墀。④

---

① 徐媛,8.4b。

② 关于薛素素的四幅摹品及其简要生平介绍,参见《玉台新姿》(*Views from Jade Terrace*),82—88 页。

③ 徐媛,8.22b—23a。

④ 马孺人,《谢寄鞋》,载《名媛诗归钞》,无出处[48b]。

未来的新娘也必须作为礼物为其婆母做一双鞋。① 这一做法在明末清初的杭州非常普遍,如年轻的新娘陈同为吴人(她的未婚夫)的母亲所做的那双鞋所显示的(关于吴人买下这双鞋的故事,见第二章)。

171 对现代评论家来说,上层女性对缠足的迷恋,达到了以它来定义其女子气质的程度,并且还围绕着它发明出了若干仪式,这些都强烈说明她们所受毒害之深。但这种批评的根据乃是基于事后的认识,它与这些女性的自我感觉并不相符。当她们欣赏自己的小脚时,这些上层女性实际是在赞美她们作为女性身份的三个关键因素:作为个体之人的她们的能动作用,作为有闲阶层成员的她们的教养,和作为女性的她们的手工作品。一双漂亮形状的小脚,代表了个人意志力和努力的成功,这一点被以一种常见的说法表达出来:"相貌平庸是天生的,小脚缠坏却纯是懒惰。"② 事实上,这是一位女性所能控制的女性之美的最重要方面。

明末清初时,一双缠过的脚也彰显了一位女性的阶层背景或她的特权教养。因此据称不平凡的名妓柳如是,在第一次拜见她未来的丈夫钱谦益时,穿了一件文人袍子,但一定要使她的小脚从袍子下面伸出。柳如是还委托一位著名工匠为她的小鞋做了木鞋底。③ 通过这样做,柳如是将自己与缺少教养的娼妓区分开来。装备精良的小脚,是与男性官员的丝袍及其优美的气质等同的女性之物,两者都是特权阶层的标志。这种看法最突出地表现在由胡石兰(一位清代直隶上层诗人)所写的一首诗中,胡石兰在

---

① 霍华德·利维(Howard Levy,《缠足》[*Footbinding*],271 页)报道说,对他采访过的中国台湾妇女(大多出生于 19 世纪 90 年代)来说,"鞋和缠脚布是嫁妆的基本组成部分"。新娘还必须为婆母、有时是丈夫家中的每位女性做一双鞋。
② 这一说法被 19 世纪 70 年代一位山东小贩的女儿熟知(普鲁伊特[Pruitt],22 页)。
③ 陈寅恪,270 页;怀圃居士,7a. 。

中年时遭到了逆境，她不得不以巡游塾师为生。她追忆往事时写道：

> 追思昔日深闺内，玉肌绰约飘香佩。
>
> 小鬟扶我傍花阴，弓鞋怕溜苔痕翠。
>
> 宁知中岁苦奔波，烈日狂飙任折磨。①

对胡石兰来说，她缠过的双脚是其特权童年幸福的最生动记忆。在精美小鞋装饰下的一双缠得很好的双脚，既是女性美，也是阶层区别的标志。

大多数缠足所需的器具不是由女人自己做出来的就是已经在传统女红中使用着的工具。缠过的脚本身就是女人的手工作品。交换绣鞋因此也就是最恰当的一种仪式，标志的是这些妇女生活中的一件中心大事。这些妇女尽其所能，在赋予她们的空间内，创造着意义和尊严。没有认识到她们的自豪和满足，就去哀痛她们的无知或去谴责压迫她们的体系，这是对明末清初中国妇女生活和社会性别体系最本质面貌的忽视。

女人手工：从必需品到艺术

172

妇女越出给定生活界限的灵活性，最清晰地由其对传统"妇工"美德的精妙再阐释表现出来。明末清初时，女性的手工包含了矛盾的新含义——作为艺术品和商品。随着新的阐释被注入进了"四德"的每一个组成部分，妇女的生活也就获得了新含义，而这并不是旧有标签所能传达的。与妇言已包含了书写文字或

---

① 恽珠，9.5b—6a。

妇德已包含了才华不同，妇工内容本身并未发生变化，但它获得了新的主观含义。针线活不再是女性惟一的职责，它的目的也不再是为家庭成员提供衣服、鞋子和床上用品。特别是刺绣变成了表现个人创造力的一种自我选择方式。①

倪仁吉（1607—1685），一位浙江浦江的节妇，是众多推动刺绣由仅是传统女性劳作到更完善艺术形式转变的艺术家之一，她的作品得到了男、女的赞美，并将其作为收藏。她的刺绣画作不仅是其作为艺术家的内在精神的表达，也与其他女性的抱负联系在一起。正因如此，它们得到了艺术收藏家的珍视，并作为其家庭最珍贵的文化资本而受到推崇。②

倪仁吉是一位进士的女儿，她于1624年嫁给了吴之艺，他是一位出生于义乌的著名抗击海盗将领的孙子。与其同时代的上层姐妹一样，仁吉得到的精深教育归之于其家庭的文化资源。仁吉在其婚后的两年就成了寡妇；她的坚守贞节，最终使她于1673年赢得了一座贞节牌坊。如桐城诗人兼塾师方维仪一样，富裕家庭生活中的寡妇身份，为她提供了闲暇和自由，以拓展她作为艺术家的技巧和眼光。尽管她有诗集出版，并在地方志中被誉为诗人和传统画家，但倪仁吉还是以其刺绣最为著称。③ 在一首诗

---

① 针钱活的这种含义也表现在了探春身上，探春是小说《红楼梦》中贾政的女儿，"换言之，对探春而言，针线活严格说来是一种个人表达方式，是一种她通过它练习全盘控制、并且只有当她的精神推动她时才使用的一种技巧"［王凯明（Wong Kam-ming），"看法中的要点和女性主义：《红楼梦》中的女性形象"，"Point of View and Feminism：Images of Women in *Hongloumeng*"载格斯特莱彻，Gerstlacher，69页］。

② 倪仁吉用发丝绣的一幅观音菩萨像，是其家300年来的珍宝，并直至20世纪50年代尚存。另一帧据说存于日本（洪亮，21页）。

③ 她的诗集之一《凝香阁诗集》首版于1664年。关于倪仁吉的生平和诗歌，参见汪启淑1.12b—13b；胡文楷，《历代妇女》，136—137页；佟淑玉，《玉台画史》，1.2a—b，载《香艳丛书》，卷10。

中,她描述了其控制手法的心得:

> 常闻针有神,不为针痕掩,非指亦非丝,秀劲全挥染。①

倪仁吉绣"画"了风景、人物和佛教题材的作品。从她的题材和创 173

作过程,可以很清楚地看到她作为女艺术家的自我认知。她曾绣

了《心经》的一部分。1649 年,她绣了一幅菩萨观音像,以一位吴

氏女信徒的头发作线丝,"已丑四月信女吴氏,上为父母拔发绣佛

传家供奉"。尽管一些男性也作这些事情,但抄写佛经箴言和画

观音像,则是虔诚女信徒中的普遍敬神行为。无论对她还是对其

志同道合的观音信徒而言,倪仁吉都将这一例行之事,变为了一

种更高层次的个人和艺术表现形式。②

对一种女性文化的诞生而言,用根根青丝编织而成的观音像

是最恰当不过的纪念物了。它标志着倪仁吉技法和才华的最高

境界、她与其他女性的纽带关系及她们对守护其幸福之神的共同

献身。没有放弃针线,但倪仁吉和其他艺术家兼刺绣家已将妇工

的意义转变了。

倪仁吉同时代的其他女性也以很大的精力,将针线活发展成

了一种艺术形式。如,无论是名妓兼弓手的薛素素,还是名妓变

为妾的董小宛(1624—1651),都因其艺术造诣而闻名。③ 但最著

名的还是上海露香园的妇女,这是晚明文人学士顾名世(进士,

1559)的一套住宅。对顾名世的妻、女、妾而言,刺绣是家庭传统,

并且也是最有价值的文化资本。名世之子有一个苗姓妾,她的刺

---

① 引于洪亮,21 页。没有针痕是优秀刺绣绘画作品的最高境界。

② 同上,22 页注 9。关于菩萨观音为女性画家热衷的一个主题,参见《玉台新姿》
  (*Views from Jade Terrace*),22—23 页,70—72 页。

③ 关于薛素素和董小宛的刺绣技巧,参见朱培初,62—63 页,67 页。

全盛时的顾家刺绣艺术:西王母这位道教最高的女神,与其颇具才华的随从出现在彩云中。一些学者将此作品归之于韩希孟(台北"故宫博物院",插图 24·25)。

绣手艺非常精湛,以至于后来她成了一个女艺——顾绣的创始
人。① 玛莎·韦德纳写出了这些女性带给其艺术的严肃性:"通
过看古人和摹临宋、元两朝名人的作品,她们在探讨着刺绣,一如
其丈夫社交圈成员对绘画的探讨一样。"②韩希孟,这位顾名世之
孙顾寿潜的妻子,极为尊重宋元时代的大师,所以她于 1634 年模
仿这些大师之作,绣了八幅刺绣册页。

其时一流的男性画家清楚地意识到了这些女性的技法和艺
术判断力。著名画家董其昌是顾寿潜的一位老师,他对韩希孟的
刺绣册页印象很深,所以他问寿潜:"诘技至此乎?"他的回答是:
"寒铦、暑溽、风冥、雨晦时,弗敢从事。往往天晴日霁,鸟悦花芬,
摄取眼前灵活之气,刺入吴绫。"董其昌"益诧","叹以为非人力
也"。③ 韩希孟创作的 20 幅刺绣作品,可能是顾家刺绣艺术家中
最著名的,它们仍然被保存在博物馆中。海内外都在渴求顾家女
性的作品,以至于后来其整个家庭产业都是建立在她们的劳动基
础上。④

175

---

① 《辞源》,1581 页。也请参见顾张思,《土风录》(序写于 1798 年),6.18b—19a,载长
泽规矩也(Nagazawa),第 1 卷。"苗夫人"之名并不见于很多材料中,此说转引自
林锡旦,23 页。

② 韦德纳(Weidner),"中国绘画史中的女性"("Women in the History"),22 页。韦德
纳还证明,刺绣除了本身是一门艺术外,还为许多女画家提供了基本训练。关于韩
希孟及其刺绣册页,参见朱培初,62—66 页。

③ 参见朱培初,64—65 页。妇女手工受重视程度提高的一个迹象是《女红余志》的流
行(无出处,序写于 1625 年),据认它是一位被称作"龙辅女士"之人所作。它被广
泛收于如《说郛》这样的文集中。第一章的内容是关于如熨斗、剪子、镜子和尺子等
用品的轶事;第二部分内容是以一位女性声音所写的诗歌。一些学者一直认为它
实际用男性所写。无论是对女红的强调,还是它与妇女诗歌的接合,都显示了其时
的潮流。

④ 关于现存作品名录,参见徐蔚南(8—17)。顾家女性手工制品商品化,始于晚明
顾家道中落时。大约与此同时,顾名世的曾孙女顾兰玉,开始于家外教授妇女刺
绣(林锡旦,24 页;朱培初,67 页)。至乾隆时,由顾家雇佣的超过一半以上的绣工
为男性(徐蔚南,4 页)。

在这些妇女的手中，刺绣被提高到一种受人尊敬的艺术形式的高度，而对 16 世纪晚期至 17 世纪的社会体系而言，它有着两种含义。首先，在某种程度上，这一女性美德的典型属性是缺乏社会性别特征的。一些男性，特别是一些精通军事技艺的士大夫，视刺绣为士绅业余理想的一部分，与围棋、器乐或绘画别无二致。这些大师中的一位未复（进士，1616），是一位省级行政官员，负责扬州军队的训练。另一位奇士万寿祺（1603—1652），是一位游侠诗人和忠明运动中的著名英雄。①

这些精通各种军事技艺和武器的专家对女红的兴趣，最清楚地说明了一种轻松，带着这种轻松，某种程度的社会性别角色颠倒也就产生了。与官方对界限和分离领域的着重相反，这些玩笑似的僭越于社会中随处可见：缝纫上非常杰出的男性、献身于学问和文学的女性、丈夫送妻子上路、女性穿着男性的袍子。从这一点看，较之官方意识形态，明清时期的社会性别体系于实践中是更灵活的。

比男性表现出的兴趣更重要的是，缝纫嬗变为一种艺术，这一点对建构女子特性有着深远意义。在很大程度上与诗歌才华的提高相似，作为艺术的刺绣的发展，成了上层女子特性中的一个属性，它表现的是一块于儒家妇工原始含义之外的处女地。因此毫不奇怪刺绣艺术家都是有造诣的诗人，她们还选择以诗歌的形式，来表现她们的艺术家身份。文学和艺术开始像道德一样区分着女性；文化教育和道德培养，被牢固树立成了两个双生的新女子特性手段。

---

① 关于这些和其他一些男刺绣家的生平简介，参见朱启钤，28b—30a。这一作品被分为了四部分：原材料、刺绣、缝纫和各种杂活。"刺绣"部分描述了大约一百位刺绣家，多数为妇女。

　　但内在于这一过程的特点,是艺术创造与经济生产的分离。女红之外的那块处女地,是建立在女性经济生产者和女性文化生产者分流基础上的。① 只有富有的妇女享受着家庭的财力和闲暇,来为个人的道德教诲和宗教献身而绣制画作。对上层艺术家来说,当缝纫与家内生产相分离时,它则成了下层女儿的一条谋生之路。毕竟一些人不得不去为这些人家做衣服、鞋子和床上用品。仰赖着女裁缝的服务,一些家庭主妇完全避开了针线活。

　　因此,敏锐的李渔哀叹其时的许多女性:"然尽有专攻男技, ¹⁷⁶不屑女红,鄙织纴为贱役,视针线如仇雠,甚至三寸弓鞋不屑自制,亦倩老妪贫女为捉刀人者。"②在商品化经济中,能使一些女性从事"男性"工作的自由——最突出的是学问和写作及对艺术的追求,是建立在被雇佣的下层女性的双手基础上的。尽管本书主要关注的是特权女性的文化,但在明末清初的中国,女性较之是由社会性别统一在一起的,更是由阶层相区分的这样一个事实是不应被忘记的。

　　在本章中,描绘了新含义向旧有四德——妇言、妇行、妇德和妇工——注入的情况,它证明了明末清初社会性别体系特性的中心矛盾:只有对规范要求的含义进行巧妙翻新,旧准则才有可能在新社会经济现实面前保持权威。这一体系的强点是建立在它的适应性和灵活性基础上的;与此同时,传统戒律之外的那块处女地,可以被视作是其弱点的一个标志。杯子是半空、半满

---

① 当为市场而生产的妇女受到关注时,这一艺术的商品化接着又导致了艺术与商业的结合。我拟就顾家刺绣生意问题做一单独研究。关于清朝促进妇女家庭手工的政策,参见曼素恩(Mann),"家庭手工业和国家政策"("Household Handicrafts and State Policy")。
② 李渔,《闲情偶寄》,3.46a,载《李渔全集》,卷5。

的——观察者的视角和价值标准决定了其判断。

上层女性恰好强烈地感受到了这一矛盾。在她们眼中,明末清初既是提高意识形态控制的时代,也是扩大社会自由的时代。在家庭主义复兴和旧的社会性别准则流行的表面下,酝酿着一种新的女子特性,而这一新女子特性与城市社会提供的机会更相一致,最引人注意的是女性教育渠道的扩大。这一变化几乎是很难察觉的;也正因如此,它们便有在无形中破坏严格旧有界限的力量。受教育女性依然在家中,但家庭生活的内容已经改变了;她们反复重申着自己对"四德"的忠诚,但这仅是因为她们可以为旧有的标签注入新的含义。

通过这些由妇女自己带来的微妙变化,社会性别体系享受着教育程度最高的妇女们的支持。为更充分了解她们满足的原因,我们必须转向她们所创造的女性文化的丰富性和她们所享受着的朋友间的社团。

下　卷

家门内外的妇女文化

第五章　家族人伦与"家居式"结社

　　如以上诸章所梳理清楚的,在各种社会经济变化面前,社会性别区分和男/女分离领域等概念依然持久地存在着。尽管家庭生活和女子特性的参数已经扩大,但对男、女有别的根深蒂固的坚信,仍然控制着两性成员们。正是在牢固树立的区分概念背景下,社会性别平等的一种有限实践——伙伴式婚姻——就一定要得到知晓。称其有限,是因为不管它带给相关个人的真实满足如何,但它并没有导致婚姻制度的正式变化,也没有对社会性别基础上的家内劳动分工进行重新组合。最终,"金童玉女"这样一种浪漫形象,只能起到掩盖家庭中正式权力悬殊持久存在和夫妻间功能区分的作用。

　　通过"伙伴式婚姻",我谈的是有知识的、琴瑟和谐的夫妻组合,他们相互间充满尊重和喜爱。夫妇过分亲密,便会对大家庭的人伦秩序造成威胁,因此是不被儒家伦理认可的。在中国,婚姻生活从来就不是简单的两人间的事情。江南上层人家的夫妻关系,要放在宗族构成和地方公有秩序重构的背景下理解。只要通婚联盟仍是上流家庭控制地方社会谋略的关键,那么,夫妻间的幸福就只能是既定事实后的一个意外惊喜,这一点是夫妇二人都无法控制的。

　　尽管伙伴式婚姻并没有促进制度性平等的社会性别关系,但

更重要的发展则在一个全异的场所中酝酿着——闺阁女性领地
内的女性间亲密关系。在家庭内男/女分离领域的限制下,夫妻
感情至多是家庭主妇的感情和社交世界中的许多构成因素之一。
如我们将看到的,女性同伴是闺阁内最显著的一种存在。不仅如
此,一个受过良好教育的批评群体在同一邻里的存在,与增加了
的同远方之人交换书信和手稿的机会一道,推动了明末清初江南
女性社团的激增。这些社团经常采用非正式的诗社形式,它们为
来自相同或不同家庭的女性提供了相聚找乐或更严肃的学术探
究的场合。因此,这些女性是栖居于扩展了的社会空间内的,她
们与官方所说的与世隔绝之人大不相同。

　　本章将考察明末清初江南上层妻、女家庭生活的内容和社会
背景。我们的故事起自她们的婚姻关系,止于她们对自己的一种
文化的精心创造,这种创造是与其日常生活节奏相一致的。交织
家内女性世界的经线和纬线——男女间的亲密和女性友情——
各有自己的色彩,但它们也在一些重要的结合点上相交。

闺中良伴

　　随着女性受教育程度的提高和新女子特性的传播,婚姻关系
愈来愈成问题。最能说明上层之妻文化水准提高的是两种婚姻
关系范式的再现——伙伴式婚姻关系,在这种婚姻中,男性和妻
子是和谐相处的,尽管很少是平等的;还有就是"彩凤与乌鸦"之
配。两者都不代表婚姻制度的变化。两者的基础是妇女文化水
准提高到了一个与丈夫相类的程度,甚或超过了丈夫,但男性并
没有被号召去负责厨房或织机。就此而论,旧的社会性别体系并
未得到改变。

颇具讽刺意味的是,明末清初江南地区伙伴式婚姻关系的流行,是植根在一种家内劳动愈来愈男女有别基础上的。如果说得严重一点,上流家庭女主人的职责是颇为繁重和费时的。在家内女性应当承担的多重角色中——模范母亲、孝顺儿媳和勤劳持家者,伙伴式婚姻并没有带来任何变化;但要求将这些工作做得更圆满的一些文化技能,却变得更复杂了。因此,如第一章所讨论的家庭日用类书的流行,就是要使主妇对家庭杂务的安排更为合理,家用类书是一种指南书,它将实用与道德指导结合在了一起。

对一个地主家庭而言,管理家庭账目是一项巨大的任务:案卷必须保存好、租金的收取和一系列要支出的花费。① 看看家内佣仆的数量,一个家庭的规模很容易就达到了 20—30 人;家庭主妇的所谓"掌中馈",所要求的管理才干是殊不简单的。另外,对上层人家的母亲来说,不仅监督,还要自己为子女提供初级教育,这种情况变得越来越普遍。因此,如果没有起码的识字能力和算术技能,新娘是很难充分胜任其传统角色的,这一点已变得非常清楚。这种承认与由情迷所引发的对心灵事物的关注结合在了一起,它促使了一种新的受尊重的主妇理想的出现:一位家内良伴,她既是一位熟练的持家者,也是其丈夫的心灵伴侣。她是新女性——才、德、美的家内化身。

适应女性教育的传播和对女性才华的推助,这一婚姻关系最突出的象征,是夫妻共同赋诗或以同韵应和诗句,也就是所谓的"唱和"。这种交流集中体现了伙伴式婚姻的两个基本面貌:一是私人共鸣的头等重要地位,二是作为有限的性别平衡器的女性才

---

① 关于 19 世纪晚期家庭主妇在管理家庭财务上的中心作用,参见周绍明(McDermott)。尽管这些文献记载不足以涵盖本书所研究的时期,但小说和私人作品中的零星材料还是显示,明末清初上层人家的妻子是有着同样特权的。

伙伴式夫妻的浪漫理想：在一个由葱翠的花园、书籍、插花和香气环绕的私人卧房内，夫妻二人享受着情感上的亲密与智力上的共鸣（王樨登编，《吴骚集》。序言日期为 1614 年；再印于昌彼得，160 页）。

华。情感和艺术共鸣,是长久以来男性与名妓交往中所追寻的东西。婚姻市场中称心如意的伙伴式妻子,填补但并未取代男性对风月场中心灵伴侣的需求。正是晚明名妓文化的繁荣,促进了家内和家外才华之美这样一种理想,城市经济的动力也使其成为可能,不少男人实际是渴望拥有有文化的妻子的。

　　石成金,一位扬州的作家和通俗、训诫文学的出版商,着重强调了他在婚姻选择中的受教育新娘的吸引力。因为石成金的妻子周氏(1674—1732)小他十岁,所以有可能她是他的二任妻子。这就使他似乎能自由地做出选择。在他们相见之前,石成金对她的吸引力就已有耳闻:"昔年乡里遍传以笃,周翁之女生而敏异,六岁入塾师,过目成诵,及至十三四岁,有类成人,谈笑不苟。"所有事情中最重要的是其聪慧的名声:"女红之外,经文书算,无不精通,出口佳句,人俱以才女称许,予闻而聘之。"当时她十五岁。①

　　从这一简短的描述中,我们能想像在城市邻里的闲谈中,一位到了出嫁年龄的受教育闺女所受到的关注。周氏的名声并非夸大。作为两子三女的母亲,她伺奉着婆家人,教育着孩子,管理着家庭财产,处理着所有的家内财务之事。因为她管理着家务,所以石成金能够将其精力投入到写作和商业出版的投资风险中。石成金称她为"内助""良伴"和"佳偶",将其职业生涯的成功归功于她。在他写作时,无论何时遇到闺阁的相关事情,石成金都会向她咨询。他说:"有小庄数处,凡夏秋麦稻收支以及钱粮费纳,统掌无讹。予因得闲逸,怡然乐道,乃著书九十二部,不啻数十万言,流传天下,而其间凡涉闺阃女训,俱与氏讲论评定,予深服

183

――――――――――

① 《往生奇逝传》,《雨花香》,16a,载石成金,《传家宝》,利函,15 册。

从。"他们超过四十年的婚姻生活,被他们交换的诗句记载下来。在她逝世时,石成金将它们视作珍爱的财产而保藏起来,但它们从未出版。①

石成金和周氏间的伙伴式关系,是以她所受的教育为前提的,这使她成了一个有文化的伙伴和高效的持家者。但不管家中唱和得多么和谐,她仍是一位家内良伴,从未被请去参加他的公众职位领域中的活动。"良伴"和"佳偶"等词汇虽然暗示着夫妇对等,但对伙伴婚姻的美化,最终还是强化了家庭和社会中的男女区分。

伙伴式婚姻:纸上理想

情迷、出版繁荣、女性教育和"才—德—美"理想,都推动了明末清初江南伙伴式婚姻的流行。尽管此后许多现实生活中的夫妻并没有生活得很幸福,但在明清小说、戏剧的纸页上,却充斥着对相爱婚姻的浪漫、理想描绘。正因如此,女孩们都视迷人的杜丽娘为她们的自我再现,浪漫和夫妻间的幸福,都成了良家女性读者的渴望。

李渔《意中缘》剧中的一幕场景,传递了小说和戏剧中浪漫理想的基本元素:作为夫妻关系平衡器的女性文学才华。尽管情节是虚构的,但这部剧中的四个主人公,则都是现实艺术和文学世界中的著名人物。在这部剧中,两位著名的晚明文人董其昌和陈继儒,最后都与模仿他们绘画的才女结了婚。这两位才女林天素和杨云友,都是现实生活中的著名画家,她们在杭州艺术社团中

---

① 《往生奇逝传》,《雨花香》,16a—b,17b,载石成金,《传家宝》,利函,15 册。

的关系,将在第七章中进行探讨。这部剧中有一个场景,在这一场景中,林天素假扮为一个男子,与杨云友举行了一个假婚礼。

新郎说:"娘子,我和你是文字知己,比寻常夫妇不同,须要脱去成亲的套子,欢饮几杯,谈一谈衷曲,千万不要害羞。"作者对此总结道:"才作合,技为媒。"

在这点上,应李渔之邀而对此剧进行评论的黄媛介难掩激动。据说黄媛介相貌平凡,如我们所叙述的那样,她嫁给了一只乌鸦。她对这些文字的评论,既是对李渔写作技巧的认可,也是对理想爱情结合本身的赞同:"从来无此成亲法,关目既新,曲白又少,此等传奇,真是看得人杀。"①

才子配才女这样一种浪漫理想,并不是剧作家和小说家虚构出来的。明末清初流行的文学形象,是由宋代著名词人李清照(生于1084年)和她的丈夫赵明诚这样一个典型形象派生出来的。赵明诚是一位金石专家,两人沉迷于藏书和艺术品收藏,他们伉俪的幸福远比小说感人,因为它是真实的。后来宋室南渡,其家道中落,更增添了李清照的感染力,这些描述出自她为他的著作所写的《金石录后序》:

> 故能纸札精致,字画完整,冠诸收书家。每饭罢,坐归来堂烹茶,指堆积书史,言某事在某书某卷第几页第几行,以中否角胜负,为饮茶先后。中则举杯大笑,或至茶覆怀中,反不得饮而起。遇书史百家,字不刓缺、本不讹谬者,辄市之,储作副本。②

李清照和赵明诚可能是中国历史上最著名的一对伙伴式夫妻,他

---

① 《意中缘》,3424—3425 页,载李渔,卷八。有关《意中缘》的情节,参见韩南(Hanan),《李渔》(*Li Yu*),169—175 页。

② 李清照,《金石录后序》,载赵世杰,3.13ab。

们继续激励着明末清初极少数的幸运女性。吴柏(死于 1660 年)是一位 18 岁便守寡的杭州女性,其婚姻并不圆满,她通过阅读这对夫妻的家中亲密关系,来想像婚姻中的幸福。在一封信中,吴柏告诉自己的姐姐,通过背诵李清照而获得的快乐:"诵《金石录后序》令人心花怒放,肺肠如涤。"[1]

伙伴式夫妻这一浪漫文学形象,给未来还是未知数的女孩和业已绝望的寡妇带来了慰藉。但这样一种个人幻想,却掩盖了一个基本事实:作为联盟建立的关键,婚姻不可能是一种个人选择。事实上,这种选择的缺乏,正是浪漫爱情和伙伴式婚姻这样的文学理想如此吸引女读者的原因。

殉情者

这样一种浪漫婚姻理想的弥漫,也是情迷的一个侧面,使人想到了对节妇的一种新解释。在地方官和国家的眼中,自杀的寡妇成了殉葬式忠诚的榜样,而这种忠诚是维持儒家社会和社会性别等级的一个关键因素。但在某些情况下,她们不仅是殉道者更是殉情者,女人跟随着自己的丈夫走进坟墓,以实践婚姻誓言或纪念一个永远不可能被重复的浪漫记忆。

这一解释正当与否随个人的动机和感情而定,但不管怎样,这是烈女传所有意忽略的。如果我们拨开厚厚的训诫辞藻,一些自杀描写的感情力度是异常惊人的,并且夫妻间的激情奉献也是明白无误的。也许并非偶然,明清时期,一个殉情在小说和戏剧

---

[1] 吴柏,《寄姊书》,引自马兆政和周茞堂,228 页。吴柏的许多书信被发表在《尺牍新语》中,但这封信既未收于《初编》,也未收入《二编》。

中风靡一时的时代,也证明了贞节迷达到了顶峰。[①]而且,在方 186
志、诗歌选集、甚至是被丈夫亡故击垮的情迷寡妇的家谱中,有着
尽管零散但也可展示其概貌的材料,它们表明,如在小说中一样,
殉情也出现在现实生活中。

如一本苏州县志中保存有寡妇秦淑的故事,她早逝的丈夫名
叫何述皋。秦淑是晚明闺秀,她被监察官祁彪佳封为"闺中义
烈"。"何述皋妻秦淑,景阳孙女,通文翰。合卺之夕,夫妇各赋诗
二十五韵。家有古镜,夫妇尝指以为誓,约同生死。"尽管他们的
家内生活细节已不可知晓,但这种仪式,则是直接对戏剧和小说
中伙伴式夫妻理想的模仿。

1642年,何述皋病死。"崇祯壬午,述皋疫卒。淑破前镜为
二,半纳夫棺,半以自佩。促婢觅毒,婢不之应,索刀锥,又不得,
乃绝粒数日而死。作绝命词曰:生死情无异,吾心恋九泉,三生偕
老愿,今日镜重圆。"[②]尽管秦淑可能赞同儒家"好女不事二夫"这
一训诫,但她选择的是以爱的形式,来明确表达她的自杀决心,而
这种爱是只有其夫妻两人知道的一个私下誓言。

儒家教义的官方推动者鼓励妻子献身,这是贞妇的一个先决
条件。一些妻子的献身纯是出于感情,这种感情强度是有可能破
坏道德体系原意的。对寡妇来说,人类情感与道德规范间同样强
有力的力量,促使她做出了致命的决定。在另一个情迷寡妇的例
子中,迷信、儒家道德和情迷结合在了一起:"王月妆,海盐向升之

[①] 关于明清文学中的殉情,参见合山究(Goyama),421—449页。
[②] 《同治苏州府志》,127.17ab。"破镜重圆"是一则著名谚语,谈的是夫妻在短暂分离
后的重聚。这一谚语出自陈朝(557—589)徐德言及其妻乐昌公主的故事。战乱中
他们失散了,她拿着一面镜子的一半,镜子的背面刻着一首诗,他们被刻着诗的半
面镜子带到了一起(《辞源》,1217页)。

妻,年十六归升,甫一岁而升卒。……升卒时以汗巾遗妇曰:汝不忘吾,见此即见吾也。妇时时把玩,既死犹不去手,人莫不怜之云。"

王月妆痛不欲生。她将自己的床挪到他的棺木旁,并且抗拒其婆母令她再婚的劝告,"时览镜曰:人言女子颈长者杀三夫,吾颈长其可再乎?"她经常试图上吊自杀,但每次都被救下。在一年的时间里,她坚持吃素,并以针线活使自己忙不过来,以减轻痛苦。一天,她感到太寂寞了,所以写下了这样一首诗:

187

> 孤灯一盏照空房,四壁蛩声割寸肠。
>
> 休怨凄凉眼前事,自烧前世断头香。

归之于霉运使她失去了爱,她决心去死。在洗澡、更衣后,她作了一首诗,概括了她的决心:"平生节孝两无成,遗与人间作话名。寄语湘君贤姊妹,东风回首莫关情。"然后她上吊自尽身亡,在她的一只手上,还拴着丈夫的汗巾。①

把寡妇自尽解释为殉情,并未减损鼓励寡妇守节这一道德说教的说服力。实际上,流行的伙伴式夫妻理想,很可能是节妇迷的一个原动力。没有对夫妻之爱的迷恋,就很难解释这样一种热情,带着这种热情,一些寡妇才可能接受了一种建之于否定她们性需要的意识形态。

金童玉女:夫妻私密

因为上层女性是教育的最早受益者,所以在明末清初江南诸

---

① 田艺蘅,4.7ab。

多黄金夫妻的记载中,他们占有非常突出的位置。尽管我们用"伙伴式夫妻"来形容他们,但这个词在其中文语境中是有着不同的细微差别的。英语中的"伙伴式婚姻"(companionate marriage),假定婚姻是两人间的私事。在中文中,"金童玉女"这样一种标识不但颂扬的是夫妻个人间的和谐,也指的是他们家庭间的门当户对。无论是个人的主观范围,还是家庭的客观范围,都对我们理解伙伴式夫妻间的动力非常重要。这一部分将着重关注这种夫妻间的感情生活和家内劳动分配情况;家庭谋略这一更大的背景将在下部分中探讨。

沈宜修(1590—1635)和叶绍袁(1589—1648)是天才诗人叶小鸾和其他 11 个孩子的父母,他们恰是这样的一对完美组合。[1]两人都来自吴江的显赫家庭,沈宜修和叶绍袁在个人水平、对诗歌的共同兴趣、对佛教和孩子的奉献上,都是非常和谐的。出生在一个学者和戏剧家的家庭中,沈宜修在三或四岁时,就被一些"家里的女性",可能是她的姑妈们教授读、写。自此以后,沈宜修以强烈的兴趣继续着她的学习,贪看着儒家经典和历史书籍。[2] *188*这一早期的阅读爱好,发展成了其一生对诗歌写作的奉献;她的文集作品收入了超过七百首诗,它们记录了其家内和感情生活的每一个方面。[3]除了保持在历史方面的兴趣,她还在其生命的晚期,钻研着梵文佛经。这种良好的知识教养,使宜修成为一位能

---

[1] 按《吴江县志》(1684),他们有 16 个孩子(35.16b)。我从名字上能辨认出八个男孩和四个女孩。其余的大多数可能都没有活过一岁(参看八木泽元,Yagisawa,"叶小纨","Yō Shōgan",90 页)。即使以更少的数量 12 个计算,在宜修婚姻生活的 29 年中,她也要平均 2.4 年生产一次。

[2] 沈宜修,《鹂吹集》"序",载沈宜修,《鹂吹集》,1—2 页。

[3] 《鹂吹集》这一文集是沈宜修死后由其丈夫出版的。它很容易被视作叶绍袁《午梦堂全集》的一部分,并且也被广泛收入各种选集中。关于这一文集的出版情况,参见下文。

干的妻子和出色的母教之师。

从叶绍袁方面看,他循着常规的士大夫官场职业生涯,于1625 年 36 岁时获得了进士头衔。他曾短期为南京武学教授(1627)和任职北京国子监(1628—1630)指导,在其后的两年里,成了工部秘书郎(1628—1630)。不再对公众生活中猖獗的腐败抱任何幻想,他告别了官场,并于 1631 年返回吴江,在这里他享受了短短一年的夫妻幸福生活,同时也在履行着他作为地方名士的职责。但一系列的疾患烦扰着这个家庭,夺去了两个女儿、两个儿子、他的母亲、最后是 1635 年宜修的性命。叶绍袁的大部分作品——散文、诗歌和日记——只是偶然提及了他的公众生涯;他也没有保存为官时所写的书信、墓志铭或挽歌。相反,他现存的作品主要记载了他与妻子、孩子在一起的家内事情,这是对具有时代特征的重返私人生活的一种生动描述。①

尽管他们之间的关系后来得以升温,但当宜修最初踏进其家门时,却很少感到来自叶绍袁的安慰。这位年轻新娘很少返回娘家,尽管他们住在同一个县很近的地方,因为娘家已经没有人可以让她亲近了。她的母亲已经去世,父亲经常不在,养育她长大的姑母也已离开。② 如几乎每一位年轻新娘一样,宜修在她的新家中,是以一位寂寞的陌路人开始生活的。

绍袁不仅要集中于他的学习,而且还经常不在家。婚宴后不久,绍袁就返回了养父袁黄的家,以专心读书。在其后的六年里,

---

① 作为对清统治消极抵抗的一种形式,叶绍袁曾于 1645 年削发。部分因此原因,部分因其作品多属私人性质,所以直到 19 世纪,它们中的大多数才公开出版,尽管其诗、文的零散片断可在《午梦堂全集》中找到。《午梦堂全集》是他编辑和出版的一部家庭选集。关于叶绍袁的生平,参见其自传《自撰年谱》;古德里奇(Goodrich)和房兆瀛(Fang),1576—1579 页。

② 《表妹张倩倩传》,载沈宜修,《鹂吹集》,131—132 页。

也就是在他开始于昆山的科考往返之前,他要么在其私人塾师和
朋友的家中学习,要么在家中与其堂兄弟一起读书。即便当他确
实在家的几个月中,如果没有其母的明确许可,绍袁也是不能睡
在宜修的卧房中的;大多数时间,他都是在他的书房内过夜。他
们的第一个孩子,一位女儿,是直到他们婚礼后的五年才出
生的。[1]

宜修与其婆母冯氏的关系时常出现矛盾。宜修的兄弟沈自
征形容冯夫人为一位很难相处的人,宜修不得不以自我克制和低
声下气来服侍她。甚至叶绍袁也同意其母让宜修为随时恭候她
而不睡的要求。冯氏是只有一个独子的寡母,她以一种报复心理
守护着儿子读书。担心宜修的爱好会分散她的家内职责和妨碍
绍袁的科考成功,所以冯夫人禁止宜修写作,这经常使她在夜晚
落泪。但从宜修选集的规模看,这一禁令很可能在后来被取消
了。这对年轻夫妇找机会分享片刻的亲密时光,此时她坐在他的
旁边,并用她优雅的书法为他抄写应试的文章。[2]

在追逐科考名位时,绍袁经常不在家,但随着其官员生涯的
开始,这种情况并没有改变。宜修仅短暂随绍袁到南京赴过新
任,但当他离家赴京时,宜修则与孩子们呆在了家中。直到他于
1631 年过早退隐前,这对夫妇只偶尔在一起,但尽管如此,沈宜
修对叶绍袁的爱还是能从她由诗歌表达出的温情看到,这些诗是
她为送别他去科场和后来上任官位而写的。这些诗歌中的每一
首,都是他们不断增长的亲密关系的瞬间反映。如 1628 年,绍袁
接受任命离家赴京,宜修很可怜他,所以很为他操心。另一次,在

---

① 叶绍袁,《自撰年谱》,6—9 页;《亡室沈安人传》,沈宜修,《鹂吹集》附录,151 页。
② 沈自征,《〈鹂吹集〉序》;叶绍袁,《亡室沈安人传》,载沈宜修,《鹂吹集》,分别见 1
   页,151—152 页。

她企盼绍袁从北京的来信的一个秋日，宜修被寂寞深深笼罩着；当有着一首诗的信终于到来时，宜修以相同的韵脚做出了应和。在一个狂风暴雨之夜，宜修无法入睡，她起身为绍袁缝制一件袍子，同时还赋诗四首，以表达她的满足之感。①

叶绍袁以真情回报了妻子的爱。在沈宜修于 46 岁死后不久，他写了一首形式上不似常规作品的祭文，感伤且深深打动人："所云有今古之忾，难为友言，而独与妻言之。今人而无与言者，故曰：妻亡而予然后知吾妻也。"他非常怀念宜修，因为"我之与君，伦则夫妇，契兼朋友"。② 在宜修死后的短短几个月内，绍袁已写了 120 首诗以怀念她。③

叶绍袁对夫妻生活的回忆充满了性暗示："人生情耳，伉俪缔好，因情生爱，金屏人照，不窥独舞之鸾，玉钗横枕，匪有孤飞之凤。"而性之乐趣又被智力上的伴侣关系强化。叶绍袁继续写道："月社良朋，花期好友，赏心艺囿，娱志谈薮，我之与君，故非谬也。"④为实践自己对宜修的怀念，叶绍袁未再续娶。

对其丈夫而言，宜修的魅力来自她混合着才、德、美这样一种新理想女性因素，这一点我们已在上章讨论过了。绍袁反复将自己与荀奉倩相比，如我们所看到的，因对妻子感情上的留恋，荀奉倩是受到正统史家责骂的。但对绍袁而言，荀奉倩是一位知己同好，只有他理解他的失落。⑤ 一个灵媒告诉叶绍袁，他的前世是

① 沈宜修，《鹂吹集》，5—6 页，33 页，36 页，69 页，114—115 页。
② 叶绍袁，《百日祭亡室沈安人文》，同上，147—148 页。
③ 这些及为绍袁母亲和孩子们所写的祭文收入《午梦堂全集》中，置于"秦斋怨"这一标题下。那些题献给宜修的作品，参见叶绍袁，《秦斋怨》，5—15 页。
④ 叶绍袁，《百日祭亡室沈安人文》，载沈宜修，《鹂吹集》，144—145 页。
⑤ 关于叶绍袁将自己比作荀奉倩，参见叶绍袁，《秦斋怨》，8 页、16 页、31 页；同作者，《年谱序》，39 页；同作者，《年谱别集》，81 页。

宋代诗人秦观(1049—1100),秦观是以爱情之词而闻名的,宜修则是秦观之妻的再生。① 对他们的浪漫前世,绍袁感到非常舒服,他明显带着所有真诚相信它。表现在诗歌才华和谐上的夫妻之爱,被提升到了超越个人生、死的高度。

叶绍袁和沈宜修之间的和谐相处,对男女相互影响而言,表现了伙伴式婚姻所包含的两个迥然不同的含义。闺中良伴概念强调的是他和她领地间的区分,而夫妻间的亲密就调和了这样一种区分。②

家内职责上的男女有别

不管他们在智力和情感上如何和谐,夫和妻都承担着截然不同的家内职责。对沈宜修而言,儒家分离领域理想是其生命中的一个既定事实,这是由其丈夫的公众职业生涯所强制决定的。士大夫有着绝不是呆在家中照管家庭杂务的日程安排。叶绍袁年复一年的旅行显示,在其结婚到获取科举功名的 20 年中,他有五次旅居于前辈学者的家中,持续的时间至少几个月;并曾有 12 次到昆山、江阴和南京参加科考,每次行程持续的时间从两周到三个月。到京城参加省试,他则离家七个月。③

尽管当他的日程允许时,他也很高兴指导他的孩子们,但叶

---

① 叶绍袁,《年谱别集》,90 页;同作者,《续窈闻》,11 页。在小鸾死后遣回其两位婢女上,叶绍袁有意在效仿秦观(《年谱别集》,81 页)。

② 关于 18 世纪晚期一对伙伴式夫妻的例子,参见罗溥洛(Ropp),"两个世界之间"("Between Two Worlds")。罗溥洛(Ropp,117—118 页)得出了一个与我相似的结论,夫妻间多么细致的契约都不能排除亲密的成分,甚至妻子与女友间充满激情的友谊也如此。

③ 叶绍袁,《自撰年谱》,随处可见。

绍袁的主要家内职责看起来是安排其女的婚事。他的日记中记载了与他打过交道的朋友的名字,这些朋友为的是向他的四个女儿求婚,这些都是他个人同意的。[①] 订婚是一个最关键的家庭结盟手段,它富含了太多的公众意义,所以不适于将其留给女性之手,尽管母亲经常充当着顾问的角色。与他给予女儿们的关注相比,叶绍袁在日记中并没有提到其儿子们的订婚情况。

191　　宜修的家内任务包括教育孩子,还有管理家庭财务。尽管缺少家庭财务的细节,但当她度过了年轻新娘阶段后,宜修对家内财务明显行使着"钥匙权"。他们婚后的两年,绍袁想去帮助一位面临失去房产的朋友。他不敢向母亲提出请求,而是私下与宜修商量,宜修变卖了自己的部分嫁妆,换回了 40 两银子,以帮助支付房屋费用。[②] 这件事显示,绍袁的母亲那时仍执掌着家庭财务,并且宜修带来了相当数量的嫁妆,尽管通常她都谦卑地对此不予承认。

　　不管怎样,剩下的嫁妆似乎在几年内就被消耗殆尽了。此后绍袁的日记中还有两处提到宜修变卖嫁妆:1626 年,得 40 两银子;再于 1629 年,得 27 两银子。[③] 宜修死时,绍袁打开钱盒,他并不知那里还有多少银子,因为"平日金钱出入,尽由于妇"。他发现了一堆与诗歌混在一起的当铺收条;除了几个碎钱,这家已没有任何现金了。[④]

　　相对宜修主"内"而言,叶绍袁处理各类交易,更确切地应称

---

① 叶绍袁,《自撰年谱》,8 页,10 页,17 页,19 页。
② 同上,6—7 页;《百日祭亡室沈安人文》《亡室沈安人传》,载沈宜修,《鹂吹集》,分别见于 146 页,152 页。
③ 叶绍袁,《自撰年谱》,17 页,19 页。
④ 叶绍袁,《自撰年谱》,33 页。

之为纠纷,笼统地说是与家族内的其他家庭和公众领域的纠纷。叶家是一个著名的地主之家,但绍袁属于旁支,在其父过早亡故后,就变得更弱。绍袁坦然称之为"强宗悍族"的长房成员们,在他们的扩张上毫不心慈手软。1601 年,当时绍袁 12 岁,并且其父仅死去两年,这些族人就密谋侵吞这一弱支的财产。叶绍袁的养父袁黄出来保护他们,但遇到了恶毒诽谤。尽管绍袁其时的未婚妻宜修的父亲在地方上很有名望,但是不在家。最终,地方官对此进行了干预,才使绍袁一支免于破产。[1]

另一桩纠纷突然起于 1623 年,这是在绍袁取得进士前不久。长房族人批评绍袁在其家族的一对长辈夫妻迁葬时吝于花费;尽管绍袁得到了很多人的支持,但这一纠纷突出了他自己于家族内、外的不稳定地位。[2]

除了他自己的族人,绍袁还与佃户有着麻烦。1620 年,他面临着一个老佃户拖欠租金的情况,这位老佃户长期租着属于叶家的一小块土地。按叶绍袁所说,这位佃户倒打一耙,控告绍袁侵吞了他的家族财产,这是长江三角洲常见的一类冤情。处理这一诉讼的地方官敲诈叶绍袁,试图从他那里挤出大笔贿赂。一位著名的地方士绅、前宰相周道登(死于 1632/1633)代为叶绍袁恳求,并解救了他。[3]

由此可以看到,绍袁和宜修遵从着女:内/男:外的劳动分工。尽管在实际中,通过非正规的商量可以得到调节,但这种男女责

---

[1] 叶绍袁至少用了两次"强宗悍族"一词。关于这一用法,及对这一纠纷的简要记载,参见同上,4—5 页。也见《亡室沈安人传》,载沈宜修,《鹂吹集》,151 页。

[2] 叶绍袁,《自撰年谱》,14 页。

[3] 同上,12 页。按陈寅恪所说,在进入风月场之前,名妓柳如是为周道登的婢女(参看第七章)。

任的区分和丈夫经常的不在家,都构成了这位上层妻子感情生活中的基本事实。它所产生的一个结果,便是与其他女性——女儿、堂姐妹、朋友——的关系在她的日常生活中日益重要。如我们将看到的,这些妇女将日常生活中不得不服膺的"男女有别"准则,转化为了一种对妇女文化的歌颂。但妇女世界是从来都没有完全独立于男性之外的,特别是在作为接触家族外出版和社交圈的中介上,丈夫和男性族人在女性的感情和社交生活中,起着关键作用。

家族间结盟:收养和婚姻

金童玉女理想的流行,集中体现于江南上层家庭在选择新娘时,对女性才华的关注。但男女匹配并不就是个人幸福的保证。既然婚姻是宗族联盟的一环,那么夫妇关系的复杂性,也需从这一地方社会的大环境中理解。沈宜修和叶绍袁提供了最佳的例子。

绍袁和宜修的婚约是在他九岁和她八岁时决定的,他们的家族是吴江五个最显赫家族中的两个,两人的婚约只是这些显赫家族间长久结盟的一个小小组成部分。① 从 14 世纪以来,叶家就在苏州城南吴江南部的太湖北岸繁衍、昌盛着。当地人给沿湖的一条狭长地带起了一个绰号——叶家带,叶家的主要各派都聚集

---

① 宜修七岁时丧母。她以沉着和成熟应对着各种事情,甚至开始分担一些家内职责。一位伯父因此相信她能成为一位好新妇,所以与他的一位密友、叶绍袁的父亲订下了婚约(叶绍袁,《亡室沈安人传》《百日祭亡室沈安人文》,载沈宜修,《鹂吹集》,分别见 151 页,146 页)。

于此。① 在叶绍袁之前,他的直系家族本身已连续四代出了进士出身的官员。如我们所看到的,虽然它并不是最富有的房支,但绍袁的父亲传给了他超过一千亩的土地,后来在绍袁手中锐减到了不到两百亩。②

为了维持在地方的声望,叶家用联姻和收养结盟的方式撒下了大网。绍袁的父亲是一位进士,他娶了平湖的冯家之女。平湖是浙江省嘉兴府的一个县,离叶家有 100 里远。远距离密切关系纽带的优势于 1608 年显现出来,这一年四个月的连绵大雨,冲走了吴江大部分的年收成。绍袁母亲的一个姊妹给叶家送来了 50 石救命粮。③

叶氏与太湖另一侧的浙江嘉善的名家袁氏非常亲近。江、浙间的省界并没有阻住个人间的友谊和密切纽带关系——两家的实际距离仅有 15 里远。当绍袁只有四个月大时,在一次短时生病后,作为一种护身方法,他被送出由袁黄收养。袁黄是一位以普及功过格著称的官员,他是绍袁父亲多年的一位老友,两人曾在一起学习,并于同年获得了进士。④ 绍袁三岁时,袁黄作为军

①《寿从嫂氏史孺人七十暨侄隽千五十序》,载叶燮,12. 1a—2b。叶燮(1627—1703,进士 1670)是绍袁和宜修最长寿和最成功的儿子。

② 关于叶家的一个族谱,参见奥崎裕司(Okuzaki),"苏州府吴江县"("Soshūfu Gokōken"),437 页。拥有土地的规模原以顷(1 顷＝100 亩)给出,它出自绍袁于《吴江县志》(1684)中的传,35. 16b。因这一县志的主编是绍袁的儿子叶燮,这些数字应是可靠的。财产的减少是其平凡仕途、大的直系家庭和缺少对钱财事务关心的结果。仅在 1639—1643 年间,叶绍袁就卖掉了约一百亩土地,以支付儿子的旅费、四个女儿的嫁妆和家中的几个葬礼(叶绍袁,《年谱序》,42—45 页,48 页,51 页)。

③ 叶绍袁,《自撰年谱》,7 页。绍袁必须每月向其大家庭提供用于消费的 10 石米(叶绍袁,《年谱序》,45 页)。

④ 绍袁的四个哥哥都死于婴儿期。关于他自己的疾病和收养情况,参见叶绍袁,《自撰年谱》,1—2 页。袁黄出身于一个著名的内科医生家庭,这使他们处在了地方名流社会的边缘。关于袁黄的家庭背景,参见包筠雅(Brokaw),64—75 页。

事顾问被派往朝鲜,于是绍袁返回嘉善与袁黄的妻子生活在一起。在他与沈宜修订婚后,返回叶家,因为这层关系,他得到了"绍袁"这一名字,意为"继续袁氏传统",但在血统上是随其父的。[①] 叶绍袁与袁黄的儿子天启(1581—1627)保持着亲密关系,两人一起学习,并在同一年通过了省试。[②]

当叶绍袁的母亲建议将他过继外族以求平安时,她提到这是苏州的一种习俗。虽然是非正规的,这种暂时过继寄养也在宗族和财产继承大事上产生了影响。尽管叶绍袁最终返回了父家,并且没有改换他的家庭姓氏,但在一本他帮助编辑的袁黄著作中,他称自己为袁氏"嗣男"。[③] 当其母亡故时,袁天启坚持应从家族财产中给绍袁——他的养兄弟——一百亩土地,因为他们觉得欠了绍袁母亲的情,绍袁母亲曾给过他们几百两银子的礼物。绍袁以不同姓这一借口对此予以了谢绝,他不能继承袁氏的财产。[④] 不管商量的结果如何,非真实的亲属关系却使有限的家庭财产转移合法起来,它是以礼物的形式表现出来的。

继承家庭香火这一更常见的收养目的,也非常明显地见于叶家。绍袁和宜修的二子死于1635年,而未有子嗣,他的未婚妻后来被封为节妇,她在未婚夫死后,收养了他兄弟的一个儿子。因

---

① 这一婚约是绍袁父亲在他死前的 1598 年订下的(叶绍袁,《自撰年谱》,3—4 页)。1605 年,袁黄以绍袁父亲的名义,为这桩婚事正式求婚。因绍袁祖母病得很厉害,所以叶家希望能尽早完婚。袁黄还给宜修的伯父写了一封私人信函,督促他劝宜修的父亲答应尽快举行婚礼。婚礼于绍袁祖母死前的两个月举行。关于袁黄所写的两封信,参见袁黄,4.27ab,10,18b—19b。

② 叶绍袁,《自撰年谱》,7 页,14—16 页。

③ 引自奥崎裕司(Okuzaki),《乡绅地主》(Kyōshin jinushi),180 页。

④ 叶绍袁,《自撰年谱》,8 页。关于更名和不更名过继,参见瓦尔特纳(Waltner),《获得后嗣》(Getting an Heir,98 页,112 页)。

这一正式指定的嗣子也姓叶,所以更名换姓已属不必。[①] 在一些例子中,即使更换的姓也可能在下一代改回。绍袁的一个侄子,也就是同一祖父的后人,当他出继给吴家后变换了姓名,吴家是另一个显赫的吴江家族;但他的儿子又变回了叶姓。[②]

不改名的短期收养例子也能在沈家看到。宜修的兄弟自南 *194* 被一位其祖辈的沈家长者养大。[③] 在吴江的名流家庭中,收养看来是被当作婚姻联盟的一种补充,或仅为增加儿子的教育机会,而被广泛使用的一种灵活策略。

叶绍袁的经历充分表明,对一位士绅而言,不管其个人感情如何,亲属关系和友情纽带都是家族谋略中首要的构成因素,它使家族得到保护,并使之在地方社会中长久绵延。

与叶氏相似,沈氏也是一个绵延长久的吴江显赫家族,宜修之前的四辈中也都出有进士。宜修的父亲是山东的一位地方副官,他是获取最高科举功名的三子中的一个。对这个家族而言,文学是特别重要的一种文化资本形式。宜修的伯父是著名的戏剧家沈璟(1553—1610),他创立了戏剧的吴江学派。尽管两人是对手,但同时代的人都将他与汤显祖等同看待,沈璟有很多学生,其中最著名的是小说家冯梦龙。宜修的六个弟弟都凭自己的本

[①] 绍袁的二子叶世偁(1618—1635)在参加县学考试时死去(叶绍袁,《自撰年谱》,32页)。关于他的未婚妻顾氏(1618—1672),参见叶世偁附录,28—32页;《吴江县志》(1684),40.13b;《吴江县志》(1747),35.24b—25a。这一过继在《吴江县志》(1684)中被提及,40.13b。这位嗣子叶舒崇(进士1676)是绍袁和宜修三子叶世俗(1619—1640)的儿子。奥崎裕司(Okuzaki,"苏州府吴江县","Soshūfu Gokōken",436页)错将他认作他们二女小纨的儿子。

[②] 奥崎裕司(Okuzaki),"苏州府吴江县"("Soshūfu Gokōken"),431页,436页,438页。

[③] 同上,436页。这一暂时过继没有在《吴江县志》(1747)的沈自南传中提到,32.29ab。

事,获得了文学声望。他们中的一位沈自征(1591—1641)被誉为沈璟的传人,他也是宜修特别亲近的一个弟弟。所有六个弟弟都在地方志中被提及。① 在地方史家眼中,这两个名族间的伙伴式婚姻是再合适不过了。

通过多生多育这一美德,叶绍袁和沈宜修对两个家族都很好地尽到了恭顺之力,这使它们可以建立多种联盟关系。但他们并没有向其他吴江名家,如吴、周、潘、庞及其他与沈家宗族有婚姻关系的人求婚,这些家族都与更大的叶氏或沈氏家族有着婚姻关系。② 取而代之的是,绍袁使他的子女或联姻于朋友的孩子,或通婚于宜修自己家族的后人。他们的长女纨纨(1610—1633)在出生后不久,便许婚给了袁天启的三子,这在已由两代同学(在同一位先生名下读书的人)、同年(在同年通过科考的人)及收养过继关系所铸造的原本已经很近的袁—叶关系上,更增添了一层亲近。在另一个沈—叶联合中,二女小纨(1613—约1660)嫁给了沈璟的一个孙子——其母家的堂兄弟。③ 绍袁和宜修的三子娶了宜修弟弟的一个女儿,从而延续了叶—沈联合。表兄妹是"五服"内很近的亲属,但他们之间的联姻似乎一直是苏州的惯例。④

---

① 《吴江县志》(1747),32.27b—29b。关于沈自征,参见傅惜华,《明代杂剧》,172 页。关于沈璟,参见傅惜华,《明代传奇》,70—72 页。关于沈氏族谱,参见奥崎裕司(Okuzaki),《乡绅地主》(Kyōshin jinusi),附录 57 页;奥崎裕司(Okuzaki),"苏州府吴江县"("Soshūfu Gokōken"),433 页。

② 关于这些家族的婚姻关系网,参见奥崎裕司(Okuzaki),"苏州府吴江县"("Soshūfu Gokōken"),425—440 页。一位 19 世纪晚期的反清人士陈去病,写了一部五个主要吴江家族的趣史,作为其颂扬晚明地方历史的一部分。沈氏和叶氏是其中的两姓(陈去病,《五石脂》,301—304 页)。

③ 参看叶绍袁,《自撰年谱》,8 页,10 页;八木泽元(Yagisawa),"叶小纨"("Yō Shōgan"),87 页。

④ 对五服的描绘和图解,参见方汉仪(Feng Han-yi),38—43 页。

男性的收养和婚姻结盟,是吴江士绅家族用以保持其地方霸权的两个主要途径。对这些家族来说,它们的重要性可以从家族 195 男性头人介入这样的决定中窥见。从这个角度看,友谊、亲属关系和婚姻纽带,都在竞争日益激烈的环境里,充当了共同体家族利益的手段。

不幸的结局

降临到绍袁和宜修长女叶纨纨身上的不幸,是对那些没有适当关注大环境而只是将伙伴式婚姻作为个人浪漫理想之人的一个警告。纨纨几乎被其丈夫完全忽视了七年,她感到极度的压抑,所以她于 22 岁时过早地死去了。当绍袁将她与其最好的朋友袁天启的三子订婚时,他认为这是一个天作之合。"初生之女,爱逾于男",他回忆道。绍袁的母亲已经盼望第一个孙辈有五年之久了,虽然是一个女儿,婆婆也很高兴。只要纨纨在晚上稍稍一动,她和宜修就会起来照看她。

在纨纨出生的一年内,袁天启就前来求婚,叶绍袁答应了他。"初生之女,宝于夜光,即许字若思(天启)第三子,咸谓'世执契雅,复缔潘杨'。"他从心里相信,家世匹配是伙伴式婚姻的首要条件,设想纨纨将由这一幸福的结合而得到满足。[1] 按历史和威望,叶氏是更为显赫的地方宗族。因为缺少进士头衔出身之人,袁氏仅勉强算得上名流家庭,在某种程度上,它是靠着婚姻上去的,尽管他们更富有。袁黄和天启是他们各辈中惟一的进士。当叶绍袁于

---

[1] 叶绍袁,《祭长女昭齐文》,叶纨纨附录,33 页;叶绍袁,《自撰年谱》,8 页。关于袁氏族谱,参见奥崎裕司(Okuzaki),《乡绅地主》(Kyōshin jinushi),88—91 页。

1627 年悲悼袁天启的过早亡故时,他痛惜地说:"又悼汝家正当隆炽之初,遽切衰亡之感,汝之福薄,更不必言。"①但在允婚时,叶氏已有的声名和袁氏正在扩大的财产,看起来是极为般配的。

这一订婚在地方社会中得到了极大的称颂,如叶绍袁所回忆的:"闾里姻邻,莫不耳目相诧,啧啧叹赏,夸汝荣盛,羡汝多福。"②两家有着可以追溯到纨纨祖辈的亲密关系,所以她更有可能成为一个兴旺之家的母亲,有着成功的丈夫和儿子。

纨纨的好运转而成空,因为她的丈夫既没出息,又对她根本没兴趣。在袁天启不断地请求下,婚礼于 1626 年举行,当时袁天启已被任命为偏远的广东高要县令。一年之后,纨纨与小袁取道广东,以与父亲团聚。而在他们离开浙江边境前,他就已开始想家了,并且返了回去。绍袁责备道:"何无屺岵之恋。"③这是惟一特别提到的纨纨生年中其丈夫的不端行为,因为绍袁并不想散播坏话,将他好友的家丑外扬,并且纨纨和宜修也不想令绍袁难堪。④ 绍袁对这一理想之配的变质颇感惋惜,但将之归罪于厄运

---

① 叶绍袁,《祭长女昭齐文》,载叶纨纨,34 页。15 世纪时,三代袁氏被拒于科考大门之外,因此他们转而习医(包筠雅[Brokaw],64—66 页,74—75 页;奥崎裕司[Okuzaki],《乡绅地主》[Kyōshin jinushi],181—182 页)。

② 叶绍袁,《祭长女昭齐文》,载叶纨纨,33 页。

③ 同上;叶绍袁,《自撰年谱》,17 页。关于沈宜修不愿让纨纨去广东之事,参见她为这件事所写的六首诗(沈宜修,《鹂吹集》,63—64 页)。

④ 非常明显,在她死后,不满更多。纨纨是被她自己父母下葬的。叶绍袁形容说,在她死后的三年中,其夫袁四履从未去过一次她于其父母家的葬处,也没送来过任何酒、纸钱或悼文等祭物(《昭齐三周祭文》,载叶绍袁,《形奁续些》,下,17—18 页)。这位丈夫的名字四履,是由奥崎裕司(Okuzaki)提到的;叶绍袁和沈宜修都没有提及他的名字。最后,这位丈夫于 1642 年依礼将她的遗体迁至袁家祖坟(叶绍袁,《年谱序》,49 页)。1645 年 7 月,在清军到达吴江之前,袁四履的房子被一位地方仇人的疯狂军队烧毁。在叶绍袁削发前不久,他向叶绍袁求助(叶绍袁,《年谱序》,58 页;奥崎裕司[Okuzaki],《乡绅地主》[Kyōshin jinushi],182—183 页,301 页)。两人一直保持着联系。1648 年,袁四履短暂访问过叶绍袁(叶绍袁,《甲行日注》,230 页)。

和坏卦。①

绍袁称纨纨与袁氏的七年为"空婚"，它一点点地蚕食着她的健康和精神。她也曾幻想过浪漫和夫妻间的幸福。通过《春日看花有感》这首诗，她无回报的爱得以表达出来：

> 春去几人愁，春来共娱悦。来去总无关，予怀空郁结。
> 愁心难问花，阶前自凄咽。烂熳任东君，东君情太热。独有
> 看花人，冷念共冰雪。②

在她七年的婚姻中，特别是 1628 年后，纨纨经常返回本家，以从母亲和妹妹那里寻求慰藉。在她们的一间卧房中，三姐妹彻夜幻想着买一座山，像隐士那样归隐。纨纨明显对这一计划非常着迷，无论何时她被提醒无法完成这一计划时，都会落泪。不管她的"山瘾"多么不现实，但它为她的凄凉生活提供了些许希望，因此她的母亲和妹妹也都非常高兴迁就她。③ 这一由母亲和女儿们所保持的密切接触及她们相互间提供的情感支撑，都是妇女家内生活的重要组成部分，也是下面将要讨论的女性文化的起源。

目睹姐姐不幸的婚姻，对小纨和小鸾是有影响的。对这些少女来说，不能运转的包办婚姻的冒险性暴露无遗，它与像《牡丹亭》这样的戏剧所给予的浪漫理想，是一个再清楚不过的对比了，而《牡丹亭》是几姊妹最爱读的。与杜丽娘不同，如她们一样的闺秀，在现实中是不能任意选择自己的白马王子的。受姐姐影响，

197

---

① 1626 年，是纨纨举行婚礼和小鸾订婚的一年，叶绍袁将其父的遗体迁至另一葬处。事后他懊悔地认为，在新葬处，龙被遮掩，水直接流过；因此两女都遇到了悲剧(叶绍袁，《自撰年谱》，17 页)。

② 叶纨纨，1 页；郑光仪，《才女诗歌》，1402—1404 页。

③ 叶绍袁，《祭长女昭齐文》，载叶纨纨，35 页。沈宜修(《鹂吹集》，40 页)在她所写的关于纨纨之死的第七首诗中，也提到了纨纨受挫于未能买一座山。

小纨自己对婚姻理想的幻灭,可以从其自传性的戏剧《鸳鸯梦》中看到。写这部剧时小纨23岁,也就是小鸾和纨纨死后的四年,这部杂剧描绘了她自己和两姐妹。剧名中的"鸳鸯"通常喻示男女之情,但小纨意指的是汉代大将苏武的一首诗中所表达的兄弟离别之情:"昔为鸳与鸯,今与参与辰。"[1]剧作家不是在哀痛浪漫的难以捉摸,而是在关注同胞姐妹间的非世间之情。

叶小纨将三个亲密姊妹影射为结义兄弟,他们没有一个人结婚。在一次极为愉快的偶遇中,三人纵情于诗、酒、哲学中,共享着成为隐士的渴望。在最年轻的兄弟突然死亡之后,年长的一位也死于悲痛。惠百芳(作者的化身)梦见死者作为仙人再生了,并且试图从道教大师吕重阳那里寻求启示。吕重阳对他说:"呵呵,偏你做的是梦,难道其余多不是梦哩。"惠百芳因此从人生的虚幻本质中醒悟过来,也成了一位仙人。在道教仙山终南山中,三兄弟永久地重聚了。[2]

这部剧在某种程度上是自传性的,它提供了一个了解小纨情感的窗口。尽管是以醉心于道教的形式表达出来的,但通过明显涉及纨纨的"山瘾",表明此剧实际是对现实生活中将三姊妹团结在一起的情的歌颂,与杜丽娘的爱情一样,这也是一种超越生、死之情。小纨决定将剧中人写成兄弟而不是姐妹,可能是她为许多女性感到不平的一种含蓄表达,特别是她们对自己的婚姻命运无法控制。值得注意的是,三兄弟在没有了婚姻责任后的那种自

---

[1] 关于这部戏的一个便捷版本,参见叶绍袁,《午梦堂全集》,上。关于这部戏的背景,参见八木泽元(Yagisawa),"叶小纨"("Yō Shōgan"),85—98页。八木泽元考察了长泽规矩也(Nagasawa Kikuya)私人收藏中此剧的一个明版本,它收有一个沈自征的序,此序不见于《午梦堂全集》本。此序的日期为1636年,可能是这部剧写成的同一年(95—96页)。关于苏武诗歌的节录,参见95页。
[2] 叶小纨,15页。

由,不仅加深了他们彼此间的情,而且也是他们长生的先决条件。读起来与其姊不幸婚姻这样一种十足的现实相反,小纨的剧作可以被视作是女性对婚姻的一种否定,进而对姊妹团结和宗教解脱的肯定。①

家内宗教

小纨对道教和禅宗的兴趣是家庭传统。在宜修与其女的亲密关系中,宗教虔诚和教义阐释是一个重要主题。1632 年末的一天,当纨纨勉强赋完一首诗,以祝贺妹妹小鸾日益临近的婚礼时,一位婢女带着小鸾突然死亡的消息来了。纨纨在返回娘家后很快也垮了下来,并于小鸾死后的 70 天也亡故了。在她死前的几天,纨纨做了一串梦。在第一个梦中,她发现自己在一个神山和洞窟中,并担心这是她将要死去的一个预兆。宜修安慰她说:"非也,大士世称慈悲救苦,我遣人虔叩天竺,为汝祈佑,即应汝武林游梦矣。"

在纨纨咽气之前,宜修为她背诵了一个佛偈:

> 四大本假,安用恋此,专心我佛,自无烦恼。②

纨纨坐起,双手合掌,发出一声嘶喊,浑身冒汗,并逐渐死去。绍

① 1629 年,叶小纨与母家的一位表兄弟沈永祯订婚(叶绍袁,《自撰年谱》20 页)。对她的婚姻情况知之甚少。现存诗歌中也没有一首谈及他,这种事实可能意味着他们感情欠佳。小纨的诗歌遗作集《存余草》,被她的儿媳交给了她的兄弟叶燮,他将其作为《午梦堂诗钞》的一部分出版,并附于自己的《已畦集》中。它们都是一些冷静的诗句,经常题献给她的姐妹和其他沈氏女性。

② "四大"一词说的是地、水、火、风。宜修所写的另外一首偈被收入她的诗集《鹂吹集》,117 页。小鸾和纨纨死于同一阴历年,但以西历看,小鸾死于 1632 年,而纨纨则死于 1633 年 1 月。

袁认为，她可能是南唐永兴公主的再生，在永兴公主死于 23 岁前，她焚香对佛自誓："愿儿生生世世，莫作有情之物。"宜修将纨纨的衣服当出，雇来更多的和尚和尼姑替她祈祷。[①] 宜修的身心都被其两女的死亡击垮，在她自己的生命行将结束时，她变得越来越执迷于死亡和重生。

宜修的一位堂姊妹——法号一行道人的沈大荣，这样总括了宜修的感情之旅："则情极而性空也。"[②]执着于爱，而它又很容易破灭，无论是母亲还是女儿，都无法控制她的婚姻命运，促使宜修从早年的情迷走到另一极端——佛教的"无情"。

在上层妇女的家庭生活中，宗教虔诚是一个主要内容；宜修和她家中的女性，只是明末清初江南许多事例中的一个。一些虔诚行动是女性艺术优雅的个性展现——我们已经看到，方维仪和倪仁吉以高超的技艺，画或绣了观音像。当姐妹们聚在一起研讨佛经，或当母亲解释女儿所做的梦和背诵佛偈时，日常的礼拜也培育了女性社团。在某种意义上，这些仪式和宗教情怀可以用"家内宗教"一词相称，它们嵌入了闺阁的日常生活中，并构成了女性世界观和自我认识的重要组成部分。[③]

199　　这些妇女在家内对虔诚的追寻和在每日生活中的绝不懈怠，都是晚明中国世俗佛教运动发达的组成部分。在于君方对袾宏

---

① 叶绍袁，《祭长女昭齐文》，载叶纨纨，35—36 页；沈宜修，《鹂吹集》，41 页。

② 沈大荣是沈璟的女儿，也是宜修的堂姐妹，但她们通信时都以"姐妹"相称（参见奥崎裕司[Okuzaki]，《乡绅地主》[Kyōshin jinushi]，433 页）。她为宜修的遗作集写了一篇序（《叶夫人遗集序》，载沈宜修，《鹂吹集》，7—9 页）。

③ 我使用"家内宗教"一词，是受到了芭芭拉·迈尔霍夫（Barbara Myerhoff）的启发，她在《计算我们的天数》（Number Our Days）中，对犹太女性的家内生活进行了研究。于君方（Chün-fang Yü，私人通信）也说到明清中国的一种新宗教理想和实践，她称之为"家居精神"。我对于教授非常感谢，她让我分享了她的晚明佛教专业知识。

的研究中,她形容这一三教合一的运动为"强调诵说佛的名字、不杀生和既怜悯同类也怜悯动物"。褚宏是佛教复兴运动的领导人之一。这些简单要求,使这一世俗运动从晚明持续流行到清代。① 家内领地使作为男、女宗教活动场所的寺院制度黯然失色;这也是中国人生活私人化的另一个方面,它透露出了家内场所的无数含义和功能。

沈宜修是这一世俗的三教合一运动的典型实践者。她的一部分兴趣是知性的;她特别被密宗、禅宗冥想和天台宗的义理吸引。但更重要的则是家内的实践。在她的孩子们刚学会说话之前,宜修就教导他们放生。在后来的日子里,她利用其持家者的权力,通过保持一个严格的素食厨房,而将她的虔诚强加给了她的家庭。因为任何能移动的东西,包括水生贝类动物都是被禁食用的,所以叶绍袁不得不放弃了鲜美的湖蟹,只是偶尔在家外会破戒。②

其他女性则以高度仪式化的方式,表达着她们的虔诚。第二章中提到的程琼,写了一个《牡丹亭》评论,以调和"情迷"和佛教"无情"的对立。当她罹病时,还上演过精心创作的仪式。在家内的私人厅堂中,她点燃了朝鲜石灯,披上丈夫的衲衣,并向妙庄王的三女(观音的另一个名字)说着祷辞。在她的旁边,她让她最喜欢的女道士敲着一个小绿铃。③ 对一些女性来说,戏剧效果是有着巨大吸引力的。我们已经看到钱宜(另一个此剧的评论者),在她的花园中树起了一个祭坛,向杜丽娘献祭。

就像礼拜观音并不是妇女专有的,家内宗教也经常将丈夫卷

---

① 于君方(Chün-fang Yü),227—228 页。

② 叶绍袁,《亡室沈安人传》,载沈宜修,《鹂吹集》,152—153 页。

③ 史震林,1.66。

入其中。沈宜修、程琼和钱宜都与丈夫探究过佛教教义。女性的虔诚表现在行动、仪式或教义中,它受益于明末清初塑造男性内心世界的内省。儒家宗旨与佛、道的合流在哲学领域中充分蔓延着,通过鼓励宗教虔诚和家内环境中的玄学探讨,这一合流丰富了女性的宗教生活。

但即使有男性参与,家内宗教对女人也是有着特别含义的。对某些信徒来说,妇女虔诚更引进了愿来生投胎女身的祈望。一位苏州灵媒陈夫人就特别传授女身优于男身这一道理,陈夫人自称为天台大师泐子。在苏州的上层男性和女性中,泐子和她的女儿醮子吸引了大批追随者。沈宜修经常与她接触并通信;失去亲人的叶绍袁,更是乞求她从其死去的妻、女那里传递消息。[1] 包括像叶绍袁和钱谦益这样的文人在内的信徒都相信,她是一位千年行家再生到了一个女体中,以帮助世界寻得轮回中的解脱。小鸾死后,在苏州地区,信徒们举行降神会,在这些降神会上,神通过泐子和其他女灵媒讲话。神说,女性被赋予了一种特殊的灵性,死后,她们应在其女性的身体内寻求成为仙人。[2]

泐子教导说,她已在阴间专为女性建造了无叶堂,在这里,她们可以完成她们的修炼,准备修成正果。泐子告诉丧偶的叶绍

---

[1] 宜修经常为泐子和其他大师写诗,参见如,《鹂吹集》,9 页、46 页、71 页。1635 年,即宜修亡故的前五个月,她的八子患病;宜修派另一个儿子叶世俗(1619—1640)到泐子那里寻求指示。泐子预言了这个家庭的一系列死亡,并建议用以绘制准提像的办法进行补救(准提是观音的另一个名字),并每天早、晚向它念咒。这一礼拜在宜修死后终止;绍袁认为这是世俗五年后死去的原因(叶绍袁,《年谱别集》,86 页;同上,《同撰年谱》,34 页)。

[2] 叶绍袁,《续窈闻》,9 页;钱谦益,《列朝诗集》,《闰集》,4.54b—55a。叶绍袁用表示敬意的"泐公"谈及泐子。钱谦益为泐子写了一篇很长的辩护词,详叙了一些降神会。钱谦益公开承认他是泐子对命运解说的信奉者和辩护者。这种命运解说,是她用来吸引那些不相信真正解脱的大众的(《天台泐法师灵异记》,载钱谦益,《牧斋初学集》,43.12a—16b)。

袁,宜修和纨纨与其他超过三十位的女信徒一起进入了她的无叶堂,并由一位女侍从服侍着。纨纨是一位特别坚定的信奉者,前世是一位男性学者,恳请观音让他再生为一位才女。① 对女性宗教潜能的肯定,因此也就与对其文才的赞美有着密切的关系。

家内女神的发展

　　许多妇女还被其族人视为神仙,在死后成为家族礼拜的对象。在女性家内之神的发展中,男性是关键人物。晚明时,官方对女性宗教力量的恐惧,从用敕令宣布一些有着大量女性追随者的教派为"邪教",到儒家训诫劝告家庭主妇避免迷信,都可以充 *201*分证明。但与此同时,许多士大夫却公开认可了女性在宗教上的特异灵力,泐子和昙阳子吸引了大批士大夫和文人信徒。② 在私人家庭中也一样,丈夫和父亲们公然促进女性族人的宗教虔诚,以至达到了在她们死后将其神化的地步。

　　如扬州作家石成金,就视其妻周氏为天赋超自然灵力的佛女。她不仅不停地诵经,而且还精通它们的含义和内容。一天午饭后不久,她召集女儿和儿媳作一堂非正式的功课。手上拿着一本书,她开始列举明王的故事,明王是一种有着狂怒外表的神,在密宗中,他是邪恶精神的消灭者。"氏之生性崇信佛法,若见闻经典禅语,如同轻车熟路,每每跪诵金刚尊经,时常念佛,不离于其口,数珠不离于其手,乃在家而有出家之行也……雍正十年五月

---

① 叶绍袁,《续窈闻》,10—11 页;钱谦益,《列朝诗集》,《闰集》,4. 49a—50a(叶小鸾条)。钱谦益解释说,无叶堂这一名字所含有的无叶枝之意,表示的是纯洁和真理。
② 关于昙阳子,参见瓦尔特纳(Waltner),"幻想家和官僚"("Visionary and Bureaucrat");同作者,"向一位女性学习"("Learning from a Woman")。

十四日,午餐之余,在架上偶撤唐朝纲鉴,执书坐向诸媳女,讲论明皇事典两三张,忽以手自抹眼云:我时常虔诚念佛,今日果有西天童幡来迎接,我当随去。说完即抛书闭目坐逝。"石成金明显相信其最后梦幻的可靠性。① 他并没有苛责她的每日礼拜,反而规劝他的读者以与她同样的敬虔去礼佛。

叶绍袁似乎相信女人更有灵气。他不但鼓励宜修与渤子和其他佛、道信徒交往,而且他还从她们那里寻求帮助,以唤回他死去的女儿小鸾,他认为小鸾是一个下凡的仙女。小鸾的父母都不认为她真的死了。在她死后的七天,她的身体变得轻、软了,但她的肉却仍然瓷实。在她的棺木被封上之前,宜修在她的右臂上写下了小鸾的名字,以便在来世,她们能够通过朱砂标记相互认出。然后宜修将一幅刺绣的观音像放在了她的身上,还有两部宜修作为功德手抄的佛经——《大悲咒》和《金刚经》。②

部分出于悲伤,部分则出于他对来世的相信,绍袁开始为小鸾的重回阳世做着准备。他和宜修将她的卧房作为一个家庭佛堂,重新进行了装饰,在一张桌上献祭着观音像和佛经。他在这间房里冥想,向他的女儿说:"倘欲来玩,我当焚香室中煮茗案上,候汝何如?"他还请求她出现在他的梦里与他说话。③ 在她的五哥声称于梦中看到她在神山和洞窟中后,绍袁开始更加相信小鸾是一个天人,降临到他的家中做一个人间逗留。④

---

① 《往生奇逝传》,载石成金,16b—17a。
② 叶绍袁,《祭亡女小鸾文》,载叶小鸾附录,59—60 页;沈自征,《祭甥女琼章文》,载叶小鸾附录,53 页。沈自征写道,他听说宜修在用朱砂写上小鸾的名字时,恳请她作为男儿寻求再生到她家的机会。但宜修和绍袁都没有在他们的记载中谈及此事,再生为男的愿望也不符合上面提到的他们对渤子无叶堂的坚信。
③ 叶绍袁,《元旦再告亡女小鸾文》,载叶小鸾附录,61—62 页。
④ 叶绍袁,《祭亡女小鸾文》,载叶小鸾附录,59 页。

对再生和与亡者交流的相信,源自佛教轮回再生的信仰,它 *202* 在晚明文人中极为流行。梦因此成了阴阳界交流的渠道;对男性和女性都一样,梦不仅是象征,也是构成现实的可靠经验。[1] 我们已经看到,钱宜和丈夫吴人是怎样有着一个"同梦"的神奇经历;两人都非常认真地视其为他们之间共鸣的一个标志。家中的亲密和卧房内的梦幻,因此可能带上了一种超自然的含义。"世俗的"家庭生活远不是世俗的。

叶绍袁寻求灵媒的帮助以与小鸾沟通。[2] 在这些降神活动中,小鸾作为叶家女神的各种形象,都是其生前才女形象的延伸。1636 年,泐子带头搞了一个降神会,在这次降神会上她透露,小鸾在前生是一位月府侍书女。在后来的 1642 年,另一位灵媒称小鸾是曹大家的再生,曹大家是汉代大儒班昭的尊称和后来所有博学女性的榜样。[3]

小鸾因此就被铭记为了管理世俗和神秘知识的人,对一位生在看重女性才华家庭但不幸早逝的才女而言,这是再合适不过的一个形象了。她的诗歌选被广泛收入其他选集中,这些诗歌选包括了她在降神会上口述的诗句。[4] 女画家们珍藏着小鸾的画作,并在她们的作品中摹仿着她;诗人们应和着小鸾的诗

①男性是梦之真实性的坚定信奉者。小鸾死时,沈自征正在徽州,他后来才得知这一消息。小鸾死后的第四天,自征梦到了她,他们讨论了诗歌。她甚至还献诗给他。后来当他听到她的死讯时,他开始相信小鸾确是仙女,是她分离的灵魂出现在了他的梦中(沈自征,《祭甥女琼章文》,载叶小鸾附录,52—53 页)。

②第一次发生在 1634 年,在他的一个外甥严圣的苏州家中。严圣有一位仆人自称是来自阴间的信使。这次会面的细节详载于叶绍袁,《窃闻》,1—7 页。宜修没有在场,但当绍袁返家后,告诉了她所有的事(参看叶绍袁,《自撰年谱》,31 页)。

③叶绍袁,《续窃闻》,11 页;同作者,《琼花镜》,2 页。泐子告诉绍袁,因小鸾已是仙女,所以她不必一定在无叶堂中修炼,宜修和纨纨也在那里。

④参见,如,钱谦益,《列朝诗集》,《闰集》,4.50b—51a,这里面收录了 14 首小鸾的诗歌,其中 3 首是于梦中或降神会上的口述之作。

句。直到 19 世纪时,还有男人和女人声称在降神会上看到过她。① 通过其作品和绘画的传播,这位家内女神活在了大众的想像中。

随着时间的推移,叶小鸾的口头传说获得了五花八门有时还是相互冲突的含义。在第二章中,我们看到了小鸾是如何与小青这位妾等同起来的,两人都是短命的才女。在小鸾传奇中,她、杜丽娘和昙阳子——两个闺秀和一个小说虚构人物——在读者的想像中交融为一体,②小鸾尤其成了几个世纪以来女诗人的激励和榜样。她在她们的心中获得了真正的永生。

她自己的世界:家居式诗社

以上对伙伴式婚姻和家内宗教的讨论,特别强调的是他和她 203 世界间的相互关系。与此同时我们也看到,无论感情是否亲密,上层家庭中的夫、妻都承担着不同领域的职责,一种被空间上的分离强化的功能区分,这种空间上的强化指的是女性居于闺内,丈夫则因公众生涯而必须经常旅行。分离领域促进了一种闺阁

---

① 马荃(约生于 1690 年)是一位常熟女性,她将其画作之一命名为"仿小鸾之花与虫"。在她的长篇墓志中,描述了她惊叹小鸾技艺的情况,参见《玉台新姿》(*Views from Jade Terrace*),135 页。关于妇女为叶小鸾赋诗的情况,参见恽珠,14.12a,19.5a。在降神会上见过小鸾的 19 世纪男性之一是王寿迈,1856 年,他出版了一本关于这些降神会和一块据说属小鸾所有的砚台的作品。这一作品被冠为《砚缘杂录》之名(引自古德里奇和房兆瀛,Goodrich and Fang, 1579 页;参看《玉台新姿》[*Views from Jade Terrace*],135—136 页)。一位 20 世纪的藏书家和叶小鸾的后人叶德辉编了一卷书,此书包括了从《午梦堂全集》中抽出的关于其降神会的描述及其坟茔参观者所写的诗(参见《女士疏香阁遗录》)。

② 许多明末清初之人都推测,汤显祖的杜丽娘形象是以昙阳子的生平为雏形的(焦循,35—36 页)。对昙阳子的一个长篇讨论被附于《三妇合评牡丹亭》后,但这些妇女并不认为昙阳子是杜丽娘创作背后的灵感(《还魂记》"附录",1a—2a,载汤显祖,《三妇合评牡丹亭》,上)。关于小鸾与杜丽娘身份交融的情况,参见第二章。

内女性文化的繁荣,这一文化在一定程度上是独立于男性世界之外的。只有通过探究这些女性独有的交际含义,我们才能正确评价其生活的经和纬:在以男性为中心的官方宗族和权力结构中,女性能够获取的独立是怎样衍生出来的。

沈宜修主持了一个非正式的女性社团,这个社团组织聚会、出游或交换诗作。作为"家居式"女性社交网的一个例子,这一诗社逐渐围绕着两个家族的妇女而形成——沈家和叶家。这种对宗族关系的依赖,可以以积极和消极的两种眼光来衡量:宜修只能在家庭结盟而形成的女性结集中选择朋友;从消极上看,她的诗社是被动受制的。但也如我们所看到的,事实上这些也是范围很广的交际网,包括了吴江和它的邻地嘉善的整个名族范围。从这一角度看,宗族和姻亲纽带不是限制,它们反而助长了女性社交网的扩展。

如我们已经看到的,沈宜修和她的女儿们是受过非常良好教育的;文学和学识是沈家和叶家最重要的文化资本。她们被誉为"名媛",在一个为女作家而设的独立的"艺文"类中,她们的诗歌集被突出地载于吴江和苏州的地方志中。① 通过她们创作的大量诗歌,沈宜修家居式诗社的活力和多产是非常明显的。

这个群体的中心是宜修、她的三位长女、她的堂姊妹和表妹兼好友张倩倩。我们还可以在一些诗歌题词中找到其他成员的蛛丝马迹,这些成员包括沈家主要房支的亲戚——宜修的姐妹、兄嫂弟媳、堂姐妹、侄女、姑母和族姑——一个约有十五人的小团体(参见图表1)。钱谦益称赞沈家女性的文学追求传统,他写道:"于是诸姑伯姊后先娣姒,靡不屏刀尺而事篇章,弃组纫而工

---

① 参见,如,《同治苏州府志》,139.1a—2a。

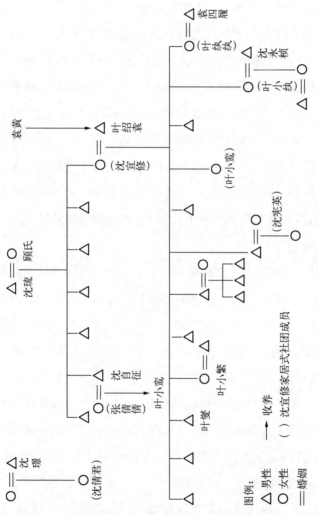

图表 1 沈宜修家居式社团成员

图例:
△ 男性
○ 女性
= 婚姻
→ 收养
( ) 沈宜修家居式社团成员

资料来源:《午梦堂全集》,各处;叶墅;奥崎裕司(okuzaki),"苏州府吴江县"("Soshūfu Gokōken")。

子墨,松陵之上,汾湖之滨,闺房之秀,代兴彤管之诒,交作矣。"除宜修及其女儿的作品外,钱谦益还为他的诗集精选了 25 首宜修 [205]亲戚和朋友所写的颂诗。[①]

宜修非正式女性交际网的构成,与以男性为中心的宗族和姻亲关系构成有显著不同。首先,并没有以叶家为中心,绝大多数女性成员都生于或嫁入沈家。当然,宜修的女儿和儿媳是例外。尽管少数成员的身份不能确定,但有姓名的这些人——可能是宜修最亲近的——大多都是沈氏女性。造成这一点的主要原因是,作为一个文学家族,沈氏有着特殊的声名,所以也就有着异常高的女诗人比例。尽管宜修很少造访本家,但她保持着与本家女性亲属的接触。叶绍袁与其家族权势之房的疏远和他没有兄弟这样一种现实,也多少妨碍了叶家女性参与到宜修的社会和感情生活中。

男性和女性对社团的第二个不同,表现在除了嫁给一位袁氏的纨纨——她的女儿外,宜修的小团体中没有袁氏女性。尽管叶绍袁和袁天启是在一起度过很长时间的养兄弟和最好的朋友,但并没有材料记载他们妻子间或宜修与其他袁氏女性间有任何来往。[②]

宜修社团的第三个显著特征是婢女的参与,在男性的眼中,她们充其量不过是家庭体系成员中的下等人。这些年轻的女孩或被称作"婢女",或被叫为"侍女",她们出现在大多数的女性聚会中,并且自然是闺内同伴。宜修和她的女儿与她们中的一些人

[①] 钱谦益,《列朝诗集》,《闰集》,4.51ab。尽管《列朝诗集》是在钱谦益名下出版的,但其中对女诗人的评论则为其妻柳如是所写。

[②] 袁天启的妻子曾于 1632 年带着她 12 岁的女儿造访叶家,以哀悼其儿媳纨纨的去世(叶绍袁,《年谱别集》,78 页),但并没有提到宜修与她有任何来往。

发展出了一种亲密关系。宜修曾为一位死于 11 岁的婢女写了一首感人的诗歌。小鸾的侍女红于，也经常在小鸾的诗歌中被提到，她采花、督促小鸾小憩并且学着作了几首诗。当小鸾在她死后的一次降神活动上重返时，她首先写了一首诗以传递对父母的挂念，然后她便要求看红于：就说我想她。小鸾死时红于 17 岁，后来她被绍袁送回家，并成了一位学者的妾。①

当沈宜修的侍女随春到 15 岁时，在闺阁内闹出了一阵骚动。这位青春期的女孩开始怕羞，身体也发育起来，并常有浪漫幻想。叶家三女一轮轮赋诗以逗弄她，惊奇于她开始出现的含情脉脉眼光和苗条腰身。好奇或高兴于女性身体所显现出的迷人，这些女孩儿明显有着很多乐趣。这种情感使我们想到了她们对小脚的迷恋，这一点已在上一章讨论过。连宜修也来凑趣，除了应和其女的诗歌外，她还另写了一首戏弄绍袁，警告他说，随春看来是被他迷住了。②

尽管叶绍袁并没有参与这些女性闺阁乐事，但他非常喜欢妻子的善交际和幽默。他回忆说，宜修"浓眉秀目，长身弱骨，生平不解脂粉，家无珠翠，性亦不喜艳妆，妇女宴会，清鬓淡服而已。然好谈笑，善诙谐，能饮酒"。③ 很明显，叶绍袁并没有受邀参加这些聚会。尽管并没有宾客名单记录或这些"妇女宴会"的其他细节，但从绘画中看，它们与其时的文人聚会区别不大——饮酒、

---

① 沈宜修，《鹂吹集》，109 页；叶小鸾，7 页、12 页、25 页。关于小鸾的降神会，参见叶绍袁，《续窈闻》，12 页。关于红于的离开，参见叶绍袁，《自撰年谱》，36 页。
② 关于宜修侍女随春的诗歌，参见叶绍袁，22 页；叶纨纨，19—20 页及沈宜修，《鹂吹集》，86—87 页，97 页。
③ 叶绍袁，《亡室沈安人传》，载沈宜修，《鹂吹集》，155 页。

调笑、游戏、奏乐、赏花及必然的几轮赋诗。①

　　在一组诗歌中，沈宜修以幽默的笔触，描绘了她的五位朋友的外貌和个性，她们是表妹张倩倩、弟媳周氏（宜修弟弟沈自炳的妻子）、她的六妹、一位王夫人和一位齐姓表姊妹。② 这些诗歌真诚的语调，与现存的其他诗歌一道，共同记录下了她们的友情，它们也表明了这些女性的经常接触，并且感情非常亲近。另外，一位特别的族姑也是宜修闺阁的经常造访者，她教过宜修的女儿小鸾弹奏古琴。③

　　闺中的温馨时刻逐渐围绕着母—女轴心形成。在她的孩子中，沈宜修与三位长女——纨纨、小纨和小鸾——最亲近，三人各差三岁。在宜修选集的 727 首诗中，有 92 首是与或为纪念她的三个女儿而写的。④ 在一首名为《夏初教女学绣有感》的诗中，宜修写道，对女儿的教育，使她想起了自己度过的时光：

> 忆昔十三余，倚床初学绣，不解春恼人，惟谱花含蔻。十五弄琼箫，柳絮吹粘袖，挈伴试秋千，芳草花阴逗。十六画蛾眉，蛾眉春欲瘦，春风二十年，脉脉空长昼。流光几度新，晓梦还如旧，落尽蔷薇花，正是愁时候。⑤

207

---

① 一幅此类绘画被冠名为"仕女春戏图"，它是一幅清代作品，描绘了 83 位女性举行的一次户外聚会。一些人穿着男性服装。复制品见于泛亚细亚文化交流中心，91页；解说词见 115 页。

② 沈宜修，《鹂吹集》，9—10 页。宜修的妹妹智瑶嫁给了一位不般配的丈夫，此人沉溺于赌博。智瑶非常压抑，所以她于 1644 年自杀身亡，此时的她 30 多岁（叶绍袁，《年谱别集》，94 页）。

③ 参见，如沈宜修，《鹂吹集》，8 页。与这位族姑的确切关系并不清楚。她可能是宜修父亲同辈的一位远房亲戚。

④ 沈宜修的丈夫叶绍袁排在第二，有 54 首诗（沈宜修，《鹂吹集》，各处）。亦请参见，高彦颐（Ko），"追求才和德"（"Pursuing Talent and Virtue"），27 页；关于宜修女儿的教育及其母女亲密无间的感情，参见 22—28 页。

⑤ 沈宜修，《鹂吹集》，2 页。

当三十五岁左右时,宜修强烈地意识到了妇女文化代代传承的必要性。后来其两女的亡故,又促使她思考不仅是时间上的,也是空间上的女性遗产传承。

友情和亲属关系:通融下的妇女情谊

学习刺绣、分享美酒、做退隐山林的白日梦、戏弄婢女——这些闺阁内的日常生活,对女性而言是有着极深含义的。但即使当我们承认这一女性文化的某种自主性及女性的能动作用时,也要认清她们不能自主的地方。如沈宜修和张倩倩间友情所证实的那样,即使看起来是单纯的个体女性间的友谊,也是与家族、亲属关系和权力体系最大程度通融的结果。

宜修七岁时,她的母亲死了。她的父亲请一位嫁给张家的妹妹来照看他的孩子。① 她带着的女儿张倩倩成了宜修最喜欢的表妹,并且两人终生为好友。宜修与倩倩的亲密关系,显示出这类家内群体中经常约束女性的多层纽带关系:由出生决定的父系表亲,她们像姐妹一样一起长大。并且,倩倩嫁给了宜修的弟弟,因此她也是宜修的弟媳。另外,她收养了宜修的女儿,并抚养了她九年,给了她如宜修可能给予的同样的诗歌教育。

宜修和倩倩间的亲密关系,由宜修所写的 28 首诗和一些细节描述记录了下来。尽管家庭关系为相互接触提供了一种自然环境,但中国家庭中的父系社会习俗和男系地方婚姻,都意味着女性是不能选择她们在哪里生活的。作为一个结果,便是在其人

---

① 尽管沈宜修有 8 个兄弟和至少 2 个姊妹,但她的母亲顾氏只生了宜修和自征(沈自征,《祭甥女琼章文》,载叶小鸾附录,50 页)。

生的某些阶段,亲密朋友间的分离几乎是不可避免的。以下是对宜修和倩倩一生友谊的简要叙述,它们显示出这些分离是如何可能经常发生的:

1597—1605 年:倩倩三岁,被其母带到了宜修家。这两位表姐妹一起长大,直到宜修出嫁。

1605—1610 年:宜修成了叶家的新娘,倩倩则被带回了父亲 ²⁰⁸ 家中;两人有五年时间没有见到。

1610 年:倩倩嫁给了宜修的弟弟自征;宜修返回娘家参加他们的婚礼。看到倩倩时,宜修的眼睛一亮——她已经出落为了一位闪着女性魅力光彩的女人。"余一见光艳惊目,娟冶映人,亭亭若海棠初绽,濯濯如杨柳乍丝。余窃思初与别时,发尚未垂,别来数年,挺秀遂至于此,恨不见袅袅初余,盈盈二八耳。昔人所云,美而艳者,殆必若此。"她们挑灯夜谈,"斜月半窗,金壶渐滴,与二三女伴,挑灯话旧,庭户寥寥,栏花灼灼,不知东方之白也"。她们在一起共度了几日。

1613 年:宜修造访娘家,并短暂探望了倩倩。

1616 年:宜修的三女小鸾被沈自征和倩倩收养。

1617 年:宜修的父亲致仕于故乡;宜修造访本家几次。倩倩已经发胖,她的身体看起来更加丰满,她的皮肤也像以往一样柔嫩。宜修和其他沈家姊妹戏弄她,并给她起绰号为"杨贵妃","时倩倩脂凝玉腻,微丰有肌,姊妹妯娌间,戏呼为华清宫人。偶当日午梦余,云鬟仿佛,余曰:此真沈香亭上,宿醒未解耳。诸女伴笑谓余曰:汝能作清平调咏之乎?余曰:愧非青莲,先有捧砚人在此矣"。

1618 年:当宜修的丈夫在南京参加科考时,宜修和倩倩偷离家中两日而到了一个湖上。"是夜停舟对饮,"宜修回忆道,"共论夙昔生平,聊为快叙也。"按宜修所说,倩倩酒量绝佳。

1622 年:宜修造访本家参加父亲的葬礼,看到倩倩几日。

1625 年:1624 年,倩倩的丈夫已离家赴北方边境,以寻找做幕僚的机会,并从此再没见过她;倩倩患病,小鸾于 1625 年返回宜修的家中。

1626 年:宜修邀倩倩与她同住了几个月。她们一起写诗。某晚,当两人饮酒、并"尝言及炎凉世态"和自征的离开时,都流下了眼泪。最后她们互相赋诗。宜修写道:"悲感不胜,相顾泣下沾衣。"

1627 年:宜修、小鸾和倩倩受邀住在沈自炳家中几日。然后宜修前往南京,与丈夫一起赴其新任,并且当倩倩的死讯到来时,她仍离家在外。[1]

这些分离和团聚通常由父亲和丈夫的决定或行踪所确定。在这层意义上,显然是由男性和公众世界所塑造的官方亲属关系结构,限制了个体女性的有效选择。但对私人友情,女性是有着发言权的。尽管她们不可能选择于同一时间在同一地点,但通过交换诗作,宜修和倩倩间的友情得以维持。表亲关系是由出生所决定的,姑姐弟媳则是由她们父亲的选择所决定的,在丈夫同意的前提下,这两位女性选择了以收养女儿作为凝结友情的手段。

在一个与叶绍袁被袁黄领养极为相似的协议中,宜修的三女小鸾被沈自征和张倩倩领养。小鸾离开父母家时仅六个月,并且直到九岁才返回。在自己的四个孩子都在婴儿时死去后,倩倩非常渴望养育一个女儿;小鸾并没有更名改姓,并且因为是女儿,所以继承财产也就与她无关了。叶绍袁称沈自征为小鸾的"育舅",

---

① 以《表妹张倩倩传》重新编排,载沈宜修,《鹂吹集》,131—134 页。

对倩倩则以其旧关系称为"妗母"。① 小鸾的领养主要是一对最好的朋友纪念其亲密关系的一种方式。与男性的领养不同,女性的领养是个人的和情感的,并没有卷入作为共同体的家族。

对女性社团而言,领养创造了另一层亲属纽带关系,通过这层关系,强化了成员间的团结。通过为其女寻求领养和与表妹的私人友情,宜修以非正式的私人方式,试着将女性传统嫁接到家庭体系之中。并且,在将其社团扩大到地方显赫家族圈外的同时,她为女性的社交网创造了一块空间,这一空间是与男性控制的家庭联盟关系网并存的。

家人死亡:危机和转折

具有讽刺意味的是,死亡经常是女性交际网得以扩展的机会。家人死亡是太多女性的共同经历,所以它将那些从未谋面的人聚到了一起。② 交换诗歌以纪念此类新形成的纽带关系,并且这些诗作如果出版了,则又画出了另一类社交圈。与闺中生活的温馨甜蜜一道,在女性文化的文学领域,死亡和离别构成了一个突出主题。

家人死亡当然并不是妇女的独特经历。士大夫的公众作品中充斥着为朋友和熟人所写的墓志铭和挽歌。但由明清妇女所写的充满 *210* 感情的挽诗的数量及其高度的私人语气,都显示出女性对家庭生活残断的一种特殊敏感。男性更倾向于将家庭视作一条代代相传的不

---

① 叶绍袁,《自撰年谱》,10 页。叶绍袁在这里写道,小鸾是在"四个月大"时被送到了养父母家。这可能是错误的,因为所有其他记载都称"六个月"。参见,如,《季女琼章传》,载沈宜修,《鹂吹集》,128 页;沈自征,《祭甥女琼章文》,叶小鸾附录,50 页。

② 罗郁正(Irving Lo)(44—45 页)业已指出,中国女诗人写了很多家庭成员亡故的悼文。罗郁正还提到一位 18 世纪的女诗人席佩兰,在接连的三天中失去了两个儿子和一个兄弟,席佩兰的悲剧与沈宜修很相像。

断的线,而女性则着重于每个个体生命的中断和危机时刻。

死亡降临到明清江南女诗人家中的频繁,还是令人惊奇的。以沈宜修为例,她于1627年失去了最好的朋友张倩倩,1632年失去了一个女儿,1633年又失去了另一个女儿。在短短的三年中,即1632—1635年,最亲近的六个家庭成员走进了坟墓,其中也包括了死于1635年的宜修自己。

青春期女诗人似乎特别脆弱。粗略看一下宜修的熟人,就有几个例子:周挹芬,她是著名的吴江周家的女儿,她家仅与宜修家隔着三户人家,她是一位画家和诗人,死时不到二十岁或二十岁多一点儿。沈纫兰,一位嘉兴的闺秀诗人,失去了她的女儿黄双蕙。双蕙与小鸾一样,是一位有些声望的年轻诗人,她死于1626年,只有15岁。同样的命运也降临到了纫兰的儿媳身上。[①] 如我们所看到的,相信女性才高福薄的看法,普遍流行于明末清初的男、女之中,它看起来也确实有一些事实依据。

对这些经常性死亡的某些解释,不论它带有多强的推测色彩,在我们考察死亡对女性社团的含义之前,都是非常必要的。尽管纨纨的父母认为她死于不幸婚姻所导致的压抑症,但她和小鸾很可能是死于一种疫病,因为她们的死亡都很突然也很相近。但地方志却对1632年的疫病暴发失载。魏斐德确认,1626—1640年间是"天灾高峰期"的开始,其特征是经常性的饥荒、蝗灾和天花。两个主要疾疫暴发于1586—1589年和1639—1644年的中国。[②] 这两位一二十岁的年轻女性和她们四岁的弟弟也一

---

① 《周挹芬诗序》,载沈宜修,《鹂吹集》,127—128页;叶绍袁,《彤奁续些》,1页。关于沈纫兰的族谱,参见潘光旦,《嘉兴的望族》,41页。
② 魏斐德(Wakeman),"17世纪的危机"("Seventeenth-Century Crisis"),5—6页;邓斯坦(Dunstan),9—10页,16—18页。

样,都可能是这次疫病浪潮和社会整体健康状况退化的受害者。

沈宜修和她的二子都死于"病肺",它几乎可以被肯定是肺结核。在日记中,叶绍袁记下了他的儿子如何在 1633 年早期开始大量咳血;他的妻子很快也出现了同样的病症。在接下的一年,宜修的健康恶化到了经常卧床不起的程度。在肺病夺去了她儿子的生命不久,1635 年中期,宜修也开始"像她的儿子"一样大量咳血。五个月后她也死了。① 按明末清初中国人的平均寿命大致只有今人的一半看,这些给沈宜修和其他上层女性家庭沉重打击的经常性疾病和死亡,也就更容易理解了。②

除了生理上的解释,可能还有心理因素。因为纪实性材料的 *211* 零散片断,所以任何心理解释都只能停在臆测阶段。但大量完婚前后很短时间内死去的少女还是显示,这是女人一生中最脆弱的一个阶段,这一假设已被马热丽·沃尔夫对现代中国台湾的研究证实。③ 另外,在维维安·吴对中国清代疯癫的研究中,她注意到"年轻女性,特别是那些处在婚姻边缘的女性,似乎对恶意的淫视特别敏感,结果是她们经常变得暂时精神错乱"。吴的观察是整个建立在轶事史基础上的。④

婚前焦虑和精神偏执间的联系,被总督江南的汤斌所发布的一个法令更直接地证实了。五通这位财神被广泛认为是一位女

---

① 叶绍袁,《自撰年谱》,30—33 页;同作者,《百日祭亡室沈安人文》;同作者,《亡室沈安人传》,载沈宜修,《鹂吹集》,分别见于 146 页,149 页,155 页。
② 迈克尔·马尔梅(Michael Marmé,43 页)估计,1680—1829 年间,苏州人的平均寿命为女性 36.76 岁、男性 33.68 岁。
③ 谈及女性的生命周期与其所经历的焦虑之间的关系,马热丽·沃尔夫(Margery Wolf)指出,婚姻是这些充满压力的转折中的一个。她指出,特别是年轻新娘很容易自杀("中国的女性和自杀"["Women and Suicide in China"],载沃尔夫和威特克,Wolf and Witke,111—141 页)。
④ 吴(Ng),58 页。

性诱奸者,为了扑灭对五通的痴迷,汤斌揭露说,地方官每年都报告有几十宗精神偏执狂个案。"凡少年妇女有殊色者,偶有寒热之症,必曰五通将娶为妇,而其妇女亦恍惚梦与神遇,往往羸瘵而死,家人不以为哀,反艳称之,每岁常至数十家。"在对五通的研究中,万志英业已指出,与五通的梦合,是一种文化上被认可的计谋,女性通过它避免与丈夫上床或甚至中止婚姻关系。①

从我们对少女诗人的研究,可以作出这样一个结论:这些女性爱读《牡丹亭》,所以特别浪漫敏感,对婚姻幸福充满憧憬。但是通过姐姐、母亲或姑母遭遇的不般配婚姻,她们意识到了其希望的脆弱。因为她们直到婚礼那天才能看到新郎,所以在通向这一天的这个阶段中,自然就会是为焦虑所折磨着的。一些人会因服侍未来的婆母或不配伺奉的丈夫这样一种前途而变得非常压抑,以至于出现自杀;一些人则可能死于压力所导致的疾病。

叶小鸾死于婚礼举行的前五天,这是这一年的十月,在她病了 25 天之后。在整个阴历年里,小鸾的诗歌都充满了不祥的预感。如在一首未完成的诗中,她写道:

> 梦里有山堪遁世,醒来无酒可浇愁,独怜闲处最难求。

212 第一句诗明显让人想到了纨纨的"山癖"。在另一首不祥的诗中,小鸾借用的是某位处在生命尽头的痛苦之人的声音,并且邀请她的姐妹们加入其中:

> 萧条暝色起寒烟,独听哀鸿倍怆然,木叶尽从风里落,云

---

① 《请毁淫祠疏》,载汤斌,1.67b—68a。汤斌的法令也在万志英(von Glahn)的书中被讨论过;关于他对妇女计谋的看法,参见 699 页、701 页。叶绍袁(《甲行日注》,228 页)报告了一例 1648 年苏州的五通追随者精神错乱的事。这位精神错乱的妇女已结婚数月。

山都向雨中连。自怜华发盈双鬓，无奈浮，生促百年，何日与君寻大道，草堂相对共谈玄。①

当时宜修和绍袁都认为这一宿命论是一个恶兆，但小鸾死后他们重读此诗，愈发相信女儿是一个仙女，预先为父母作好了心理准备。一个同样看似合理的理解是，小鸾不愿步其不幸姐姐纨纨的后尘，早已开始迷恋佛家和道家的超逸理想，这一理想也得到了纨纨和宜修的拥护。这些因素降低了她的抵抗力和战胜疾病活下来的愿望。

社团的延伸：悼文和出版

经常性的家人死亡，使沈宜修对女性文化遗产的脆弱性警觉起来。在其两女亡故到她本人离世的三年中，她除了写悼亡诗外，还投入到了两项出版计划中。她的个人悲痛转化为了一种强烈的公众和历史使命，宜修专心地跨时间和跨距离保存和传递着女性文字。在将手稿收集、印刷、分类上，她依靠着其男性族人的财力和后勤支持。如果没有其丈夫的关注和他提供的家外交际网，宜修的非正式诗社进化为一个女性"公众"社团是不可能的。男性的亲属关系和公众联系促进了女性社交关系的扩展。

第一个计划是编辑小鸾和纨纨留下的手稿。为小鸾手稿制

---

① 叶小鸾，9 页，22 页；也请参见 2 页、15 页、30 页、32 页、33 页。除了死亡，小鸾似乎也着迷于梦。1631 年，她写了一篇关于一位名叫煮梦子的隐士的文章。一天晚上，他从隐居房子的窗户，看到了两位美人在外面的花园中，在上苍的歌声中，她们相互倾诉着内心的悲伤。当煮梦子朝她们走去时，她们消失在蕉园中；因此他认为她们一定是蕉灵（《蕉窗夜记》，载叶小鸾，41 页）。

作的刻版,在她死后的百日内就已做好,这也说明了目标的紧迫性。① 到 1634 年,两卷都已出版,并分发给了宜修钦佩的江南女诗人。这些诗句撞击着许多充满同情之感的心弦。她们中的一位沈纫兰,有着同样的悲剧,这一点在上文中已提到,她写道:"读琼章(小鸾)诗草,追忆亡女慈缘双蕙,痛不自禁。拟次其姊昭齐蕙绸二十韵,同深惜玉,竟以泪逼情痴,愁催肺裂,独寐寤叹,咽不能成。"②

213

表3　沈宜修延伸的女性社团

姓名	原籍	与宜修的关系	当面相见
沈纫兰	嘉兴	朋友	否
黄媛贞	嘉兴	朋友	否
黄媛介	嘉兴	朋友	否
吴山	南京	朋友	否
王徽	苏州	女婿的姐妹	否
沈夫人	吴江	堂姐妹	是
周兰秀 a	是江	甥女	也许是
沈智瑶	吴江	妹妹	是
沈宪英	吴江	侄女	是
沈华鬘	吴江	侄女	是
沈蕙端	吴江	侄女	否
沈倩君	吴江	堂姐妹	也许是
张蕊仙	昆山	不明	也许否
严琼琼	吴江	甥女	也许是
黄德贞 a	嘉兴	朋友	否

资料来源:叶绍袁,《彤奁续些》,各处。
　　a　周兰秀的母亲是一位与宜修有亲戚关系的沈家之女,她也是黄德贞的姑子,两人都嫁给了平湖孙家(参见潘光旦《嘉兴的望族》中的孙氏家谱,66 页)。

---

① 1633 年庆祝阴历新年时,叶绍袁向小鸾提到木版雕刻已经完成,他将向她祭上一个印好的本子(《元旦再告亡女小鸾文》,载叶小鸾附录,62 页)。
② 叶绍袁,《彤奁续些》,上,1 页。

宜修的挽诗与其他 14 位亲朋的挽诗悼文,后来被叶绍袁出版于一部名为《彤奁续些》的集子中。对这些女性与沈宜修间的关系及她们接触渠道的分析,揭示出了女性社团扩展中的两层模式。对亲戚,宜修只需动员她已有的非正式的诗社成员。这就导致了同样的沈氏女性占有绝对优势(见表 3)。对朋友,她需要动员男性的公众关系网,这些男性为了种种原因,一般是热切支持这种交叉互惠的。

在召集五位写悼文的朋友上,男性的中介作用至为关键,这五位朋友中就包括了塾师、作家和画家黄媛介。黄媛介开始与叶家女性诗歌的接触,勾勒出了在锻造"社交"和"公众"女性交际网时,男性亲属的必不可少的作用。1633 年,叶绍袁到嘉兴所在地 70 里西南的樵李,去礼节性地拜见一位方姓考官,在这里他偶遇了一位亲戚冯茂远(举人 1615 年)。绍袁于信上称冯茂远为"表弟",他是绍袁母亲的一位本家侄子,他来自嘉兴平湖著名的冯家。冯茂远也是另一位嘉兴人黄媛介的亲戚。冯茂远拜访方考 *214* 官,以向他推荐媛介的兄弟黄象三。在读过象三的作品后,叶绍袁也加进了自己的推荐。黄象三后来在那次科考中取得了最高名次。① 通过冯茂远这位母家族人,叶小鸾和纨纨的诗歌被送到了黄家。

后来,黄象三拜访叶绍袁以表达感激之情,并且作为礼物,带来了他的两位姊妹媛介和媛贞的诗稿。叶绍袁感到非常荣耀;他不仅在《彤奁续些》中将它们印了出来,还仔细地保存着手稿。②

---

① 叶绍袁,《年谱别集》,78 页;同上作者,《自撰年谱》,31—32 页。

② 黄媛介提到,1634 年,她的兄弟给她看了小鸾和纨纨诗作的印刷本,并说冯茂远希望她能写一些应和的悼文(黄媛介,《读叶琼章遗集》,载叶绍袁,《彤奁续些》,上,7 页)。可能媛介大堂姊黄德贞的诗歌,也是以同样的渠道带给叶绍袁的。

那时,作为江南艺术社团中的诗人和画家,黄媛介享有着相当的名望。在打造**男性**交际圈时,利用**她**的诗歌作为男性交际网的润滑剂,表明了女作家在江南文人文化中扮演了显著角色。冯茂远一直起着叶家和黄家中间人的作用。十多年后的1648年,他给叶绍袁带来了一本媛介的诗集《离隐歌》。①

所有送宜修诗作的朋友,包括黄媛介,从来都未与宜修谋过面。但当黄媛介被小鸾诗歌所打动时,她对宜修的不幸感到了深深的同情。想到自己穷困潦倒的生活,她出现了一种移情代入的感觉,尽管她还从未见过这三位吴江女性。她的20首应和诗中的一首是这样写的:

> 夜色青青变柳条,芳魂绝去不能招。
>
> 当年若见黄皆令,深怨深愁应自消。②

尽管因沈宜修死得太快,没有来得及充分享受、发展这些新结成的纽带关系,但沈纫兰和黄媛介悼诗中的感情力度表明,通过同情而对彼此作品的阅读,女文人发展了她们的友情关系。她们住在不同的城市,也没有面对面地交往过,但对她们分享做女人和做母亲的感受而言,这些都是次要的。换言之,女性交际网是通过文字的传播而得以扩大的。在一个大多数女性不能选择住在哪儿的社会里,文学和文本的传递使区域间女性文化的锻造成为可能。

除了编辑女儿的遗诗和征集江南闺秀的应和之作外,沈宜修

---

① 叶绍袁,《甲行日注》,241页。在叶绍袁的晚年,冯茂远很好地照顾了他,经常给他带去钱、米、酒和食物,还经常陪伴他(同上,210页、219页、222页,224—226页,229页,244—246页)。叶绍袁死于冯茂远的平湖宅第。冯茂远继续每年给绍袁家需要帮助的寡妇和孩子送去钱、米(《冯孝廉兼山传》,载叶燮,18.1a—2b)。

② 叶绍袁,《彤奁续些》,上,6页。

还开始了第二项计划,以为后世保存女性文字。在向其丈夫请求帮助时,她慷慨陈词:

> 女虽亡,幸矣天下奁香彤管,独我女哉？古今湮没不传, [215]
> 寂寥罕纪者,盖亦何限,甚可叹也。即如袁履贞生于我郡,世
> 家宦女,道蕴无年,遗篇散佚,犹幸因缘君于主人之馆,拾之
> 瓿覆,藏十年矣,而世不知也。吴兴又有吴驾部女,云有集行
> 世,而求之与其人俱杳矣。埋红颜于荒草,烬缘字于寒烟,可
> 胜道哉。君当为我博蒐海内未行者,暇时手衷辑之,庶几未
> 死,积之一二十年之后,总为表章,亦一美谭快事。若其流布
> 已久,声采籍甚,名字早艳人间,我不欲与幽芳并撷也。①

这一计划的成果便是《伊人思》,尽管并没有完成,但这部由沈宜修编辑的诗集汇集了 46 位女诗人的 241 首诗,并配有简短的评论,在她死后由其丈夫出版。②

《伊人思》的编排,揭示出了确立妇女作品的位置、保存妇女作品是编者的中心主旨。与大多数同时代的其他选集不同,它的四部分是依据材料的获得情况而划分的——出版的作品,未出版的手稿,口头文字传递的诗歌,那些被其他作家在他们的出版作品中引用的东西。在内容上,这些诗作反映出女性文化在这些作者生活中的中心地位,也反映出编者意识到了这一点。在这部诗集的 241 首诗中,有 83 首是题献给其他女性朋友、姐妹、女儿或其他女性亲属的。相比之下,只有七首是为男性而写。其中的46 位诗人是以母亲、女儿或堂表亲等亲属关系面貌出现的。寡居的王凤娴及其两女的诗歌,传递出了一个亲密无间的感情纽带

---

① 《跋语》,载叶绍袁,《午梦堂全集》,1 页。
② 沈宜修,《伊人思》。关于前后顺序,我引自《午梦堂全集》本。

故事,而这一纽带因两女的过早死去而被斩断。沈宜修扼要地注释道:"绝类余家诸女情景。"①

通过阅读彼此的作品,女诗人意识到了在悼念她们的亲人上,自己并不孤独。作为诗人和充满同情心的读者,她们不仅使情迷,也使自己的诗歌遗产得以永存。

身后遗产:印刷文字的力量

家刻是沈宜修和叶绍袁这对伙伴式夫妻的最后一个合作计划。两人间的分工显示了江南家庭出版的典型特征。女性可能负责编辑、校对其他女性手稿的全部任务,或可能与丈夫合作。但当进入到刻版和财政安排阶段时,这就是丈夫或儿子的工作了。另外,男性的家外关系网及他们以女性手稿来加强男性间的纽带关系,也推动了女性文字的传播。

对叶家出版的具体安排或带来的花销,我们一无所知。作为一个文学显赫家庭,沈家也有过家族出版经历;叶绍袁有可能从他们那里得到了工匠的情况。② 叶绍袁自己对官刻的出版程序非常精通。他于北京任教于国子监时,就用那里贮存的雕版,为很多熟人印制了私人版本;二十多两白银足够印两套如十三经和二十一史这样的不朽著作。③

宜修死后的一年,即 1636 年,叶绍袁编辑了她的著作,将它们与叶家子女们的其他八种作品合在一起,作为《午梦堂全集》发

---

① 沈宜修,13 页。王凤娴写的一首纪念女儿的诗,经常被收入各种集子中,关于此诗,参见郑光仪,1365—1366 页。
② 关于沈家家刻情况,参见大木康(Ōki),"出版文化"("Shuppan bunka"),79 页。
③ 叶绍袁,《自撰年谱》,19 页。

行,此名取自叶家宅第中的一个厅堂之名。① 随着一个儿子于 1640 年的死去及 1642 年举行的另一个降神会,一些新的标题被加了进去,并且几种后来的印刷物也出现了。② 1646 年,在清朝征服的骚乱中,叶家宅第被抢,至少有一些雕版被毁。③ 尽管没有记载显示初版的印数,但书坊立即重印了它的若干部分或将部分精选收入了一些选集中。特别流行的是妇女所写的诗句。明代结束前,宜修、小鸾和纨纨的诗集及宜修的《伊人思》,都出现在不同的坊刻诗文集中。④ 具有讽刺意味的是,到这些证明曾是家内女性文化的作品被公之于众时,这一团体的正式生涯便已因其成员的死亡而结束了。

沈宜修意识到了印刷文字在传播中的作用,并且她也在努力保存着女性的作品,但它们带来的一个没有预料到的结果是,大量的素材创作记录下了她自己的家居和感情生活。这些记载——保存在诗歌、传记和其他更多的东西中——透露出宜修是

---

① 午梦堂位于纨纨和小鸾闺阁的东面(叶绍袁,《年谱别集》,88 页)。

② 关于九个最早的标题,参见叶绍袁,《自撰年谱》,37 页,在这里,叶绍袁提到一个儿子叶世俗的作品是被后加进去的。郑振铎这位现代收藏家,提到了另一个 1636 年的本子,它有 12 个标题。最显著的区别是叶绍袁的剧作《鸳鸯梦》的加进,此剧的序写于"1636 年秋"(八木泽元,Yagisawa,"叶小纨","Yō Shōgan",96 页)。据叶绍袁《年谱》透露,初版发表于 1636 年 9 月,并且它只有 9 个标题,有可能这个更长的 1636 年本为后来重印。在内阁文库中,有一个明本《午梦堂十种》,它有 10 个标题。我引于本书的《午梦堂全集》,是一个在 1636 年初版基础上再版的合成本,它包括了所有后来加进去的内容。关于每个标题和对不同明版本间区别的概述,参见八木泽元(Yagisawa),"叶小纨"("Yō Shōgan"),92—94 页;古德里奇(Goodrich)和房兆瀛(Fang),1578 页。

③ 叶绍袁,《甲行日注》,135—136 页。

④ 美国国会图书馆和内阁文库,都有《伊人思》的明版本。前一个本子与《屺雁哀》放在同一个书匣中,《屺雁哀》是宜修的孩子们为她写的悼文;后一个本子则与《秦斋怨》放在同一个书匣中,这是绍袁为母、妻、子所写的一个悼文集。另外,绍袁和宜修的儿子叶燮,以其书斋二弃草堂之名,出版了《午梦堂诗钞四种》(杨绳信,71 页)。

一位以家庭为中心的人,即使在肩负着侍奉婆母和掌管家务重担的同时,她仍全身心地扑在丈夫和孩子身上。除了一次赴南京的短暂旅行外,她从未旅行到家乡吴江之外,而赴南京则是因其丈夫接受了一个新职位。如其时的许多上层女性一样,她的身体流动性受到了限制。并且,她的社交生活以娘家和丈夫家的女性亲属为中心——姑母、堂表姐妹、姑嫂之亲、女儿和甥侄女——处在由父权家庭支配的控制模式中。

217 　　尽管因为住处的接近和经常的接触而造就了很强的感情,但这类女性关系网并不稳定,因为它们的成员身份是伴着女性随夫、随父的离去而改变的。但身体的分离和距离,并没有割断或削弱这些关系网。相反,共有的离别经历是非常强烈的,以至于它将没有家庭纽带关系或从未谋面的妇女带到了一起,并用交换诗歌和其他作品形式来纪念这些扩大了的交际网。明末清初识字人群的扩展和印刷的普及,都扩大了江南的女性社团。

　　沈宜修故去的一个半世纪后,其家族中的诗人成为她们本乡苏州府的文化财产。当一位文人任兆麟(在世期 1776—1823)想要引证其家乡苏州的卓越文化水平时,他援引了沈宜修的名字,并提到了她的女儿们,任兆麟的妻子张允滋(生于 1756 年)领导着一个“公众式”诗社。① 任兆麟可能也是将这个诗社命名为“吴中十子”的人。作为公有荣誉和地方骄傲的表征,女诗人加入到了节妇和殉节者的行列中。

　　对一些文人来说,将才与德等同是太自然不过了,在描述诗

① 任兆麟,《〈绣余集〉序》,载沈纕,《翡翠集》,1a,载任兆麟和张允滋。这个集子收的是吴中十子的作品,每一类都有它的标题和页数。书中也有一个总页数,但它经常前后不连贯。我在这里引的是前者。对这一诗社的分析,参见高彦颐(Ko),“女士大夫”(“Lady-Scholar”)。

人时,他们用的是方志作家用来颂扬地方节妇的特定语言和惯例。如张允滋,这位"吴中十子"的领头人,被她的表侄用这些词汇来做介绍:"自古巾帼中以诗名者多矣,吾吴襟带太湖诸水及东西洞庭之胜,山川灵秀,钟毓尤奇,即闺阁中类能谐声协律,不名一家。"①

在一个超过百年的女文人文化发展的过程中,从沈宜修和叶小鸾到张允滋,都已在公有荣誉和地方骄傲这一公众领域中,成为显见的偶像。产生于闺阁内的亲密关系这一女性文化,已经超越了时、空和以男性为中心的亲属关系结构可能加给它的任何束缚。沈宜修,这位在其生命最后几年辛苦劳作以保存和传递女性遗产的人,可以说是心愿已遂了。

沈宜修是一位模范的家内女性,她既没有偏离她的闺内,也 *218* 没有偏离她被教导的"三从四德"准则。作为柔顺的儿媳、富有献身精神的妻子、勤劳的家务打理者和尽职的母亲,即使以最苛刻的标准看,她也可以说是没有辜负她的职责。除了一次南京的旅居和与女性朋友的出游外,沈宜修的身体没有越出过闺阁。即使对这样一位典型的家内女性来说,人生也远不是与世隔绝或单调乏味的。就沈宜修而言,男/女分离领域绝不意味着隔绝于男性的关注点或其他女性的相伴之外。

对沈宜修来说,"男女有别"首先和最重要意味的是一种功能性区别,即他和她家内职责的区分,对此她似乎毫无迟疑地接受了。虽然有着这样一种功能性区分,但沈宜修的智力和情感世界,则展现出了一种相当程度的男、女领地的相互渗透。如与其

---

① 宋广平,"跋",载张允滋,《潮生阁集》,16ab,载任兆麟和张允滋。

他女性在一起时一样,她同样劲头十足地与丈夫探讨文学和佛教问题。尽管在没有男性相伴的情况下,她发展了与女儿和朋友的情感纽带关系,但当她反复思考出版计划以保存她们的诗歌遗产时,她还是需要谋求丈夫和以他的亲属关系为基础的关系网的支持。这一家内女性世界经常是与男性世界分开的,但它并不是分离主义的。

沈宜修是典型的安守本分的家庭主妇,但也有一些其他江南妇女,为了实现她们的职守,不得不离家远行或活跃于公众场域。这些上层妇女的流动性、广博的社交关系网及开阔的文学视野,都将是下章所要探讨的主题。

第六章 书写女性传统：交际式及公众式 ²¹⁹ 结社

沈宜修的"家居式"诗社是女性社团中最普遍的形式，就其生命周期的大多数时间来说，它是在家内领域中默默无闻地存在着的。通过离家外出旅行或成为使其男性亲属相形见绌的知名作家，其他闺秀诗人更为公开地遨游于社交和公众名利场中。本章考察的是由这些女性作家组成的社团，这些社团处在家内领域辐射出的，但又远延伸于家内之外的领域中。不仅家内/公众的界限极具流动性，而且女性可能承担的角色也是非常广泛的。

本章所勾勒的闺秀诗人——旅行家、女族长和"交际式""公众式"诗社的成员——使"家居式"女性社团得以扩展而超越了三类界限：地理的、时间的和社交的。这些妇女并未公然反抗"三从"的要求，但她们涉险进入了男性的文学、公众现身和责任领地。每个人都以自己的方式，证明了女性的家内职责是可以与其作为作家的全新使命相和谐的。通过建立博学女性系谱，她们甚而试图将文学的女性文化传统嫁接到以男性为中心的亲属组织系统中。

在路上

地理限制是闺秀诗人通融中麻烦最少的一个界限。对于来

220

由阶层和社会性别决定的旅行模式:晚明印刷品典型地描绘了坐在马车上旅行的闺秀、骑在马上的男性和徒步行走的侍从。上流妇女也乘坐男人拉的车子、轿子和船只;农家女是步行的(《西厢记》,晚明本;再印于昌彼得,234—235 页)。

自明末清初江南士大夫家庭的妇女来说，旅行实际上是极平常的。无论是本地的远足或是跨省的艰苦跋涉，旅行都不会被视作是对女性家内本分的僭越。如巡游艺术家黄媛介所指出的，家内生活和贞洁美德，更多地取决于女性道德的坚贞不二，即她的主观愿望，而不是其身体的有形所在。221

妻、女陪同官僚赴其远任更为常见。小脚可能会减慢远行的速度，但坐在轿上、车上、船上的上层女性，都带着一种责任和历险的感觉渴望着动身。通过在赴任途中或在远任上服侍父亲或丈夫，她们遵从着"三从"的字面含义。这种顺从转而成为开阔眼界的机会，给旅行者带来了乐趣和新知识，也给其留在身后的朋友带来了羡慕。

王凤娴是江西宜春令的妻子，她就是这样的一位上层女性。1600 年的早冬，王凤娴监督着打点好他们的行李，并使全家——丈夫张本嘉、两个女儿和一个男婴——为返回江南老家的两个月的河上旅行做好准备。在这个江西西部的边远山区任职三年后，这位县令及其全家登上了一艘船，开始了东向的回家旅程。王凤娴这位闺秀诗人，保留着一本日记。最使她感兴趣的既不是旅行的后勤所需，也不是沿途的著名风景，而是路上的瞬间快乐和意想不到的时刻。

行程本身是缓慢和使人劳顿的。这个家庭花费三周的时间顺赣江而下，从旁经过了南昌城，到达了中国最大的湖泊鄱阳湖岸。在那里，他们改道为西河的逆流行程，向着江西和浙江的交界处航行。江西境内的最后一段航程比平时更艰难，因为对他们的船来说，水过于浅了。但这位上层女性对自己的忍耐力非常自豪："遇浅滩不得过，觅舟盘换就野宿焉。其舟止可容膝，伸立则发系于篷，伸卧则足限于板，梳洗什艰，止以巾束发，盘屈于中，其苦非言可馨。幸余素性,不为劳逸所移,唯后长笑耳。"①此外,诗歌提供了一个极受欢迎的消遣。看着自己的男婴吹着一根芦笛,王凤娴催促她的两位女儿加入进来,与她一起赋四言诗戏弄他。当他们终于靠岸并匆忙在一个小客栈安顿下来时,王凤娴病倒了,彻夜未眠。为了消磨时间,她再次将自己的思绪转向了诗歌。② 与我们看到的这种家内女性如沈宜修和她的女儿们一样,在女性的日常生活中,在将母女聚到一起上,诵、赋诗歌所起到的关键作用,在这里也同样明显。

与宜修一样,王凤娴自己非常留意女儿的文学教育。她让她们背三种风格的唐诗,教她们如《左传》和《诗经》这样的历史和诗歌经典著作,并伴以《楚辞》和《文选》中的例子,《文选》是南朝梁太子萧统(501—531)编的一部范文集。王凤娴的两个女儿都是死于韶年的多产诗人。③ 如前面所提到的,沈宜修也被降临到这两个家庭的同样悲剧打击过,她将王凤娴及其两女的作品收入了《伊人思》。④

王凤娴的弟弟对姊姊的博学以及对她带着无尽热情创始的女性学问传统予以了认可。在一篇为王凤娴出版的诗集《焚余草》所写的序中,他写道:"所幸家学一线,得随名媛千秋。"⑤另一

---

① 王凤娴,5.20a—27a。关于王凤娴,参见胡文楷,《历代妇女》,90—192 页。

② 王凤娴,5.23b。

③ 长女张引元死于 27 岁。据说她一直被告知着自己的死亡,一位神在梦中向她透露,她是道教的至上之神玉皇的侍书,在九年内被三次派往人间(施淑仪,1.17b)。无论是对梦的真实性的相信,还是引元的仙人身份,都使人联想到了叶小鸾传说。引元和其妹引庆的诗歌被广泛收于各种选集中;参见,如,周之标,5.15a—19b;钟惺,31.1a—10b。

④ 沈宜修,《伊人思》,11—14 页。

⑤ 王乃钦,《〈焚余草〉序》,载周之标,5.28a—29a。《焚余草》现已无完整保存本,但片断被保存在众多选集中。周之标提供了最完整的精选。

位兄弟在县试中名列第一,但凤娴仍是其家中最多产和最知名的
作家。

在客栈小憩后,王凤娴和她的家人越过江西边界,乘车到了
浙江衢江的最近港口,并乘船继续东行。当他们航行经过由富春
江拦腰劈开的峭壁时,王凤娴的灵感被点燃了。富春江是一个有
着丰富传说和古老历史的地区。看着咆哮的湍流,这位诗人开始
怀念伍子胥(死于公元前 484 年),他是春秋战国时期的一位著名
大臣,他就在这一带结束了自己的生命。子胥是一位楚国人,当
楚王谋杀了他的父兄后,他逃往了敌对的吴国。他成功地帮助吴
王征服了楚国。但这位吴王并不信任子胥,当子胥劝他不要接受
吴国的主要敌人越国的投降时,他令子胥自尽。如子胥所担心的
那样,越国在灭绝和消亡的边缘上卷土重来。王凤娴写道:"去五
十里至子陵滩……望怒涛而思子胥,不胜愤恨,短作投江
吊之。"[1]

这是一种男性化的感情,表现出了对国家命运的强烈关注,
对一位优雅的女士来说,"愤恨"简直是很难适合于她的。但这并 *223*
不是王凤娴表现出的惟一一次"男性化"关心。读了《焚书》之后,
她泰然地赞同李贽对儒家传统的激进批评,其中包括了他对人的
身体欲望和女性教育正当性的肯定,《焚书》是折中思想家兼塾师
李贽(1527—1602)发出的论战呐喊。在一首诗中,她赞扬了李贽
的作品:"字字刀圭范世仪,言之水蘗是吾师。禅宗顿解毫端里,
正是风旛一转时。"[2]尽管有着英雄主义的感伤和对李贽作品的
赞美,但王凤娴并没有想到她自己已经逾越了为女性所规定的界

---

[1] 王凤娴,5.25a。关于伍子胥的生平和传说,参见 D. 约翰逊(D. Johnson)。
[2] 王凤娴,《读李卓吾〈焚书〉一绝》,载周之标,5.12b。

限。在她的个人生活中,王凤娴是一位坚守女性美德要求的模范。

王凤娴的丈夫在他们返回江南后很快故去了,她循着节妇的道路,在三十多年的时间里,管理着家务,同时为科考辅导着儿子。两个女儿都死于王凤娴漫长的守寡过程中。王凤娴将悔恨倾之于诗歌,据说她将自己的大部分诗作付之一炬,并对她的兄弟说:"妇道无文,我且付之祖龙。"她的兄弟反驳道:"是不然,《诗》三百篇,大都出于妇人女子,《关雎》之求,《卷耳》之思,《螽斯》之祥,《柏舟》之就,删《诗》者采而辑之国风,以为化始。"他接着指出,在其姊做女儿、妻子、母亲的行动中,并未有可指摘的地方,所以她的文字是"壸史"和"闺范",他负责出版了她的诗集。①

不管将她带离闺阁有多远,王凤娴往返江西西部的旅行,都是她切实遵守"三从"的一个表现,她必须在家中、在转迁中、在旅途中伺奉丈夫。许多上层女性也有着同样的旅行经历。如上章所讨论的,这样的一种居无定处,导致了许多友情的减损,也带来了某种转变和情感中断的强烈感受。从官方亲属结构的观点看,上层之妻、女通过依从着男人的脚步,而在很好地扮演着自己的角色。她们的外出旅行只是其家内职责的一种延伸。

妇女们自然欢迎有机会迈出其熟悉的环境。路上的经历通常会留下抹不去的印记。在她的旅程结束后,王凤娴回顾道:"所历州郡,或遇穷途艰苦,怀古兴亡;或遇日暖风和,波澄月皎。怡情玩眺,得失异同,俱不忍忘去。书此备后日展观,宛然胜游在

224

---

① 王献吉,《〈焚余草〉序》,载周之标,5.30b—31a。此序被再版于胡文楷,《历代妇女》,91—92页。王凤娴明显与丈夫有着琴瑟和谐的关系;她现存的几首诗便是他们"唱和"的明证。参见,如,周之标,5.1b—3a。

目,且可当重来程记也。"①于王凤娴而言,她的东游之旅隐喻的是生活本身的浮沉。

女旅行者很少有像王凤娴这样留下详细游记的。黄媛介这位巡游的塾师和作家,看来更乐意叙述团圆的欢乐,而不愿记下路上的艰辛。尽管缺少一手的记载材料,但许多明末清初女性是因三种原因动身上路的。首先,妻、女、儿媳跟随父亲或丈夫的官位迁转。如,当沈宜修旅居南京时,她的女儿踏上了去广东的路。不论是"升"往大都市中心,还是"降"往边远地区,不管她们经过的新地带情况如何,这些女性都保持着十足的体面。

其次,女性为享乐而进行的旅行。虽存在着好女应从不越出闺阁一步的规定,但许多女士还是为了休养而与家人溜到了山中,与其他女性一起参观当地的景点,或在江南的湖上、水路中泛舟取乐。如沈宜修和好友张倩倩,就到一个湖上泛舟饮酒。在闺秀的诗歌中,这类出游的记录很多。这一特权女性小集团享受着闲暇,分享着晚明旅行繁荣的种种方式。这些旅行也完全被视作体面规矩的范围之内。非常清楚,在隔绝的女性理想和对其流动性和可视性的某种程度的事实接受之间,存在着一定差距,在这一空隙中,妇女享受着一定的自由。

女旅行者的第三类流动性更不循常规。如我们在黄媛介和王端淑的例子中所看到的,职业作家和艺术家过着一种巡游的生活方式。同样,名妓也没有固定的住处,她们穿梭于省市地区间,以寻找主顾、灵感或仅是历险。她们不固定的生活和对旅行繁荣的贡献,将在下一章中进行探讨。

---

① 王凤娴,5.27a。与罗伯逊(Robertson)比较,87—88 页。

卧游人

尽管旅行越来越普及,但对大多数女性来说,它仍是一种特权和危险的事情。对每位上路的女性来说,她们身后都有着更多的于家中分享其苦乐的"旅行者"。通过女性与亲朋保持的远距离通信,旅行繁荣所带来的冲击反馈到了闺阁内。卧游者通过阅读旅行者寄回家的信和诗,从中得到满足和逃避。

吴柏(约死于 1660 年)是一位杭州女性,在没有举行婚礼的18 岁,就成了寡妇,她在一生中都过着隐居生活。她的两位姊妹中的一位显然嫁给了一个官员,他的经历将她带到了浙江的腹地和三峡。带着一种艳羡,吴柏抓住每一次机会了解她的旅行,通过书信与外部世界保持着微弱的联系。一封给其姊的信是这样写的:

> 见姊寄兄书云:三峡数百里,绝壁如屏,攒峰若剑……姊有天缘而得至此也。健羡健羡,昔人有游遍八州而未得游益州者,遂以为生平恨。姊视此何如哉。倘有图可寄妹,作媚闺卧游人也。①

在另一封给其姊的信中,吴柏至少从心理上希望克服禁闭的愿望被表达出来:"闻富春至桐江,百余里间,水若练蓝……姊遂得饱目耶? 至乐至乐。吾乡两峰十二桥,想尔时亦不复怀思矣。将无遂忘归故土乎?"②她的地理知识及对美景的托词,既表明了她的烦闷,也表明了她对打破其隔绝状态的一种渴望。作为一名废寝

---

① 吴柏,《寄毛家姊》,载汪淇,《初编》,8.11b—12a。
② 同上,6.10b—11a。

忘食的读者，吴柏不仅钻研地理，也探究诗歌和本草药材。①

　　对吴柏来说，写作减轻了其日常生活单调的痛苦，如阅读文学作品一样，对旅行的神游，也使她分享了一个更大和更色彩斑斓的世界。吴柏在寡居五年之后死去，她将自己沉浸于这些活动中，同时与父亲和两姊妹保持着经常的通信往来。一直被父亲警告说诗歌不是女性的职责，吴柏写信回复道："蒙谕检韵离辞非妇女事，女岂不知？"然而几乎以方维仪这位受人尊敬的桐城寡妇一样的方式，吴柏继续为自己的痴迷辩解着。"但女于此道，似有天缘。"吴柏只能以自己的诗歌天赋来掩盖她的自豪。"每于疾时愁处无可寄怀，便信口一吟，觉郁都舒，而忧尽释也。"吴柏强调，诗歌于她来说纯是一种消遣。"如所谓吟安一字，皱眉耸肩之苦，颇觉无之；若夫劳心费思反以增病，则女已久焚笔研摈青箱矣。"②吴柏接受了其不幸的寡妇身份是天注定的，但坚持她的诗歌才赋也同样是天注定的。

　　对这位隔绝和隐居的孀妇来说，写诗和写信亦是卧游。尽管吴柏并没有表达得这样清楚，但她暗示道，如果没有这些排遣，她的孤独和家内禁闭将是无法忍受的。与才华导致妇女短命这种认识的风行一道，诗歌才华能保护节妇也同样是有说服力的论点。没有这样的排遣，女性要达到寡妇的狂热要求和家内理想，都将是非常困难的。

　　许多明末清初江南的杰出女性作家都是节妇，王凤娴、方维

① 吴柏特别对妇女诗歌感兴趣；她对如卓文君和苏蕙有着自己的看法。据说苏蕙是一位著名璇玑图作家。参见，如，汪淇，《初编》，4.10a，24.4a，《续编》，13.7b。吴柏自己是一位节妇，她对卓文君充满钦佩，卓文君也是一位寡妇，她再嫁了著名作家司马相如(同上，《初编》，24.4a)。关于她阅读《本草》的情况，参见同上，24.5b。
② 吴柏，《与父书》，载汪淇，《初编》，23.15a。

仪和邹赛贞都已在上文探讨过;下面将是商景兰和顾若璞。她们
不平常的作品,可以归之于其免于夫妻责任后的自由和作为情感
和心理排遣的对文学的迫切需求。她们也构成了最著名和最受
人尊敬的一类女作家。她们无可置疑的社会地位,植根于三要素
基础上:阶层,因为她们的家庭可以为她们的生活方式提供支持;
美德,以她们作为节妇的恰当行为表现出来;年龄,长寿是上苍对
其行为方式赞同的一个明确标志。有着家族和社团的坚定支持,
这些节妇有效地证明了,过早死亡并不是有着诗歌天赋女性的惟
一命运。

商景兰和"社交性"社团

商景兰(1605—约1676)是著名的忠明烈士祁彪佳(1602—
1645)的孀妻,其长达30年的寡居生活,使她在家内领域拥有了
自由和受人尊敬的空间。她教授女儿、儿媳诗歌,与她们唱和,并
为其他女性的作品书写序跋。她们的诗社不同于沈宜修的家居
式诗社,它是一种"社交式"社团的形式。来自家外的朋友,最著
名的是黄媛介,如其女性亲属一样活跃。商景兰的诗社,因此运
转在一个较家居式社团更广阔的地理空间内。它还处于多重的
社会定位中,这种定位包括了男/女和家内/公众领域。商景兰的
宽阔视野和从中得到支持的高度威望,都使她能够自如、体面地
对其女性社团的地理和社会界限进行通融。

尽管商景兰的出身与沈宜修很相像,但她们的生命周期模式
和社会关系,却因丈夫们迥然不同的职业生涯道路而产生了不
同。作为来自浙江绍兴会稽一位工部大臣的女儿,她在家中接受
了传统教育,并且到她与祁彪佳结婚时,已是一位著名的闺秀诗

227

318

人。祁彪佳来自邻县山阴。祁彪佳的父亲统领着一个由戏剧家和学者组成的大家族，他是一位藏书家，他的澹生堂与宁波范氏的天一阁同样知名。[①]　彪佳是一位威严、英俊的男人，16 岁通过了省试，仅 20 岁就成了一名进士。1620 年，商景兰与祁彪佳结婚，这桩婚姻被誉为是黄金组合，并且如叶绍袁与沈宜修一样，他们一直忠实和相亲相爱地生活。

祁彪佳很长和杰出的官僚生涯，对其家庭生活和商景兰的身体流动性有着重要影响。在他们 25 年的婚姻中，祁彪佳有七年任职于福建、六年任职于北京。景兰陪伴他到了这两个任处，除了祁彪佳的因公旅行外，景兰与其丈夫一起度过了这些年中的大部分时间。1635—1642 年，祁彪佳退出了官场生活，其家庭也返回了山阴。随着祁彪佳成为社团和宗族的领头人，这一阶段也就带上了宁静的家庭生活和繁忙的社交日程的特点。[②]　换言之，商景兰没有经历过科场追求者的经常离去和沈宜修生活中的家庭财政拮据。另外，旅行和旅居于其家乡之外，也开阔了她的视野。1632 年她从山阴旅行到了北京，以与祁彪佳会合，并为她带来了超出姑妈、妯娌和堂表姐妹这一最接近圈子的朋友。

对商景兰来说，在她所有的人生阶段中，女性朋友和亲属都是至为重要的。虽然她和丈夫很少分居两地，但他们通常过着各自的日常生活。这部分归之于那一时代的要求和祁彪佳身为上层官员的重要性，另一部分则是性格使然。祁彪佳的日记非常细致地记下了几乎是其成年生活的每一天，其中充满了对明朝最后几年宫廷阴谋和社会混乱的记录。作为福建的一位法官和后来

---

① 祁彪佳自己也是一位藏书家，他继续扩大着父亲的收藏（寺田隆信，Terada，541—545 页）。

②《祁忠敏公年谱》，载祁彪佳，《日记》，随处可见。

苏州、松江的最高指挥官，祁彪佳全身心投入到了解决哄涨的米价、囤积居奇、通货膨胀和饥荒给地方百姓带来的痛苦中。作为一位致仕的士绅，他建造了慈善食堂和学校，经营着族田，为卖到妓院的女性赎身，并为救济天灾而动员社团的努力。① 当从公众职责中抽得休息时，祁彪佳这位戏迷经常在朋友家看演出到天亮。

商景兰有着自己的朋友圈，基本过着与丈夫分开的社交生活。祁彪佳的一篇日记，传递出了他们日常生活的不同节奏："内子邀妯娌数人来聚话，予闷坐至午。"或在另一天："内子同诸姊妪为老母称觞于山中，予作书致李子术询以都中虏状。"②女性世界的安宁和王朝迫在眉睫的垮台形成了鲜明对照。尽管她和他的日常活动有着明显的不同，但祁彪佳经常提到"内子"和她的行踪，还是使人想到了将这对夫妻结合在一起的情感共鸣，而不论他和她领地之间的功能区分是怎样的。

旅行的经历和她自己所拥有的社交网，都为商景兰在祁彪佳于 1645 年殉难后，度过超过三十一年的家长生涯作好了准备。但分开的社交领域，并不意味着祁彪佳和商景兰过着脱节的生活。景兰与丈夫共同致力于园艺设计和收藏书籍。在记载饥荒和佃户反抗的间隙，祁彪佳于 1635—1637 年的日记中，也记载了这对夫妻家庭生活的一些宁静时刻。1635 年，祁彪佳从北京返回山阴后，经常带景兰享受愉快的泛舟和观景旅行。③ 至少一个月有几次两人溜到小山上，祁彪佳正在这里建造自己名为寓山的

---

① 祁彪佳，《日记》，随处可见。
②《栖北冗言》，载祁彪佳，《日记》，3.14 条；《居村适笔》，同上，8.24 条。
③《归南快录》，载祁彪佳，《日记》，6.12、6.14、6.15 条及随处可见。祁彪佳于 1631—1633 年于北京任职为监察官。

别业。有时他们带着两个儿子，全家一起过几天读书的日子，同时监督着建筑工匠。在建筑于 1636 年完成后，祁彪佳和商景兰经常在这里举行宴会。在商景兰这一年的生日那天，三位禅宗和尚和一群朋友聚在一起庆祝，燃灯以乐。①

在明朝的最后日子里，她的丈夫和儿子投入到了政治战斗中，这毁掉了商景兰平静的家庭生活。1642 年，祁彪佳重返北京担任公职。在京城陷落后，他努力保持着扬州地区的秩序，同时平衡着南京小朝廷中的派系斗争。在南京和杭州于 1645 年陷落后，祁彪佳绝食三日，然后跳入了一个池塘。② 他的儿子理孙（生于 1627 年）和班孙（生于 1632 年）参加了忠明行动，在他们家族的庄园里，为许多非法抵抗者提供了庇护。在忠明计划失败后，两人都被俘。理孙行贿后回到家中，但不久便死去；班孙被流放到西北，在他于 1667 年逃回江南并成为一位和尚之前，在那里度过了 20 年。③ 尽管没有现存材料记载商景兰直接参与了丈夫和儿子的忠明行动，但她付出了高昂的代价，当秩序再度回到江南时，她已过着无子的孀居生活了。

在商景兰一生的七十多年中，她育有四女三子，目睹了她所有儿子和一个女儿的死亡。因此，她的诗歌传递出了与沈宜修同样的对子女和亲属亡故的极度痛苦。④ 但与宜修不同，景兰的生活有着由女儿、儿媳、孙子和广泛社交网构成的大家族。她围绕

① 《居村适笔》，载祁彪佳，《日记》，10.8 条。关于这个园子的建造计划，参见韩德琳（Handlin-Smith），"花园"（"Gardens"）。

② 按"三从"的一种解释，商景兰是应跟着自尽的，但她没有。在她三十年后的回忆中，她是以照顾三个幼子为借口的。参见商景兰，《秦楼遗稿》序，载祁彪佳，《集》，289 页。

③ 源自祁彪佳《集》中的祁班孙传，《集》，1—4，232—241 页。

④ 参见，如，商景兰为女儿遗作所写的序，载祁彪佳，《集》，附录，297 页。

自己建立的女性社团是团结紧密和长时间存在的。在祁彪佳和商景兰的家庭中,她的男性亲属所取得的艺术和政治成就,特别是其丈夫的殉难,都提高了她作为节妇和祁家家长的威望。也许作为一个结果,她作为诗人的声名在清早期也得到了提升;其同时代的人评论说,她的诗歌甚至超过了她的丈夫。[①] 当其他江南闺秀诗人到绍兴地区时,都慕名去拜望她。

商景兰周围的女性诗社成员是两类同样重要的人:那些与她有血缘关系的人和那些没有血缘关系的人。前一群人是商景兰的四个女儿、两个儿媳、姐妹、侄甥女和其他"家族女性"。从年幼时,景兰就教她的女儿德渊、德琼、德滮和二女周夫人诗歌艺术,二女的名字记载中没有给出。因她们都嫁给了本地的家族,所以她们住得很近,可以参加由母亲和她的朋友们所组织的各种活动。两位儿媳张德蕙和朱德蓉都来自高官家庭,同样非常精通正式的诗歌要求。如此多的诗人聚到了一个家庭中,看起来是再有利不过的了。许多前清作家如此评论说:"祁商作配,乡里有金童玉女之目。伉俪相重,未尝有妾媵也。公怀沙日,夫人年仅四十有二。教其二子理孙班孙,女德琼、德渊、德滮及子妇张德蕙、朱德蓉。葡萄之树,芍药之花,题咏几遍。过梅市者,望之若十二瑶台焉。"梅市是绍兴祁家聚居的地方。"瑶台"说的是才女侍奉西王母。[②]

在梅市的女性社团中,商景兰的朋友如其家庭成员和亲属一样,扮演着重要角色。与沈宜修的群体不同,邻近地区或远处朋

---

① 祁彪佳,《集》,序,3 页。

② 朱彝尊,《静志居诗话》,引自胡文楷,《历代妇女》,156 页。商景兰的二女周夫人没有在这一记载和其他一些记载中被提及。一个可能的解释是她死得早,但并没有证据。西王母是受女信徒追随的一位道教之神,关于西王母,参见柯素芝(Cahill)。如在明清诗歌中一样,在唐诗中,西王母的侍者为妇女的美、性、才确立了一个标准。

友的来访或她们诗歌的到来，都是商景兰社团中的常见之事。通常她的朋友抄录下景兰的诗歌，再将它们传给邻居、姐妹或朋友。[230]这带来了另一种诗歌交换，一种新型的朋友关系也确定下来。诗歌开启和标志了新的交谊，这一过程与宜修团体在其两女死后所经历的一样。更近距离地观察一下商景兰周围的这个友谊网，它显示，在为她介绍新朋友上，也存在着沈宜修男性亲属同样的媒介作用，共同的男性朋友和邻里关系，促进了"社交式"女性关系网的发展。两个个例表明了在现存的社会关系形态——突出的是亲属关系、邻里关系和家乡纽带——基础上，明末清初的江南上层女性是如何构建自己的友谊关系网的(参见图表2)。

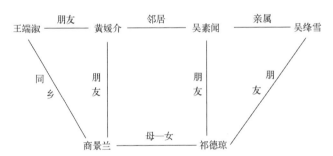

图表 2　一个以商景兰和祁德琼为中心的友情交际网例子

黄媛介这位巡游的诗人和塾师，与沈宜修于1633年建立了友谊关系，她在1654年前后拜访了商景兰。尽管这可能是她们的初次见面，但通过彼此的几位朋友，两人可能很早就相互知晓了。[1] 她们很快便发展成了一种亲密关系，并且商景兰还邀请黄媛介住下。有像黄媛介这样有造诣的作家陪伴，聚集在商景兰周围的整个团体都感到非常兴奋和受到鼓舞。在她住在梅市的一年中，她们与或为黄媛

---

① 一位这样的男性朋友是汪然明，他是一位杭州的艺术资助人。1635年，祁彪佳带商景兰在一些场合拜见了汪然明(《归南快录》，祁彪佳，《日记》，随处可见)。关于汪然明在推动名妓和职业女艺术家关系网中的作用，参见第七章。

介所写的大量诗歌,后来被黄媛介的女儿抄录下来并出版发行。①

这些诗歌不仅记录了发展于黄媛介和祁氏女性间的友情,也记录了她们女性社团日复一日的活动。到祁家乡下的家寓山和他父亲设计的密园远足,是她们非常喜欢做的事。这些女性留下了许多诗作,这些诗作描述了她们如何拓石碑、摘桃子、赏茉莉花和梅花,或在雨天溜进别业的藏书室。整个小团体曾被某位住在附近的吴夫人邀去参加一个灯会。节日或仅是季节的流过,都是聚会的理由;朋友的来去也同样是理由。②

231

在一首题为《赠闺塾师黄媛介》的诗中,通过将她与历史上的其他著名作家进行比较,商景兰表达了对朋友博学的赞赏:

> 门锁蓬莱十载居,③何期千里觏云裾,才华直接班姬后,
> 风雅平欺左氏余。八体临池争幼妇,千言作赋拟相如,今朝
> 把臂怜同调,始信当年女校书。④

————————————

① 这个集子已不存,但由毛奇龄所写的一个跋被保存在他的选集中("《梅市唱和诗稿》书后",载毛奇龄,《书后》,5ab)。黄媛介的拜访日期依据了详尽证据。从毛奇龄的跋我们得知,黄媛介于1658年返回嘉兴,她的丈夫请毛奇龄为出版而编辑媛介的诗作。从商景兰女儿祁德蒲(湘君)的一首诗中,我们还知道,黄媛介在她们家住了一年。另外,魏爱莲(Widmer,"书信世界","Epistolary World",13页)提出,死于1654年的汪然明为媛介提供了旅行的船只,可能还陪同着她。因此,我估计她的访问发生在1654年前后。

② 祁德琼,《未焚集》,载祁彪佳,《集》,随处可见。

③ "蓬莱"是神话中的一个仙岛,商景兰用它来形容其于梅市的半隐居和自在生活。

④ 《赠闺塾师黄媛介》,载商景兰,274页。商景兰用以与黄媛介进行比较的每一位作家,都传递出了黄媛介生活的一个侧面。薛涛是一位有学问的9世纪名妓,以诗歌著称(胡文楷,《历代妇女》,33—36页)。通过将黄媛介与一位名妓相比,商景兰可能在暗示黄媛介被绑架和可能被卖到妓院的可疑历史。司马相如(前179—118)是最受人称颂的汉赋作家。黄媛介擅长于这种难度很大的文体,它盛于汉代。"幼妇"的字面意思是"年轻幼女"。从上下文看,她是一位像黄媛介一样的书法家,但我未能查出她的名字或身份。"左氏"意味的不过是"某位姓左的人"。商景兰没有详说它是否指的是汉代作家左思,或与他同样有才华的妹妹左芬。我认为左芬的可能性更大,因此两原因:据说左芬像黄媛介一样,是位相貌平常的妇女;另外,这一比较与同首诗中商景兰将黄媛介与其他女作家进行比较的做法相一致。

在商景兰的描述中,黄媛介极为自如地通融于男/女和私/公领域之间。通过相信黄媛介像一位男性——司马相如——一样优秀,同时又仰仗着自己的女性作家身份,商景兰暗示,作为作家兼塾师,黄媛介享有着男性化的自由。商景兰还提醒注意黄媛介社会定位的流动性:她既处在如班昭一样有教养的家中,也置身于如薛涛一样的名妓居处内。

更有意义的是,作为一位女诗人对另一位女诗人的颂词,这首诗表明了商景兰对女性作家系谱的构建。除了司马相如,她援引的所有人名都是女性。通过将黄媛介与三位中国文学史上最有成就的女作家——班昭、左芬和薛涛相较,商景兰传递出了这样的意思,即几个世纪前开始的博学女性传统是没有间断的,并且这一传统到她自己的时代达到了顶峰。这种对文学女性历史的创建,最终扩大了这位诗人的视野,亦如实际的或卧游的旅行在空间上为她拓展了轨迹一样。这样的一种延伸,使她暂时和在空间上摆脱了隔绝和向心的生存状态。[1]

实际上,商景兰自己的生平,就雄辩地说明了一位孀居的诗人所能给公众领域带来的影响。首先,她对节妇道德和性束缚的遵从,并没有阻止她过着一种活跃的社交生活。她随心所欲地旅行于山间、做主人举行饮酒宴会、邀请黄媛介做客于家中一年;而如我们所看到的,黄媛介的良家身份在一些人家中是受到质疑的。但商景兰自己清白无瑕的名字,则愈发值得称道,并且似乎也提高了黄媛介的良家身份。

商景兰明显的社交自由,是由其长期的寡居身份和家庭背景 *232*

---

[1] 同样,明清女画家视自己为历史上女画家更大传统的一部分(韦德纳[Weidner],"中国绘画史中的女性"["Women in the History"],17 页,21 页)。

所赋予的:有幸得到财产、子孙满堂及高寿的媳妇,都使她得到了
家族的权力和公众的尊敬。商景兰很好地运用了这些被认可的
自由,而在其周围构建了一个持久的女性社团,并使其边界越过
了时、空和社会定位。

女性社团与地方主义

商景兰的社团和蕉园诗人的声名,是与她们各自的本乡——
绍兴和杭州的地方主义有着密切关系的,蕉园诗人将在下面进行
讨论。在明末清初江南地方主义浪潮的环境中,当许多男性在夸
耀本族和本乡之女的才华时,看来是乐意于将正当与否的争议搁
置一边的。

王思任,职业作家王端淑的父亲,对这种尊崇走得过远表达
了不安:"近吴越中,稍有名媛篇什行者,人宝如昭华琬,能使闺阁
声名驾藁砧而上之。"[1]如先前所提到的,女性才华在地方志中得
到了颂扬,并且与道德坚定性一起,成了女性名字载入史册的评
判标准。到 18 世纪时,沈宜修和她的女儿们,也成了其本乡苏州
府的表征。在主要的江南城市中心,这种颂扬的频繁似乎标志的
是一种有意识的竞争。

苏州是一个主要的荣誉竞争者,在它的名录中,有一对亲近
的朋友徐媛和陆卿子,通过诗歌,她们保持着远距离的友情。据
说她们是作为"吴门二大家"而知名的。[2] 当徐媛的诗歌《络纬
吟》于 1613 年被其丈夫出版时,一位远房的伯父在序言中哀叹

---

[1]《〈钟山献〉序》,载王思任,《王季重十种》,79 页。
[2] 胡文楷,《历代妇女》,144 页。在陆卿子文集的精选中,有徐媛与陆卿子交换诗作
的一个绝好例子,参见周之标,卷 8。关于徐媛与陆卿子之间的友情,参见第七章。

道，女性诗歌繁荣于明早期，但自此之后便衰落下去。"近百年来，吾吴复有范夫人"，指的就是徐媛。[1]

在杰出诗人的竞争中，杭州也占有一席之地。17 世纪 30 年代，当一位本地人在为其姊顾若璞的著作写序时，列举了一个完整的系谱。这种狂喜也是循着地方志的常规：

> 而近世女士固多文焉，他不具论。吾杭数十年以来，子艺田先生女玉燕氏，则有玉树楼遗草；长孺虞先生女净芳氏，则有镜园遗咏；而存者，为张琼如氏之书，为梁孟昭氏之画，为张姒音氏之诗。若文皆闺阁秀丽，垂艳流芳，宜马先生谓：钱塘山水蜿蜒磅礴之气，非缙绅学士所能独擅。[2]

233

这样一种对女作家名字和作品的集体援引，不仅为女性于私下的阅读和写作，也为其公开和由其他女性陪伴做这些事，创造了一个空间。家族和地方自豪的这股浪潮，因此也推动了"社交式"和"公众式"女性结社。

具有反讽意味的是，尽管它们有着穿越时、空的灵活性，但女性社交式社团和公众式社团也被牵扯进了地方主义的竞争中。换言之，最有生气和能见度最高的社团，固有的分裂性也最强。在划分"我们"和"她们"的界限上，这些女性自己通常就是毫不留情的。方孟式（死于 1640 年）是一位来自安徽桐城的诗人，她给妹妹方维仪写了一封信，以贬损徐媛这位苏州的骄子："偶尔识字，堆积龌龊，信手成篇，天下原无才人，遂从而称之，始知吴人好

---

[1] 钱希言，《范夫人〈络纬吟〉序》，载徐媛，2b。
[2] 顾若璞，《〈卧月轩稿〉序》，载顾若璞，5a。"马先生"指的是马元调，他的序在 2a—3b。

名而无学,不独男子然也。"①文人学士钱谦益对孟式本人的博学和雄辩印象颇深,但他也以同样的偏颇之词为徐媛辩护,徐媛如他一样受到了同府之人的称颂:"夫人之訾,訾吾吴亦太甚矣,虽然亦吴人有以招之余向者,固心知之,而未敢言也。"②

方孟式对徐媛的反感,可能源于她们对诗歌的不同欣赏口味。如我们将在下章所看到的,徐媛经常使用口语,并喜欢非常规的题材,如部族对云南边界的进攻。方孟式甚至可能还怀疑徐媛的道德情况,虽然在所有记载中她都是一位良家女士,但她与歌女为友,并为她们写诗。但方孟式选择以贬低吴人的方式表达她的厌恶,表明女性是不可能不受到明末清初江南的地区主义和地方主义影响的。

与方孟式的情感一样的还有女性文化不和的种子。尽管有必要对来自更低阶层和不同地区的女性做进一步研究,以探讨明末清初中国共同女性文化的可能性,但它在这里已足以使我们注意到,在江南的闺秀作家中,作为女性的身份经常是要屈从于家族和公共忠诚利益的。从这一视角看,女作家努力获得的空间,并不能置身于父权制之外;相反,它属于这一更大的过程,依此过程,社会中的界限得以创造和再界定。我将在下章详述这一含义。

²³⁴

公众结社:蕉园诗人

以本乡为特征发展成为杰出女性社团的例子是杭州的蕉园

---

① 方孟式,《读徐媛诗与妹维仪》,载汪淇,《二编》,24.3ab。
② 钱谦益,《列朝诗集》,《闺集》,4.19a。钱谦益对方孟式的赞誉,参见同上,4.19ab。

诗社。在杭州的文化景观中，这一清初社团的声望飙升到了非常高的程度，甚至带着一种公众制度的能见性而得到了自己的正式名称"蕉园七子"。在接下的各部分中，我将考察其成员的家族和公众身份、她们创造的女性文化遗产及这一文化与其他社会组织形式的多重联系，最突出的是男性为中心的官方亲属关系体系。

在清代杭州的地方之子中，并不乏知名的居士、士大夫和英雄，以使人们记住他们的故乡，但在他们的共同记忆中，蕉园女性占有一个特殊位置。17世纪后半期，一群上层女性定期聚集在她们的别墅中饮酒、赋诗和交换画作，如果清政府没有视诗社为忠明反清的温床而对其进行镇压的话，这些活动与其文人父、夫所作无异。但女性既从政治也从道德权力中，享受着一种偷闲。蕉园五子作为最知名的五位成员是被一同记住的，她们成了杭州文化景观中的一个固定之物。后来，随着两位成员的离去，剩下的三位邀请了四位亲朋，组成了"蕉园七子"这一公众式女性社团。我讨论的重点是后一个七人群体。偶尔我会用"蕉园女性"，它涉及的是所有九位诗人和她们的朋友。①

"公众"一词描述了蕉园七子诗社的两个特征：它于公众中的能见度和它的成员的文学声望。蕉园女性最喜爱的消遣，是在游弋于景色优美的西湖的游船上举行诗会。与儒家女训所规定的无名、无声和家内生活相反，这些女诗人的公开现身，绝没有减损她们的社会地位和良家身份。对杭州人来说，她们带给西湖的超

---

① "蕉园五子"和"蕉园七子"，指的是这些诗社中最活跃或最著名的成员。其他据知也很活跃的妇女并没有包括在内（诸桥辙次，Morohashi, 10258页，或 9：904）。在他和钱岳的选集《众香词》（《吏集》，39a）中，徐权敏有一个评论，它表明蕉园七子到1688年，即这一选集出版时，已很知名。我一直不能确定蕉园的位置，可能是西湖旁的某一私家花园。它从未在其成员现存的诗歌中提到，也没有出现在明清杭州的指南中。这些诗人经常聚会的一个地方是顾家花园"愿圃"。

235

一位女性坐在轿子上,沿着西湖岸边去参加节日活动(周楫,《西湖二集》,晚明本;再印于长泽规矩也,《明代插图本图录》,44页)。

凡时尚和博学品味，都在诉说着她们的高贵身份。一位本地人注意到了这些优雅女士和她们粗俗姐妹间的对比：

> 是时武林风俗繁侈，值春和景明，画船绣幕交映，湖湄争饰，明珰翠羽，珠髻蝉縠，以相夸耀。季娴独漾小艇，偕冯又令、钱云仪、林亚清、顾启姬诸大家，练裙椎髻，授管分笺。邻舟游女望见，辄俯首徘徊，自愧弗及。[①]

柴季娴、冯又令、钱云仪、林亚清和顾启姬都是当地名族的女儿，她们构成了蕉园诗社的核心。在这一颇具特色的描述中，她们和其他女性间的对比，明显带有旧上层对暴发户的蔑视。在这些已经确立地位的名流眼中，良好的教育和拿得出手的女儿，构成了教养的一个标志。既非与世隔绝的处女，也非艳俗的脂粉之脸，才是最合适的典型形象。

　　这些女性不但自如地出游，她们也未被其他女性视作冲突的文学声名和良家道德身份吓住。没有表现出如烧毁手稿这样极度痛苦或自我怀疑的迹象，她们似乎已经将晚明对写作是否为女性职责的思考，变为了赋予的权力。就她们而言，写作对女性来说是太自然和太值得骄傲的事业了，所以用不着道歉或经常进行辩护。至少有四位蕉园女性在其生前出版了选集，这些选集有着其他诗社成员写的序和评论。如可以在这些著作现存的零散片断中所看到的，这些女性评论国家事务、谈她们作为女人的生活、她们对文学的献身和她们的友情。尽管这些关注点与那些来自家居式诗社的作家非常相似，但蕉园诗人的公众身份，还是赋予

---

① 吴颢，30.10b—11a。"游女"可能尤指妓或名妓，但因良家女儿也乘船于湖上，所以在这里，其更一般的含义似应为"找乐儿的妇女"（参看诸桥辙次，Morohashi，11651页，或11∶109）。

了其作品一种毫无内疚的自信语气。

隔辈女性间的友情,创造出了一种有益于其自信心、严肃的文学目的和公众关注点的环境。蕉园诗人都是一位不平凡的杭州女族长顾若璞的家族或精神后人。蕉园诗社的创始人顾玉蕊是若璞的侄女。[①] 在超过九十年漫长、多产的一生中,若璞充当着玉蕊和许多年轻诗人的角色榜样和老师。尽管她并不是蕉园诗社的正式成员,但在她的指导下,这些女性构建起了一个以文学为基础的女性文化,这一文化是家内和社交网内的一个极大成就。

蕉园女性巧妙地为自己编织了一个历史空间——跨辈分和与其时的潮流相反,她们建立起了一个女性作家谱系,这一谱系可以追溯到顾若璞这位先驱。这一女性传统在空间维度上同样颇具意义。在公众领地内——在杭州的水道上,在出版的世界中,或在地方志的纸页上——这些女性打造出了一个超出家族纽带的群体身份。尽管在她们的家庭生活中,这些女性可能还肩负着父亲或丈夫的职责,但在她们自己的蕉园中,她们是以女性和作家的身份相聚的。她们栖居于一个横跨家内和公众的空间内,她们不是以男性的替代者身份去从事写作,而是真正的女性。

母亲兼教师的顾若璞

以三类社会组织原则作媒介,蕉园女性走到了一起:亲属、亲密关系,邻里关系和男性诗社。但如果这些女性不愿保持联系或

[①] 虽然据说顾玉蕊是这一诗社的创始人,但她以前并未被算入蕉园五子。关于顾玉蕊,参见胡文楷,《历代妇女》,800 页;及施淑仪,2.23b。一位忠明和尚钱饮光为顾玉蕊文集《亦政堂集》所写的序,被徐树敏和钱岳的选集再版,《吏集》,37ab。

给它一种制度上的表达，社交式的相互见面机会并不能自动导致交际网的形成。顾若璞的住处为她们提供了一个这样的集合点。在这层意义上，她们是在一位不平凡的前辈的指导下，构成了一个真正自发的女性联合体。

顾若璞这位母亲兼教师，不仅在这些女性中，也在其成年后大部时间所处的婚姻家庭——黄家中，起着领导作用。她是一位六十多年的节妇，她活过了黄家的男性家长，有着女家长的重要身份。一部在她死后不久出版的地方志上，通过以她自己的名字而不是她父亲或丈夫的名字作传，赋予了她极大的荣耀，颂扬她为亲属关系体系作出的不平凡贡献，包括祭田的设立："又念宗法乱，乃手自排纂，为黄氏宗谱，且置祭田以祀事，生平慕范希文义庄而力不逮，日后踵为之。"[1]在某种意义上，她仅是在行使着一位宗族长者的特权。与此同时，作为女性的她，掌权的动机不外是充分服务于她的家庭。

对顾若璞来说，其毕生的信念就是母亲兼教师。作为一位出自杭州的名门之女，若璞于 1606 年嫁给了黄茂梧，他是一位有着同样门第的本地人家的长子。在他们一起度过的 13 年中，顾若璞与黄茂梧这位科举考生，共享了一些温馨时刻，这也使他们生养了两子、两女。1619 年，黄茂梧在大病一场后死去，此时他还没有获得任何科举功名。其父黄汝亨（1558—1626；进士 1598）为儿子感到非常伤心："嗟儿茂梧亡矣，有志无年无奇文，瑰行足以托名笔。"[2]汝亨将他的希望寄托在了年轻的孀妇和她的两个　*238*

---

[1] 《仁和县志》，20.51b。另一个女性获得宗田的例子，是苏州府常州的钱夫人，她指导其子设法获得了 130 亩的善田（张研，73 页）。

[2] 黄汝亨，15.6a。参见罗伯逊（Robertson，90—95 页）对顾若璞为其亡夫所写的七首系列诗的讨论。

儿子身上。

黄汝亨是母亲应有良好教育这一妇德的坚定支持者,从若璞身上,他看到了其家族学问传承中失去的一环。黄汝亨是杭州著名文人和戏剧家汤显祖的朋友,当儿子死时,他已经上年纪了。[1]于是他便试图将他的文学知识传授给儿媳。他这样思考道:"幸二稚孙稍已见头角,妇慧哲,晓文理,能为母,可督教成之,儿所幸不亡者是耳。"[2]

若璞年轻时就接受了文学教育,并且做新娘时还与丈夫进行唱和。但她的公爹通过引导她系统学习《周易》、《诗经》、道家经典《庄子》、《楚辞》和秦汉大家的散文,给了她一种男性的人文教育。若璞是一位极热心的学生:"汝亨分守湖西,致政归,若璞日候中堂,汝亨未出,则手持一编书,屏立以待。有所须辄先意具,海内宾客溢座,治酒食立备。汝亨叹曰:今日正犹儿在也。"[3]

这位年轻孀妇十分严肃地看待母亲兼教师的工作。她为长子建造了一条读书用船。它停靠在西湖一个隐蔽的角落里,这条船为躲避家庭的嘈杂和精力分散,提供了一个避风港。[4] 白天,顾若璞雇佣了塾师以指导儿子们,同时她则系统地温习丈夫藏书室中留下的书籍。她向她的弟弟告知说,某日她会读遍《四书》、编年史、明史著作和政治条约。晚上,她会与儿子坐在一起,向他们解释自己的一天所学。他们通常会一晚上都埋头于此事。一个全新的智力世界在顾若璞面前展开。"余复远我父母兄弟,念

---

[1] 关于他与汤显祖的经常通信,参见黄汝亨,24. 42b—43a, 25. 8a, 19a, 36a—37a, 43a—43b。他还为汤显祖写了一篇悼文(20.3b—4b)。

[2] 同上,15.9a;亦请参见 31.12b。黄汝亨共有九个孩子(参见 15.9a)。

[3] 《仁和县志》,20.51b。

[4] 顾若璞纪念这条读书用船建造的诗歌,被广泛收入各种选集中(参见顾若璞,卷三;及蔡殿齐,3 甲 14a)。

不稍涉经史，奚以课藐诸而俟之成，余日惴惴，惧终负初志，以不得从夫子于九京也。于是，酒浆组纴之暇，陈发所藏书，自四子经传，以及古史鉴、皇明通纪、大政记之属，日夜披揽如不及。二子者从外傅入，辄令篝灯坐偶，为陈说吾所明，更相率伊吾，至丙夜乃罢。顾复乐之，诚不自知其瘁也。"[1]两个儿子长大后都成了文人，但他们都没有取得任何科举功名。

顾若璞的教育远见对其家族女性的影响更强烈。她坚信阅读和理解经典的能力对女性的道德培养至为关键，所以她雇请了塾师来指导家族中的女孩读、写。当一位老妇责备她时，顾若璞写了一首长诗，以捍卫她对女性文学教育的信念（引于第三章）。尽管许多在家中教育女儿或侄女的江南母亲，相信妇德和文学教育是可以和谐共存的，如我们在沈宜修和方维仪的事例中所看到的，但顾若璞进一步指出，对妇德的追求而言，文学教育是必不可少的，没有它，女性就不可能是好妻子和好母亲。

女性教育的目标，并不简单是使女性的规定角色内在化。对顾若璞来说，为建立和加强日常基础上的与其他女性的有意义联系，这种师徒关系提供了一种途径。如，她让儿媳丁玉如读唐诗、探讨国家政治。丁玉如明显信服于顾若璞关于复兴屯田的看法，所以她在与丈夫小酌时，对这些问题展开了争论。[2]

丁玉如死后的若干年，姚令则这位顾若璞的孙媳，成了另一位全心投入的学生。姚令则住在顾若璞的隔壁。几年中，她每天拜见顾若璞，手里经常拿着书，在尽孝的同时，向她询问字词的意思。两人被看见清早就在全神贯注地讨论问题；其他几次则是夜里还

239

---

① 顾若璞，《与弟》，载汪淇，《初编》23.6b—7a。"瘁"可能也意味着着迷或疾病。
② 关于顾若璞对屯田的看法和她对丁玉如的教育，参见《与张夫人》，载汪洪，《初编》，2.7b—8a。关于丁玉如与丈夫的争论，参见陈文述，8.4ab。

在劲头十足地做着这些事。① 姚令则的形象——一位手拿书籍拥在一位长者身边的好学的学生,使人想起了年轻时的顾若璞。

按父系为中心的亲属原则,顾若璞所教育的女性亲属,已到了非常远的关系,从礼法上讲,她们已没什么牵连了。如林以宁这位蕉园社团的核心成员,是顾若璞的侄女顾玉蕊的儿媳。玉蕊将这位新娘引荐给了若璞。其时 15 岁的以宁,赢得了罹病在身的若璞的赞扬,并成为受她个人指导的最后一位受益者。长大后,林以宁成了一位闺秀作家和画家,在其家乡杭州和整个江南非常知名。她的第一部文集出版于 1697 年,其时她刚到 40 岁。

林以宁是一位诗、词、散文、散曲和戏剧的多产作家,在丈夫的家谱中,她获得了少有的承认。新妇通常是被附带地以某氏相称,与此不同,林以宁的名(以宁)和字(亚清)与她的作品名称一起,被正式载于其子的名字前。② 林以宁是明末清初少有的几位女戏剧家之一,在蕉园之外,她有着一个广泛的社交网。我们已经看到,她为《吴吴山三妇合评牡丹亭还魂记》写了一篇序。

240　　　在顾若璞手中,女性教育是可与真正的儒家教育相媲美的,这种儒家教育是由唐代儒学复兴者韩愈和像朱熹这样的宋代理学思想家为男性所规定的,他们视儒学传统为一种生活信念,每个人都应通过一生的学习和教育过程来实践它。③ 尽管在顾若

---

① 姚令则的住处和她的诗卷都被冠以"半月楼"。它明显以顾若璞的"卧月轩"而得名。姚令则死于三十多岁,她的作品作为顾若璞《卧月轩稿》的附录,于死后被出版。参见《仁和县志》,20.51b—52a;吴颢,30.18a。

② 《海昌乐山派》,载《武林钱氏宗谱》,3b。但这一宗谱将林以宁的戏剧《芙蓉峡》归于她的丈夫。尽管它已不存,但学者们还是认为它是林以宁的作品(徐扶明,《元明清戏曲》,270 页)。关于林以宁的传记,参见胡文楷,《历代妇女》,396 页,543 页;及李潒之,《癸上》,13b。其诗歌精选可在恽珠的著作中找到,1.2a—3a;蔡殿齐,乙 28b—31b;吴颢,30.15a—16a。

③ 参见韩愈,《师说》,载狄培理(de Bary)及其他,1:374—375。

璞现存的作品中，人们并不能找到对理学规训的明确引证，用以说明女性教育的正当性，但通过相互间的教学相长，她与许多蕉园诗人的关系，都带上了与朱熹对男性家长的预想别无二致的特点。

理学家预想了一条不断的哲人链条，这一链条是由代代高擎着道的火炬的男性所组成的；与此不同的是，顾若璞眼中的女性，打造出了一种既沿着垂直，也循着水平纽带关系的女性友谊。亲属关系结构是她们生命中所给定的——她们不能选择自己的亲属或逃避她们的孝道责任，但这一女性社团是一个自愿的创造物。可能是或不是出自同一个家族的志趣相投的妇女们，相聚在了蕉园，教学相长。在这层意义上，教育成为最重要的女性文化组织原则，而取代了亲属关系。

女性间的联系：亲属、邻里和朋友

如教—学纽带一样至关重要的是女性间的自愿交往，她们并不反对利用先前已经存在的社会关系结社，如亲属关系、邻里关系、男性诗社。在这三类关系中，亲属关系纽带是最重要的。蕉园诗社四位主要成员中的两位，林以宁和钱凤纶，都是通过婚姻而与顾若璞的娘家有着关系（参见图表 3）。林以宁嫁给了钱肇修（1652—1711；进士 1691），钱肇修的母亲顾玉蕊是若璞的侄女及蕉园五子的创始人。钱凤纶是肇修的姊妹，并嫁给了若璞的孙子。蕉园七子的第三位成员顾启姬，是林以宁儿媳的姊妹和若璞的一位远房亲戚。[1]　顾氏、钱

---

① 关于钱凤纶，参见胡文楷，《历代妇女》，757 页；恽珠，4.6a；吴颢，30，17a。关于她的诗选，参见蔡殿齐，乙 18a—20b；吴颢，30.17b。恽珠（4.6）错误地认为钱凤纶是顾若璞的曾孙媳；顾若璞自己写道：她 16 岁时嫁给了我的二孙（胡文楷，《历代妇女》，757 页）。关于顾启姬，参见胡文楷，《历代妇女》，802 页；恽珠，4.7ab。关于她的诗歌，参见吴颢，30.16b。

氏和林氏都是杭州的名家,它们已经打造出了几代婚姻联盟,对其亲属和血系关系做出精确描述是非常困难的。但这足已使我们注意到,林以宁、钱凤纶和顾启姬都是顾若璞的第三代女性亲属。

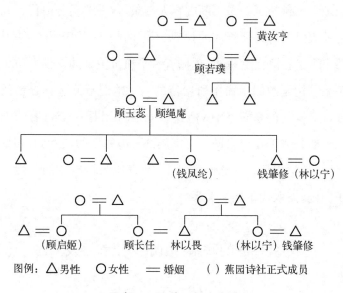

图例:△男性　○女性　＝婚姻　（　）蕉园诗社正式成员

图表3　顾、钱和林家家谱
资料来源:《武林钱氏宗谱》;胡文楷,《历代妇女》,各处。

除了亲属关系,居住的近便也促进了没有关系的女性间的交往。其他四位骨干成员中的两位,柴静仪和她的儿媳朱柔则,都是林以宁的邻居。如她们经常交换的诗歌所证明的,柴静仪成了林以宁、钱凤纶和顾启姬的密友。作为一位有造诣的画家和多产的诗人,在由坊刻商发行的女性作品选集中,柴静仪是以"闺秀诗人"的面貌广为人知的。柴静仪是一位举人的女儿,她来自一个受人尊敬的文人家庭,但她的门第并不像顾家女性那样显赫。钱凤纶和林以宁的丈夫都是钱镠(852—932)的直系后人,钱镠是吴越(907—978)的始祖,吴越是五代时期包含了江苏和浙江的一个国家。而且,两人都是进士的女儿。尽管以父系等级衡量,柴静仪的社会地位稍逊一筹，但因其文学和艺术才华，而被其女性朋友公认为她们的祭酒。[1] 许多收入静仪选集的诗歌，记下了她与蕉园女性的友谊——她戏弄她们、与她们聚会、为她们送行、给她们写诗代信，并以她们的画像赋诗。其作品的流行和受尊重，促进了蕉园五子和蕉园七子受到公众喝彩。[2]

除了亲属关系和邻里关系纽带，男性文人社交网也在女性友谊中起到了部分作用。另两位蕉园七子成员，张槎云（昊）和毛安芳（媞），就是通过其男性亲属而相互取得联系的，槎云的兄弟和安芳的父亲，都属于以"西泠十子"著称的晚明文人诗社。我们不清楚她们是如何与蕉园女性成为朋友的。槎云和安芳有可能先被介绍给了柴静仪，因为静仪的父亲是西泠十子的一位朋友。两人看起来都是这一诗社的短期成员。张槎云死于 24 岁，她的遗作深深打动了商景兰，所以她为之写了一篇序文。[3] 毛安芳是著名杭州诗人毛先舒（1620—1688）的女儿。她十几岁时，请求父亲教她诗歌技艺的秘诀。他斥责说：诗歌不是你要做的事。她对此不同意，并且技艺学得非常好。实际上，他不但不反对她写诗，还为她出版的著作写了一篇序文。毛安芳与蕉园女性的友情，也因

---

① 吴越的都城是杭州，到明清时还保留着地方名流的原始材料。钱家很自然地在他们的族谱《武林钱氏宗谱》中，强调着自己的皇族门第。"祭酒"最早是汉代官制中的一个官位，它由长者担任，负责教育（诸桥辙次，Morohashi，8607—8608 页，或8:471—472;胡克，Hucker，130 页）。晚明时，它经常被用来指称诗歌小组或流派的男性领导人。据说柴静仪曾被选为"女士祭酒"，参见恽珠，4.3b。

② 关于柴静仪的传，参见胡文楷，《历代妇女》，434—435 页;李濬之，《闺胜》，15a。关于她的作品，参见恽珠，4.3b—5a;蔡殿齐，甲 39a—40b;吴颢，30.10b—12b;胡抱一，1.1b—5a，2.1a—4b，3.3a，4.2a—3b，6.1b—4a。关于朱柔则，参见胡文楷，《历代妇女》，278 页;李濬之，《闺胜》，16b。关于她的诗歌，参见恽珠，6.9a—10b;胡抱一，1.12a—b，2.11a，3.8b—10a，4.13b—14a。关于柴静仪的儿子和朱柔则的丈夫沈永济，参见吴颢，10.18a。

③ 关于张槎云，参见胡文楷，《历代妇女》，514 页;恽珠，4.8a—b;施淑仪，2.26b;吴颢，30.20a—b。关于她的诗歌，参见胡抱一，3.6a;陈以刚，《闺门》，8b。

其四十岁左右的亡故而被缩短了。①

不管张槎云和毛安芳与蕉园女性的关系多么短暂,但其男性亲属的声望都帮助促进了这一女性诗社的声望。她们家庭的上层地位——与钱氏一样的高贵门第,确保了这些女性的文学声名没有损害她们的良家身份。虽然节妇是无知的或诗歌不是女性职责的观念已牢固树立,但蕉园女性的道德却从未被怀疑过。在方志、族谱和文集中,她们都是以"闺秀"诗人著称的,她们是其家族和家乡的骄傲。才和德,声名和良家身份也一样,对于生在恰当家庭和恰当环境的女性来说,是可以和谐共存的。

在利用母系和血亲亲属关系纽带、邻里关系的近便及男性社交网创建女性诗社时,蕉园诗人在这些已经存在的社会组织形式上,使用的是一种新逻辑。信奉着教学相长,她们以作家和以女性的新身份,在她们的花园中和在相互的手稿纸页上走到了一起。她们的作品展现了这些新身份对她们的丰富涵义。

243 "诗乃我神明"

尽管与像黄媛介这样的职业作家不同,这些闺秀诗人并没有为了生计,被迫去兜售自己的才华和名望,但她们视野和信念的严肃性却毫不逊色。文学证明了她们的个体存在,同时也在一个超出了家庭忠诚和时代的更大社团中,给予了她们一种身份。一些人通过再造出一种女性-女性的文学历史,而构建出了一个社团;另一些人则在男性-女性-男性学问和艺术的家庭传承中,起

---

① 关于毛安芳,参见胡文楷,《历代妇女》,229 页;吴颢,30.13ab。她明显死于 40 岁生日后不久;她的丈夫写了一首诗以纪念她的生日。钱凤纶和顾启姬都为毛安芳写了祭诗(吴颢,30.16b,17b)。

到了一定作用。

通过献身于女性诗歌，毛安芳集中体现了自我证明的极致含义。安芳在近四十岁时仍然无子，"安芳幼承庭训，刻苦吟诗，年老无子"。她曾参加了一个女性聚会，她的小姑送给她一味中药"宜男草"，相信它能助其怀上男儿，并建议说："嫂咏此以迎祥乎。"但安芳"尝自持其诗卷"，而对其好心但是误入歧途的亲戚说："诗乃我神明，为之即我子矣。"①生物上的生育传承了男性血统；文学创作则证明了作为个体的女作家的存在，并打开了一条通向不朽的通道。

毛安芳并不是有意反对父系家庭的。她的陈述暗示，母亲身份并不是女性生命中所必有的惟一目标。但如果毛安芳确实有着生物上的儿子，那么她可能会看到，她做诗人的使命会与其做母亲的天职和谐相处。她的蕉园朋友都非常舒适地生活在其文学和家庭的使命中，并未看到两者孰轻孰重的冲突。

柴静仪赋诗指导和鼓励她的儿媳朱柔则。与桐城孀妇方维仪很相像，柴静仪发现诗歌是教导妇德的一种有效方式。对朱柔则这位新娘，她写道：

> 偶来香阁里，看尔试新妆，云髻偏宜小，春衫不用长。病犹勤组绣，贫不废词章，尤喜能操作，依依井臼旁。②

如我们所看到的，时装式样和发式的朴素，使这些闺秀区别于西湖上的艳俗女子。另外，值得注意的是，对柴静仪来说，挥动毛笔 *244* 乃是妇德所必不可少的组成部分；忽视习学赋诗，就如同违背道德训条一样严重。

---

① 吴颢，30.13ab；参看恽珠，4.8b。
② 吴颢，30.12b。

诗歌充当了为母之道教育女孩和男孩的手段。柴静仪写诗告诫儿子,在国家存亡的时刻要保持正直。① 这是江南受教育母亲中的一种普遍行为,但更具意义的是,在将其子引入应是男性对男性的诗歌传统中,柴静仪所起的关键作用。为回应对其诗歌眼光的质询,她概括了自己的所读,而这些东西构成的是中国诗歌史上的权威遗产:

> 四杰新吟开正始,高岑诸子各称能。
>
> 英华敛尽归真朴,太白还应让少陵。

在另一首诗中,她教导说,一个人能够通过日夜生活于其中,通过背诵《诗经》和《楚辞》,而开始掌握中国诗歌的本质。她谈到了儒者是如何看待《诗经》的——"温柔敦厚",并要求她的儿子们视《诗经》为师。"诸子有问余诗法者,口占二绝句,直抒臆见,勿作诗观:汉诗精义少人知,坐咏行吟自得之。更诵葩经与骚些,温柔敦厚是吾师。"②

除诗歌外,柴静仪还教授其子如何弹古琴,这是她从父亲那里获取的一种技艺,其父是这种乐器的一位专家。当静仪 10 岁时,其父柴世尧(举人,1618)给了她一架古琴,将她带入了音乐的世界,这是她珍爱一生的一种技艺。她手抄了这一乐器的乐谱和由其父作序的一部著作,并将它们教授给儿子,即沈氏兄弟。③作为母亲,柴静仪成了将音乐传统从柴氏父系之家传到沈家儿子的重要连接点。

相较而言,顾若璞则填补了黄氏父权之家学问传承中的断

---

① 恽珠,4.4a。
② 胡抱一,6.3b—4a。
③ 吴颖,30.10b;胡抱一,1.2a。

裂。我们已经看到顾若璞如何在丈夫死后，得到了公爹的私人指导；如何研读丈夫留下的书籍，以教授儿子。像她这样有学问的母亲，因而构成了家庭学问传承的关键一环。

书写文字是顾若璞最喜爱的教育和讨论工具。在她自己的选集序言中，她热情疾呼写作是女性的一个职责。不管她如何自称其写作仅是为了消遣，实际上她的许多诗歌、随笔和书信，都非常清楚地是为其心中特定的受众和为特别的教育目的而写。1632 年，当她决定将黄家的财产分开，并为她的两个儿子建立独立的家庭后，她给他们写了一封公开信。在这一非常知名的顾若璞颇具雄辩特点的作品事例中，她概括了她对亲属关系体系的远见卓识，重申了她对它的献身，并为儿子提供了实际生活指导。

这封信是以对其婚姻和丈夫 13 年后亡故的简要记述开篇的。在描述丈夫的临终遗言时，顾若璞着重于家庭作为不断的男性血统传承的官方观点："予自万历丙午归汝父，遂涉历家事廿有六年，中间辛苦备尝，风波遍历，予惟是兢兢业业，早作夜思，罔敢失坠，以无误祖宗立法，以无贻父母忧者，岂好为是劳哉。……弥留之际，止嘱终事惟俭，善教汝辈，以继书香，善事祖父，以续己事亲不终之罪。""继"和"续"两字带有继续血统的强烈涵义。顾若璞接着叙述了作为年轻的媳妇和母亲，她是如何生活在惊恐和颤抖中的，惟恐由丈夫先人开创的家业在她这里中断。"我固一遵先志，较前十三年中，更翼翼小心，如临深履冰，常恐折足而覆先人之业，至于祖父逝后，多少风波，寡妇孤儿所不能对人言者，未易一一数也。"这里所强调的是一种垂直的血统传承和男性传统的延续。

在接下的非常关键的部分中，顾若璞介绍了一种视分家为合理的女性看法："今幸儿辈俱长成，婚嫁已毕，重任有托，我责稍轻。故以分为合，析汝二子，使各庇其家事。夫吾岂不欲劳我逸汝、俟

245

绳祖武哉？良亦有所见而然也。九世同居,时旌其义,二难孝养,并以德称,第情不隔而事或暌,丰俭之异尚,多寡之各适,好恶之不相符也。人情异同,其数多端,岂能一一如我之所愿,况人情习久则慢易生,慢易生,则嫌隙起。是故离则思合,合则思离,离中之合,合中之离,不可不致审也。喜两媳贤哲,能俭约守祖制,及我年力未迈,一一清分,使知家道之艰难如此,世务之艰难如此。……若夫一丝一粒皆自我数十年勤渠困苦中留之,则所以谨守而光大之者。"①

在关于一位上层母亲和节妇如何看待亲属关系体系及其意识形态上,顾若璞的这封信是一篇有力的说明书。她所传递出的信息,应从两个层面进行理解。无可否认,带着对父系的强调,这封信是对父权制家庭的一个有力肯定。顾若璞即使不是热切,也是真诚地献身于这一官方意识形态的,如果由此推论顾若璞带有歧视女性的思想意识,那将是一种误解。通过强调女性对家庭生存是怎样的关键,她的信越出了官方亲属关系意识形态。她提醒人们,如果没有她充当着她过早亡故丈夫的角色,这种男性对男性的知识传承就有可能中断。如果没有掌管着每个分开家庭的儿媳们的智慧和节俭,这一家庭的传统也将是危险的。顾若璞提醒读者注意,如果没有这个家庭女性的道德和智力指导,它是不可能运转的。尽管在一个男性支配的结构中,她们缺少正式权力,但作为母亲、妻子和女家长的女性是必不可少的。在顾若璞的眼中,一如我们能从她自己在黄家的地位所证实的那样,女性很难是这个家庭体系的局外人。

尽管学者们已在艺术和哲学流派的构成中,研究了家庭和亲

---

① 顾若璞,《示诸儿》,载汪淇,《初编》,23.1a—2b;也载周亮工,《赖古堂名贤尺牍》,243—244页。)不清楚导致分家的冲突是什么,也没有分家的细节。从顾若璞信中通篇所用的积极口吻,我推测,她帮助做出了这一决定。

属关系的重要性,但他们对在一个家庭中,或从一个家庭到另一个家庭的知识传承中,有学问的女儿和母亲所起的复杂作用,还没有给予足够的重视。顾若璞和柴静仪的例子,说明了在母亲身份这块土地上的女性教育的正当性,它不仅对女性的自我认识,也对整个父系家庭,产生了至关重要的影响。对儿子的职业生涯和家庭传统的传承,像顾若璞和柴静仪这样的母亲兼教师,起到了强有力的作用。源自女性私人方面的权力,因而塑造了这个家庭的公众生存道路。如在顾若璞基于人类感情理解基础上的家庭分产观点中,女性视角是明确无误的。

潜龙或牝鸡:男性化的女性

由蕉园诗人明确表达出的女性视角,必须在她们男性化的造诣和情感的语境中得到评估。她们所受的教育要比帝国中的大多数男性好,更何谈女性了;她们有机会写作、出版和成名;她们在自己的家庭和社交生活中,享受着相当的自由。的确,她们的教育背景和关注点,更接近于男性文人——她们的父亲和丈夫——而非模范的家内女性。我们会想到顾若璞,她受到了科举课程的训练,并与其儿媳争论着国家政策问题。据说这位儿媳的继母,也写过对李自成的激昂控诉书。① 在一首诗中,柴静仪表达了在参观女战士梁红玉战斗过的古战场时,对其英雄主义所产生的景仰之情。② 如王端淑,她坦然地写下了她对忠明反清的赞同,这些女性并不认为献身于家内职责,会妨碍她们对公众事务

————————

① 丁玉如的继母张姒音是一位杭州诗人(陈文述,《西泠闺咏》,8.4ab)。
② 胡抱一,6.3a。

和对国家前程的关心。

如果依据分离领域学说(男:外/女:内)进行评判,这些女性的关注点无疑会被视作非女性化。但在本书的各章节中,我注意到了现实生活中公/私界限的渗透性。这里也一样,定位和理解蕉园女性的最佳方式,并不是去问她们是女性化还是男性化,她们是家内限制的反抗者还是受害者;反之,我们应该意识到,为扩展或重划社会性别角色界限,她们的文字和行动是其坚忍性的某种有限说明。在她们的自我认识和教育中,这些女性没有感到明确表达或证明其行动正确的必要性,她们只是默默地用具体行动去跨越种种界限。

蕉园女性情感和智力关注点的广度,是植根于两种要素中的:有男性做老师和相互做朋友。通过沈宜修和叶小鸾的例子,我们已经强调了在教育和女性文化传承中,母女亲密关系的重要性。蕉园女性中的一些人,如钱凤纶和林以宁,都是由她们母亲教育的。但许多人明显受着父亲知识和艺术的影响。在两个蕉园社团的九位核心成员中,至少有三人继承了父亲的学问。伙伴式婚姻的影响也同样极为突出,九位中的六人出版了与丈夫一起创作的诗歌。

除了与男性的相互影响,这些高度受教育女性的关注点和自我认识,也为她们创造的公众女性社团所塑造。在顾若璞认为教育是一种生活信念的观点这一部分中,我们已经看到了许多女性教授女性的例子。志趣相投的画家和诗人的相伴,鼓励了蕉园女性去打磨她们的艺术眼光和技巧。其严肃性的一个标志,可以从钱凤纶的诗卷《古香楼集》中看到。尽管亲朋写礼貌性的序言是一种惯例,但柴静仪和冯又令(娴)与钱凤纶的两兄弟和其他两位女性朋友一起,为钱凤纶的著作写了批评性的评论。①

在阅读男子的书籍中长大,但又被一个广泛的女性社交网支撑着,这些女性对其作为女性的身份,并没有任何矛盾心理。柴静仪和林以宁代表了两个极端。林以宁坦然声称希望成为男子。在为她的诗卷所写的一篇序中,她详叙了年轻时如何得到母亲的教育,并很好地学习了模范女性的故事。而她尤其为儒家训诫传统所吸引。"少从母氏受书,取古贤女行事,谆谆提命,而尤注意经学,且愿为大儒,不愿为班左。"在这里,她提到了两位别人极力效仿的博学女性班昭和左芬。② 但在她成年后,并没有成为大儒,而是沉静下来,成了一种更平凡的妻子兼母亲、作家兼画家的角色。尽管她多产和得到承认的写作生涯很难说是平凡的,但她 ²⁴⁸ 仍然痛苦地意识到,如果是一位男性,她的成就将会更大。

尽管有着极不平凡的文字和行动,但顾若璞的谦逊与柴静仪更相像,而与林以宁的大胆不同。顾若璞形容她的写作动机是"虽然亦不平鸣耳",并不是博取功名。顾若璞加上了一个夸张的问题:"讵敢方古班左诸淑媛,取邯郸学步之诮耶?"③但林以宁和顾若璞之间的不同,更多是态度上的,而非实质的。顾若璞是否在效仿班昭和左芬无关紧要,重要的是她实际的作品和博学。但通过自表的谦虚,她避免了争议,并获得了追求内心愿望的空间。

柴静仪有着顾若璞一样的谦逊。在一首给儿媳朱柔则的诗中,她传递出了深藏不露的智慧:

---

① 胡文楷,《历代妇女》,757 页。毛际可(1633—1708)是一位浙江诗人,他也写了一篇序。毛际可提到,1683 年时,钱凤纶的兄弟肇修(林以宁的丈夫)和他们的邻居在筹备凤纶手稿的出版。其结果便是《古香楼集》,它是凤纶在超过四十年的时间里精心创作的诗歌结集。这一序言再版于汪启淑,2.15a—b。

② 引自吴颢,30.15a。

③ 顾若璞,《与弟》,载汪淇,《初编》,23.7a。

深闺白日静,熏香垂罗帏,病起罢膏沐,澹若明河秋。自汝入家门,操作苦不休,蘋藻既鲜洁,户牖过绸缪。丈夫志四方,钱刀非所求,惜哉时未遇,林下聊优游。相对理琴瑟,逸响随风流,潜龙慎勿用,牝鸡乃贻羞。寄言闺中子,柔顺其无忧。①

"潜龙慎勿用"是引自《周易·乾卦》的一句话。在自然或人类世界中,有六个转化阶段,在其中的第一个阶段,潜龙将适时地跃出、腾飞和超越限制。尽管乾卦被等同于"阳"或男性,但柴静仪盗用了这一男性象征,以证实女性于被动状态中的权力。初看起来,似乎在这首诗中,柴静仪毫无保留地接受了驯顺女性的规范。但于字里行间,她则传递了与顾若璞一样的信息:保持谦逊,这样你才会不被干涉。柴静仪并没有教育她的儿媳摒弃其出众的能力,她只是规劝她将它们藏起来。

但蕉园女性社团所取得的成就,绝不意味着谦逊或隐藏于公众视野之外。在女性的自我认识和她们展现给世界的姿态之间,在她们的私人志向和公开的谦逊之间,存在着一条灰色地带,在这一灰色地带中,展示着她们生活的真正内容。带着同样的灵活性穿行于各种界限之间,她们填补了一种存在于官方亲属关系体系和非官方女性文化间的生存状态。

女性文化和亲属关系

在男性为中心的官方亲属体系眼中,中国女性处于一种无常

---

① 恽珠,4.4b—5a。参见叶维廉(Yip)对乾卦和龙变六阶段的讨论,157—159页。莫琳·罗伯逊(Maureen Robertson,私人通信)视潜龙的转变为个人价值和权力的展现。

的、从属的生存状态。对其诞生的家庭和母系家庭而言，她是一 ²⁴⁹ 个局外人，她不得不受控于"三从四德"这样的女训，否则她就将威胁到男性血系的稳定。但从女性文化视角看，个体女性是以无畏于时间和身体距离的方式，相互保持着联系。一位女性就是一个女性血系中的一个成员，这个血系包括了有亲属关系的女性，但她们又是在一种与亲属关系的逻辑差异上构建起来的。她极为严肃地对待官方所规定的妻、母角色，但她也在邻里和远方朋友的陪伴下感到了安慰。

本书所描绘的女性文化和官方亲属关系结构间的关系，充满着模棱两可的特点。一方面，女性文化与亲属关系绝不是敌对的。这些女性自己并不视其家庭角色（母，妻）与家外身份（朋友，邻居，作家）存在冲突，并且她们还利用亲属关系体系为自己的社交网补充新成员。顾若璞这位女族长的罕见事例，显示了一些女性如何透过服务于这一体系，而得到权力和自我尊重的。

另一方面，男性血系结构和家庭生活外空间，是与官方亲属关系思想存在矛盾的。因为无论明末清初的男性还是女性，都没有想到这一矛盾是一种直接或有意识的冒犯，所以说到这一女性创造的空间如何具有"颠覆性"，历史学家是可以自由得出结论的。我自己的观点是，明末清初的亲属关系被赋予了力量和活力，女性文化必须首先被视作这一结构的一部分，而不是它的对立面。女性文化的接合，为女性在官方亲属体系外创造了一个全新空间，而又未对它造成直接挑战。对女性而言，这一空间使生命变得惬意和充满意义了，继之，这些女性又在亲属关系体系的再生产中，扮演了必不可少的母亲兼教师角色。

但女性并不仅是同谋。像蕉园诗社这样的女性关系网的公开现身，突出了亲属体系中的理想女性观点与她们实际经历的生活间的差距。官方亲属关系的成文的东西，如宗谱和家规，描绘和规定了等级的和社会性别区分的家庭结构。这是一个可以依照明显的分离领域进行理解的零碎世界，它被各种界限——内/外、长/幼、男/女——清晰地标志着。

相较而言，受过良好教育的闺秀们，视闺中生活充满了"情"，一种与感情关联着的生活。如我们所看到的，这种认识能采取多种形式。程琼及其他《牡丹亭》爱好者们，将它以戏剧效果表现出来——体现在时髦的家内仪式中的夸张情感。沈宜修和其他人则努力收集和出版女性诗句。蕉园诗人赋予女性家外关系网以一种制度上的表达和公众存在方式。

在据信是被操纵着的官方亲属关系体系所规定的界限内，这些女性受到了充分的训练。然而在完成了她们为妻、为母的职责后，这些闺秀诗人被给予了一个非官方的自由领域，在这一领域中，她们找到了友谊和智力上的满足。这种来自男性眼中的意识形态与女性所经历的现实间的差距，有助于解释为什么明末清初中国绝大多数受过良好教育的女性群体，没有公开向将她们归之于隔绝和从属存在的意识形态发出公开挑战。

第七章　名妓与名山：男性社会中的妇女文化　

前几章研究的女性是士大夫之妻、女或亲属。由出生或婚姻，她们分享了身边男性所享有的特权。换言之，通过坚持"三从"，即通过从父、从夫或从子的社会地位，这些女性成为社会精英集团的一分子。她们是最早接受精深教育和得到自我表现机会的女性，也是顺理成章的。

本章将聚焦于一个不同的女性群体——名妓和歌女，她们有的像闺秀一样，有着可圈可点的诗歌和艺术造诣，可惜她们有的是不同结局。居于层次鲜明的青楼世界的最高点，名妓的生活与闺秀大相径庭。通过考察她们的教育、相互间的亲密关系、与男人的交往及可能是最令人意外的与闺秀们的友谊，我将于本章中指出，名妓与闺秀由某些共同力量左右其处境，我将以社会性别的形式谈出它们，它们既建构了闺秀的生活，也建构了名妓的生活。

个别妻子和名妓可能一直带着猜疑和妒嫉的眼光相互敌视着，但从我们的分析视角看，她们似乎共有着某种特定的社会性别位置，她们其实都服务于同一群男性。妻子与未来之妾间的争斗十分激烈，正因为她们身处相同的男性名流文化世界中。并 且，本章勾画的女性生活，将说明很多妇女的社会标识——妻、妾、职业艺术家、歌女和名妓——很少是终身的。通过生命中的许多阶段,女性从一种身份行进到另一种身份,特别是在改朝换代的动荡年代里。

正是她们共有的文学聪敏和居无定所的生活方式,将帝国中一些最有名的青楼女子带到了一起,结成了一种暂时社团。这些社团通常是于家庭外锻造成的,较之截此为止所探讨的任何"家居式""社交式"或"公众式"等形式而言,它们更具包容和多义的特点。在本章中,我将进一步描绘一群上层之妻、职业作家和名妓如何在私人别墅中、在杭州的西子湖畔或通过远距离地交换书信、手稿和绘画而相互为友的。但这些社团所特有的极富生气和涵盖广阔的本性,也意味着它们是分裂和不稳定的。没有日常家庭生活或亲属关系结构作依托,这些暂时的联系既不是制度化的,也不能跨代传承。

在个人层面上充满于女性生活的相同讽刺意味,也同样在社团层面上运作着:妻子和艺人都被置于"从"的位置,她们"从"的是同一群男性精英,因而一如她们被其争斗而分裂一样,她们也被其社会性别地位统一着。同样,这种由来自不同生活阶层女性所锻造的暂时性家外社交网既是内聚的,也是不和的。换言之,结社和分裂是一把双刃剑。我想说的是,这一"女性是同一的"和"女性是差异的"孪生特点的展开,是儒家社会性别体系特定的运转原则。

名妓和歌女的浮世

名妓处于女性交易体系的最高点,这一体系包括了各种等级的妓女和作为妾、婢的女孩的培训和出售。尽管在高度分层的风月场中,名妓和歌女的身份地位迥异,但她们却共有着一种基本的社会性别定位：所有女性的社会身份都是由其生命中的男性所决定的。同样的"三从"原则，也支配着良人之妻的社会位置。尽管大多数女性既非上层之妻，也非名妓，但每个人都通过"从"一位男性，而各自追求着更好的命运。对大多数女性来说——除了尼姑和女道士——拥有良家身份的最好机会，是成为一位平民的合法妻子；她们能够接近权力中心的捷径，是在上层人家做婢或妾。大多数女性的社会性别身份，因此可以说是通过与男性产生关系而获取的。"女性"这一社会性别，是不能脱离"男性"而独立自存的。

但就在名妓渴望"从"其男人的同时，她也拥有其他女性所没有的多重社会和社会性别定位。为理解因何如此，有必要在中国政治文化、经济生活和社会习俗的语境中，阐明"名妓"这一称呼的含义。明清时期的"名妓"与欧洲名妓（courtesan）相比，特征便显而易见。文艺复兴时期，名妓的名字源自 cortigiana 一词，它是意大利语 cortigiano（courtier，朝臣）的阴性形式，她们通常是国王或贵族的情妇。相较而言，在明清时的中国，帝国亲王和贵族至多扮演着边缘的角色；名妓与宫廷生活也没有直接的联系。尽管最有造诣的名妓是高层士大夫的常客，但是明清妓院文化的发达，只有伴随着江南货币经济所导致的物质过剩，才成为可能。明末清初的名妓，源于创造出坊刻印刷文化的相同社会经济环境。

作为男性名流的同伴，无论是欧洲还是中国的名妓，都以对男性艺术的精通而著称。安·罗萨琳德·琼思对文艺复兴时期名妓的描述，同样适用于中国："歌唱、作乐和诙谐的谈吐、通晓古典和现代文学——这些都是名妓的造诣，也是她们区别于身份较低的妓女的造诣。"①很简单,仰仗男性资助过活的女性不得不去迎合他们的口味。

将中国名妓与17世纪法国沙龙女性相比较,也是使人感兴趣的;两者都是有资格评判文学和艺术欣赏口味的公众女性和时尚潮流的倡导者。但她们之间的差异更为醒目:法国女性是高官和富有人家的女儿;中国名妓则一律来自地位低下的家庭。按卡罗琳·卢热所说,沙龙女性嫁给的是比她们自己更古老和更高尚家庭的丈夫;这样的上下结合,构成了真正的社会流动,并在法国的社会结构中,带来了一种根本性的转变。② 相较而言,少数几个中国名妓嫁给一流士大夫的值得称颂的例子,仍是孤立事件。

中国名妓与日本的头等名妓(Tayū)有着更多共性,在17世纪京都、大阪和江户的城市中心,她们肩负着有执照妓院的等级。如她们的中国同行一样,这些名妓是以其艺术和文学造诣,而不是她可能选择提供的性爱好著称。如著名名妓八千代(Yachiyo)经常邀请学者到其位于岛原的住处,讲解如《源氏物语》这样的巨著。岛原是东京的娱乐区。八千代不仅是一位器乐、歌唱和茶道高手,还非常精于书法,以至她的八千代体都成了其他名妓的样板。1658年,她24岁,刚离开这行不久,就在这一年,她的诗作之一被收入了一本出版的文集中。③ 八千代的职业生涯和才华,

---

① 安·罗莎琳德·琼思(Ann Rosalind Jones),"城市女性和她们的听众:路易丝·拉贝和韦罗妮卡·佛朗哥"("City Women and Their Audiences:Louise Labé and Veronica Franco"),载弗格森(Ferguson)等,304页。我对英语 courtesan 一词意大利起源的说明,也引自上文。

② 卢热(Lougee),113—170页。卢热还指出,通过将新兴集团引入贵族文化的欣赏口味和行为举止中,沙龙强化了贵族的社会结构(212—213页)。对大量个体沙龙女性的生动描写,参见梅森(Mason)。关于法国沙龙作为制度化宫廷的延伸及其在形成中的资产阶级公众领域中的矛盾地位,参见兰德斯(Landes),22—28页。

③ 晖峻康隆(Teruoka),11页。

与其江南城市文化中的同时代人柳如是和王微非常相像,她们的生活和作品将在下文进行探讨。

无论是中国名妓,还是日本名妓,都是城市文化"浮世"的产物和表现,但她们所置身的政治环境和城市文化的合法性,却是有着显著差异的。日本学者晖峻康隆已经识别出了17世纪中期日本名妓资助人的一个转变,它是穷困武士下降和暴发户商人地位上升的结果:"自17世纪早期到这一世纪的下半段,从名妓那里寻找倾诉的有执照妓院的顾客,大都来自高等社会阶层,有着良好的教育和举止。在京都,他们是贵族或是已经确立基础的商人;在江户,则是大名或老资格幕府的家臣。但从17世纪的50—60年代,暴发的城市人逐渐取代了这些顾客。"具有讽刺意味的是,主顾社会地位的这一下降,却迎来了高级名妓文化的黄金时代,其时这些风月场是文雅的特定场所。这一黄金时代从17世纪60年代中期,一直持续到世纪之交,与一个40年(1660—1700)的经济繁荣正好同步。但日本名妓住宅的高标准和显赫的最终衰落,是由于来自幕府的直接政治压力。1695年,当幕府将严厉的控制措施强加给商人时,两所富裕的妓院被迫退出了经营。[①]

换言之,日本名妓文化的上升,归之于由城市商人和制造商 [255] 所导致的富裕,它的败落则是政治措施所致,这些政治措施是试图抑制商人对经济生活的控制。日本名妓主顾的变化构成,因而植根在了严厉的法律和社会屏障基础上,它将日本的商人和武士—官僚区分开来,不可逾越的等级身份,是德川政治体系的一个标志。

---

① 晖峻康隆(Teruoka),16页,19页。

此中展现了日本名妓与其中国同行的关键差异。尽管中国的名妓文化也是由城市中心所导致的富裕而支撑的，但直到 18 世纪，士大夫仍构成了主要的顾客。他们之所以能够如此，是因为士大夫并没有像日本武士那样回避商业冒险。政治和经济间的距离，如商人和官僚间的距离一样，在明清时期的中国是很少被区分开的。正是在这些领域的界线上，中国的名妓竭力维持着其多样的生存。

从名妓文化在唐代被法典化后，它就一直有着多样的综合功能。从一开始，妓院就是时代文化和文学史的一部分。名妓和歌女对词体发展的贡献尤为突出。按孙康宜所说，安史之乱（755 年爆发）后，来自宫廷教坊的名妓和乐人逃离了都城，流散到全国各地。它推动了娱乐场所、江南城市文化的繁荣和中唐以后词体的流行。① 继之，玛莎·瓦格纳强调了唐后期妓院的综合功能："在这里，男与女的结合，贵族与平民的结合，反映到了上流与通俗文学体裁的合流上。"②

随着时代的发展，当名妓文化在社会和政治文化中获得了一定位置时，它便拥有了三种特征：士大夫应酬的场所；女性的表演艺术，特别是音乐和歌曲的发展；对家内生活界限的渗透。特别是，风月场所提供了一种空间，在这里，科举考生首次被引见了权要精英的欣赏口味和行为举止；在这里，新曲、新调得以排演；在

---

① 孙康宜，《中国词体》(*Chinese Tz'u Poetry*)，9—10 页。对唐代官妓、私妓的综述，参见岸边成雄(Kishibe)，197—227 页。通过唐代名妓兼诗人薛涛，珍妮·拉森(Jeanne Larsen)对唐代名妓文化进行了描绘，参见氏作，"绪言"("Introductiori")，载薛涛，xi—xxi 页。

② 瓦格纳(Wagner)，91 页；亦请参见 81—91 页对四类名妓的概述和对唐代名妓文化的总讨论。关于词体起源的一个类似论点，参见王书奴，100—103 页。

这里，女性有着能够实现做二夫人或家内歌女的机会。① 换言之，中国名妓在社会中有着一种必不可少的综合性功能，它将男性名流的公、私生活，也将城市平民所喜好的口头和视觉艺术，与士大夫上层的文学传统结合在了一起。

这一名妓文化繁盛于晚明时期，无论是其能见度，还是其文 _256_ 化水平，都在这一时期达到了顶峰。在人数和她们及其主顾所支配的经济资源上，晚期帝国的名妓都超过了其中世纪的同行。一些名妓受过的教育极为良好，她们甚至像文人一样被称颂。柳如是的著名事例，就证明了晚明名妓对文学和艺术的引入，柳如是是其爱人陈子龙努力复兴宋词这一文学体裁的动力和榜样。② 更具意义的是文人和名妓文化交往间身体位置的转变：作为宾客，名妓出现在文人家庭举办的宴会上，已变得非常习见。③ 在官方的理想女性构成中，这些女性兼艺术家是最不稳妥的人，她们从身体和象征意义上，穿梭于男性的公众世界和女性的家内世界之间。

因此在晚明时代，如许多名妓的住所一样，学者的家内厅堂和私人花园，逐渐显现出了作为公/私、男/女及如我们将看到的女/女之间的一个新的交往场所。④ 在下文将要讨论的上流主

---

① 对聚集到南京以参加三年一次省试的科举考生如何在秦淮河畔的青楼区展开社交，参见裴德生（Peterson），25—27 页，141—144 页。亦请参见对四公子，即四位活跃于南京政治和娱乐界的文人—诗人的描述，载魏斐德（Wakeman），《洪业》（_Great Enterprise_），136—145 页，359—361 页。

② 关于柳如是对词体复兴的贡献，参见孙康宜（Chang），《陈子龙》（_Ch'en Tzu-lung_）。对其他明代名妓文学和艺术才华的综述，参见王书奴，220—223 页，230—241 页。

③ 屈志仁（J. Watt），7 页。

④ 因远隔时空，我在这里不能探究明末清初青楼中的仪式和术语。关于一篇精彩的介绍，参见利维（Levy），《薄雾和花朵》（_Mist and Flowers_）。这一记载的中文原作，与其他所有这一文风的主要作品一道，被重印在一个 20 卷的便捷文集《香艳丛书》中。

妇、名妓和歌女间的亲密关系中，体现了名妓文化对家内领地的侵入。这一侵入是因名流社会中名妓文化的内在矛盾定位而成为可能的，它也是中国人生活私人化的另一个方面，在这种生活中，家内领地肩负了新的文化和生产功能。但它带着高强度和高频率出现在晚明的江南，则证明了在一个流动的社会中的家内生活和家庭界限的渗透性。

无论是名妓的文化品味，还是她们的文学声望，都于清早期开始下降。至1673年，清廷正式废止了几世纪之久的首都和各省保有官妓的传统。尽管在民事官府的名义监督下，风月业继续繁荣于社会中，但它已失去了明时的大部分光环。前清时期，生存于这种下降中的名妓，却在继续写、画和于西子湖畔的别墅中集会。① 幸运者移向她们生命中的下一站：妾和妻。

妻和艺人："社会性别"和"阶层"间的对立

家外社团，即妻和艺人在文学和感情上的亲密关系之所以成为可能，部分原因是男性视其成员为同类，即都是女性。但因此特定原因，这些联系就内在着零散和分裂的特点。共性和分裂间的对立，构成了社会性别体系中必不可少的部分。

共性植根于儒家伦理中，并被部分表达在为女性设计的文化教育内容中。前面我已指出，家内女性和艺人是被体现于"三从"公式中的同一伦理标准定义着的。也就是说，尽管上层之妻、妾、名妓和歌女来自不同的社会领域，并被深埋的权力分裂因素分

---

① 王书奴，198—205页，261—265页。孙康宜(Kang-i Sun Chang)，《陈子龙》(Ch'en Tzu-lung，119—120页)认为，尽管明朝灭亡了，但名妓—诗人在清初继续活跃着。而至18世纪，"名妓实际被排斥出了儒雅的文人世界"。

开，但她们服务于同一特权男性集团，并被希望对这一特权男性集团保持忠诚。就此而论，她们与这些男性一样，行动在同一个文化世界中；由业余士绅培养出的艺文，如古琴、围棋、书法和绘画，也成了他家里和风月场女性同伴所追求的艺术品味。

同样，妻和名妓间的明显道德鸿沟也并非难以逾越。在理论和在实际中，无论是"好的"家内女性，还是"坏的"公众女性勾引者，都能通过忠于一位男性而获取贞节。因此在唐代和明代的白话故事中，名妓女主角是以有远见和忠实爱人的典型形象出现的。通过纯洁的目的和道德坚韧性，名妓可以是"贞节"的。① 在明末清初的战乱时期，名妓和良家女性同样有着充分机会，在现实生活中去效仿这些作为忠诚者和殉难者的女英雄。

按照儒家思想，政治忠诚是个人忠诚的一种自然延伸。在晚期帝国时代，对女性日益严苛的贞节要求，产生了一个副作用，就是鼓励她们从忠君进而爱国。在明清转折时期，许多女性通过成为反清忠明的积极参与者，而使她们的男性同伴汗颜，如在抗议中公开自杀、为忠明武装和海军充当侦察员和联系人或亲身参与到战斗中，②这种情况的出现并非偶然。我们已经看到，在一系列为抗清死亡的男性所作的传记中，王端淑这位职业作家宣扬了自己的忠明情感。许多名妓也坦然地表露了对流亡的南明小朝廷的同情。如我们将要看到的，柳如是对起义组织者的暗中援助就是最著名的例子。

当女性认真对待忠于其男人的道德要求（"三从"的一个含

---

① 相较而言，日本名妓（Tayū）极为经常地以性、诗女神的形象出现在文学作品中——一种与生育之神绞缠在一起的形象（佐伯顺子，Saeki，82—100页）。

② 关于这些忠明反清女斗士，参见高彦颐（Ko），"女性同谋"（"Complicity of Women"），480—485页。

义)时,她们就为自己创造了一种可能性,这种可能性不仅是作为忠诚之士所做的政治参与,也是作为具有社会性别的个体,而不仅是作为某一特定宗族或身份集团成员而被进行道德评估的一种新方式。对她们作为相对于"男性"而定义的"女性"的共有地位而言,名妓和正妻的身份差距暂时退居第二位。在这层意义上,"女性"就在分析上构成了一个与阶层或身份不同的社会门类,尽管在现实中它们是相互交错的。按照官方意识形态,对一位个体女性最重要的,就是她"从"其男人社会身份的愿望,并且对他保持忠诚。

也许是因为这样一种艺人和妻子间共有的社会性别定位,而使区分闺阁与风月场的法律界限由唐代持续到了清代。这一持续部分是男性对妻子和歌女不同功能定位看法的反映。在男性资助人眼中,风月女性是妻子的对立面。在这些男性的生活中,妻子和女艺人占据着不同的领域,各自服务于男人基本需求的不同方面,家庭、生育和持家归妻子;社交、智力和感官享受归艺人。另外,因商业和政治交易通常在风月场的宴会桌上敲定,所以名妓经常参与到男性的公众领域中,而妻子在这一领域是无直接位置的。当名妓成了妾甚或妻时,这一区分就被抹去了,但从以男性为中心的亲属关系体系视角看,两类女性间的功能不调和仍然明确存在着。

对明确的妻、艺人名义界限的这一坚持,也可被解释为抑制和抵消内在矛盾性的一种方式,这种内在矛盾因女艺人的社会定位而有着潜在的破坏性。娱乐场所的适龄名妓通常是由一位"养母"养大的,这些名妓生活在两个世界中,于家庭体系之内和之外,但又不属于两者。尽管最终她可能选择退隐和结婚,但在她活跃于风月场的若干年内,则一直是宗族体系的局外人。因此,她便是违背了准则的异类，是一种非家内女性，她**不是**养于深闺，也**不是**命定为母亲的人。但其矛盾的存在方式又获得了宽恕，因为她满足了男性的基本需求。

同样的矛盾性也明显表现在名妓的灵活性上，她跨立于看似不相容的私女性和公男性的世界之间。她既有女性的魅力，也有文人的儒雅，在以男女有别为基础的社会中，很少有其他人享有这种亦男亦女的灵活性。她的女性体格集中由其精心缠过和香气四溢的小脚体现出来，如其对男性艺术的精通和对国家事务的谙熟一样具有吸引力。① 同样在其个人关系上，名妓居于帝国最具影响的男性社交领域的核心，这些男性包括科举考生、士大夫、文人、富商。她是最具魅力的女性和最具公众性的男性的化身。然而正如她身处以男性为中心的官方亲属体系的边缘一样，这样的一种社会性别模糊状态也得到了宽恕，甚而受到了欢迎，因为它满足了试图于公众和家内责任外寻求调剂的男性的需求。

名义上的妻子—艺人界限不仅被找乐儿的男人，也被货币经济所释放出的强大力量侵蚀。上流之妻对风月场传来的歌声的蔑视，实际是这两个领域被突破的一个信号。另一信号则是家内女性对来自风月场时尚潮流的模仿。如，明代上流女性开始使用折扇，而折扇曾属妓女专有，虽然她们并没有放弃传统的团扇。② 比时尚更具意义的是两个领域女性的个人交往：通过交换诗歌和绘画，上流之妻对名妓以朋相待；妻子邀请歌女到私人别墅参加宴会。我将在下文讨论这些联系的具体事例。

与这些共性力量一样强大的是不和谐和分裂的种子。我在

① 从宋后期开始，缠足一直是名妓文化的一个标志（王书奴，248—252页）。
② 陆容，卷五，52—53页。折扇最初以贡物从朝鲜传入中国。

此对上流之妻、名妓和歌女共性的强调,是基于突出社会性别作为一种历史分析范畴有效性的考虑。但这一强调必须与其结果一起看:造成女性分离的社会身份差别和权力悬殊。所有女性都服从于社会性别和阶层分工两个范畴中的矛盾构成。如在其所写的早期现代英国的著作中,彼得·斯塔利布拉斯已很好地指出:"强调社会性别是为了建构同一的女性:女性是作为一个单一的范畴而构成的,它与男性范畴相对。强调阶层分工则是为了在女性间进行区分,将她们区分为不同的社会集团。"在中国的个例中,对社会性别的强调,将会使我们集中于妻和名妓间共有的身份和关注点,而对阶层的强调,将会使我们着眼于经济权力、亲属关系结构中的位置及社会身份的悬殊。斯塔利布拉斯还指出:

> 就女性是区别的而言,处于支配社会阶层的那些人,被赋予了他们的特权(身份,财富)。在异性爱和婚姻被强令的社会中,那些特权只能被回授到男性的身上,因此女性的分化同时建立或强化了男性的分化。另外,女性为不同阶层这样一种部署,是出自统治精英的利益,因为它帮助使阶层结构永久化和自然化。①

260

"三从"女训中所暗示的,恰是处在社会性别和阶层分工范畴中的这一女性公式。在其宣称适用于所有阶层和所有身份集团的女性中,这一女训打开了建构女性是同一的(社会性别)通道。与此同时,它的确切目的是使女性处于不同的阶层中。通过要求每位女性呈现出其父、其夫或其子的社会身份,至少从目的上,这一女训强化了男性的分化和精英的支配地位。

---

① 彼得·斯塔利布拉斯(Peter Stallybrass),"父权领地:圈住的身体"("Patriarchal Territories: The Body Enclosed"),载弗格森(Ferguson)等,133 页。

没有对较低阶层社会性别关系的研究，便不可能对明末清初中国再造阶层结构中这一部署的成功度作出评估，而它又超出了本书的范围。但我在这里指出的是，"三从"这一女训是使社会性别体系永久化的关键。与现行的假定相反，就女性而言，遵从"三从"并不永远意味着限制和自我否定。事实上，许多女性在"从"男性中，感到了特权和一定程度的自由，尽管她们可能已经或可能没有意识到这些自由终究是有限的。

通过聚焦上流之妻和名妓，她们凭借着其在男性精英私人生活中的关键地位，而成为最有特权的女性，我们能够开始意识到依从——通过合法婚姻或性服务——是如何使少数女性受益的。与科举考试非常相像——科举考试向所有的男性承诺了财富和权力，但现实中却只有极少数能够获此酬赏；"三从"通过应允她们分享精英男性的特权，而诱使所有女性支持现行的社会性别安排，尽管实际凭此达到顶端的仍是少数。结果是社会性别体系是如此地具有流动性和弹性，甚至女性间的亲密关系也只能服务于强化它的感染力。

在这一点上，将出现在本章后面的名妓所取得的社会和文化成就，就不应被过分浪漫化。介绍和教育来自地位低下背景女孩的运作过程，既是名妓成功的阶梯，也是许多其他女性的祸因，对这一体系，必须在其前提下进行理解：一种使一个女性与另一个女性竞争以获得男性青睐的机制。对社会性别体系的再生产而言，这一竞争是必不可少的。在更低的社会阶层中，分离的力量、[261]将女性部署为有差异的力量，都以更残忍的方式释放出来。

豢养"瘦马"

在对女性的交易中，存在着一个明显的分级，尽管在某种程

度上,所有女性都被像财产一样对待。素·格罗内伍尔德研究了
19世纪和20世纪中国的妓女,她指出:"为卖淫而出售女性只是
女性总体交易的一种极端形式,这种交易包括了收养女儿和未来
儿媳和购买婢仆和新娘。"[1]如我们所看到的,在这些各色各样交
易中的女性价值,是由才、德、美的结合所决定的,对上流之家的
联盟建立策略而言,教育良好的新娘非常重要。在这一部分中,
我们将通过聚焦妾、婢、妓的交易,来探讨另一种应用,这些女性
被以公开的价格标签买、卖。[2]

　　上流新娘的价值首先在其才、德功能上,而美和才则是妓、
妾、婢市场里的重中之重。这一点由扬州的地方文化所证实,扬
州是明后期全国买卖婢妾的中心。[3]　谢肇淛,这位著名明代风俗
和社会生活简编《五杂俎》的作者,将扬州的关键地位归之于其丰
富的水路,是它养育了自然之美。[4]　处于明代漕运体系中心位置
的扬州,控制着大运河与长江的交汇处,这使它成为食盐贸易和
女性交易的理想中心。谢肇淛接着描述了扬州居民的精明交易
头脑:"维扬居天地之中,川泽秀媚,故女子多美丽,而性情温柔,
举止婉慧。所谓泽气多,女亦其灵淑之气所钟,诸方不能敌也。

---

① 格罗内伍尔德(Gronewold),37页。
② 在明末清初总体价格波动的环境中,妇女价格问题需作进一步的研究。从明代小
　 说所作的初步调查显示,一位训练有素的女儿能卖到一个相当大的数额。如明代
　 小说《金瓶梅》暗示,出售一位做新娘的女儿的钱,比一个店铺伙计六个月的工钱还
　 要多。用这笔钱,这个家庭能买到够一年吃的米。参见《金瓶梅》,二十五章、四十
　 九章、五十九章;冬郭先生,189页。
③ 扬州女人的漂亮名声是帝国漫长历史恩赐的结果。为寻欢而从扬州获得妇女的传
　 统始于隋炀帝,他于7世纪建造了大运河。除为自己充实后宫外,他还将扬州的寡
　 妇和女孩送给他的兵士做妻子。参见姚文田,2.35b。这一行动被他之后的许多代
　 皇帝效仿。如1519年,正德皇帝为得到女孩和寡妇而突袭了这座城市。在皇帝的
　 随从到来之前,有女儿的扬州人家匆忙将她们与单身男子拼凑在一起(同上,
　 6.19b;毛奇龄,《武宗外纪》,《香艳丛书》卷一一,2.11a)。
④ 谢肇淛,210—211页。

然扬人习以此为奇货，市贩各处童女，加意装束，教以书、算、琴、棋之属，以徼厚直，谓之'瘦马'。然习与性成，与亲生者亦无别矣。"①

"瘦马"之名来自唐代诗人白居易的一首诗，在这首诗中，他为年轻妓女被转手的速度而感到痛心。② 到明代后期，它已成为扬州市场上被卖女孩的代名词。在被称作"扬州瘦马"的一段中，明后期作家和戏迷张岱带着讽刺和幽默，描述了这种交易进行的方式：

> 扬州人日饮食于瘦马之身者数十百人。娶妾者切勿露 *262* 意，稍透消息，牙婆驵侩咸集其门，如蝇附膻，撩扑不去。黎明，即促之出门，媒人先到者先挟之去，其余尾其后接踵伺之。至瘦马家，坐定，进茶，牙婆扶瘦马出曰："姑娘拜客。"下拜。曰："姑娘往上走走。"曰："姑娘转身。"转身向明立，面出。曰："姑娘借手睄睄。"尽裸其袂，手出、臂出、肤亦出。曰："姑娘睄相公。"转眼偷觑，眼出。曰："姑娘几岁?"曰：几岁，声出。曰："姑娘再走走。"以手拉其裙，趾出。然看趾有法，凡出门裙幅先响者必大，高系其裙，人未出而趾先出者必小。曰："姑娘请回。"一人进，一人又出，看一家必五六人，咸如之。看中者，用金簪或钗一股插其鬓，曰"插带"。看不中，出钱数百文，赏牙婆或赏其家侍婢，又去看。牙婆倦，又有数牙婆踵伺之。一日、二日，至四五日，不倦亦不尽，然看至五六十人，白面红衫，千篇一律，如学字者一字写至百至千，连

---

① 谢肇淛，210—211 页。

② 这首诗是这样写的："莫养瘦马驹，莫教小妓女，后事在目前，不信君看取。马肥快行走，妓长能歌舞，三年五岁间，已闻换一主。借问新旧主，谁乐谁辛苦。请君大带上，把笔书此语。"（引自陈东原，210 页）。

此字亦不认得矣。

买者通过将发夹插入选中女孩的头发，而敲定了这笔交易。瘦马的主人然后列出了一个价格表，提出绸、布、金花的匹数，及所需的新娘价格数。如果买者同意这一价格，婚礼将在绝不浪费时间的情况下举行。

> 心与目谋，毫无把柄，不得不聊且迁就，定其一人。插带后，本家出一红单，上写彩缎若干，金花若干，财礼若干，布匹若干，用笔蘸墨，送客点阅。客批财礼及缎匹如其意，则肃客归，归未抵寓，而鼓乐、盘担、红绿、羊酒在其门久矣。不一刻而礼币、糕果俱齐，鼓乐导之去，去未半里而花轿、花灯、擎燎、火把、山人、傧相、纸烛、供果、牲醴之属，门前环伺。厨子挑一担至，则蔬果、肴馔、汤点、花棚、糖饼、桌围、坐褥、酒壶、杯箸、龙虎寿星、撒帐牵红、小唱弦索之类，又毕备矣。不待覆命，亦不待主人命，而花轿及亲送小轿一齐往迎，鼓乐灯燎，新人轿与亲送轿一时俱到矣。新人拜堂，亲送上席，小唱鼓吹，喧阗热闹。日未午而讨赏遽去，急往他家，又复如是。[1]

张岱可能夸大了婚礼的速度，但他的描述却传递出了一种效率，带着这种效率，出售女性的交易及婚礼所需的一切，都是于奔跑中进行的。每个淫窝至少有五或六个待沽的女孩，她们可能已经受到了很多训练。乐队、乐工、抬轿人、厨子和搬运工的人数可能接近一百。但并不清楚，是否每个淫窝都有自己的队伍或它们是被转包的。尽管没有其时扬州淫窝总数的记载，但在这个城市

---

[1] 张岱，76—77 页。关于养"瘦马"的一个生动小说记载，参见丁耀亢，522—523 页。感谢戴维·罗尔斯顿（David Rolston）教授使我关注到了它。

以服务为定位的经济中,出售女性一定占有一个相当的比例。

在现实及流行的认识中,女孩交易是扬州商品化经济和文化的一部分。颓废扬州这一陈旧形象,产生于隋唐两朝所经历的首次经济繁荣,并在 16 世纪重新出现。当作家赞美扬州时,他们谈到的是此地对农业的有意忽视及点缀着商铺的街道、奢侈品和漂亮女人。如在清早期的一本方志中,一位诗人在描述颓废的扬州时,重复着陈旧的老套:

> 广陵女儿多如云,香车翠幕来纷纷。蛾眉不惜青螺黛,
> 兰麝长薰白练裙。生来不识弄机杼,绣户朱帘学歌舞。庭前
> 结驷皆贵人,门外连檐复大贾。徐行玉佩何珊珊,十三十四 *263*
> 就人看,得金那问狂夫老。①

商人文化、金钱、音乐和卖淫间的关系一目了然。

女孩市场繁荣的一个结果是缠足的盛行。一位清代观察者注意到:"扬州缠足之风,远较他处为甚,苦力佣工缝穷老弱之侪,莫不纤纤厥趾,积习相沿,其苦万状。"②晚至 20 世纪,据说上海最受追捧的妓女有着"苏州脸,扬州脚"。③ 为迎合她们想要服务的男人,女性为这一市场而进行着修饰,这一市场视她们脚的尺寸和形状为其个性特征的标志。

在一封给弟弟的信中,晚明文人谭友夏(1586—1637)概括了在选择私人侍者时的一套明显普遍被接受的标准:"要两婢子答

---

① 施闰章,《广陵女儿行》,载《扬州府志》,《轶闻》,31.15ab。其他例子,参见《嘉靖维扬志》,11.22b—23a,37.3ab;《扬州府志》,《轶闻》,31.23ab。甚至地方家庭的族谱也因循着这一套路,参见《江都杨墅巷孙氏族谱》,卷一,《传》部分。扬州的颓废形象一直持续到 20 世纪。一本出版于 1938 年的方志表明,扬州的中产家庭经常雇佣 18 岁或 19 岁的女子服侍家中的男人(王培棠,473 页)。

② 《梵门绮语录》,载《香艳丛书》,6:1.7a。

③ 中华图书集成编辑所,143 页。

应,此方人精蠢,弟可便船带回。每婢价可二三十金,却要面不可憎,长于寒碧一尺五寸,手指莫似悬槌。"在谈完脸和外貌应避免的情况后,谭友夏接着直指此事的核心:"脚比苏州梢婆要小一尺,又要是女身,十二尚不足,十岁颇有余,是其年也。"[①]非常清楚,他优先考虑的是小脚的尺寸,通过他对童贞的偏爱,小脚所带有的性涵义被表达了出来。谭友夏是复社的一位成员,如我们将看到的,他的伴侣是著名的名妓王微。

我们已从两个角度考察了缠足:作为儒家理想向心女性的一种身体训育手段和作为一种闺阁女性文化发展中的主要事件。第三个维度——作为女性用以迎合男性性幻想的手段——明显表现在金莲于风月文化中的突出位置上。缠足的这一用途与其作为教育手段的道德用途之间存在着不协调,这一点并不令人感到意外,因为它突出了男性置于女性身上的双重标准。缠足起着护卫女性纯洁目标的作用,同时也强调着她的性感,在男性的眼中,这两者都使他称心。无论"好"女人和"坏"女人,都是在为争取受过良好教育和富裕的男性而展开竞争。因此,明末清初的名妓、妾和上流妻子都毫无例外地缠着足,这一点并不令人感到奇怪。

但在诗歌才华突出的时代里,单凭缠足并不能保证成功。不仅在媒婆的住宅里,也在平民的家中,扬州"瘦马"们接受着文学和艺术教育,以提高她们的市场价值。前清旅居扬州的人观察到,父母让女儿习学乐、舞是何等的平常。[②] 在一个女性交易对经济和文化是必不可少的城市里,女儿的出售并不像道德地方官

---

① 汪淇,《初编》13.2b。
② 诗人郑燮(1693—1765)提供了许多例子。

经常描绘的那样，是处于饥饿边缘家庭的一种铤而走险的行动，它是有魄力的家庭长效投资的收获。

商品化的江南地区为来自下等家庭的女孩们提供了受教育和雇佣的机会，这种机会既在家庭体系内，也在家庭体系外。在媒婆家中、戏班或妓院长大的女孩们，及由父母养大但被指定向娱乐世界发展的女孩们，得到了一种与上流之女目的不同的教育，但在某些方面，两者所学又是交迭在一起的。如上层诗人沈宜修的女儿们，从四岁左右就开始背诗，九岁左右开始识字，十多岁时学习诗歌艺术和女红，作为兴趣和在时间允许的情况下绘画和弹奏乐器。母亲、姑母或职业闺塾师充当着导师。相较之下，平民女儿为其一生作艺人或妾而准备的教育，则较少系统性和更为实用，所学的内容更向歌曲、故事和戏剧倾斜。妓院、媒婆家或戏班中的女人——她们通常被称作"养母"，便是这些女孩的老师。

李渔这位著名鉴赏家，非常详尽地解释了他为训练妾而写的大纲。尽管名义上妾是家庭体系的成员，特别是如果她们设法生出儿子后，但在其被带到这个家庭的方式和所提供的性服务上，她们又与女艺人更接近。① 实际上，明末清初的男性作家更喜欢用"买妾"而不是"娶"一词。因此，李渔的计划就可以被视作是歌女或妾的理想训练模式。来自低级处所的歌女和妓女，仅接受了这些训练的皮毛，而顶级名妓，则可以在文学和艺术造诣上与李

265

---

① 一本元代传记《青楼集》记载了约七十位名妓的生涯，它说明，妾与妓的细微区分经常是模糊不清的。研究了这些传记的高罗佩（Van Gulik，252 页）得出了这样的结论："一些歌女被富有的男人买去做妾，然后让她们加入到另一个男人的私人戏班中，最后她们与其主人结婚或游荡回其最初的职业。另一些或成了女道士，或漫游在帝国的较大城市中，有时以女演员，有时又以妓女维生，以悲惨告终，其他一些则厕身于汉人或蒙古官员的后宫。"

渔一比高低。

李渔认为才的培养与美的培养同样重要。对他而言，才包括了四类技巧：文学写作能力，弹奏乐器，唱、舞和做女红。前三者的重要性依次递降，第四项则被视作是最基本的，所以它根本无需解释。[1] 文学技巧的提高，必须从识别字符和获取基本识字能力开始。李渔建议说，白话故事是最好的教科书，因为这些故事已为人所熟知。[2] 接着，那些善于歌唱的女性，可被教以填词的技艺。那些想学诗的人，应该由读诗、背诗开始。至于乐器，最合适的是古琴。最后，唱和舞的训练由三部分组成：寻找合适的角色、矫正地方口音和舞台经验的积累。这些与女性闺阁中支配行为的"自然状态"准则形成了鲜明对比。虽然这些训练的本来目标是为了舞台表演，但对不上台的艺人也同样适用。[3]

在其对舞台表演的强调和将白话故事用作识字入门书上，这一训练计划是与闺秀有着差异的。但同样的终极目标——赋有才华之美的培养，则都是两类教育的核心所在。并且，对打算扮演家庭体系内和外角色的女性而言，"才"的定义都一样，它借用的是优雅士绅男性的定义。在解释文学技巧对教育妾的重要性时，李渔写道："以闺秀自命者，书、画、琴、棋，四艺皆不可少。然学之须分缓急，必不可已者先之，其余资性能兼，不妨次第并举，不则一技擅长，才女之名著矣。"[4] 从李渔的描述中我们可以看到，女性如果致力于优雅男性的技艺，她将使自己的一生处于更

---

① 李渔，《闲情偶寄》，载《李渔全集》，5：3.46a。
② 韩南［Hanan］，《中国白话故事》（*Chinese Vernacular*），10—11 页]在白话故事由广大读者群喜爱这一环境中，讨论了这一点。
③ 李渔，《闲情偶寄》，载《李渔全集》，5：3.47b—50a，52a，57a—58a，60b—61a。
④ 同上，3.51a。

有利的地位中。

李渔未能谈到无论对上层和更低出身的女儿来说，只有与婚 ²⁶⁶ 姻市场接合在一起，教育才构成了成功的阶梯。不管多么的博学和高雅，在钓得一位合适的士绅之前，女性都不能被视作是成功的。因此，创造赋有才华之美的教育目标，就掩盖了女性在教育和婚姻制度中都不得不跟其他女性竞争这一事实。

妻、妾、歌女的情热

女人共性和分裂性间的对立，都在上层之妻、名妓和歌女的亲密关系中变为了公开。这些女性情谊，是介乎友情与爱情之间的混合体，她们的亲热摇摆于纯精神和肉体的两极间。而且，这种亲热是闺房内女性爱情、性和美之话语的一部分，我们已在如上对沈宜修、她的女儿和《牡丹亭》评论者的讨论中，对此做了考察。这些联系是否能被称作"同性恋"，并不是一个合宜的问题。相反，重要的是强调女性于闺阁内所追寻的范围广泛和性质多重的亲密关系，及上层之妻享受着的追求其他女性爱情与友情的自由。①

一位坦然追求与歌女、名妓和其他妻子间亲密关系的上流之妻是徐媛，她的良家身份背景，奇特地与其大胆的语调和不循常规的诗歌题材并置在一起。作为一个苏州学者家庭的女儿，她从一位闺塾师那里得到了文学和道德教育，并且据说对如《内则》这样的女训之书还颇为精通。她的丈夫范允临（1558—1641）做过

---

① 友情—爱情之间的混合体这一概念引自史密斯-罗森博格（Smith-Rosenberg），311—342 页。

兵部秘书,这一工作把他带到了骚乱的云南边境地区。但工作之余,范允临则置身于苏州文人社会的核心,款待其时一流的士大夫、看戏及资助绘画项目。① 徐媛和范允临明显享有着一种亲密关系,经常交换诗作。在他到西南边界执行任务时,她多半陪着他。表面上,他们看起来是晚明江南地区上流社会的典型夫妻。

虽然她接受了所有传统美德教育,但徐媛并不是一位传统的上层妻子。其多卷本的诗作是雅俗参半的,其中点缀着这样的一些不和谐音,如用粗俗的口语表达崇高的道德理想,或为其亡故父母举行的悼念仪式刚刚结束,她便让其为妓女和女道士所写的诗歌出版。徐媛似乎特别热衷于在矛盾中周旋。一方面,她似乎接受了女训文学中教导女性的理想准则。其 20 卷诗集的名字《络纬吟》,说的是络纱机载着纬线前后穿梭于经线间的重复声音。她不仅将自己比作一位织女,这是理想女性的天职,而且对儒家美德的提倡也是其诗歌的常见主题。如,在一首诗中,她劝告一位孤儿妹妹献身于妇德追求;在另一首诗中,她则表现为一位孝女,纪念其母对家庭的忠诚和其父对皇帝的忠诚。另外,徐媛为一些女性撰写了墓志铭和传记,着意于她们对传统美德的遵从。

也许在某种程度上,这些规劝只是一种文学比喻。但如在一首她写给其弟媳们的诗中所表明的,徐媛似乎已将至少一部分道德说教内在化了。随着一场家庭危机(可能是其父母的死亡),徐媛对她的弟媳发出了严厉警告,告诫她们要严肃看待她们的妻子

---

① 关于范允临这些行动的细节,参见张慧剑,363 页、372 页、406 页、457 页、473 页。徐媛的培养和教育情况,在她的诗集序言中被提到,参见,如《徐姊范夫人诗序》及《范夫人〈络纬吟〉序》,4a,载徐媛,2ab、4a,随处可见。

职责：监管好乳母、指导好儿子的学习、惩处任何敢于不服从的人。① 当其诗集出版时，她已超过 50 岁了，徐媛似乎偶尔行使着女家长的道德权力，告诫晚辈坚定地走在美德之路上。

另一方面，徐媛不仅经常为名妓和歌女写诗，还将它们收入了其出版的集子中，似乎在夸耀着她对体面准则的蔑视。最引人注意的是她为苏州名妓兼画家薛素素所写的五首工整的系列诗，在这些诗中，她将颇具才华的薛素素与杭州名妓苏小小（活跃期为 5 世纪）和其他三位薛姓历史人物进行了比较：唐代名妓兼诗人薛涛（768—831），三国时期的一位魏国宫廷夫人薛灵芸（活跃期 220—226）及一位薛指挥官（可能说的是著名的唐代大将薛仁贵［614—683］，他是作为一位神弓手而被铭记在历史和传说中的）。② 这三位薛姓之人中的每一位，代表了薛素素不平凡一生的某些方面。薛涛暗指的是素素的名妓背景和学问；薛灵云这位能在暗中缝纫并被尊为"针神"的女性，涉及的是作为画家的素素的不可思议的指和腕；至于薛将军，象征的是素素作为马背弓手的著名技巧和她对军事事务的兴趣。另外，徐媛还表达了她对素素小脚的钦慕：

268

> 连城声价旧名姬，着纸芙蓉香粉奇。
>
> 彩笔挥云夸濯锦，谁言蜀女擅称诗。
>
> 双弯娇衬步莲生，一束蛮腰舞掌轻。
>
> 乍倚东风力不胜，素华纤雾月中盈。

① 徐媛，2.1b—2a；3.18b—19b，29a—30a；11.3a—9a，17a—20b；12.5a—6b。
② 关于薛素素的绘画，参见《玉台新姿》(Views from Jade Terrace)，82—88 页。在她的一幅画上，薛素素用的是一方"女校书"的印，它最早为薛涛所用。这暗示，素素是带着自豪而将自己视作薛涛的(同上，86 页)。

花神侠骨气纵横,学写蛮妆向魏城。

手把龙文谈虎略,胸罗十万薛嵩兵。

重开别院贮文君,宝络千金换翠裙。

非雨非云香满路,前身应是薛灵芸。①

徐媛很可能是通过丈夫介绍而开始与薛素素接触的。从薛素素做名妓以来,范允临一直对她的才华十分钦佩,如他附在薛素素于 1615 年创作的画作《花》的题署中所证明的:一次当素素还在青楼时,从同样的一条虎丘(游)船中,我窥见了她的半张脸,那时我意识到了,她并不只是另一张漂亮的粉(脸)。我从一位朋友那里得到了她画的一把墨兰扇。如同得到一块宝玉一样;到今天,我都像财宝一样珍藏着它。② 薛素素是一位非凡的女性,既精通文艺,也擅长军技。一位目睹了她作为弓箭手的人,描绘了她在奔驰的马背上的活动及她手中的弩:她将一个弹丸放在远处的地面上,同时她的身体转过来,她的手臂交叉于背后,以另一个弹丸击向地上的这颗弹丸。她是百发百中。③ 不循常规的徐媛对这样一位多姿多彩和颇具才华人物的欣赏,是很让人理解的,尽管她们之间的友情细节已无从知晓。

徐媛也同样与没什么名气的歌女往来。如在一首《赠歌妓安卿》的诗中,薛素素写道:"春日寓居湖上,承安卿过我,以春歌相赠,清音逸响,如微风咽箫,四座生色,援笔戏就,聊充缠头缇锦,

---

① 《赠薛素素五首》,载徐媛,8.22a—23b。

② 范允临还写下了这幅画的名字。关于这一由罗郁正(Irving Lo)翻译的题署和此画的一幅复制品,参见《玉台新姿》(*Views from Jade Terrace*),84—85 页。

③ 关于薛素素的生平和作品,参见曾幼荷(Tseng);我对薛素素弓技描述的翻译也基于同书,202—203 页。

以博一噱。"①如上文所提到的，晚明文人邀请名妓于其家中参加宴会已成惯例。这些男性的妻子明显发现遵此先例并无不当。

歌女出现在徐媛的住处是很平常的。在另外五首系列诗"戏赠歌妓三丽五首"中，徐媛集中关注着这位女孩的身体。② 在她的其他一些诗作中，女性身体对徐媛的吸引力同样明显。一次，她被一位女性的魅力深深吸引了——这位女性坐在停靠在其旁边的一条船上，以至于赋诗三首。尽管在传统的诗歌中，"美人"（字面意思为"美丽"）是正直士绅的象征，但在徐媛的笔下，这个词的字面含义得以恢复。"美人"一词经常出现在她的诗歌中，它明显说的是她遇到的和钦慕的漂亮女人。③

在深入探讨徐媛、这些歌女及徐媛的朋友陆卿子之间的亲密关系之前，将这些诗句置于徐媛的作品和声望这样一种更大的环境中理解，是非常重要的。与受过良好教育的同时代女性相比，徐媛似乎更清楚一位写作女性的内在分裂本质。与像顾若璞这样的作家不同，徐媛从未明确捍卫过这一事业的正当性，但她也从未在争论中退缩。通过丈夫作中间人，她答应了一位恳求她的松江男子，去写一个颂扬其寡母的传记，徐媛笑曰："有云间之公子姓林氏而麟其名，手其母夫人之行实，介夫子而索予文，予惟笄髽屑资纮綖是务，未习诗书，安知铅椠，乃欲擅阃外之文词，阐闺中之淑顺，是何异问盲者以道，南辕而北其辙邪。"④也就是说，徐媛认为写作是一种公众行为，但看不出为何女性应回避它。尽管有所保留，但徐媛还是重视了这一请求，并写了一篇长传，对其母

①《赠歌妓安卿》，载徐媛，3.31b—32a。
②《戏赠歌妓三丽五首》，载徐媛，8.4a—5a。关于其中的一首，参见第四章。
③ 徐媛，8.45b—46a，50ab。
④ 徐媛，11.3a。这一传记被收入赵世杰，3.35a—40a。

的勤劳与奉献堆积起了许多赞美之词。注意到这点非常重要,即通过"阃外之文",徐媛谈到了写作行为本身,即写作并不是女性赖以谋生的东西。与像黄媛介和王端淑这样的职业作家不同,徐媛被其富有的丈夫很好地供养着,丈夫还资助出版了她的《络纬吟》。

因徐媛视写作本身是一个引人争论的公众行为,所以她不理解女性为什么应将自己限制在谨慎的常规题材中。她为歌女所作的含有色情味道的诗句,与一般闺秀作品及她有关西南边陲的旅行、逗留之作相去甚远。她的丈夫被派往云南协助防御,她跟随着丈夫,留下了一串诗句:这里的一个驿站,那里的一条大路。尽管细节并不清楚,但她似乎曾逗留于云南南部的一个城镇中,因为她后来在那里与一位亲近的马夫人告别,一起的还有马先生的妾。① 这些路途上的生命痕迹,有可能使我们想起县令夫人王凤娴的那些所作所为,这已在上章讨论过,但徐媛不同寻常的敏锐眼光,又使她有别于其他上流之妻。如在一首长诗中,她详述了一次部落对边陲小镇的失败进攻。她对反叛头领是这样描述的:"碧眼番酋胆气骄,爰拳大鼻多髯者,羌奴凭凌雄势骋,孤城倒悬将裂迸,节使先亏幕下儿。"②她对部落之民的轻视,反映出了大汉族主义。

虽然依其一贯的对常规主题的蔑视,徐媛与歌女的交往可能看起来并不令人称奇,但更成问题的是其作品的极大流行。如前

---

① 尽管没有一首诗注明年代,但这些去边陲的旅行有可能是在 16 世纪的最后十年中进行的,因为范允临是于 1595 年被任命为兵部秘书的(徐媛,5.3a,6a;8.42a—43b)。
② 同上,3.12b—13a。一些边境军事事务的其他诗歌,写于她离开那里之后,参见同上,5.4ab,6.5ab,8.41b—42a;也请参见张光仪,1311—1312 页。

面所提到的，徐媛的声望是一个有争议的话题：本地人视她为苏州的骄傲，但桐城的一位女性方孟式，却带着敌意地对她进行了攻击。不管方孟式如何狂怒，徐媛的作品无论在苏州还是在其他地方，都被广泛阅读着，并且明末清初的主要选集都为其诗歌和散文留下了空间。她的名字和两部诗集的书名，都为一系列地方志所铭记。① 对她所保有的批评，无论是对其文学价值或是对她令人反感的行为，似乎都不能阻止良家男、女对其作品的清新大胆的赞美。实际上，首先竞相赞美和传播其作品的，正是苏州幕后统治集团的士大夫。坊刻家跟着把她的作品流传范围扩大。②

如其诗歌所记录的，徐媛与名妓、歌女间的友情，并没有引来其良家身份读者的公开评论。尽管明确谈及其他女性的迷人腰肢或摇摆步子，可能一直被视作低级趣味，但在明末清初的社会性别体系中，女性间的相互吸引本身是能够被人接受的。③ 这种吸引的更多例子，能够在徐媛与其朋友陆卿子的亲密关系中看到。

---

① 徐媛在这些选集中的不同作品，可以成为一个引人兴趣的研究主题而单独成文。如钱谦益和柳如是所收非常简单，仅在《列朝诗集》中，收入了两首以皇家妇女口吻写的诗。与之相反的是钟惺，在其《名媛诗归》中，徐媛和她的朋友陆卿子占有一章的篇幅（卷32，33）。只有两位其他诗人获此殊荣，一位是名妓王微，她将在本章的下部讨论。关于徐媛散文的几个例子，参见坊刻家赵世杰的流行选集（8.42ab，9.14a）。关于地方志对徐媛作品引用的例子，参见《苏州府志》"艺文"部分，139.1b。

② 在普及徐媛作品上，士大夫所起到的主导作用，由钱谦益和柳如是在其《列朝诗集》的徐媛条目（《闺集》，4.44b）中透露出来。他们发现了徐媛诗歌声音的文学价值。徐媛的朋友陆卿子的遭遇要稍好一些（同上，4.8ab）。

③ 在沈复的自传体小说《浮生六记》中，一件著名的趣事对此给予了旁证，即妻与歌女间的同性爱关系是受男性接受甚至欢迎的。对此的讨论，参见罗溥洛（Ropp），"两个世界之间"（"Between Two Worlds"）。对中华帝国中女同性恋关系的简介，参见欣施（Hinsch），173—178页。但我对欣施（Hinsch）的这一论点提出异议，即"男同性恋引起了一个延续的文学传统，但女同性恋关系从未如此，现存的对女同性恋的提及是分散的，它们毫无关联"（174页）。

与徐媛一样，陆卿子是一位上层之妻，她喜欢为歌女赋诗，并且其作品中充满了与女性身体有关的东西。陆卿子也来自苏州的金钱和文化社会中。其父陆师铎（1517—1580）短时间做过礼部秘书，但其一生的大部分时间是一位业余画家。他是一流的苏州大师文徵明（1470—1559）的门徒及合作者。① 陆卿子嫁给了一位同样过着优游生活的男子赵宧光（1559—1625），他是宋代皇室的后人。赵宧光将自己想像成一位隐士，但经常忙于与有权势和有学问的朋友寻欢作乐。他还参与了一些出版项目，包括他自己和妻子的作品。卿子的两个作品集《考槃集》和《玄芝集》，都是由丈夫资助出版的，一如徐媛的情况。②

徐媛和陆卿子作为相互交换诗作的密友而被广泛知晓。两人有可能相互影响，因为陆卿子的诗文集显示，对节妇的虔诚颂扬与为暧昧出身的年轻、漂亮女性所写的含有色情味道的诗句被并置在一起。陆卿子的社会关系网比徐媛撒得更广；接受其赠诗的包括了一位妓女、俗家佛弟子、婢女、大量的姜和歌女及上流之妻和节妇出家做尼姑的。尽管较徐媛为少，但陆卿子也涉猎了一些对家内女性来说是非常规的主题。如在一首题为《旱》的诗歌中，她表达了对精疲力竭苦斗晚夏干旱时节的农民的忧虑：

季夏暑气微，凉飚日夕发。素商司清秋，炎光灼人骨。

农夫筋力殚，亩亩水易竭。刺史念群氓，徒行叩天阙。黄冠

① 张慧剑，164 页、219 页、220 页、237 页、241 页、243 页、321 页。陆卿子的儿媳文俶（1595—1634）是文徵明的后人。文俶成了一位著名画家，并在赵宧光死后，以出售作品维持家用[《玉台新姿》（Views from Jade Terrace），31—33 页、88—91 页]。

② 张慧剑，259 页、378 页、398 页、440 页、444 页、457 页、460 页、474 页。关于赵宧光的其他作品，亦请参见《吴县志》，79.52b、54a。陆卿子的集子《考槃集》的书名，借用的是《诗经》中的一句诗。陈世骧（Chen Shih-Hsiang，《诗经》，22—23 页）认为，"槃"字"或指'快乐'，或意味舞蹈"。

八九人，步虚足屡蹶。蝘蜓囚欲死，神龙迥超越。郊原魅鬼号，霄汉云飘忽。微雨乍萧萧，长风倏吹没。仰看毕宿光，却行背孤月，惟彼南箕舌，侈吻正高揭。怅矣怀百犹，中心自兀兀。①

但与徐媛一样，陆卿子似乎毫无犹豫地接受了"三从"的正当性。被一位年轻寡妇的殉节感动，陆卿子创作了一首以这样两句开篇的长诗："男儿身许国，贞妇志从夫。"②这是分离领域儒家理想准则的一种传统表达方式。

也许陆卿子要强调的是捍卫不受男性干扰的爱和善感的女性世界的神圣性。只要女性完成了她们的家内职责，男女有别准则就并不阻止她们在女伴中寻找欢乐。如徐媛一样，陆卿子一直在歌女的陪伴下，一如她为"妓"所写的诗歌所证实的。其中一首题为"王四"。③另外，陆卿子以姓后面加"美人"，而不是常见的"夫人"或"姐妹"的形式来称呼一些经常出入其宴会的女性，这也是徐媛的一种不平常的用法。陆卿子为她们所写的诗——大多可能是歌女或妾，集中注意的是她们的身体魅力：纤腰、红腮、摇步和顺发。一首典型的诗《赠冯美人》，是这样写的：

> 神女羞歌宛转声，佳人应是让倾城，柳争绰约纤腰舞，月共婵娟秀色明。灼灼只疑花上艳，盈盈还比掌中轻，莺莺燕燕浑无语，惟有云间落鹰惊。④

---

① 《旱》，载陆卿子，《玄芝集》，1上 2b—3a。

② 《毕节妇》，载陆卿子，《考槃集》，4.11b—12a。参见 1.1b 的同主题诗歌。这一诗集也在日本流通，一个存于内阁文库的江户时期本，便证明了这一点。

③ 陆卿子，《玄芝集》，3.5a，9a。

④ 陆卿子，《赠冯美人》，载钟惺，32.16a。为美人所写的其他诗，参见陆卿子，《玄芝集》，2.15ab，18b—19a；3.7a；4.1ab。

这样一种颇具挑逗性的语言并不单是一种文学比喻,也不是为来自风月场的女性所保有的。即使几首陆卿子为贞孝之妇所写的诗,也散缀着对其女性外貌或青春年华的描写。[①] 同样的情况,也再现于那些题献给徐媛和其他良家妻子的诗歌中,这些人都是陆卿子的上流朋友。在分别写给徐媛和毛夫人(周氏),但用了平行结构的一对诗中,陆卿子暗示了所有其女性伙伴吸引她的两个方面:文学共鸣和女性美。在给徐媛的一首中,陆卿子这样写道:

> 相见情已深,相别愁人心。借问此何为,为君多好音。

继而,为毛夫人所写的一首,则着意于女性魅力的另一个方面:

> 相逢未相识,相别还相忆。借问此何为,为君好颜色。[②]

无论是"多好音",还是"好颜色",事实上都统一在了徐媛的身上。

陆卿子以极具意味和性感的形式,表达了她对徐媛的渴望。当徐媛接着去安徽芜湖旅行时,陆卿子叹息道:

> 飘风从东来,吹我云中树,丹萼曜奇葩,花滋湛清露。馨香绕户生,感物超长慕,婉恋彼姝子,玉颜皎如素。逸思凌层霄,幽情挈玄窞,贮我方寸心,恒愁梦中路。一望千里途,形影遥相附。[③]

这些并不是以一般朋友间的告别话语言写成的。同样强烈的身体渴望,还明显表现在其他 10 首诗中,它们写于徐媛到遥远的云南的旅行前夕。在一首诗中,陆卿子哀叹道:

---

① 陆卿子,《考槃集》,2.2ab,6b—7a;4.10b—12a;5.8a,15ab。
② 陆卿子,《玄芝集》,1 上 5a、6a。也载钟惺,32.17b—18a。
③《寄范夫人芜湖》,载陆卿子,《考槃集》,2.5a。

　　　　君颜晔晔红，余发萧萧白。欲尽平生欢，车徒满行陌。①

尽管陆卿子的确切生卒之年不详，但从其丈夫的在世期判断，她
应与徐媛的年龄大致相当。因此她将自己的疲劳外表与徐媛的
年轻相比，很可能意味的是其感情上对分离的忧伤，而不是生理
年龄的差距。

　　陆卿子对"婉恋"和"平生欢"这样一种情欲表达词汇的明确
使用，很容易使人联想到她对徐媛的性爱感情。② 尽管这种不害
羞的语言很少出现在其他女性的文字作品中，但爱情和性这一主
题，可能一直都是闺阁内交谈的一个常套。我们已在第二章中看
到，在对爱、性和婚姻圣洁性的讨论中，三位年轻的《牡丹亭》评论
者是非常直率的；如在第四章中所显示的，在上流之妻沈宜修和
其女的私下交流中，身体之美和性吸引力等问题都没有被回避。

　　回顾一下这些较早的有关闺阁之内的美、爱和性的话语例
子，徐媛和陆卿子所追求的爱情、友情范围，也就很难令人吃惊
了。在一个高举着分离领域学说作为理想的社会里，女性被留给
了很大的余地，以追求没有男性干扰的她们自己的感情亲密关
系。虽然这种自由是一定范围内的，但它证明，女性发自内心的 273
由衷之情是不能被否定的。

　　概括一下到目前为止的论述，上流女性文化产生于情感、文
学和身体的亲密关系，它是女性灵活性的一种表达，这种灵活性
表现在分离领域学说理想与闺阁现实间的缝隙中。为了营造属

---

① 《送范夫人从宦游滇南》，载陆卿子，《玄芝集》，1 上 4b。
② 是否徐媛对陆卿子的感情也像后者一样强烈并不能确定。孙康宜［(Kang-i Sun
　Chang)私人通信］认为，陆卿子为徐媛写的诗是高度"表达的"(expressive)，但徐媛
　为陆卿子所写则通常仅是"描述的"(descriptive)。关于作为诗歌系列元素的"描
　述—表达"(description-expression)概念，参见孙康宜(Chang)，《六朝诗歌》(Six
　Dynasties Poetry)。

于女性自己的空间,这些女性创造了一种强调社会性别(女性是同一的)的可能性,这一社会性别超越了家庭和阶层界限。明末清初时,这种对女性同一性的强调,仅在蕉园七子诗社或妻子和歌女的个人亲密关系中,以微弱和零散的形式表达出来。

作为社会组织原则之一和个人特性界定的女性社会性别的显现,是与女性社团中的分裂力量共存着的。陷入地方荣誉竞争中的方孟式和徐媛间的争执,也源自她们对道德女性表达构成的不同解释。在徐媛和陆卿子追求的亲密关系语境中,不和的第三类种子以清晰的形象产生了:在对男性和相好的竞争中所产生的妒嫉心。

陆卿子敏锐地意识到了占有爱人时的不和。在一首为吴夫人——一位还不到十五岁的年轻妾所写的温柔诗歌中,陆卿子哀叹道:"吴姬十五犹未足,乍按秦筝不成曲,蛾眉讵解画春山,的曜朱颜全胜玉。玉阶花满锁金铺,落浦何曾解佩珠,阿姊含情妒娇宠,十年羞见红罗襦。罗襦宝带相宛转,暮暮朝朝合欢殿。"[1]同样,她对一位婢妾也充满同情,据测这位婢妾可能是爱情争夺中的失败者,她被迫离开了这个家庭。[2] 在陆卿子自己的儿子于婴儿时死去后,她的丈夫得到了一位妾,但不清楚这位不幸的女孩是否出自陆卿子自己的家。总之,陆卿子充分显示了镇住她感到对其构成威胁的女性的能力。在三首题为《嘲女巫》的系列诗中,她对丈夫的一位女亲戚的欺诈行为发出了警告,她可能在其闺阁内行使了过多的宗教权:

> 汉女蛮言伪作真,几回白眼望他人。

---

[1]《赠冯观察如君吴姬》,载陆卿子,《玄芝集》,2.8a;也载钟惺,32.10a—11a。
[2]《妾薄命》,载陆卿子,《考槃集》,3.8a—9a;也载钟惺,32.6ab;及刘云份,47—48页。关于另一首同主题的诗,参见陆卿子,《考槃集》,5.17b—18a。

不须重乞天孙巧,只学琵琶可赛神。①

　　如果说上流之妻的隔绝生活既充满了爱也充满了无序的话,那么在名妓的生活中,同样的对立就愈加强烈。在接下的部分中,我们将通过考察两位名妓柳如是和王微,来探讨爱情和欺骗、自由和依赖、权力和枉然等同样的主题是如何在一块不同的画布上被勾勒出来的。但与这些共同主题一样眩目的是上流之妻与女艺人间的差异。通过着重考虑生命周期、自我认识、居住方式和社交网这样的一些差异,我们将开始认识到,社会性别体系承认女性可能拥有的相当范围内的流动性和实现性,但是只能以权衡的方式获得:名妓在男性领地内的灵活性,是以依靠男性为代价的;其次,闺秀在女性领地内的自由和快乐,则承受着被排斥于众多公众活动之外的现实。

柳如是:自我命名的名妓

　　这些相互冲突的力量集中表现在了柳如是(1618—1664)的一生中,柳如是是晚明江南最有成就的名妓之一。她的一生是如此的不平凡,她的行动是如此的大胆,以至于她的许多传记作者似乎不得不带着赞美或轻蔑的眼光看她。② 作为一名艺人,她是

---

① 《嘲女巫》,载陆卿子,《玄芝集》,3.30a。

② 最完整的柳如是传是陈寅恪所写的三册《柳如是别传》,陈寅恪是著名的唐史专家。他独特的编史方法,是建在其广博的诗歌和经典知识基础上的。这是一部才华横溢和新颖独到的传记著作,它阐明了柳如是生平的许多方面,而这些方面曾被其他传记作家曲解或歪曲。我对柳如是生平的研究,极大地受益于这部著作。还有一本对柳如是生平常规记录的方便集子,它由怀圃居士所作,收集了柳如是生平的56种报道或参考材料。其他传记则可在陈寅恪的引文中看到。关于陈寅恪的传记方法,参见汪荣祖,344—346 页。对柳如是生平的英文简介,参见孙康宜(Chang),《陈子龙》(*Ch'en Tzu-lung*),19—37 页。

典型的成功传奇:作为妾被养大,后被卖到了妓院,柳如是在风月场中的等级迅速上升。在其名妓生涯的顶峰时期,她参与到了江南繁盛的文学和政治社团中,混迹于其时最受拥戴的诗人和政治家中。在柳如是 22 岁时,她吸引并赢得了年长其 36 岁的士大夫钱谦益(1582—1664)的允婚。钱谦益的合法妻子陈氏仍健在,但钱谦益以应给元配之妻的仪式迎娶了她,并以元配之妻待她。①23 年后,当钱谦益死于年老时,一场激烈的财产之争爆发于钱姓族人中。为保护女儿和儿媳的利益,柳如是于 46 岁时自尽。②尽管据说柳如是一位独立和勇敢的女性,但具有讽刺意味的是,正是在她与男性的亲密关系中——象征意义上的"三从",她意识到了其作为女性的主观性。(参见表 4,作为名妓的柳如是的活动概要。)

275

表 4 柳如是的培训和名妓生涯

年　代	年　龄	地　点	大　事
1618	0	嘉兴	出生
?	?	吴江	作为妾被卖到周家;由师傅教授(48 页)
1631—1632	13—14	苏州?	被从周家赶出;卖到了一个妓院(52 页,82 页,117 页)
1632—1635	14—17	松江,苏州	"入门阶段"
1632—1634			有着各种求婚事务(68 页,105—106 页,121 页)

---

① 实际上直到她于 1658 年死去,陈夫人都一直住在同一屋檐下。柳如是的名妓朋友之一王微,也以元配之妻的婚仪成婚。经清廷允许,一些前明官员选择拥有配偶而不是元配之妻(陈寅恪,639—642 页)。
② 关于这一财产之争的英文简述,参见于梅尔(Hummel),529—530 页。对此的详细描述,参见陈寅恪,1206—1217 页。这几页包括的是柳如是的遗言及柳如是女儿和儿媳的控诉。

续表

年　代	年　龄	地　点	大　事
1634		嘉定	访问嘉定以扩大社交圈(83 页,328 页)
1635		松江	与陈子龙生活在一起;与几社产生联系(105—106 页,235 页,277 页,1105 页)
1635—1640	17—22	松江	"成熟阶段"
1635—1636		吴江	离开陈子龙;搬到吴江接管名妓处所(57—59 页,119 页,325 页,328 页)
1636		嘉定	第二次访问嘉定(83 页,328 页)
1638—1640		杭州	旅居西湖(377 页,384 页)
1640		嘉兴,吴江,松江	在嘉兴由病中恢复;到吴江旅行;中途在杭州停留;返回松江(83 页,433 页,439 页)
1640,11 月	22	虞山(常熟)	在钱谦益家访问并向他求婚(226 页,343 页)
1640,12 月	22	虞山	搬去与钱谦益同住(518—519 页)
1641,夏	23	虞山	嫁给钱谦益(650 页)

资料来源:陈寅恪,括号中为参考材料页码。

在孙康宜关于陈子龙的书中,她介绍了作为诗人的柳如是的职业生涯;这里则集中注意的是她作为名妓的自我认识和社会交往。在她性格形成的年月里,通过广泛的旅行和与众多男性交往的机会,柳如是形成了开阔的世界观和与成长于闺阁的女性相异的自我认识。但对其所有的勇敢行为和行动自由来说,这位名妓甚而较上流之妻更要仰仗男性的欢心,以求得生存或幸福。家内空间是由分离领域学说赋予上层女性的,它被拒绝给予养育于公众娱乐世界的女性。

当进行对比时,妻子和名妓便显露出了一种反讽,而社会性别体系的运作正是依此而定:那些有着最大身体流动性的女性,也是最依赖男性的;那些行动最受限制的,也是在其被限定的世界中最自由表达和追求自己愿望的。① 从这一分析视角看,所有女性都服从于某一特定的自由—依赖关系。但两者间的确切平衡及其所采取的特定形式,则是由社会位置和人生周期而定的。

特别是柳如是为自己起名的自由,是其公众娱乐世界生活方式支离破碎和不稳定本质的象征。家内女儿本分地从生命周期的一个明确规定阶段进入到下一个——女儿,新娘/儿媳,母亲,婆母——所有这些称呼都与其对男性中心亲属关系体系的贡献联系在一起。相较之下,女艺人因在官方亲属体系中没有正式位置,所以她的生命周期也就无法循着固定的直线模式。她的一生可以游移往返于婢妾、妓、名妓和情人等多种身份之中。在某一给定的时间点上,她也不仅被限定在一种身份上。

仿佛是要将某种特定的秩序强加在其短暂的人生和变化的身份上一样,柳如是在其所经历的生命早期的许多转折点上,给自己取了众多的名字。我们对柳如是的父母和家庭背景一无所知,除只知道她并非生于一个柳氏之家,如是也不是她的名。在其人生的前23年中,柳如是至少有六次更名换姓或采用新名。② 在她不到20岁而作为名妓开始赢得声誉时,她放弃了原有的家姓杨氏,自此以后自称为柳姓。一与钱谦益结婚,柳如是似乎开

---

① 在其"诗歌和女性文化"("Poetry and Women's Culture")中,费侠莉(Furth)颇具说服力地阐明了这一反讽,1—3页。

② 关于柳如是的原名和所采用的名字,当时的材料很隐晦。因为她与形形色色的政治权要有着性关系,所以她的传记作者掩饰或伪造了她的身份及其生平的其他方面。陈寅恪是第一位给柳如是名字以特别关注的学者,并用其广博的经典和诗歌知识,重新勾勒了其名字变化的年代。如果没有陈寅恪的著作,我的分析将是不可能的。

始停止采用新名。尽管现有的材料不能让我们知晓其更名换姓的确切年代，但它们确实暗示，每一次更换都与其生命中的关键事件有关。

人类学家鲁维·沃森研究了一个香港村子中的姓名习俗，她的结论是："对中国男人来说，起名的过程标志着重要的社交转变；男人有的名字愈多，他就愈富社交性，并在某种意义上，他也就变得更具个性。相比之下，中国农村的已婚妇女基本没有名字。"[1]像沃森所研究的成年男性一样，柳如是也以更名换姓来标志其人生中的转折。陈寅恪认为，她出生时名为云娟，一个浙江平民家庭经常为出生的女孩所起的常见名字。当她在 13 岁或 14 岁被从周家卖到妓院时，她将云娟改为了影怜。在此后的两三年中，也就是在她开始进入妓院生活的时期，她用了另一个名字"爱"。[2] 在这一早期阶段，她继续使用着其家庭的杨姓，并以杨爱知名于经常出入风月场的男性中。

对柳如是而言，将杨姓改为柳姓，象征着与过去和父系家庭体系更为彻底的决裂，这种决裂是上层女性很少做出的。确切的改姓日期已不得而知，但在 1636—1638 年间的某一时间，她开始自称柳隐，此时她正是苏州风月场中新升起的一颗星。[3] 她刚刚结束与陈子龙的爱情纠葛，陈子龙是重要的实用治国方略选集

---

[1] R. 沃森(R. Watson)，619 页。

[2] 柳如是的原名"云娟"，只是基于诗歌的一种学术推测(陈寅恪，28 页、31 页)。其后的"影怜"一名，可能表示的是柳如是对小青的同情，小青曾迷恋于自己的影子。如陈寅恪所提出的，柳如是选择"爱"一名，可能与北宋的一位名妓杨爱爱有关。早期所用的两个名字"影怜"和"爱"，可能都与青春期女孩开始进入爱情世界和爱情游戏的情感有关。

[3] 陈寅恪，32 页、35 页、214 页、334 页。

《皇明经世文编》的编者,后成为一位忠明反清之士。[①] 即使在她的首部诗集于 1638 年出版之前,柳如是已经以书法家和诗人的身份,于一流的江南文人圈中赢得了声誉。但她对名字的选择,表明了在其名妓生涯的顶峰时期,她所感到的深深两难。

²⁷⁷ 柳如是间接提到过她的名妓背景,并且"隐"的字面意思是隐藏或隐瞒。在一封写给朋友的信中,柳如是写道:我最想做的就是(从公众生活中)退出。[②] 令人好奇的是,在明末清初的江南,这个名在名妓和职业艺术家中很流行——这些女性既未从公众视线中隐藏她们的存在、她们的作品,也未隐藏她们的名字。如黄媛介,即称她的诗集为"离隐"。与柳如是和黄媛介同时代的其他几位名妓,也选择"隐"作为其名字的一部分。[③] 公众女性喜欢一个意指隐藏的名字,是有着明显矛盾的,这一矛盾只能从对《列女传》中的一则故事的幽默再阐释里得到解释。

《列女传》中的模范之一是节妇陶答子妻,她以退隐的美德教育其贪官丈夫,她说:"南山有玄豹,雾雨七日而不下食者,何也?欲以泽其毛,而成文章也。故藏而远害。"[④] 玄豹、雾和南山都是与隐士有关的特殊词汇。不管这一故事所要传递的道德是什么,它总是被用来告诫女性应保持谦虚、安静和隐居。但像柳如是这样的名妓,却以双关语的"文章"而将道德变为了骄傲。"文章"(或文采)既可以说是动物毛上的斑纹,也可以说是作家所创作的

---

① 陈寅恪(105—106 页)推论,柳如是与陈子龙于 1635 年的春天和早夏生活在一起,此后柳如是是决定离开陈子龙,因为他的元配之妻和家庭都反对她与陈子龙结婚,即使做妾也不行。关于陈子龙的朋友对柳如是的诋毁,参见庄练。

② "柳"与名妓产生关系始于传奇人物章台柳,她是一位唐代名妓(陈寅恪,32 页、35 页、334 页)。关于柳如是的信,参见王秀琴和胡文楷,104 页。

③ 陈寅恪,34 页。

④ 刘向,47 页。

诗歌和他们的资质。① 换言之，名妓和职业作家将自己称作
"隐"，并不必然意味她们拥护退隐的生活方式。相反，通过对《列
女传》这部女训著作的幽默模仿，她们赞美着自己的教育和文学
才华。

对某些人来说，退隐与文章是可以调和的。在 17 世纪 30 年
代的后半期，这两者都深深压在柳如是的心头。② 她的两部诗集
被出版了：一部于 1638 年由其从前的爱人陈子龙出版，另一部于
1639 年由其良师益友汪然明（1577—1655）出版。汪然明是一位
富有的艺术赞助人，他在杭州艺术社团中的关键性作用将在下文
讨论，他还于 1641 年出版了一部她的书信集。③ 但即使当或远
或近的资助人在寻求着柳如是的陪伴和作品时，她自己还是开始
对找一位丈夫的前途感到焦虑了。1638 年她 20 岁了，已经过了
良家女儿的婚嫁年龄。有两年时间她经常奔波在路上，寻找新的
关系或从旧的求婚者身边逃离。通过提供介绍和保护，汪然明对
她进行着帮助。汪然明还建议将钱谦益这位文学领袖和退休高 *278*
官作为一个可能的人选。1640 年，钱谦益 59 岁时，柳如是于其
家中拜访了他，并于次年与他结婚。钱谦益给了她一个新名"河
东"。④ 这个名字及如是和我闻居士，都暗指的是佛经中的常见

① 关于"文章"或"文采"的双重含义，参见《佩文韵府》，630 页；诸桥辙次
（Morohashi），11：969 页。
② 另一个她想退隐的迹象，是她对佛教不断增长的兴趣。她于 17 世纪 30 年代后期
开始使用的两个名字——"如是"和"我闻居士"，都取自"如是我闻"一词，它是许多
佛经的开头语。于梅尔（Hummel）在钱谦益词条（149 页）中，错误地称钱谦益给她
起了这两个名，因为柳如是在 1640 年遇到钱谦益之前，就已将它们署在了其作
品中。
③ 胡文楷，《历代妇女》，430—432 页；陈寅恪，335—336 页，571 页。
④ 柳如是婚前这一阶段的生活，由她给汪然明的信记录下来，再印于王秀琴和胡文
楷，103—110 页。关于"河东"一名，参见陈寅恪，32 页，525—527 页。

开篇语，这些名字都被她用到了 23 年后的离世。

在给自己新名甚或姓时，像柳如是这样的名妓是有着极大自由的。对这些女性来说，名字的变化是个性化和自我表现的一种行为，一种经常标志着人生重要转折的行为。但对名妓的所有灵活性而言，她对嫁给一位良家丈夫的渴望，还是暴露了其生存状态的不稳定。当柳如是嫁给钱谦益并由他起名时，至少象征地或名义地，她开始深处在了家庭生活和男性为中心的亲属关系世界中，对上流之妻而言，这些都是太熟悉不过的了。

男性公众世界中的名妓

与自我命名这样一种特性和表现一样，柳如是的社交关系也为自由和依赖等矛盾力量所塑造。在她与男性朋友的交往中，柳如是似乎已敏锐地意识到了她僭入社会性别界限的自由。如，在她给其资助人兼朋友汪然明的所有信中，都自称为"弟"或矛盾的"女弟"。[1] 其作为男性化女性的自我表现，还明显表现在她的穿着上。柳如是经常穿着男性衣服出现在宴会上；即使在嫁给钱谦益后，她仍然穿着文人袍子，代表钱谦益作礼节性拜访。这使她得到了"儒士"（也是其"如是"之名的双关语）的绰号。[2] 在以上诸章中，我们讨论了许多上流女儿穿着男服迎客的例子，如它们

---

[1] 王秀琴和胡文楷，随处可见。这一行动在其同时的名妓中并不普遍。如南京名妓顾媚（1619—1664）被她的男性朋友称作"媚兄"（孟森，107—108 页）。

[2] 当柳如是首次于钱谦益的家中拜访他时，她将自己扮成了一位男性，这是一个传奇场面。清代画家余秋室画了一幅这一场景的肖像画，柳如是在画中戴着一方男用头巾，穿着一件男袍。关于此次访问和对柳如是衣着的描述，参见怀圃居士，1b；陈寅恪，270 页、343 页、375 页。

所显示的，这一习惯绝不是柳如是所首创的。但更为不寻常的，则是柳如是个人和艺术风格与其男性穿着的契合程度。大多数女性艺术家喜好精致的笔法，但柳如是的书法和绘画，则是因其大胆的草书而得到承认的。她不仅公开谈论政治事务，还经常讨论军事谋略。柳如是心中的英雄是女将领梁红玉，她在宋代击退了进攻的军队。柳如是渴望像梁红玉一样，并且她也被她的一些男性朋友称作梁红玉。[1]

但柳如是并没有以半男半女的形象出现在她的男性朋友和主顾面前，她的出奇之处在于她作为雄性化**女人**的自我表现。柳如是敢于在关注点和衣着上男性化，但她并没有忘记其女子气质是她的首要吸引力。在女性中，名妓是最自由地通融甚至违背社会性别准则和角色的，但与此同时，她也在有意地强调着自己的女子特性。这样的一种矛盾，最突出地表现在了柳如是对自己弓足之小的自豪上。甚至在穿着男人袍子时，她也要有意无意地将其小脚从衣裙下微露。[2]

缠过的双足并没有妨碍柳如是的身体流动性。正是在其瞬息万变的生活方式中，这位名妓既是最自由活动也是最仰赖男性资助的。在晚明江南的名妓生活中，她们经常地旅行和旅居，因为建立联系和渗入男性上流关系网的能力是这一行的成功标志。在 1631—1641 年间，即柳如是的名妓生涯期间，她很少在一个地方超过一年。松江是她于 1632—1635 年通过与陈子龙的交往，

---

[1] 关于柳如是的书法，参见陈寅恪，66 页。关于柳如是对梁红玉的钦佩，参见同上，166 页、664 页、751 页。柳如是并不是仅有的对军事事务感兴趣的妇女。如上文所提到的，薛素素就是一位颇有造诣的骑手和弓手。

[2] 陈寅恪，270 页。柳如是对自己小脚关注和自豪的另一表现，是她曾让一位知名工匠为她的鞋子做鞋底（怀圃居士，7a）。

最初建立声望和联系的地方，这里有着她的一个大本营，在长时间的旅行或旅居后，她会返回这里。另外，她还在苏州短时呆过，拜访过嘉定的忠明关系网，因聚会和朋友游历过杭州，搬到吴江照看其养母的宅子，隐居于故乡吴江，以从一些恼人的疾病中恢复。在长江下游最繁荣的地区，这些城、镇形成了一个圆周约为300公里的圆环。坐在船上航行于江南的交错水道中，柳如是经常受邀在资助人和朋友的宅子中做一个仓促的停留。与上流之妻陪伴丈夫赴其官任的旅行不同，名妓和职业作家是作为工作的必要条件而忍受旅途痛苦的。在路上，这些女性基本上仰赖于男性的介绍、开销和保护，尽管偶尔赞助人的妻子也会给她们以款待。①

这种提高了的依赖性的结果是其活动范围的扩大，只有极少数的家内女性能够切身经历这一点。像沈宜修和商景兰这样的上流女性的生活，是围绕着其家庭展开的；她们所组成诗社的非家庭成员数量，直接与其向本县外的零星发展程度成正比。无论是女性社团家内形式还是社交形式的变种，都是相对稳定（在它们由书写文字支撑的范围内）和有着很长寿命的。另一个特征，则是它们相对于其男性亲属社交网的独立存在。相较而言，娱乐界中的女性社团成员与血缘无关，尽管她们经常以亲属的形式相互称呼。这些家庭外的关系网，构成了公众社团的一个变种。但与上流女性公众诗社不同的是，名妓关系网的成员是流动的和短

---

① 如王微赠给汪夫人的一首诗所证明的，扬州名妓王微与汪然明之妻非常亲近（钱谦益，《列朝诗集》，《闰集》4.64b—65a）。黄媛介也受满族高官佟国器妻子之邀而与她同住。对柳如是旅行中所住房屋主人和名称的概述，参见陈寅恪，561页。

期的。① 最重要的是，这些关系网深陷于男性关系网之中，以至于没有另一个，就无法说明这一个的活动。

柳如是出入于大批男性圈子的灵活性，既扩大了她的视野，也扩大了她的社交网。其予人深刻印象的视野，被陈寅恪巧妙地总结出来："河东君平生所与直接间接有关诸名士，几无不列于此书作序鉴定姓氏及凡例中。主编之陈卧子固不待论，即鉴定者如牧斋，则为河东君下半世之伴侣。若马瑶草，河东君弘光时亦必亲睹其面无疑。"②我们在这里集中关注了柳如是与这些同时代一流文人间亲密关系的两个方面，它们表明了她对男性领地的讽刺性依赖——在其个人的和政治的定位中，男性所起的关键作用；在其男性和女性关系网间，缺乏明确的界限。

与上流女儿于闺内的经历相反，在柳如是的教育和世界观的形成中，男性教师要比女性起着更大的作用。他们中首推周道登，他是吴江的一位宰相，在柳如是还是个小女孩时，他买了她作为婢妾。柳如是的机灵和才智赢得了周道登的欢心。他经常将她抱在膝上，教她文学。周道登是柳如是的蒙师，教给了她基本

① 姐妹关系确实存在于晚明江南的风月场中。如在 17 世纪的早期和中期，有二十或三十人之多的名妓互称"手帕姊妹"。这一小团体的仪式被称作"盒子会"，它集中在她们开始于元月十五，也就是新年庆祝活动最后的一种游戏上。盛装的妇女将精美的食物和水果堆在盒子中，相互下注以得到最好的东西。这个游戏是举行持续一个月酒会的借口。随着南京风月场的衰落，这类聚会也不再能看到（周亮工，《书影》，10 页）。清代诗人周彝尊（1629—1709）同样谈到了南京闺内的"手帕姐妹"，并将它们追溯到了 15 世纪的最后二十五年（罗郁正，Lo，43 页）。过去中国同一妓院的妓女也互称"姐妹"，并经常结成姐妹关系（格罗内伍尔德，Gronewold，9 页、15 页；宗，Tsung，351—352 页）。

② 陈寅恪，296 页。明末清初时，实用治国本领的地位提高了，它取代了先前对儒家道德培养的强调，关于这一问题，参见艾尔曼（Elman），《哲学到语言学》（*Philosophy to Philology*），53—56 页。

的识字和诗歌、小说欣赏能力。① 对上流女儿来说,这一角色通常由母亲完成,尽管在早期阶段,父亲有时也会分担这一职责。

从年轻时就开始的与男性的亲密关系,明显助长了柳如是的男性化风格和关注点。当柳如是首次以名妓亮相时,她与两位男性有过短时的爱情关系,两人都是陈子龙的密友。一位是李存我(1603—1645),他对柳如是于书法的热爱和无拘束的笔法,有着持久影响。② 最重要的是陈子龙,她与他的密切关系达三年之久,他给了她一种政治理想主义观念,并将她引入了复社和几社的成员圈中,两者都是致力于政治和文学改革的文人社团。1635 年,陈子龙和柳如是一起住在松江一处借来的房子中,从这里可以步行到南园,南园是陈子龙与其几社朋友研讨、赋诗和借酒悲叹颓败政治的地方。③ 尽管在这些聚会中,柳如是能够坚持自己的主张,并且也绝没有被小看,但如果不是与这一处在政治和文学改革运动浪尖的予人深刻印象的男性环境保持接触,她的政治敏锐性、她的骑士气概和忠明行动,可能就会以一种更温和的形式表现出来。

虽然就上流女性而言,讨论和关心国家大事并不是不寻常的,如我们从顾若璞的例子中所看到的,但她们很少能像柳如是那样,如此深地投入到积极的政治行动中。在与柳如是结婚后,钱谦益带着赞扬的口吻谈到:"闲房病妇能忧国,却对辛盘叹羽书。""闺阁心县海宇棋,每于方罫系欢悲。"④在 1644 年席卷帝国的道德和政治骚乱中,柳如是将自己投身到了忠明抵抗运动中,

① 陈寅恪,48 页。陈寅恪(58—59 页)提出,在柳如是被周道登买去之前,她可能先被卖到了妓院,这就意味着这个妓院的养母是她的蒙师。但对此并没有具体证据。
② 同上,74 页。
③ 南园也是陈子龙后来于 1638 年编《皇明经世文编》及 1639 年编徐光启《农政全书》的地方(同上,276—277 页)。关于陈子龙编辑的著作,参见朱东润,119—122 页。
④ 引于陈寅恪,282—283 页。

这样做的一个原因，是她先前的爱人陈子龙于 1647 年殉难。

在南京于 1645 年陷落后，柳如是努力劝说钱谦益自尽，这一点广为人知，而钱谦益则决定降清。面临着这样的一种两难，即对丈夫的个人忠诚和对流亡的明廷的政治忠诚，柳如是采取的是逐渐在钱谦益的心里灌输改变的念头。尽管她参与忠明行动的细节仍十分含混，但陈寅恪认为，柳如是不仅在 17 世纪的 40 年代后期和 50 年代帮助了复明的密谋者，而且她还使钱谦益参与到了她的行动中。从钱谦益后来的诗歌中，陈寅恪重新勾勒了他们忠明行动的几个例子。1650 年，柳如是和钱谦益款待了来访的著名的忠明之士黄宗羲(1609—1695)；之后不久，钱谦益动身前往浙江金华，去劝说一位清朝指挥官开小差。郑成功是一位以台湾为基地的忠明抗清的海军指挥官，在他于 1654 年和 1659 年对长江进行突袭前，钱谦益和柳如是协助召集陆上的支援，在诗会的幌子下协调同情者。柳如是甚至向一位后来死在战斗中的领导人捐出了资金。[①]尽管这些努力并无结果，但柳如是证明，夫妻忠诚并不是上流之妻的特权，政治忠诚也不是公众男性的特有关注点。

许多晚明的一流名妓都参与到了忠明抵抗中，这一点并不令人感到奇怪。[②] 她们涵盖了形形色色文人团体的广泛社交网、她

---

① 钱谦益和柳如是可能还参与了 1648 年黄毓祺夭折的反抗行动，黄毓祺是一位来自江阴的忠明反清之士。总之，因被指控的参与行为，钱谦益被清政府拘捕，但因柳如是的努力，他得以获释。我在这里对他们忠明反清行动的讨论，是基于陈寅恪的著作，1011—1097 页；胡文楷，《柳如是年谱》，43 页。关于郑成功在江南地区的战斗，参见司徒琳(Struve)，180—193 页。

② 为促进忠成为一种抽象信念，在一篇清官方的理想传记中，扬州名妓王微受到了颂扬(徐矞，60.8a)。另一例是顾媚，她是南京的一位一流名妓，在清朝进犯时，她挽救了一位忠明游侠之士阎尔梅，她将他藏在了她的屋子里(孟森，129—130 页)。其他忠明反清名妓的例子，参见孙康宜(Chang)，《陈子龙》(Ch'en Tzu-lung)，16—17 页。

们介于两者间的存在和她们巡游的生活方式,都使她们成了理想的侦察员、通信员和资金筹措人。关于名妓的活跃,还有一层更深的结构性原因。如先前所提到的,家内忠诚延伸到政治忠诚是儒家伦理道德所固有的,这一延伸推动了一些受贞妇道德约束的上流女性的忠诚情感。尽管以其最严格的含义看,她们很难说是贞妇的典范,但作为社会一分子的名妓,是服从于同样的忠诚中心要求的。事实上,她们与忠明男性发展起来的个人亲密关系,鼓励了她们从相反的方向往忠诚——效忠这一统一一体靠拢——对
282 国家政治理想的支持高于对任何个体男人的支持。如孙康宜曾指出的,在忠明的男性眼中,名妓与效忠间的关系非常强,"在明廷陷落后,名妓成了忠明诗人自我想像的化身"。①

这就是名妓颇具反讽意义的一生:置身于公众男性的世界里,**作为女性**,她能骑马、穿山越岭和参与国家事务。她不必像那些被冠以荣誉男性的女文人那样,为其男性化的行动进行辩护。但作为在男性领地中这一灵活性的交换,这些名妓只能与其他女性维持着断断续续的来往。她们不仅是最自由、最仰赖男性欢心的女性,也是与其他同性成员隔绝最深的女性。

旅居女性的临时性社团

但当名妓与其他介乎两者间女性聚在一起的少有场合中,她们还是做得很出色的。她们不会为社交而草写一首诗以与堂姐妹约会,她们也不会止步于一次邻居的宴饮;相反,她们会带着随从去杭州西湖这一最典型的艺术家社团。在明代的后半期,当旅

---

① 孙康宜(Chang),《陈子龙》(*Ch'en Tzu-lung*),17 页。

行成为商人的必需和有闲阶层中的时尚时，杭州这个历史和风景名城，吸引了帝国四面八方的游客。明清时期，杭州是一个繁忙的内陆河港，它是一个有着相当规模造船业的主要养蚕中心。另外，其高质量的印刷业和非常富有的艺术赞助网，也吸引着有抱负的艺术家、作家、名妓和旅行者，他们仅希望参与某种活动、访问或旅居。① 对知识分子和商业精英来说，西湖本身及其岸边的宅第、客栈和饭店，构成了一个有形的公共空间，它是来自不同地方之人混杂相处的场所。最具公众活动性的女性——名妓和职业艺术家——在西湖上锻造了一些具有传奇色彩的友谊纽带。1638 年秋，当柳如是的经常旅行将其首次带到杭州时，她发现身处男性和女性的社团中，都游刃有余。

　　在杭州，任何需要引荐和金钱的人，都会去拜访汪然明，他是来自著名的徽商老家新安的一位盐商。汪然明是一位富有的艺术赞助商，以其慷慨的宴会和广布的关系网著称。他在西湖上的花舫——"不系舟"，因带着的书法和其时一流艺术家的经常相伴而生辉，这些艺术家包括陈继儒、董其昌和李渔，仅举出几位。② 柳如是于 1638 年首次拜访了汪然明，这两位相差 41 岁的人很快成了好朋友。在接下来的两年中，柳如是给他写了 30 封信，他于 _283_ 1641 年将这些书信出版。在其中的一封中，柳如是写道："嵇叔夜有言，人之相知，贵济其天性，弟读此语，未尝不再三叹也。今

① 海外贸易方面的书籍已使杭州在宋元时代就非常知名，这类书籍在 16 世纪以后开始减少。对作为港口的杭州历史及其从春秋战国时期到清朝的手工业发展，吴振华做了精彩研究，参见吴振华。关于晚期帝国时代的杭州地方文化和社会，参见杭州历史丛编辑委员会。

② 关于盐商汪然明，参见魏爱莲（Widmer），"书信世界"（"Epistolary World"），13 页；韩德琳（Handlin-Smith），"花园"（"Garden"），71—72 页。对明末清初时作为艺术赞助人的徽商，即 18 世纪著名扬州商人先驱的研究，参见金（Chin）和许政治（Hsu），19—24 页。

运转着的公众空间:在水、陆的边缘,杭州附近的西湖在自然和文明、传说和世俗生活、居民和旅行者、女性和男性间,提供了一个暂时的相会场所(《名山图》,仿嘉靖时期的印刷品,但以其现在的形式约于1633年初版;再印于何乐之,15页)。

以观先生之于弟,得无其信然乎?[1]"嵇叔夜是著名的作家和古琴家嵇康(223—262),他是竹林七贤之一。

　　通过汪然明,柳如是开始接触如她同样有名、有才的名妓。尽管她们有着共同之处,但因其旅居的生活方式,如果没有她们共同的男性朋友,其友情是很难维持的。如,汪然明在其经常的旅行中,将这位女性的消息带给另外一位。他曾将一位女画家的作品带给柳如是,为她向柳如是讨要评论。柳如是似乎对这些作品印象颇深,她还请求读她的诗作。同样,在柳如是的书信雕版

284

---

[1] 王秀琴和胡文楷,104页。由汪然明出版的集子内含31封信。前30封是1640年后半年前写给他的,最后一封是在接下的一年春天写的,它被收于附录中(陈寅恪,371页)。

开刻前，汪然明将它们送到了林天素（活跃期为 1620—1642）的手中，并请她写一个序。林天素是一位福建的名妓兼画家，汪然明与她关系很近。① 尽管家居式和社交式女性社团都受益于男性亲属的偶尔引荐，但如果没有一种男性中介，旅居女性的家外式社团是根本不可能维系的。

西湖的魅力和像汪然明这样的赞助人，都有助于将名妓和职业女性艺术家带到一起。除黄媛介外，另一位在西湖以画家身份维持家用的良家之妻是吴山。② 吴山是另一位非同寻常的女性，她也跨立在看似不相容的世界中。她是安徽当涂人，嫁给了学者卞琳。这个家庭被某些不知的困难击垮，在 1631—1638 年间，全家漂泊达七年之久，没有一个固定住处。在这些年中，吴山培育了一个广泛的社交网，甚或开始出售自己的作品。1635 年，当她旅居南京时，吴山偶然发现了叶小鸾——这位沈宜修不幸女儿——的诗集《返生香》。非常渴望将自己介绍给叶小鸾的父亲绍袁，她向他派去了一位信使，带着一把扇子、一首祭诗和一封署名为姑溪野女的信。③ 姑溪指的是她的家乡当涂。无论是其大胆的诨名，还是其没有通过正式引荐而与一位陌生男子的直接交往，都是与上层女性的行为相异的，同时也表明，作为女艺术家，吴山已活跃在了公众领地内。

在清朝征服之后，吴山立刻搬到了西湖，其时朝代更迭的骚乱，使其家庭陷入了不幸的窘境中。1647 年，她将自己"附"于了

---

① 柳如是给汪然明的信，载王秀琴和胡文楷，105 页。林天素为柳如是书信集所写序言的原文，参见陈寅恪，368—371 页。关于林天素（雪）的绘画，参见《玉台新姿》(Views from Jade Terrace)，95—96 页。

② 除了其他出注的，如下各部对吴山生平细节的讨论，都本自邓汉仪，12.16ab。邓汉仪是吴山丈夫的私人朋友。关于吴山的长女卞玄文，亦请参见 12.19b—20a。吴山作品一览表，参见胡文楷，《历代妇女》，298 页。

③ 叶绍袁，《年谱别集》，79—80 页。吴山的诗歌被发表于叶绍袁的《彤奁续些》中，上，9—10 页。

从良名妓——龚鼎孳的妾顾媚。龚鼎孳(1615—1673)是一位先
降于农民起义领袖李自成,后又降清的官员。尽管并没有获得一
份固定的工钱,但作为从良名妓的同伴,她还是获得了金钱的回
报和建立交际网的绝好机会。如我们将看到的,黄媛介也受钱谦
益之邀,而成了柳如是的同伴。吴山陪伴顾媚——当时已更名为
徐智珠——到杭州及附近的风景名胜之地,她还变得更多产和公
众能见度更高。她和其两女中的至少一位,经常出入于汪然明
"不系舟"上的宴会,并且无论是母亲还是女儿的诗歌,都广泛流
传于江南地区。吴山成了一位非常知名的职业作家,据说她曾得
到过这种帮助,即杭州的地方官捐出了部分薪俸给她。①

很可能通过汪然明,吴山与黄媛介成了朋友,黄媛介是一位
与她有着许多共同点的女性。据说吴山一直非常钦慕这位职业
285 艺术家同行,甚至邀请黄媛介与她一起住了几个月。她给黄媛介
的告别诗,也是对自己的描述:"一肩书画一诗囊,水色幽谷到处
装,君自莫愁湖上去,秣陵烟雨剩凄凉。"②经济上兜售自己艺术
作品的需要和经常旅行的辛劳,在这里都被转换为了一种轻松愉
快;在不断变换的景色中,女艺术家的巡游生活看起来几乎是自
由的。③

---

① 邓汉仪,12.16ab。吴山与汪然明及其他男性交往的例子很多。1649 年,在汪然明的
"不系舟"上,吴山及其长女卞玄文与和尚和文人共赋了几轮诗。这些诗被其中的一
位男性沈奕琛以《湖舫诗》编辑出版;再版于丁丙,《武林掌故丛编》,22:6774—6781。
② 这首著名的诗歌被广泛收入各种选集中。参见如,邓汉仪,12.18b;陈以刚,《闺门》
2a。关于吴山对黄媛介的邀请,参见《黄氏皆令小传》,载施愚山,17.13a。
③ 在其长女嫁给了一位官员刘峻度后,吴山结束了她的巡游生活,刘峻度视她为母
亲。在其女行将结婚时,吴山的丈夫死了。这位年轻的妻子死于 33 岁,刘峻度娶
了吴山的二女儿。吴山继续进行着写作和出版,并活过了 60 岁(邓汉仪,12.16b,
19a)。她毫不费力地恢复了闺秀生活,这也支持了我的观点,即"公众"和"家内"妇
女的界限既不是绝对的,也不是一刀切的。

　　与吴山一样,黄媛介也在西湖从她的漂泊生活中得到了喘息。当黄媛介旅居在那里时,她是退隐的名妓薛素素——那位马背弓手——的隔壁邻居,她们互以书法和绘画自娱。[①] 一位男性学者描绘了作为艺术家的她于西湖的生活:"嘉兴黄皆令(名媛介)诗名噪甚,恒以轻航载笔格诣吴越间,余尝见其僦居西泠断桥头,凭一小阁,卖诗画自活,稍给,便不肯作。"[②]

　　另一位为汪然明西湖花舫增色的旅居者是王微(修微;约1600—1647),一位柳如是的扬州名妓朋友。在一次聚会中,她遇到并成为林天素的好友,林天素那时正从福建来访,这两位名妓以诗、画来庆贺她们的偶然相遇。没有西湖的魅力和汪然明的好客,这两位住在千里之遥,并总是处在移动中的女性,有可能是不会相遇的。王微的一位朋友描述了她的生活方式,它几乎与上面所引的黄媛介的生活完全相同:"王微,字修微,广陵人。常轻舟载书往来五湖间。"[③]这种巧合可能源自惯常的习语,它也可能暗示,如黄媛介和王微这样的女旅行者,是更大潮流的一部分。虽然相对于巡游男性不断增长的人数而言,她们的数量仍然很少,但女性确是十六七世纪使中国着迷的旅行热潮的基本参与者。

---

① 恽珠,《附录》16b。

② 陈维崧,《妇人集》,载《香艳丛书》,1:2.24b。黄媛介"僦居"的主人不是别人,正是她的朋友和赞助人汪然明(阮元,40.19ab)。

③ 钟惺,36.1a。这是最著名的王微传记,由她的朋友钟惺所写,作为她的一本诗集的绪论。再印于胡文楷,《历代妇女》,88 页。王微为林天素所写的告别诗,参见钟惺,36.22a。王微的生卒年(约 1600—1647)是由孙康宜(Kang-i Sun Chang)提出的("明清诗集导论"["Guide to Ming-Ch'ing Anthologies"],133 页)。

王微：翱翔的鸿鹰

王微是一位来自扬州这一"瘦马"产地的名妓，较之其他女性，她为这一旅行热潮作出了更大的贡献。当她只有六岁时，她的父亲去世了，据说这一变故使她跌进了风月场做学徒。像柳如是那样，她在这一行中如流星般升起；并且她的社交面之广、其出嫁决定的必然性也如柳如是一样，在这里对此不做详述。① 而王微的生活和诗歌方面将被用在这一部分中，以为本书已展开的四个主题增添细节：女性的流动性，文学和诗歌对女作家的至关重要意义，情的流行和女子特性的新属性，名妓与上流之妻间的友情。

对王微来说，旅行是个性自由的一种表达，一如柳如是自我命名的行为和男女衣服混穿的举动。与陪伴丈夫旅行的上层之妻如王凤娴和其他漫游于水路以寻找赞助人的名妓相比，王微更喜欢为自己旅行。她称自己为"性耽山水"，即使其职业没有要求她这样做，她也会跋山涉水。当王微游历湖南时，她写下了旅行见闻，而且她的几部诗集的名字都与旅行有关，如《远游篇》《宛在篇》和《期山草》。②

在两首有着意味深长名字《起步》的诗中，王微以这样的诗句捕捉到了旅行的魅力：

> 众叶绘山色，日暮殊苍苍，山水既相得，其奇宁自藏。浮

---

① 关于王微的两次婚姻、与柳如是的友情及其生平中的其他事件，参见陈寅恪，427页、431—433 页。

② 胡文楷，《历代妇女》，88—90 页。陈继儒对她名为《楚游稿》的游记之一进行了评论，此游记现已不存（同上，88 页）。

云出前岭,掩此残日光,耳目悦新赏,昔游堕渺茫。

　　江湖互为势,暮色不可分,人行丹黄径,鸟下牛羊群。绝众获一高,深手及层云,所见各自领,得意遥相闻。①

旅行因之是一种不断获得新意的行动,王微之所以对它着迷,是因为它还有另一种发现的永无终结的指望。并且作为一种只有旅行者自己能够体会到的经历,它也是其个性的一种表达和实现。

　　王微是一位非常著名的旅行家,以至于据信她是一部旅行见闻选集的编者,此集名为《名山记》。尽管这部选集似乎更是一个商业计划而非文学计划,但王微的序言却是一篇生动的陈述书,它陈述了对一位不再能享受旅行乐趣的女性而言,身体自由的意义。她以回顾其年轻时的历险而开篇:"尝浮江入楚礼佛,参山九华之间,登黄鹤晴川,江山胜极,至今在目。已入匡庐观瀑布,雪花万丈,萦绕襟带,思结室其下。病归湖上,西泠片水,复自依依。草野之性,长同鸿鹰,诚不意有今日也。"②

　　但像众多从未有机会走出闺阁的女性一样,通过文学作品,王微能够感受到旅行的安慰。在其被松树、竹林、梅花和苹果树环绕的宁静的杭州住所里,这只翱翔的鸿鹰游戏于这样的想法中,即自由与一个人的心理状态而不是其身体所在更有关系。将 *287*

① 王微,《起步》,载钟惺,36.1ab。
② 王微,《小引》,1ab,载《名山记选》。按钱谦益(《列朝诗集》,《闰集》,4.63a),王微是这部名为《名山记》选集的编者,它的篇幅多达几百卷。这部著作现在被分散保存着。葛思德(Gest)图书馆的一个节略本《名山记选》,也将编者归于王微。我不能确定王微参与这两项计划的程度。后者是从更早的一部著作——46卷本的《天下名山胜概记》(1633)的雕版中抽取的一部分印制而成。关于这部更早著作的历史及说明,参见何乐之的介绍。

自己沉浸于过去和当代作家的游记中,她发现:"垂条下荫,吟啸幽然自知,回念旧游,恍焉如梦。偶翻名山记,间为评骘,欲效昔贤卧游而已。嗟乎!踵山川之胜事,发笔墨之光华,古今作者,项背相接,故入乔岳则吐雄伟奇杰之观,诉邃岑则极缥缈沈峭之致,莫不因时触事,切境抒情,鬼神供其驱役,蛟龙况其伏起,文章之道,变化存焉。然则记名山,皆又未必其能游名山也,矧如余旨,扫除一室之中,妄弄瓠瓠之末,不令麋皮槲叶三仙笑人天外乎?"作家之笔的神奇力量,给作为读者和作者的王微带来了暂时的宽慰,但也未能熄灭其亲历自然的渴望。在她的序文最后,她黯然地说到:"余卧矣,余不能复游矣。"①

于王微而言,羁闭于家中无疑是一种痛苦的存在,因为它意味着整个女性人口所受的限制。在一本其诗集的自叙中,她表达了作为女性对其所受限制的认识:"生非丈夫,不能扫除天下,犹事一室。"②尽管她的名妓生活并不能说是身体上的"犹事一室",但它却让一位像王微这样自由旅行和将自己暴露于男性公众世界的女性,用词语以明确的形式描述出了女性的困境。

王微在限制中寻找意义的努力方式与其他千万女性一样——她投身于作为其最深处自我表达的宗教和诗歌。她理解诗歌对她的意义:"参诵之余,一言一咏,或散怀花雨,或笺志水山;喟然而兴,寄意而止。妄谓世间,春之在草,秋之在叶,点缀生

---

① 王微,《小引》,1b,载《名山记选》。
② 王微,《〈樾馆诗〉序》,引自钱谦益,《列朝诗集》,《闺集》,4.62b—63a;也载胡文楷,《历代妇女》,88 页。

成，无非诗也。诗如是，可言乎？不可言乎？"①随意和未加修饰的文字只要是从诗人心中流淌出来的，它都构成了真正的诗歌；即使未越出闺阁一步，家内女士也可以为文学作出贡献。

王微断言诗歌既是女性主观性的创造物，也是其表达方式，这就为本书的几个主要论题带来了某种结论：作为女子特性的一个新属性的才，诗歌在女性文化里的中心位置，情在平衡隔阂时的首要作用。所有这些主题，都由王微与一位上流之妻项兰贞的友情得到了说明，王微一直加上其夫姓来称呼她，即黄孟畹夫人。身为嘉兴人的项兰贞，是一位有着两本出版诗集的多产诗人；另一本于其死后出版。项兰贞嫁给了一位举人之子，此人来自一个主要的文人家庭，这个家庭以在同一屋檐下出了几位发表过诗歌的女性而著称。她还作为监督着儿子学习的严厉母亲而被人牢记，她的儿子是一位官学生员。② 换言之，项兰贞是一位受人尊敬的上流之妻，并且在做妻子和母亲的职责上也无可指摘。与此同时，她对诗歌的追求也十分认真。在临终给丈夫的话中，她宣称："吾于尘世它无所恋，惟云露小诗得附名闺秀后足矣。"③与本书所讨论的如此众多的女性一样，诗歌既象征着项兰贞的身份所在，也是其流芳百世的方法。

---

① 王微，《〈樾馆诗〉序》，引自钱谦益，《列朝诗集》，《闰集》，4.62b—63a；也载胡文楷，《历代妇女》，88 页。

② 黄家其他发表过作品的诗人包括沈纫兰和黄淑德。她们和项兰贞的简要传记，参见钱谦益，《列朝诗集》，《闰集》，4.45a—46a；其家谱，参见潘光旦，《嘉兴的望族》，66 页。关于沈纫兰对沈宜修出版计划的贡献，参见本书第五章。项兰贞也是陆卿子的一位朋友，她为陆卿子的诗集之一《裁云草》写了一篇序。此序收入赵世杰，卷4；也再印于胡文楷，《历代妇女》，176 页。陆卿子为项兰贞写了一首诗（钱谦益，《列朝诗集》，《闰集》，4.46a）。但不清楚陆卿子与项兰贞是否见过面。

③ 引自钱谦益，《列朝诗集》，《闰集》，4.45b。

288

(上)湖南的金华山,(下)江西的庐山。在其《名山记》的序言中,羁闭于家
中的王微,忆起了年轻时到这些山川的历险。制造于中国木版印刷的黄
金时期,这些作品是将山水绘画技巧与木刻画混合在一起的精美例子。
中国和日本都再刻和选集过它们,这些流行的印刷品,可能与出现在据说
是王微编辑的游记中的作品为同一种(《名山图》,仿嘉靖时期的印刷品,
但初次以其现存的形式于约 1633 年发表;再印于何乐之,6 页,29 页)。

尽管项兰贞和王微相遇的环境并不清楚,但她们是在某个山 ²⁸⁹
湖环绕的地方生活时成为朋友的。对项兰贞的博学印象很深,所
以王微请她陪伴参加酒会和到寺庙出游,这由她所写的一首应和
项兰贞寄来的诗歌所证明。在后来的一首充满禅意的悼诗中,她
对项兰贞的喜爱被表达出来:

> 秋堤一片石,谁悟是三生,蕙质非松寿,梅魂伴月明。遗
> 奁皆竹素,杂组亦瑶珩。

这两行诗颂扬了项兰贞的诗歌遗产,并将它与前几句所暗示的生
命的短暂作了对比。但最能说明王微自己对情迷献身的,是此诗
的最后两句:

> 料得荀家倩,难言不及情。①

荀奉倩为妻子献身的故事,已在讨论才、德、美这一话语语境时引
用过了。关注由王微密友和旅伴谭友夏所证明的其诗歌才情,也
是非常有益的,谭友夏曾谈到过荀奉倩。在谭友夏为王微《期山
草》所写的序中,他写道:"诗有巷中语、阁中语、道中语,缥缈远近, ²⁹⁰
绝似其人。荀奉倩谓妇人才智不足论,当以色为主,此语浅甚。如
此人此诗,尚当言色乎哉? 而世犹不知以为妇人也。"②对谭友夏来
说,王微的魅力正是建之于其诗歌和艺术才华基础上的。实际上,
仅有极少的同时代女性能比王微更好地达到新女子特性要求。

在王微为项兰贞所写的悼诗中,荀奉倩的引喻标志着她对情
和诗的深切依恋。这一引喻是一首爱情颂歌,它歌颂的是将项兰
贞和其丈夫生死结合在一起的爱情,同样的爱情已通过《牡丹亭》

---

① 王微,《哭黄夫人孟畹》,载钱谦益,《列朝诗集》,《闰集》,4.58b—59a。关于她应和
项兰贞所寄之作的更早的一首诗,参见 4.64a。
②《〈期山草〉小引》,载谭友夏,159 页。

而化为了不朽。当王微称颂这对夫妻间的爱情和她自己对项兰贞的爱时,她已将情迷的所有冲突因素结合在了一起。以充满禅之引喻的诗句开篇,王微使我们想到了男性学者调和情与其佛教克制的努力。然而,她与一位上流之妻的友情及对她的回忆,是以她们对诗的共同热爱为中介的,对诗的热爱,将诗、情和女性间的友情,带入了一个密闭的圆环中。

社会性别:社会组织的一个范畴

就明末清初的中国女性而言,对柳如是与黄媛介间亲密关系的描述,能成为社会性别恰当性或女性是同一的这一认识的一个扼要说明。这两位从良名妓与职业作家间的友情,由她们对男性士绅业余艺术的共同喜爱所决定,它也预示了处于家庭体系边缘的女性社团的暂时性。

不清楚两人何时首次相遇。1643 年,在柳如是新家绛云楼告成的一个场合——这个新家也藏有钱谦益的珍本书籍和古董收藏,黄媛介受邀成了柳如是的客人和同伴。从这一年的冬天至少到 1644 年的夏天,她都与柳如是和钱谦益呆在一起,与柳如是交换诗、画。① 高居翰对黄媛介于 1651 年为柳如是所绘的一幅风景画进行了分析,此画与柳如是的作品一起,被裱贴在同一幅卷轴上,高居翰推测,她们之间的友情可能影响了相互的艺术风格。② 如吴山作为先前名妓顾媚游伴的例子一样,黄媛介的陪伴关系也从金钱上得到了回报。在一首献给柳如是的诗中,黄媛介

---

① 陈寅恪,287 页、483 页、818 页。

② 高居翰(James Cahill),"柳隐的绘画"("The Painting of Liu Yin"),载韦德纳(Weidner),《盛开在阴影中》(*Flowering in the Shadows*),115—116 页。

感谢她的"黄金不惜为幽人"，这暗示了柳如是对其生计的帮助。但她们一起度过的平常时刻的最大收获则是"种种语殷勤。竹开三径，图存四壁，便足千春。匆匆欲去尚因循。几处暗伤神。曾陪对镜，也同待月，常伴弹筝"。[1]

　　黄媛介的访问为明都城北京的陷落所打断。1644 年晚期，柳如是和钱谦益前往南京，在这里，钱谦益做了南明小朝廷的礼部尚书。黄媛介跟随着他们，并于 1645 年早期到达南京，在他们的宅第中，她欢度了第二个春节。[2] 在中国，春节是阖家团圆的时候。黄媛介连续两年与柳如是和钱谦益而不是与自己的家庭一起度过春节，这暗示了她是生活于家庭体系支配之外的。

　　这一点是最具意义的，即柳如是和黄媛介间的这样一种身体接触和艺术上的亲密关系全然成为可能。如上文所提到的，黄媛介的良家身份问题是有争议的，因为她占有着这样的一个矛盾空间，它介于忠实妻子的家内世界和文人男性的公众世界之间。黄媛介与从良名妓柳如是之间的友情，使我们能够在它的充分语境中，来探讨她的矛盾定位。黄媛介是本书所描述的所有三类女性社团的成员——沈宜修的家居式、商景兰的社交式和柳如是的短暂公众式社团。在所有三种形式中都如鱼得水，黄媛介说明了一种形成中的新秩序。良贱间的道德区分及相随而来的个体之人对家庭体系支配的征服，肯定是鲜有但又极富意义的例子，但它们却因某种共有的女子特征而变得黯然。[3] 黄媛介与沈宜修、商

---

[1] 徐树敏和钱岳，《乐集》2.22b。

[2] 陈寅恪，847 页，863 页。

[3] 在女画家这一语境中，埃伦·莱恩(Ellen Laing，34—35 页)讨论了同样的"拉平因素"(leveling factor)。一位来自上流阶层和一位来自商人阶层的女画家，以牡丹园中独居妇女的相同形象作画。

景兰或柳如是之间的共同之处,并不是其丈夫的社会身份,而是
她们对文学的共同献身和作为女性的她们所感到的共鸣。徐媛、
陆卿子和歌女间的亲密关系,是生活中不同身份女性间的另一种
联系形式,其构成较少是因对文学的共同热爱,更多的是相互间
的肉体吸引。

　　如果认为明末清初的江南女性社团是一种社会平衡器的话,
那是很牵强的。毕竟其成员数量极少,而且大多来自相同的文化
背景。女性文化是由区分于其他社会组织和界限标识的理由建
构而成的,在这一女性文化的创造物中,它们的确突出了识字和
教育的至关重要性。读、写能力使这些女性能够保持接触而不管
身体的分离;它们使来自不同社会背景的女性产生了关系;扩大
了她们闺阁外的社交网和关注点;当需要出现时,也可以之谋生,
而为丈夫和儿子提供生活保障。对能够读、写的女性而言,明末
清初中国绝大多数女性既不能读也不能写的事实,并不能减损识
字的重要性。沈宜修、柳如是、王端淑和其他同时代的女性花费
时间和精力,去收集、编辑和出版其他女性作品,这一点并不令人
感到奇怪。① 这些努力与那些闺塾师一道,起到了扩展女性文化
并将其代代相传的作用。

　　本书所描绘的不同形式的女性社团的发展,意味着作为一种
社会组织和自我特性门类的女性社会性别的显现。通过阅读和
书写,来自不同年龄群和不同家庭的女性,组成了一批社交网,从
正式的、长期的和为人所知的,到私人的、暂时的和默默无闻的。
这些女性——母亲、女儿、远房亲戚、朋友和邻居——通过某种女

----

① 柳如是帮助编辑了钱谦益 81 卷本汇编《列朝诗集》中的女诗人部分,此汇编出版于
　1649 年。据说这些妇女词条由柳如是所写(陈寅恪,983—984 页)。

子特性自愿结合到了一起,这一女子特性是置于其他交往准则如亲属关系之上的。许多这样的女性社团并未因个别成员的亡故而解散,而是由其后代中有先见之明的女性重新组成,这表明,女性社会性别已成为一种社会组织原则。与本书所探讨的文学女性交际网一样的网络,实际上一直延续到了19世纪。

在儒家的家庭和社会观中,女性间的结合有着一种矛盾的地位。一方面,在官方亲属关系结构中,它们既非公开的组成部分,亦非五种基本关系之一。另一方面,只要它们没有与男性为中心的结构运转相抵触,官方意识形态就从未明确禁止过它们。在值得称赞的道德和允许的缝隙间,文学女性静静地打造着自己扩展了的空间,并在其中享受着自由和满足。

这一女性文化是以其不断的服从为依归的。正因它没有对官方社会性别体系造成根本威胁,所以它可以繁荣发展。我们不清楚是否文学女性已自觉意识到了这种交换,但她们所享有的事实上的自由,或许可以解释为什么她们缺乏动力,去推翻建立在"三从"基础上的流行体系。在这一点上,明末清初社会性别体系的弹性,不是建立在压制女性的约束力上,而恰恰相反——它为表达的多样性留下了机会。但不管在事后认识中它们的约束怎样,受教育女性都抓住了这些机会,以作为其个人满足和更大社会性别平等的手段。

另外,这是被称作儒家父权制的基本悖论:它既比西方女权主义者和中国现代主义者话语所估计的力量要大,也比其估计的力量要小。在由晚明时期商品化所带来的范围广大的社会经济 ²⁹³ 变化面前,通过分给女性一个写作、出版和建立社团的崭新社会空间,这一占优势的社会性别体系使自己长存下来。但女性社会性别永远要和其他社会组织原则进行妥协、协商。构成女性是同一的(社会性别)和女性是差异的(阶层)二元原则,一方面赋予了部分妇女权力,另一方面又将她们规范在分离领域内。名妓和职业艺人的暂时性社团、妻子与歌女间的短暂亲密关系,都极为鲜明地证实了内在于这一女子特性二元结构中的紧张关系。

引文目录

阿布-卢胡德,莉拉(Abu-Lughod, Lila),《反抗的传奇:通过贝督因女性追溯权力的变化》("The Romance of Resistance: Tracing Transformations of Power Through Bedouin Women"),《美国人类学者》(*American Ethnologist*)17(1990):41—55。

阿姆斯特朗,南希(Armstrong, Nancy),《欲望和家内的虚构:小说的政治历史》(*Desire and Domestic Fiction: A Political History of the Novel*),纽约:牛津大学出版社(Oxford University Press),1987 年。

阿特金森,简·门尼格(Atkinson, Jane Monnig),《人类学》("Anthropology"),《符号》(*Signs*)8(1982):236—258。

艾尔曼(Elman, Benjamin),《古典主义、政治和亲属关系:晚期中华帝国理学的常州学派》(*Classicism, Politics and Kinship: The Ch'ang-chou School of New Text Confucianism in Late Imperial China*),伯克利:加利福尼亚大学出版社(University of California Press),1990 年。

——《从哲学到语言学:晚期中华帝国的知识分子和变化的社会方面》(*From Philosophy to Philology: Intellectual and Social Aspects of Change in Late Imperial China*),剑桥,麻省:哈佛大学(Harvard University),东亚研究委员会(Council on East Asian Studies),1984 年。

岸本美绪(Kishimoto Mio),《明末清初的地方社会和"世论"》("明末清初の地方社会と〈世論〉"),《历史学研究》573(1987 年 10 月):131—140。

——《明清时代的乡绅》("明清时代の鄉紳"),载《权威和权力》(権威と権力),《世界史系列研究》(*Shirizu sekkaishi e no toi*),第 7 卷,东京:Iwanami shoten, 1990 年。

——《〈历年记〉所见前清地方社会生活描述》("『歴年記』に見る清初地方社会の生活"),《史学杂志》95,第 6 期(1986 年 6 月):53—77。

岸边成雄(Kishibe Shigeo)编,《儒家社会的女性》(儒教社會の女性たち),东京:Hyōron sha,1977 年。

奥哈拉,艾伯特(O' Hara,Albert),《早期中国女性的地位》(*The Position of Woman in Early China*),再版于台北:美亚发行(Mei Ya Publications), 1971 年。

奥崎峪司(Okuzaki Hiroshi),《中国乡绅地主研究》(中國鄉紳地主の研究), 东京:Kyūko shoin,1978 年。

八木泽元(Yagisawa Hajime),《冯小青传说及其戏曲》("馮小青伝説と其戲曲"),2 部分,《汉学会杂志》4,第 3 期(1936):81—91;5,第 2 期(1937): 72—89。

——《明代女剧作家叶小纨》(明代女流劇作家葉小紈について),《东方学》5 (1982):85—98。

白馥兰(Bray,Francesca),《权力经纬:晚期中华帝国的技术和意识形态》 (*Fabrics of Power: Technology and Ideology in Late Imperial China*), 未刊稿,后出版时更名为:《科技史与社会性别:晚期中华帝国的权力经纬》(*Technology and Gender: Fabrics of Power in Late Imperial China*),伯克利:加利福尼亚大学出版社(University of California Press), 1997 年。

滨岛敦俊(Hamashima Atsutoshi),《明代江南农村社会研究》(明代江南農村社會の研究),东京:Tōkyō daigaku shuppankai,1982 年。

包筠雅(Brokaw,Cynthia),《功过格:晚期中华帝国的社会变化和道德秩序》(*The Ledgers of Merit and Demerit: Social Change and Moral Order in Late imperial China*),普林斯顿:普林斯顿大学出版社 (Princeton University Press),1991 年。

贝亚蒂耶,希拉里(Beattie,Hilary),《中国的土地和世系》(*Land and Lineage in China*),剑桥,英国:剑桥大学出版社(Cambridge University Press),1979 年。

——《变化的种子:对清早期和中期女性状况的思考》("The Seeds of Change: Rellections on the Condition of Women in the Early and Mid Ch'ing"),《符号》(*Signs*)2(1976):5—23.

卜正民(Brook,Timothy),《家庭的连续性和文化霸权:宁波的上层,1368—1949》("Family Continuity and Culture Hegemony: The Gentry of Ningbo, 1368—1949"),载周锡瑞(Joseph Esherick)和玛丽·兰金(Mary Rankin)编,《中国的地方名流和控制方式》(*Chinese Local Elites and Patterns of Dominance*),伯克利:加利福尼亚大学出版社(University of California Press),1990 年。

——《晚期中华帝国的丧礼和宗族建筑》("Funerary Ritual and the Building

of Lineages in Late Imperial China"),《哈佛亚洲研究期刊》(*Harvard Journal of Asiatic Studies*)49(1989):465—499。

——《为迷途的旅行者所作的指南:明清时的线路书》("Guides for Vexed Travellers: Route Books in the Ming and Qing"),《清史问题》(*Ch'ing-shih wen-t'i*)4,第 5 期(1981 年 6 月):32—76。

布尔迪厄,皮埃尔(Bourdieu, Pierre),《实践的逻辑》(*The Logic of Practice*),理查德·尼斯(Richard Nice)译,斯坦福:斯坦福大学出版社(Stanford University Press),1990 年。

——《实践理论大纲》(*Outline of Theory of Practice*),理查德·尼斯(Richard Nice)译,剑桥,英国:剑桥大学出版社(Cambridge University Press),1977 年。

蔡殿齐编,《国朝闺阁诗钞》,10 卷,无出处,1844 年。

蔡九迪(Zeitlin, Judith T.),《异史氏:蒲松龄和中国古典故事》(*Historian of the Strange: Pu Songling and the Chinese Classical Tale*),斯坦福:斯坦福大学出版社(Stanford University Press),1992 年。

——《僵化的心:中国文学、艺术和医药中的癖》("The Petrified Heart: Obsession in Chinese Literature, Art, and Medicine"),《晚期中华帝国》(*Late Imperial China*)12,第 1 期(1991 年 6 月):1—26。

曹淑娟,《晚明性灵小品研究》,台北,文津出版社,1988 年。

昌彼得,《明代版画选初辑》,2 册,台北:"国立中央图书馆",1969 年。

长泽规矩也(Nagasawa Kikuya)编,《明代插图本图录》(明代插圖本図録),东京:Nihon shoshi gakkai,1962 年。

——《明清俗语辞说集成》(明清俗語辞説集成),2 册,东京:Kyuko shoin,1974 年。

陈,肯尼思·K. S.(Chen, Kenneth K. S.),《佛教的中国转变》(*The Chinese Transformation of Buddhism*),普林斯顿:普林斯顿大学出版社,1973 年。

陈东原,《中国妇女生活史》,上海:商务印书馆,1928 年,重印于台北:商务,1981 年。

陈宏谋,《教女遗规》,载同著者,《五种遗规》,台北:德志出版社,1961 年。

陈继儒,《采眉故事》,南京:三多斋,1771 年。

陈去病,《五石脂》,首次连载于 1909 年,再版于苏州博物馆等编,《丹午笔记·吴城日记·五石脂》,南京:江苏古籍出版社,1985 年。

陈生玺,《清初剃发令的实施与汉族地主阶级的派系斗争》,《历史研究》4(1985):67—77 页。

陈世骧(Chen Shih-Hsiang),《〈诗经〉:它在中国文学史和诗法上的意义》
    ("The Shih-ching: Its Generic Significance in Chinese Literary History
    and Poetics"),载西里尔·伯奇(Cyril Birch)编,《中国文学流派研究》
    (*Studies in Chinese Literary Genres*),伯克利:加利福尼亚大学出版社
    (University of California Press),1974 年。

陈万鼐,《洪升研究》,台北:学生书局,1970 年。

陈文述(颐道居士)编,《西湖三女士传》,首次以《兰因集》出版,再版于杭州:
    六艺书局,1928 年。

——《西泠闺咏》,载丁丙编,《武林掌故丛编》,第 9 卷,钱塘:丁氏嘉惠堂,
    1883 年,再版于台北:静华书局,1967 年。

陈以刚编,《国朝诗品》,22 卷,棣华书屋,1734 年,国会图书馆藏本。

陈寅恪,《柳如是别传》,3 册,上海:上海古籍出版社,1980 年。

城璧连,《我国主妇之地位暨其钥匙权》,无出处,1963 年,胡佛研究所藏本。

池上客编,《名媛玑囊》,4 卷,序于 1595 年,内阁文库藏本。

《辞源》,香港:商务,1987 年。

达恩顿,罗伯特(Darnton, Robert),《读者对卢梭的响应:浪漫敏感性的组
    合》("Readers Respond to Rousseau: The Fabrication of Romantic
    Sensitivity"),载同作者,《猫科动物大屠杀和法国文化历史中的其他插
    曲》(*The Great Cat Massacre and Other Episodes in French Culture
    History*),纽约:文特芝书屋(Vintage Books),1985 年。

大木康(ōki Yasushi),《冯梦龙〈三言〉的编纂意图:从真情的突出点出发》
    ("馮夢龍『三言』の編纂意圖について:真情より見た一側面"),载《伊藤
    漱平教授退官記念中国文学论集》,东京:Kyūko shoin,1986 年。

——《明末江南的出版文化研究》("明末江南における出版文化の研究"),
    《广岛大学文学部纪要》50,特别发行第 1 期(1991 年 1 月):1—176。

——《明末白话小说的作者群和读者群:依据矶部彰的观点》("明末におけ
    る白話小説の作者と読者について:磯部彰氏の所説に寄せて"),《明代
    史研究》12(1984):1—15 页。

大塚秀高(ōtsuka Hidetaka),《惧内文学的传统:从小青故事到李渔》("懼内
    文学の流れ:小青傳をじて李漁に及ぶ"),《埼玉大学纪要·教养学部》25
    (1989):82—108。

戴维斯,纳塔利·泽蒙(Davis, Natalie Zemon),《早期现代法国的社会和文
    化》(*Society and Culture in Early Modern France*),斯坦福:斯坦福大学
    出版社(Stanford University Press),1975 年。

岛田虔次(Shimada Kenji),《中国近代思维的挫折》(中國における近代思埇

の挫折）,东京:Chikuma shobō,1949 年。

邓尔麟(Dennerline, Jerry),《嘉定忠臣:明末清初儒家的领导作用和社会变化》(*The Chia-ting Loyalists: Confucian Leadership and Social Change in Seventeenth-century China*),纽黑文:耶鲁大学出版社(Yale University Press),1981 年。

邓汉仪,《诗观》,无出处,1672 年,内阁文库藏本。

邓斯坦,海伦(Dunstan, Helen),《晚明的疫病:一个初步的调查》("The Late Ming Epidemics: A Preliminary Survey"),《清史问题》(*Ch'ing-shih wen-t'i*)3,第 3 期(1975 年 11 月):1—59。

邓志谟,《黄眉故事》,无出处,序为 1616 年,再版于 1742 年。

狄培理(de Bary, Wm. Theodore)、陈荣捷(Wing-tsit Chan)和伯顿·沃森(Burton Watson)编,《中国传统史料》(*Sources of Chinese Tradition*),2 卷,纽约:哥伦比亚大学出版社(Columbia University Press),1970 年。

狄培理(de Bary, Wm. Theodore),《晚明思想中的个人主义和人道主义》("Individualism and Humanitarianism in Late Ming Thought"),载狄培理(Wm. Theodore de Bary)等,《明代思想中的自我和社会》(*Self and Society in Ming Thought*),纽约:哥伦比亚大学出版社(Columbia University Press),1970 年。

蒂尔尼,海伦(Tierney, Helen)编,《女性研究百科全书》(*Women's Encyclopedia*),纽约:彼得·比德里克书屋(Peter Bedrick),1991 年。

丁丙编,《武林往哲遗著》,钱塘:丁氏嘉惠堂,1898—1900 年。

——《武林掌故丛编》,26 卷,钱塘:丁氏嘉惠堂,1883 年,再版于台北:静华书局,1967 年。

丁耀亢,《续金瓶梅》,载《金瓶梅续书三种》,再版于济南:齐鲁书社,1988 年。

东郭先生,《闲话金瓶梅》,台北:石室出版社,1978 年。

杜芳琴,《女性观念的衍变》,河南:河南人民出版社,1988 年。

——《七十年来国内妇女史研究综述,1919—1989》,未发表的论文,1990 年。

段义孚(Tuan, Yi-Fu),《空间和地点:经验的视角》(*Space and Place: The Perspective of Experience*),明尼阿波利斯:明尼苏达大学出版社(University of Minnesota Press),1977 年。

多贺秋五郎(Taga Akigorō),《宗谱研究》(宗譜の研究),东京:东洋文化,1960 年。

樊树志,《明清江南市镇探微》,上海:复旦大学出版社,1990 年。

泛亚细亚文化交流中心(汎亞細亞文化交流センター)编,《中国历代女性像展图录》(中國歷代女性像展図録),东京:泛亚细亚文化交流中心(Han-Ajia bunka kōryū sentā),1987 年。

方汉仪(Feng, Han-yi),《中国的亲属关系体系》(*The Chinese Kinship System*),剑桥,麻省:哈佛大学出版社(Harvard University Press),1967 年。

方彦寿,《建阳刘氏刻书考》,2 部分,《文献》36(1988 年 2 月):196—228 页;37(1988 年 3 月):217—229。

菲斯特,路易斯,S. J. (Pfister, Louis, S. J.),《中国耶稣教会的传略与目录》(*Notices biographiques et biblioraphiques sur les Jesuites de Chine*),1932 年,再版于尼德兰,列支敦士登:克劳斯－汤姆森(Kraus-Thomson),1971 年。

费侠莉(Furth, Charlotte),《雌雄合一的男性和有缺陷的女性:十六七世纪中国的生物学和社会性别界限》("Androgynous Males and Deficient Females: Biology and Gender Boundaries in Sixteenth-and Seventeenth-Century China"),《晚期中华帝国》(*Late Imperial China*)9,第 2 期(1988 年 12 月):1—31。

——《父权制的遗产:家训和正统社会价值观的传播》("The Patriarch's Legacy: Household Instructions and the Transmission of Orthodox Values"),载刘广京(Kwang-ching, Liu)编,《晚期中华帝国的正统观念》(*Orthodory in Late Imperial China*),伯克利:加利福尼亚大学出版社(University of California Press),1990 年。

——《晚期中华帝国的诗歌和女性文化:编者绪论》("Poetry and Women's Culture in Late Imperial China: Editor's Introduction"),《晚期中华帝国》(*Late Imperial China*)13,第 1 期(1992 年 6 月):1—8。

冯梦龙,《情史》,再版于长沙:岳麓书社,1986 年。

福格森,玛格丽特(Ferguson, Margaret)、莫琳·基里根(Maureen Quilligan)和南希·维克斯(Nancy Vickers)编,《重写文艺复兴:早期现代欧洲性差异的话语》(*Rewriting the Renaissance: The Discourses of Sexual Difference in Early Modern Europe*),芝加哥:芝加哥大学出版社(University of Chicago Press),1986 年。

福柯,米歇尔(Foucault, Michel),《导言》(*An Introduction*),罗伯特·赫尔利(Robert Hurley)译,《性史》(*The History of Sexuality*)第 1 卷,纽约:文特芝书屋(Vintage Books),1980 年。

福莱彻,约瑟夫(Fletcher, Joseph),《一体化历史:早期现代时期的平等关系和相互结合，1500—1800》("Integrative History：Parallels and Interconnections in the Early Modern Period，1500—1800")，《土尔其历史杂志》(*Journal of Turkish History*)9，第 1 期(1985 年)：37—57。

傅惜华，《明代传奇全目》，上海：上海人民文学出版社，1959 年。

傅惜华编，《中国古典文学版画选集》，2 册，上海：上海人民美术出版社，1981 年。

——《明代杂剧全目》，上海：上海人民文学出版社，1958 年。

盖茨，希尔(Gates，Hill)，《中国女性的商品化》("The Commoditization of Chinese Women")，《符号》(*Signs*)14(1989)：799—832。

冈本隆三(Okamoto Ryūzō)，《缠足物语》(纏足物語)，东京：东方书店，1986 年。

冈本赛(Okamoto Sae)，《佟国器和清初江南》(佟国器と清初江南)，《东洋文化研究所纪要》106(1988 年 3 月)：95—162。

高剑华，《红袖添香室丛书》，5 册，上海：群学社，1936 年。

高罗佩(Van Gulik，R. H.)，《中国古代房内考》(*Sexual Life in Ancient China*)，莱顿：E·J·布里尔(E. J. Brill)，1974 年。

高彦颐(Ko)，《清代烈妇狂潮中的女性同谋》("The Complicity of Women in the Qing Good Woman Cult")，载《现代中国历史中的家庭进程和政治进程》(*Family Process and Political Process in Modern Chinese History*)，1 部分，2 册，台北："中央研究院"(Academia Sinica)，近代史研究所(Institute of Modern History)，1992 年。

——《门边的女士大夫：18 世纪苏州的社会性别关系实践》("Lady-Scholar at the Door：The Practice of Gender Relations In Eighteenth-Century Suzhou")，载约翰·海(John Hay)编，《中国的界限》(*Boundaries in China*)，伦敦：瑞克申书屋(Reaktion Books)，1994。

——《才和德的追求：17 世纪和 18 世纪中国的教育和女性文化》("Pursuing Talent and Virtue：Education and Women's Culture in Seventeenth-and Eighteenth-Century China")，《晚期中华帝国》(*Late Imperial China*)13，第 1 期(1992 年 6 月)：9—39。

——《从社会史的角度看明末清初的中国妇女》("Toward a Social History of Women in Seventeenth-Century China")，博士论文，斯坦福大学，1989 年。

格林哈尔希，苏珊(Greenhalgh，Susan)，《缠足，跛子的生活：旧中国的女性》("Bound Feet，Hobbled Lives：Women in Old China")，《前沿》(*Frontiers*)2，第 1 期(1977 年春)：7—21。

格罗内伍尔德,素(Gronewold,Sue),《美丽的商品:中国的卖淫,1860—1936》("Beautiful Merchandise: Prostitution in China, 1860—1936"),《女性和历史》(*Women & History*),第 1 期(1982):1—114。

格斯特莱彻,安娜(Gerstlacher, Anna)编,《中国的女性和文学》(*Women and Literature in China*),伯初姆,德国:布鲁克梅耶(Brockmeyer),1980 年。

耿百鸣,《论苏州派戏剧的妇女观和爱情观》,载《华东师范大学学报(哲学社会科学版)》5(1985):39—43。

宫崎市定(Miyazaki Ichisada),《明末清初这时代》("明末清初という時代"),载涉谷区立松涛美术馆编,《中国的绘画:明末清初》(中國の绘画:明末清初),东京:Shōtō bijitsukan,1991 年。

古德里奇,L·卡林顿(Goodrich,L. Carrington)和房兆瀛(Fang Chaoying)编,《明代传记词典,1368—1644》(*Dictionary of Ming Biography, 1368—1644*),2 册,纽约:哥伦比亚大学出版社(Columbia University Press),1976 年。

顾敦鍒,《李笠翁朋辈考》,载同作者,《文苑阐幽》,台中:东海大学,1969 年。

顾琳(Grove, Linda)和唐立(Christian Daniels)编,《中国的国家和社会:对明-清社会和经济历史的日本视角》(*State and Society in China: Japanese Perspectives on Ming-Qing Social and Economic History*),东京:东京大学出版社(University of Tokyo Press),1984 年。

顾若璞,《卧月轩稿》,丁丙编,《武林往哲遗著》,58 册,钱塘:丁氏嘉惠堂,1898—1900 年。

广濑玲子(Hirose Reiko),《明代传奇文学:汤显祖戏曲中的心理表现》("明代傳奇の文学:湯顯祖の戲曲における心理表現を中心として"),《东洋文化》71(1990 年 12 月):55—90。

——《臧懋循对〈牡丹亭〉的改编》("臧懋循による牡丹亭還魂記の改編について"),《东方学》81(1991):71—86。

归懋仪,《绣余续草》,上海:李氏,1832 年,哈佛燕京图书馆藏本。

《国立故宫博物院:刺绣》,东京:学研,1970 年;再版于 1982 年。

"中央大学"共同学科编,《明清之际中国文化的转变与延续》,台北:文史哲出版社,1991 年。

韩德琳(Handlin〔-Smith〕,Joanna),《吕坤的新听众:女性识字对 16 世纪思想的影响》("Lü Kun's New Audience: The Influence of Women's Literacy"),载马热丽·沃尔夫(Margery Wolf)和罗克珊·威特克(Roxane Witke)编,《中国社会中的女性》(*Women in Chinese Society*),斯

坦福：斯坦福大学出版社（Stanford University Press），1975 年。

韩德琳（Handlin-Smith，Joanna），《晚明思想中的行动：吕坤和其他士大夫的重新定位》（*Action in Late Ming Thought：The Reorientation，of Lü K'un and other Scholar-Officials*），伯克利：加利福尼亚大学出版社（University of California Press），1983 年。

——《祁彪佳社交世界中的花园：晚明江南的富有和价值观》（"Gardens in Ch'i Piao Chia's Social World：Wealth and Values in Late Ming Kiangnan"），《亚洲研究杂志》（*Journal of Asian Studies*）51（1992）：55—81。

韩黎范，《借男女之真情，发名教之伪药》，载《明清小说论丛》，第 1 辑，沈阳：春风文艺出版社，1984 年。

韩南（Hanan，Patrick），《中国的白话故事》（*The Chinese Vernacular Story*），剑桥，麻省：哈佛大学出版社（Harvard University Press），1981 年。

——《李渔的创造》（*The Invention of Li Yü*），剑桥，麻省：哈佛大学出版社（Harvard University Press），1988 年。

韩起澜（Honig，Emily），《族群的建构：在上海的苏北人，1850—1980》（*Creating Chinese Ethnicity：Subei People in Shanghai*，1850—1980），纽黑文：耶鲁大学出版社（Yale University Press），1992 年。

韩书瑞（Naquin，Susan）和罗友枝（Evelyn Rawski），《18 世纪的中国社会》（*Chinese Society in the Eighteenth Century*），纽黑文：耶鲁大学出版社（Yale University Press），1987 年。

韩锡铎和王清源编，《小说书坊录》，沈阳：春风文艺出版社，1987 年。

杭州历史丛编编辑委员会编，《元明清名城杭州》，浙江：浙江人民出版社，1990 年。

合山究（Goyama Kiwamu），《明清时期的情死及其在文学中的描写》（"明清時代にぉけゐ情死とその文学"），载《伊藤漱平教授退休记念中国文学论集》，东京：Kyūko shoin，1986 年。

何炳棣（Ho，Ping-ti），《中华帝国中的成功阶梯：社会流动性诸方面，1368—1911》（*The Ladder of Success in Imperial China：Aspects of Social Mobility*，1368—1911），纽约：哥伦比亚大学出版社（Columbia University Press），1962 年。

——《扬州的盐商：对 18 世纪中国商业资本主义的研究》（"The Salt Merchants of Yang-chou：A Study of Commercial Capitalism in Eighteenth-Century China"），《哈佛亚洲研究杂志》（*Harvard Journal of*

Asiatic Studies)17(1954):130—168。

何乐之,《明刊名山图版画集》,上海:上海人民美术出版社,1958 年。

贺萧(Hershatter, Gail),《性职业和社会秩序:20 世纪上海的娼妓、她们的家庭和国家》("Sex Work and Social Order: Prostitutes, Their Families, and the State in Twentieth-Century Shanghai"),载《现代中国历史的家庭进程和政治进程》(*Family Process and Political Process in Modern Chinese History*),2 部分,2 册,台北:"中央研究院"(Academia Sinica),近代史研究所(Institute of Modern History),1992 年。

洪亮,《明女诗人倪仁吉的刺绣和发绣》,《文物参考资料》9(1958):21—22。

洪升,《长生殿》,1688 年,再版于北京:人民文学出版社,1980 年。

胡抱一,《本朝名媛诗钞》,无出处,序于 1766 年,内阁文库藏本。

胡忌和刘致忠,《论家班女戏》,《戏剧艺术》,第 4 期,总 24(1983,年 11 月):60—68 页。

胡克,查尔斯·O(Hucker, Charles O),《一部中华帝国的官衔词典》(*A Dictionary of Official Titles in Imperial China*),斯坦福:斯坦福大学出版社(Stanford University Press),1985 年。

胡朴安,《中华全国风俗志》,2 册,河北:河北人民出版社,1986 年。

胡文楷,《历代妇女著作考》,上海:上海古籍出版社,1985 年。

——《柳如是年谱》,《东方杂志》43,第 3 期(1947):37—47。

怀圃居士编,《柳如是事辑》,北平:文字同盟社,1930 年。

黄丽贞,《李渔研究》,台北:纯文学出版社,1974 年。

黄仁宇(Huang,Ray),《万历十五年》(*A Year of No Significance*),纽黑文:耶鲁大学出版社(Yale University Press),1981 年。

黄汝亨,《寓林集》,无出处,1624 年,内阁文库藏本。

黄一正,《事物绀珠》,无出处,序于 1591 年,国会图书馆藏本。

黄宗智(Huang, Philip),《长江三角洲的小农家庭和农村发展,1350—1988》(*The Peasant Family and Rural Development in the Yangzi Delta*),斯坦福:斯坦福大学出版社(Stanford University Press),1990 年。

晖峻康隆(Teruoka Yasutaka),《风月场与德川文化》("The Pleasure Quarters and Tokugawa Culture"),载 C·安德鲁·格斯尔(C. Andrew Gerstle)编,《18 世纪的日本》(*Eighteenth Century Japan*),悉尼:阿伦和尤温(Allen & Unwin),1989 年。

霍姆格伦,詹尼弗(Holmgren, Jennifer),《美德的经济基础:早期和现代中国的寡妇再嫁》("The Economic Foundations of Virtue: Widow-Remarriage in Early and Modern China"),《澳大利亚中国事务杂志》

(*Australian Journal of Chinese Affairs*)13(1985):1—27。

矶部彰(Isobe Akira),《一个对晚明时期〈西游记〉主体受众的研究》（"明末における『西遊記』の主体の受容層に関する研究"），《集刊东洋学》44（1980 年 10 月）:50—63。

冀淑英,《谈谈明刻本及刻工》,《文献》,第 7 期(1981 年 3 月):211—231 页。

《嘉靖维扬志》,序于 1542 年,再版于上海古籍书店,1981 年。

《嘉兴府志》,1866 年。

《嘉兴县志》,1892 年。

贾伸,《中华妇女缠足考》,北京:慈祥工厂,1925 年。

戈戈居士,《小青传》,载秦淮寓客,《绿窗女史》,明刊本,国会图书馆藏本。

《江都杨墅巷孙氏族谱》,1868 年,东洋文库藏本。

焦循,《剧说》,"中国文学参考资料小丛书",2 卷,9 册,上海:古典文学出版社,1957 年。

金,桑迪(Chin, Sandi)和徐政治(Hsu Cheng-chi, Ginger),《徽商的文化和资助》（"Anhui Merchant Culture and Patronage"），载高居翰（James Cahill)编,《黄山的影子:中国画和安徽流派的印刷》(*Shadows of Mt. Huang: Chinese Painting and Printing of the Anhui School*),伯克利:大学艺术博物馆(University Art Museum),1981 年。

井上进(Inoue Susumu),《藏书和读书》（"藏書と讀書"），《东方学报》62（1990 年 3 月）:409—445。

酒井忠夫(Sakai Tadao),《明代的日用类书和平民教育》（"明代の日用類書と庶民教育"），林友春(Hayashi Tomoharu)编,《近世中国教育史研究》,东京:国土社,1958 年。

凯利,琼(Kelly, Joan),《女性、历史和理论:琼·凯利论文集》(*Women, History and Theory: The Essays of Joan Kelly*),芝加哥:芝加哥大学出版社(University of Chicago Press),1984 年。

柯丽德(Carlitz, Katherine),《〈列女传〉晚明诸版本中女德的社会价值》（"The Social Uses of Female Virtue in Late Ming Editions of *Lienü Zhuan*"），《晚期中华帝国》(*Late Imperial China*)12,第 2 期(1991 年 12 月):117—152。

柯律格(Clunas, Craig),《多余的东西:早期现代中国的物质文化和社会身份》(*Superfluous Things: Material Culture and Social Status in Early Modern China*),厄伯纳:伊利诺伊大学出版社（University of Illinois Press),1991 年。

柯素芝(Cahill, Suzanne E.),《超越和非凡的热情:中世纪中国的西王母》

（*Transcendence and Divine Passion：The Queen Mother of the West in Medieval China*），斯坦福：斯坦福大学出版社（Stanford University Press），1993 年。

科利尔，简・菲什伯恩（Collier，Jane Fishburne）和西尔维亚・柳迫纯子（Sylvia Junko Yanagisako）编，《社会性别和亲属关系：建立统一分析架构》（*Gender and Kinship：Essays Toward a Unified Analysis*），斯坦福：斯坦福大学出版社（Stanford University Press），1987 年。

《〈刻〉法林照天烛》，无出处，明本，国会图书馆藏本。

孔多，多里昂（Kondo，Dorinne），《打造自我：一个日本车间中的权力、社会性别和身份话语》（*Crafting Selves：Power，Gender，and Discourses of Identity in a Japanese Workplace*），芝加哥：芝加哥大学出版社（University of Chicago Press），1990 年。

孔飞力（Kuhn，Philip），《中国的社会等级观》（"Chinese Views of social Classification"），载詹姆斯・沃森（James Watson）编，《后革命中国的阶层和社会分层》（*Class and Social Stratification in Post-Revolutionary China*），剑桥，英国：剑桥大学出版社（Cambridge University Press），1984 年。

孔尚任，《桃花扇》，北京：人民文学出版社，1959 年。

莱恩，埃伦・约翰斯顿（Laing，Ellen Johnston），《妻子，女儿和情人：三位明代女性画家》（"Wives，Daughters and Lovers：Three Ming Dynasty Women Painters"），载《玉台新姿：中国女性艺术家，1300—1912》（*Views from Jade Terrace：Chinese Women Artists，1300—1912*），印第安那波利斯：印第安那波利斯艺术博物馆；纽约：瑞佐利（Rizzoli），1988 年。

兰德斯，琼・B（Landes，Joan B），《法国革命时代的女性和公领域》（*Women and the Public Sphere in the Age of the French Revolution*），绮色佳：康奈尔大学出版社（Cornell University Press），1988 年。

勒纳，格尔达（Lerner，Gerda），《父权制的创造》（*The Creation of Patriarchy*），牛津：牛津大学出版社（Oxford University Press），1986 年。

雷瑨和雷瑊编，《闺秀词话》，上海：扫叶山房，1916 年。

《礼记》，2 册，北京：中华书局，1991 年。

李濬之，《清画家诗史》，无出处，1930 年。

李小江，《夏娃的探索》，河南：河南人民出版社，1988 年。

李渔，《李渔全集》，15 册，马汉茂辑，台北：成文出版社，1970 年。

李致忠，《历代刻书考述》，成都：巴蜀书社，1990 年。

利维，霍华德（Levy，Howard），《中国的缠足：一个奇特性习俗的历史》

（*Chinese Footbinding：The History of a Curious Erotic Custom*），纽约：拜尔（Bell），1967 年，再版于台北：南设备中心（Southern Materials Center），1984 年。

利维，霍华德(Levy, Howard)译，《薄雾和花朵的盛宴：明末南京的淫荡居所》（*A Feast of Mist and Flowers：The Gay Quarters of Nanking at the End of the Ming*），横滨：私人刊印，1966 年。

——《温柔乡》（*Warm-Soft Village*），东京：大日本，1964 年。

林锡旦，《苏绣漫话》，江苏：江苏人民出版社，1981 年。

刘向，《列女传》，上海：商务，1936 年。

刘宣，《关于"新见许芳卿悼亡诗"的质疑》，《文献》26（1985 年 4 月）：193—210。

刘咏聪，《清代前期关于女性应否有"才"之讨论》，《中华文史论丛》45（1989）：315—343。

刘云份，《名媛诗归翠楼集》，1673 年，再版于《中国文学珍本丛书》，1 卷，24 册，上海：贝叶山房，1936 年。

刘志琴，《晚明城市风尚初探》，《中国文化研究集刊》1（1984）：190—208。

卢热，卡罗琳·C(Lougee, Carolyn C)，《女性的天堂：17 世纪法国的女性、沙龙和社会分层》（*Le Paradis des Femmes：Women，Salons，and Social Stratification in Seventeenth-Century France*），普林斯顿：普林斯顿大学出版社（Princeton University Press），1976 年。

鲁迅，《鲁迅选集》，4 册，北京：人民文学出版社，1983 年。

陆昶编，《历朝名媛诗词》，12 卷，无出处，1773 年，国会图书馆藏本。陆卿子，《考槃集》，无出处，1600 年，内阁文库藏本。

——《玄芝集》，无出处，序为 1610 年，内阁文库藏本。

陆容，《菽园杂记》，再版于北京：中华书局，1985 年。

陆圣姬和桑贞白，《樵李二姬唱和》，无出处，明本，内阁文库藏本。

陆威仪(Lewis, Mark Edward)，《早期中国认可的暴力行为》（*Sanctioned Violence in Early China*），爱尔伯尼：纽约州立大学出版社（State University of New York Press），1990 年。

罗伯逊，莫琳(Robertson, Maureen)，《表达阴性：中世和晚期中华帝国女性所作之词中的社会性别主题建构》（"Voicing the Feminine：Constructions of the Gendered Subject in Lyric Poetry by Women of Medieval and Late Imperial China"），《晚期中华帝国》（*Late Imperial China*）13，第 1 期（1992 年 6 月）：63—110。

罗溥洛（Ropp, Paul），《两个世界之间：沈复〈浮生六记〉中的女性》

("Between Two Worlds: Women in Shen Fu's *Six Chapters of a Floating Life*"),载安娜·格斯特莱彻(Anna Gerstlacher)编,《中国的女性和文学》(*Women and Literature in China*),伯施姆,德国:布鲁克梅耶(Brockmeyer),1985 年。

——《早期现代中国的异己思想:〈儒林外史〉和清代社会批评》(*Dissent in Early Modern China:"Ju-lin Wai-shih" and Ch'ing Social Criticism*),安·阿博:密西根大学出版社(University of Michigan Press),1981 年。

——《史震林和女诗人双卿:一本 18 世纪传记中的社会性别、阶层和文学才华》("Shi Zhenlin and the Poetess Shuangqing: Gender, Class, and Literary Talent in an Eighteenth-Century Memoir"),"中国社会性别"会议("Engendering China" conference)提交论文,哈佛大学和威利斯利大学(Harvard and Wellesley Universities),1992 年,2 月 7—9 日。

罗溥洛(Ropp, Paul)编,《中国的遗产:对中国文明的当代视角》(*Heritage of China:Contemporary Perspectives on Chinese Civilization*),伯克利:加利福尼亚大学出版社(University of California Press),1990 年。

罗威廉(Rowe, William),《汉口:一个中国城市中的商业和社会,1796—1889》(*Hankow: Commerce and Society in a Chinese City, 1796—1889*),斯坦福:斯坦福大学出版社(Stanford University Press),1984 年。

——《汉口:一个中国城市中的冲突和社团,1796—1895》(Hankow: Conflict and Community in a Chinese City, 1796—1895),斯坦福:斯坦福大学出版社(Stanford University Press),1989 年。

——《清中期社会思想中的女性和家族:陈洪谋个案研究》("Women and the Family in Mid-Qing Social Thought: The Case of Chen Hongmou"),《晚期中华帝国》(*Late Imperial China*)13,第 2 期(1992 年 12 月):1—41。

罗友枝(Rawski, Evelyn),《南中国的农业变化和农民经济》(*Agricultural Change and the Peasant Economy of South China*),剑桥,麻省:哈佛大学出版社(Harvard University Press),1972 年。

——《晚期帝国文化的经济和社会基础》("Economic and Social Foundation of Late Imperial Culture"),载大卫·约翰逊(David Johnson)等编,《晚期中华帝国的通俗文化》(*Popular Culture in Late Imperial China*),伯克利:加利福尼亚大学出版社(University of California Press),1985 年。

——《中国清代的教育和大众识字》(*Education and Popular Literacy in Ch'ing China*),安·阿博:密西根大学出版社(University of Michigan Press),1979 年。

——《明清社会经济历史中的研究主题:这一领域的状态》("Research

Themes in Ming-Qing Socioeconomic History：The State of the Field"），《亚洲研究杂志》（*Journal of Asian Studies*）50（1991）：84—111。

罗郁正（Lo，Irving Yucheng），《中国的缪斯女儿》（"Daughters of the Muses of China"），载《玉台新姿：中国女性艺术家，1300—1912》（*Views from Jade Terrace：Chinese Women Artists*，1300—1912），印第安那波利斯：印第安那波利斯艺术博物馆；纽约：瑞佐利（Rizzoli），1988 年。

马尔梅，迈克尔（Marmé，Michael），《明代（1368—1644）苏州的人口和可能性：一个量化模式》（"Population and Possibility in Ming（1368—1644）Suzhou：A Quantified Model"），《明研究》（*Ming Studies*）12（1981 年春）：29—64。

马克林（Mackerras，Colin），《现代中国剧场：从 1840 年到现在》（*The Chinese Theatre in Modern Times：From 1840 to the Present Day*），阿姆赫斯特：马萨诸塞大学出版社（University of Massachusetts Press），1975 年。

马兆政和周苇棠，《中国古代妇女名人》，北京：中国妇女出版社，1988 年。

迈尔霍夫，芭芭拉（Myerhoff，Barbara），《计算我们的天数》（*Number Our Days*），纽约：西蒙和舒斯特（Simon & Schuster），1978 年。

曼素恩（Mann，Susan），《章学诚（1738—1801）的"妇学"：中国女性文化的首部历史》（"'Fuxue' by Zhang Xuecheng（1738—1801）：China's First History of Women's Culture"），《晚期中华帝国》（*Late Imperial China*）13，第 1 期（1992 年 6 月）：40—56。

——《为婚姻而调教女儿：清中期的新娘和妻子》（"Grooming a Daughter for Marriage：Brides and Wives in the Mid-Ch'ing Period"），载鲁维·沃森（Rubie Watson）和伊沛霞（Patricia Ebrey）编，《中国社会中的婚姻和不平等》（*Marriage and Inequality in Chinese Society*），伯克利：加利福尼亚大学出版社（University of California Press），1991 年。

——《清代的家庭手工业和国家政策》（"Household Handicrafts and State Policy in Qing Times"），载琼·凯特·伦纳德（Jane Kate Leonard）和约翰·R. 瓦特（John R. Watt）编，《得到安全和财富：清帝国的国家和经济，1644—1911》（*To Achieve Security and Wealth：The Qing Imperial State and the Economy*，1644—1911），绮色佳：康奈尔大学，东亚教研室（East Asia Program），1992 年。

——《中国清代亲属关系、阶层和社团结构中的寡妇》（"Widows in the Kinship，Class，and Community Structures of Qing Dynasty China"），《亚洲研究杂志》（*Journal of Asian Studies*）46（1987）：37—56。

——《女性的工作和家庭经济》("Women's Work and the Household Economy"),第八届伯克希尔女性历史会议(The Eighth Berkshire Conference on the History of Women)提交论文,鲁特格尔斯,新泽西州立大学,1990年6月8—10日。

毛奇龄,《西河合集》,1720年版。

毛效同,《汤显祖研究资料汇编》,2册,上海:上海古籍出版社,1986年。

茂木计一郎(Mogi Keiichirō),稻次敏郎(Inaji Toshirō)和片山和俊(Katayama Kazutoshi),《中国民居的空间》(中國民居の空間を探る),东京:Kenchiku shiryō kenkyūsha,1991年。

梅鼎祚[禹生;禹金]编,《青泥莲花记》,13卷,无出处,约1600年,再版于《明清文言小说选刊》,河南:中州古籍出版社,1988年。

梅森,阿梅莉亚·盖尔(Mason, Amelia Gere),《法国沙龙女性》(The Women of the French Salons),纽约:世纪(Century),1891年。

孟繁树,《论〈长生殿〉中的情》,《扬州师院学报(社会科学版)》1,总54(1984年3月):50—56页。

孟森,《横波夫人考》,《心史丛刊·外一种》,长沙:岳麓书社,1986年。

《名媛诗归钞》,无出处,无日期,东洋文库藏手抄本。

莫汉蒂,钱德拉·塔尔珀德(Mohanty, Chandra Talpade),《在西方凝视下:女性主义学问和殖民话语》("Under Western Eyes: Feminist Scholarship and Colonial Discourses"),载同作者,安·拉索(Ann Russo)和卢尔德·托里斯(Lourdes Torres)编,《第三世界的女性和女性主义政治》(Third World Women and the Politics of Feminism),布鲁明顿:印第安那大学出版社(Indiana University Press),1991年。

莫里,华原·李(Mowry, Hua-yuan Li),《出自〈清史〉的中国爱情故事》(Chinese Love stories from "Ch'ing-shih"),汉莫顿,康涅狄格:阿肯书屋(Archon Books),1983年。

牟复礼(Mote, Frederick W.)和朱鸿林(Hung-lam Chu),《书法和东亚书籍》(Calligraphy and the East Asian Book),霍华德·L.古德曼(Ed. Howard L. Goodman)编,波士顿:山波哈拉(Shambhala),1989年。

牧野修二(Makino Shuji),《元代的儒学教育》("元代の儒學教育"),《东洋史研究》37,4卷(1979年3月):59—63。

潘光旦,《冯小青考》,《妇女杂志》10(1924):1706—1717。

——《明清两代嘉兴的望族》,1947年,再版于上海:上海书店,1991年。

——《书冯小青全集后》,2部分,《人世间》29(1935):19—22;30(1935):19—21。

——《小青考证补录》,2 部分,《人世间》1,第 2 期(1934):18—21;1,第 3 期
　　(1934):11—15。

——《小青之分析》,上海:新月书店,1927 年。

裴德生(Peterson, Willard),《苦涩的葫芦:方以智和知识分子变化的动力》
　　(*Bitter Gourd: Fang I-chih and the Impetus for Intellectual Change*),纽
　　黑文:耶鲁大学出版社(Yale University Press),1979 年。

《佩文韵府》,约 1713 年,再版于台北:商务,1966 年。

普鲁伊特,艾达(Pruitt, Ida),《汉女》(*A Daughter of Han*),斯坦福:斯坦福
　　大学出版社,1967 年。

祁彪佳,《祁彪佳集》,1835 年,再版于北京:中华书局,1960 年。

——《祁忠敏公日记》,远山堂,无日期;再版于绍兴:绍兴修志委员会,
　　1937 年。

祁德琼,《未焚集》,载《祁彪佳集》,北京:中华书局,1960 年。

钱存训(Tsien Tsuen-Hsuin),《纸和印刷术》(*Paper and Printing*),李约瑟
　　(Joseph Needham)编,《中国的技术和文明》(*Science and Civilization in
　　China*)5 卷,1 部分,剑桥,英国:剑桥大学出版社(Cambridge University
　　Press),1985 年。

钱谦益,《牧斋初学集》,1641 年,载《四部丛刊》,32 册,4 函,上海:商务,
　　1929 年。

钱谦益编,《列朝诗集》,81 卷,1652 年,再版于上海:国光印书所,1910 年。

《钱塘县志》,序为 1718 年。

浅川滋男(Asakawa Shigeo),《"灶间"民族志:江浙地方的灶台和厨房》
　　("'灶間'民族志:江浙地方のカマドと臺所"),《季刊人类学》18,第 3 期
　　(1987):60—125。

秦家德(Chung, Priscilla Ching),《北宋的宫廷女性,960—1126》(*Palace
　　Women in the Northern Sung, 960—1126*),莱顿:E·J·布里尔(E. J.
　　Brill),1981 年。

屈志仁(Watt, James C. Y.),《文人学士环境》("The Literati
　　Environment"),载李楚清(Chu-tsing Li)和屈志仁(James Watt)编,《中国
　　学者的书斋:晚明的艺术生活》(*The Chinese Scholar's Studio: Artistic
　　Life in the Late Ming Period*),纽约:亚洲学会画廊(Asia Society
　　Galleries),1987 年。

《仁和县志》,1686 年。

仁井田升(Niida Noboru),《中国的传统和革命:仁井田升集》(中國の传统
　　と革命:仁井田陞集),东京:平凡社,1974 年。

任兆麟和张允滋编,《吴中女士诗钞》,无出处,1789 年。

阮元,《两浙𫐐轩录》,40 卷,浙江局,1890 年。

芮效卫(Roy, David T.),《曹植诗歌中的弃妇》("The Theme of the Neglected Wife in the Poetry of Ts'ao Chih"),《亚洲研究杂志》(*Journal of Asian Studies*)19(1959):25—31。

森正夫(Mori Masao),《明末社会关系秩序的变动》("明末の社会関係における秩序の変動について"),《名古屋大学文学部三十週年記念論集》(1979):135—139。

森正夫(Mori Masao)编,《江南市镇研究》(江南デルタ市鎮研究),名古屋:名古屋大学出版会,1992 年。

沙尔捷,罗歇(Chartier Roger)编,《文艺复兴时期的激情》(*Passions of the Renaissance*),菲利普·埃里斯(Philippe Aries)和乔治·达比(Georges Duby)编,《私人生活历史》(*A History of Private Life*),第 3 卷,剑桥,麻省:哈佛大学出版社(Harvard University Press),1989 年。

沙尔捷,罗歇(Chartier, Roger),《早期现代法国印刷的文化价值》(*The Cultural Uses of Print in Early Modern France*),莉迪亚·G·科时让(Lydia G. Cochrane)译,普林斯顿:普林斯顿大学出版社(Princeton University Press),1987 年。

山本德子(Yamamoto Noriko),《北朝女性的妒:以北魏为中心》("北朝系婦人の妬忌について:北魏を中心として"),《立命馆文学》270(1967 年 12 月):78—104。

山﨑纯一(Yamazaki Junichi),《从教育看中国妇女历史的资料性研究》(教育から見た中国女性史資料の研究),东京:明治书院,1986 年。

山田贤(Yamada Masaru),《清代的地方社会和移民宗族》("清代の地域社会と移住宗族"),《社会经济史学》55,第 4 期(1989):72—89。

——《小青传资料》("小青傳の資料"),《集刊东洋学》6(1961 年 9 月):64—78。

商景兰,《锦囊集》,载《祁彪佳集》,1835 年,再版于北京:中华书局,1960 年。

上田信(Ueda Makoto),《地域和宗族:浙江省的山区》("地域と宗族:浙江省山間部"),《东洋文化研究所纪要》94(1984 年 3 月):115—160。

——《明末清初江南都市"无赖"的社会关系》("明末清初江南の都市の〈無賴〉をあぐむ社会関係"),《史学杂志》90,第 11 期(1981 年 11 月):1—35。

——《明清时期浙东的州县行政管理和地方精英》("明清时期浙東におけゐ州縣行政と地域エリード"),《东洋史研究》46,第 3 期(1987):71—96。

——《村中运转着的磁力》("村に作用すゐ磁力について"),第 2 部分,《中

国研究月报》455(1986年1月):1—14;456(1986年2月):1—20。

邵飒,《历代名媛杂咏》,3卷,无出处,1792年,哈佛-燕京图书馆藏本。

舍韦洛,凯瑟琳(Shevelow, Kathryn)《女性和印刷文化:早期杂志中女子气质的建构》(*Women and Print Culture*：*The Construction of Femininity in the Early Periodical*),伦敦:路特里奇(Routledge),1989年。

沈弘宇,《嫖赌机关》,2卷,无出处:德聚堂,无日期,葛思德图书馆缩微胶卷本。

沈宜修,《鹂吹集》,载叶绍袁编,《午梦堂全集》上,上海:贝叶山房,1935年。

沈宜修编,《伊人思》,序言日期为1636年,国会图书馆和内阁文库藏本,载叶绍袁编,《午梦堂全集》下,上海:贝叶山房,1935年。

施奈德,劳伦斯(Schneider, Laurence)《楚国的一位狂人:忠诚和异议的中国神话》(*A Madman of Ch'u*：*The Chinese Myth of Loyalty and Dissent*),伯克利:加利福尼亚大学出版社(University of California Press),1980年。

施淑仪,《清代闺阁诗人征略》,1922年,再版于上海:上海书店,1987年。

施愚山,《愚山先生文集》,载《施愚山全集》,无出处,1747年。

石成金,《传家宝》,扬州,1739年。

史景迁(Spence, Jonathan)和卫思韩(John Wills, Jr.)编,《从明到清:明末清初中国的征服、地区和持续性》(*From Ming to Ch'ing*：*Conquest, Region and Continuity in Seventeenth-Century China*),纽黑文:耶鲁大学出版社(Yale University Press),1979年。

史凯姗(Silber, Cathy),《南部湖南女书中的女儿到儿媳》("From Daughter to Daughter-in-law in the Women's Script of Southern Hunan"),载克里斯蒂娜·吉尔马丁(Christina Gilmartin)、贺萧(Gail Hershatter)、莉萨·罗费尔(Lisa Rofel)和蒂伦妮·怀特(Tyrene White)编,《产生中国:女性,文化和国家》(*Engendering China*：*Women, Culture, and the State*),剑桥,麻省:哈佛大学出版社(Harvard University Press),1994年。

史密斯-罗森博格,卡罗尔(Smith-Rosenberg, Carroll)《情和仪式的女性世界》("The Female World of Love and Ritual"),载南希·F·科特(Nancy F. Cott)和伊利莎白·H·普利克(Elizabeth H. Pleck)编,《她自己的遗产:关于美国女性的一部新的社会历史》(*A Heritage of Her Own*：*Toward a New Social History of American Women*),纽约:西蒙和舒斯特(Simon & Schuster),1979年。

史震林,《华阳散稿》,《中国文学珍本丛书》,1卷,9册,上海:贝叶山房,

1935 年。

——《西青散记》,1737 年,再版于北京:中国书店,1987 年。

矢泽利彦(Yazawa Toshihiko),《西方人眼中的 16—18 世纪的中国女性》(西洋人の見た十六—十八世紀の中国女性),东京:东方书店,1990 年。

司徒琳(Struve, Lynn),《南明史,1644—1662》(*The Southern Ming*, 1644—1662),纽黑文:耶鲁大学出版社(Yale University Press),1984 年。

斯科特,琼·华莱士(Scott, Joan Wallach),《社会性别和历史政治》(*Gender and the Politics of History*),纽约:哥伦比亚大学出版社(Columbia University Press),1988 年。

斯泰西,朱迪思(Stacey, Judith),《中国的父权制和社会主义革命》,伯克利:加利福尼亚大学出版社(University of California Press),1983 年。

斯旺,南希·李(Swann, Nancy Lee),《班昭:中国最早的女学者》(*Pan Chao: Foremost Women Scholar of China*),1932 年,再版于纽约:拉塞尔和拉塞尔(Russell & Russell),1960 年。

——《七位私人书楼所有者》("Seven Intimate Library Owners"),《哈佛亚洲研究杂志》(*Harvard Journal of Asiatic Studies*)1(1936):363—390。

《四书章句集注》,北京:中华书局,1983 年。

寺田隆信(Terada Takanobu),《绍兴祁氏的"澹生堂"藏书》("紹興祁氏の〈澹生堂〉について"),载《东方学会创立 40 周年纪念东方学论集》,东京,1987 年。

宋汉理(Zurndorfer, Harriet),《中国地方历史的变化和连续性:徽州府的发展,800—1800》(*Change and Continuity in Chinese Local History: The Development of Huizhou Prefecture*, 800—1800),莱顿:E·J·布里尔(E. J. Brill),1989 年。

宋庆龄(Soong Ching-ling),《妇女解放》("Women's Liberation"),载玛丽安·扬(Marilyn Young)编,《中国的女性:对社会变化和女性主义的研究》(*Women in China: Studies in Social Change and Feminism*),安·阿博:密西根大学出版社,中国研究中心(Center for Chinese Studies),1973 年。

——《苏州府吴江县乡绅吴氏家谱》("苏州府吴江県の縉紳吴氏の家系"),酒井忠夫先生古稀祝贺纪念会编,《历史上的民众和文化》(歴史における民衆と文化),东京:国书刊行会,1982 年。

《苏州府志》,1883 年。

孙康宜(Chang, Kang-i Sun),《中国词体的演变:从晚唐到北宋》(*The Evolution of Chinese Tz'u Poetry: From Late T'ang to Northern Sung*),

普林斯顿:普林斯顿大学出版社(Princeton University Press),1980 年。

——《明清女性诗集及其选编方法导论》("A Guide to Ming-Ch'ing Anthologies of Female Poetry and Their Selection Strategies"),《葛思德图书馆杂志》(*Gest Library Journal*)5,第 2 期(1992 年冬):119—160。

——《晚明诗人陈子龙:情和忠的危机》(*The Late-Ming Poet Ch'en Tzu-lung: Crises of Love and Loyalism*),纽黑文:耶鲁大学出版社(Yale University Press),1991 年。

——《六朝诗歌》(*Six Dynasties Poetry*),普林斯顿:普林斯顿大学出版社(Princeton University Press),1986 年。

孙星衍,《五松园文稿》,载同作者编,《岱南阁丛书》,约 1796—1820 年。

谭友夏〔元春〕,《谭友夏合集》,《中国文学珍本丛书》,1 卷,8 册,上海:上海杂志公司,1935 年。

谭正璧,《中国女性的文学生活》,台北:庄严出版社,1982 年。

——《中国女性文学史话》,天津:百花文艺出版社,1984 年。

汤斌,《汤子遗书》,载吴元炳编,《三贤政书》,1879 年,再版于台北:学生书局,1976 年。

汤浅幸孙(Yuasa Yukihiko),《中国伦理思想研究》(中國倫理思想の研究),东京:Dōhō sha,1981 年。

汤显祖,《牡丹亭》,北京:人民文学出版社,1978 年。

——《吴吴山三妇合评牡丹亭还魂记》,梦园藏版,1694 年,东京大学东洋文化研究所藏本。

藤川正数(Fujikawa Masakazu),《对山崎纯一〈从教育看中国妇女历史的资料性研究〉的评论》("Review of Yamazaki Jun'ichi 山崎纯一,教育かち見た中国女性史资料の研究"),《樱美林大学中国文学论丛》13(1987 年 3 月):239—240。

田汝康(T'ien, Ju-kang),《男性的忧虑和女性的贞节:明清时代中国人道德价值观的对比研究》(*Male Anxiety and Female Chastity: A Comparative Study of Chinese Eithical Values in Ming-Ch'ing Times*),莱顿:E. J. 布里尔(E. J. Brill),1988 年。

田艺蘅,《诗女史》,序于 1557 年,内阁文库藏本。

田仲一成(Tanaka Issei),《15—16 世纪江南地方戏剧转变的实质》("十五—十六世紀を中心とすゐ江南地方劇の变質について"),《东洋文化研究所纪要》102(1987 年 1 月):229—309。

——《明清地方戏剧的社会和历史环境》("The Social and Historical Context of Ming-Ch'ing Local Drama"),载大卫·约翰逊(David

Johnson),黎安友(Andrew Nathan),罗友枝(Evelyn Rawski)编,《晚期中华帝国的通俗文化》(*Popular Culture in Late Imperial China*),伯克利:加利福尼亚大学出版社(University of California Press),1985 年。

听泉斋主(Strassberg, Richard),《明末清初中国戏曲中的真我》("The Authentic Self in Seventeenth Century Chinese Drama"),《淡江评论》(*Tamkang Review*)8,第 2 期(1977 年 10 月):61—100。

——《孔尚任的世界:清初的一位文人》(*The World of K'ung Shang-jen: A Man of Letters in Early Ch'ing China*),纽约:哥伦比亚大学出版社(Columbia University Press),1983 年。

《同治苏州府志》,1883 年。

屠隆,《考槃余事》,载冯可宾编,《广百川学海》,无出处,明本,内阁文库藏本。

瓦尔特纳,安(Waltner, Ann),《获得后嗣:晚期中华帝国的收养和亲属制度建构》(*Getting an Heir: Adoption and the Construction of Kinship in Late Imperial China*),檀香山:夏威夷大学出版社(University of Hawaii Press),1990 年。

——《向一位女性学习:明代文人对昙阳子的响应》("Learning from a Woman: Ming Literati Responses to Tanyangzi"),《社会教育国际杂志》(*International Journal of Social Education*)6,第 1 期(1991):42—59。

——《关于不要成为一位女主人公:林黛玉和崔莺莺》("On Not Becoming a Heroine: Lin Dai-yu and Cui Ying-ying"),《符号》(*Signs*)15(1989):61—78。

——《晚明的幻想家和官僚:昙阳子和王世贞》("Visionary and Bureaucrat in the Late Ming: T'an-yang-tzu and Wang Shih-chen"),《晚期中华帝国》(*Late Imperial China*)8,第 1 期(1987 年 6 月):105—133。

瓦格纳,玛莎(Wagner, Marsha),《莲花船:唐代通俗文化中中国词体的起源》(*The Lotus Boat: The Origins of Chinese Tz'u Poetry in T'ang Popular Culture*),纽约:哥伦比亚大学出版社(Columbia University Press),1984 年。

瓦特,伊恩(Watt, Ian),《小说的兴起:对笛福、理查森和菲尔丁的研究》(*The Rise of the Novel: Studies in Defoe, Richardson and Fielding*),伯克利:加利福尼亚大学出版社(University of California Press),1964 年。

万志英(Von Glahn, Richard)《沉迷于财富:江南社会历史中的"五通"神》("The Enchantment of Wealth: The God Wutong in the Social History of Jiangnan"),《哈佛亚洲研究杂志》(*Harvard Journal of Asiatic Studies*)

51(1991)：651—714。

汪淇，《尺牍新语》，《初编》；《二编》，无出处，1663—1667年，内阁文库藏本。

汪启淑编，《撷芳集》，飞鸿堂，1773年，国家议会图书馆藏不完整本，日本。

汪荣祖，《儒士兼侠女的河东君》，《明史研究专刊》5（1982年12月）：339—348。

王安祈，《明代传奇之剧场及其艺术》，台北：学生书局，1986年。

王端淑，《吟红集》，清本，内阁文库藏本。

王端淑编，《名媛诗纬》，40卷，无出处，1667年，耶鲁大学图书馆缩微胶卷本。

王凤娴，《东归纪事》，载周之标编，《女中七才子兰咳二集》，苏州：宝鸿堂，序为1650年。

王培棠，《江苏省乡土志》，长沙：商务，1938年。

王书奴，《中国娼妓史》，序为1933年，再版于上海：上海三联书店，1988年。

王思任，《王季重十种》，约1935年，再版于杭州：浙江古籍出版社，1987年。

——《文饭小品》，1661年，再版于长沙：岳麓书社，1989年。

王微编，《名山记选》，20卷，无出处，崇祯本，葛思德图书馆藏不完整本。

王相，《女四书集注》，无出版地，墅野堂，1795年。

王秀琴和胡文楷，《历代名媛书简》，长沙：商务，1941年。

王永健，《论吴吴山三妇合评本牡丹亭及其批语》，《南京大学学报（哲学社会科学）》，第4期（1980）：18—26。

王晫和张潮编，《檀几丛书》，50卷，序于1695年，内阁文库藏本。

韦德纳·玛莎（Weidner, Marsha），《湖女：明末清初风景画家林雪、杨慧林和黄媛介》（"Ladies of the Lake: The Seventeenth Century Landscape Painters Lin Hsueh, Yang Hui-lin, and Huang Yuan-chieh"），未发表论文。

——《中国绘画史中的女性》（"Women in the History of Chinese Parnting"），载《玉台新姿：中国女性艺术家，1300—1912》（*Views from Jade Terrace: Chinese Women Artists, 1300—1912*），印第安那波利斯：印第安那波利斯艺术博物馆；纽约：瑞佐利（Rizzoli），1988年。

韦德纳，玛莎（Weidner, Marsha）编，《盛开在阴影中：中、日绘画史中的女性》（*Flowering in the Shadows: Women in the History of Chinese and Japanese Painting*），檀香山：夏威夷大学出版社（University of Hawaii Press），1990年。

魏爱莲（Widmer, Ellen），《中国明末清初女性天才的书信世界》（"The Epistolary World of Female Talent in Seventeenth-Century China"），《晚

期中华帝国》(*Late Imperial China*)10,第 2 期(1989 年 12 月):1—43。

——《明代的效忠和女作家：从王端淑(1621—1701?)到汪端(1793—1839)》
("Ming Loyalism and the Woman Writer：From Wang Duanshu(1621—
1701?)to Wang Duan(1793—1839)"),明清中国的女性和文学会议
(Women and Literature in Ming-Qing China conference)提交论文,耶鲁大
学,1993 年 6 月 23—26 日。

——《小青的文学传奇和女性作家在晚期中华帝国中的位置》("Xiaoqing's
Literary Legacy and the Place of the Woman Writer in Late Imperial
China"),《晚期中华帝国》(*Late Imperial China*)13,第 1 期(1992 年 6
月):111—155。

魏斐德(Wakeman, Frederic, Jr.),《中国和 17 世纪的危机》("China and the
Seventeenth-Century Crisis"),《晚期中华帝国》(*Late Imperial China*)7,
第 1 期(1986 年 6 月):7—26。

——《洪业：明末清初中国时满族对帝国秩序的重建》(*The Great
Enterprise：The Manchu Reconstruction of Imperial Order in
Seventeenth-Century China*),2 卷,伯克利：加利福尼亚大学出版社
(University of California Press),1985 年。

——《清朝征服江南过程中的地方主义和效忠：江阴的悲剧》("Localism and
Loyalism During the Ch'ing Conquest of Chiang-nan：The Tragedy of
Chiangyin"),载同作者和卡罗琳·格兰特(Carolyn Grant)编,《晚期中华
帝国的冲突和控制》(*Conflict and Control in Late Imperial China*),伯克
利：加利福尼亚大学出版社(University of California Press),1975 年。

魏隐儒,《中国古代印刷史》,北京：印刷工业出版社,1988 年。

翁多尔,菲莉斯(Andors, Phyllis),《中国女性未完成的解放,1949—1980》
(*The Unfinished Liberation of Chinese Women*, 1949—1980),布卢明顿
(Bloomington)：印第安那大学出版社(University of Indiana Press),
1983 年。

沃尔夫,马热丽(Wolf, Margery),《延迟的革命：当代中国女性》(*Revolution
Postponed：Women in Contemporary China*),斯坦福：斯坦福大学出版社
(Stanford University Press),1985 年。

沃尔夫,马热丽(Wolf, Margery)和罗克珊·威特克(Roxane Witke)编,《中
国社会的女性》(*Women in Chinese Society*),斯坦福：斯坦福大学出版社
(Stanford University Press),1975 年。

沃森,鲁维(Watson,Rubie)、伊沛霞(Patricia Ebrey)编,《中国社会中的婚姻
和不平等》(*Marriage and Inequality in Chinese Society*),伯克利：加利福

尼亚大学出版社(University of California Press),1991 年。

沃森,鲁维(Watson,Rubie),《有名的和无名的:中国社会中的社会性别和人》("The Named and the Nameless: Gender and Person in Chinese Society"),《美国人类学者》(*American Ethnologist*)13(1986):619—631。

沃森,詹姆斯(Watson,James),《中国亲属关系再思考:关于历史研究的人类学视角》("Chinese Kinship Reconsidered: Anthropological Perspectives on Historical Research"),《中国季刊》(*China Quarterly*)82(1982 年 12 月):589—622。

吴,维维安(Ng,Vivien),《晚期中华帝国的疯颠:从疾病到不正常》(*Madness in Late Imperial China: From Illness to Deviance*),诺曼:俄克拉何马大学出版社(University of Oklahoma Press),1990 年。

吴炳,《疗妒羹》,初版于崇祯年间,1628—1644 年,再版于古本戏曲丛刊编刊委员会编,《古本戏曲丛刊》,3 卷,15 册,北京:中华书局,1957 年。

吴光清(Wu,K. T.),《明代的印刷术和印刷商》("Ming Printing and Printers"),《哈佛亚洲研究杂志》(*Harvard Journal of Asiatic Studies*)7(1943):203—260。

吴颢,《国朝杭郡诗辑》,32 卷,钱塘:丁氏,1874 年,国会图书馆藏本。

《吴江县志》,1684 年。

《吴江县志》,1747 年。

吴绛雪,《徐烈妇诗钞》,序于 1852 年。

《吴县志》,1933 年。

吴燕娜(Wu,Yenna),《中国的悍妇:一个文学主题》(*The Chinese Virago: A Literary Theme*),剑桥,麻省:哈佛大学,东亚研究委员会(Council on East Asian Studies),即将出版。

——《婚姻等级的倒置:明末清初中国文学中的悍妇与惧内之夫》("The Inversion of Marital Hierarchy: Shrewish Wives and Henpecked Husbands in Seventeenth-Century Chinese Literature"),《哈佛亚洲研究杂志》(*Harvard Journal of Asiatic Studies*)48(1988):363—382。

吴振华,《杭州古港史》,北京:人民交通出版社,1989 年。

《武林钱氏宗谱》,日本国会图书馆藏本。

下见隆雄(Shimomi Takao),《刘向〈列女传〉研究》(劉向『列女傳』の研究),东京:东海大学出版会,1989 年。

——《刘向〈列女传〉所见儒教社会和母性原理》("劉向『列女傳』より見る儒教社会と母性原理"),《广岛大学文学部纪要》50(1991 年 3 月):1—21。

夏树芳,《消渴集》,无出版地,序于 1628 年。

夏志清(Hsia，C. T.)，《汤显祖戏剧中的时间和人性状况》("Time and the Human Condition in the Plays of T'ang Hsien-tsu")，载狄培理(Wm. Theodore de Bary)等，《明代思想中的自我和社会》(Self and Society in Ming Thought)，纽约：哥伦比亚大学出版社(Columbia University Press)，1970 年。

《香艳丛书》，20 卷，上海：国学扶轮社，1914 年。

小野和子(Ono Kazuko)，《一个革命世纪的中国女性，1850—1950》(Chinese Women in a Century of Revolustion，1850—1950)，乔舒亚·A·福格尔(Joshua A. Fogel)编，斯坦福：斯坦福大学出版社(Stanford University Press)，1989 年。

肖东发，《建阳余氏刻书考略》，3 部分，《文献》21(1984 年 6 月)：230—247；22(1984 年 12 月)：195—219；23(1985 年 1 月)：236—250。

——《明代小说家、刻书家余象斗》，载《明清小说论丛》，第 4 辑，沈阳：春风文艺出版社，1986 年。

谢弗，爱德华(Schafer，Edward)，《神女》(The Divine Woman)，旧金山：北点(North Point)，1980 年。

谢肇淛，《五杂俎》，明本，再版于北京：中华书局，1959 年。

欣施，布雷特(Hinsch，Bret)，《断袖的激情：中国的男同性恋传统》(Passions of the Cut Sleeve：The Male Homosexual Tradition in China)，伯克利：加利福尼亚大学出版社(University of California Press)，1990 年。

《秀水县志》，1596 年。

徐扶明，《牡丹亭研究资料考释》，上海：上海古籍出版社，1987 年。

——《元明清戏曲探索》，杭州：浙江古籍出版社，1986 年。

徐树敏和钱岳，《众香词》，6 册，无出处，约 1690 年，再版于上海：大东书局，1934 年。

徐朔方，《论汤显祖及其他》，上海：上海古籍出版社，1983 年。

徐天啸，《神州女子新史》，上海：神州图书局，1913 年，再版于台北：食货出版社，1988 年。

徐蔚南，《顾绣考》，上海：中华书局，1937 年。

徐文绪，"清代女学者王贞仪和她的《德风亭初集》"，《文献》3 (1980)：211—214。

徐野君〔士俊〕，《春波影》，1625 年，再版于《诵芬室丛刊》，83 册，无出处，1916—1922。

徐媛，《络纬吟》，期云堂，1613 年，东洋文库所藏摹写本，内阁文库有一个 1630 年本。

徐鼒,《小腆纪传》,65卷,南京:六合徐氏,1887—1888年。

许培基,《苏州的刻书与藏书》,《文献》26（1985年4月）:211—237。

薛涛,《锦河诗:唐代名妓薛涛作品选》(*Brocade River Poems: Selected Works of the Tang Dynasty Courtesan Xue Tao*),珍妮·拉尔森(Jeanne Larsen)译,普林斯顿:普林斯顿大学出版社(Princeton University Press),1987年。

《扬州府志》,1685年。

杨绳信,《中国版刻综录》,陕西:人民出版社,1987年。

杨天石,《晚明文学理论中的"情真说"》,《光明日报》,1965年9月5日。

杨永安,《明史管窥杂稿》,2册,香港:先锋出版社,1987年。

姚文田,《广陵事略》,无出处,1812年。

叶德辉,《女士疏香阁遗录》,载叶启倬编,《郁园先生全书》,长沙:1935年。

叶绍袁,《甲行日注》,载《叶天寥四种》,上海:贝叶山房,1935—1936年。

——《年谱别记》,上海:贝叶山房,1935—1936年。

——《年谱续》,载《叶天寥四种》,上海:贝叶山房,1935—1936年。

——《秦斋怨》,载《午梦堂全集》下,上海:贝叶山房,1935年。

——《琼花镜》,载《午梦堂全集》下,上海:贝叶山房,1935年。

——《窃闻》;《续窃闻》,载《午梦堂全集》上,上海:贝叶山房,1935年。

——《自撰年谱》,载《叶天寥四种》,上海:贝叶山房,1935—1936年。

——《叶天寥四种》,《中国文学珍本丛书》,1卷,35部,上海:贝叶山房,1935—1936年。

叶绍袁编,《彤奁续些》,载《午梦堂全集》下,上海:贝叶山房,1935年。

——《午梦堂全集》,2册(上、下),序言日期为1636年,再版于《中国文学珍本丛书》,1卷,49册,上海:贝叶山房,1935年。

叶世侢,《百旻草·附》,载叶绍袁编,《午梦堂全集》下,上海:贝叶山房,1935年。

叶树声,《明代南直隶江南地区私人刻书概述》,《文献》32（1987年2月）:213—229。

叶纨纨,《愁言》,载叶绍袁编,《午梦堂全集》上,上海:贝叶山房,1935年。

叶维廉(Yip Wai-lim),《疏远的弥漫:中国和西方诗法的对话》(*Diffusion of Distances: Dialogues Between Chinese and Western Poetics*),伯克利:加利福尼亚大学出版社(University of California Press),1993年。

叶小鸾,《返生香》,载叶绍袁编,《午梦堂全集》上,上海:贝叶山房,1935年。

叶小纨,《鸳鸯梦》,载叶绍袁编,《午梦堂全集》上,上海:贝叶山房,1935年。

叶燮,《巳畦集》,二畦草堂,1684年,内阁文库藏本。

伊懋可(Elvin, Mark)，《中国的妇德和国家》（"Female Virtue and the State in China"），《过去和现在》（*Past and Present*）104(1984 年秋)：111—152。

——《中国过去的模式》（*The Pattern of the Chinese Past*），斯坦福：斯坦福大学出版社(Stanford University Press)，1973 年。

伊沛霞(Ebrey, Patricia)，《宋代的家庭观念》（"Conceptions of the Family in the Song Dynasty"），《亚洲研究杂志》（*Journal of Asian Studies*）43 (1984)：219—245。

——《南宋顶级阶层亲属关系体系中的女性》（"Women in the Kinship System of the Southern Sung Upper Class"），载理查德·W·吉索(Richard W. Guisso)和斯坦利·约翰尼森(Stanley Johannesen)编，《中国的女性：历史学术成就中的现行趋向》（*Women in China：Current Directions in Historical Scholarship*），扬斯汤，纽约：菲劳出版社(Philo Press)，1981 年。

——《女性、婚姻和中国历史上的家族》（"Women, Marriage and the Family in Chinese History"），载罗溥洛(Paul Ropp)编，《中国的遗产：对中国文明的当代视角》（*Heritage of China：Contemporary Perspectives on Chinese Civilization*），伯克利：加利福尼亚大学出版社(University of California Press)，1990 年。

——《女性，金钱和阶层：司马光和宋代理学家对女性的观点》（"Women, Money and Class：Ssu-ma Kuang and Sung Neo-Confucian Views on Women"），载"中央研究院"(Academia Sinica)，历史和语言学研究所(Institute of History and Philology)编，《关于早期现代中国社会和文化的论文》（*Papers on Society and Culture of Early Modern China*），台北："中央研究院"(Academia Sinica)，1992 年。

伊沛霞(Ebrey, Patricia)和詹姆斯·沃森(James Watson)编，《晚期中华帝国的亲属关系组织，1000—1940》（*Kinship Organization in Late Imperial China，1000—1940*），伯克利：加利福尼亚大学出版社(University of California Press)，1986 年。

荑秋散人，《玉娇梨小传》，无出处，康熙本(1662—1722)。

易宗夔，《历代名媛齿谱》，慈世堂，1795 年。

游汝杰，《方言与中国文化》，上海：上海人民出版社，1986 年。

于君方(Yü, Chün-fang)，《中国的佛教复兴：袾宏和晚明的三教合流》（*The Renewal of Buddhism in China：Chu-Hung and the Late Ming Synthesis*），纽约：哥伦比亚大学出版社(Columbia University Press)，1981 年。

于梅尔,阿瑟(Hummel,Arthur)编,《清代名人传记》(*Eminent Chinese of the Ch'ing Period*),2卷,华盛顿 D. C.：美国政府印刷局(U. S. Government Printing Office),1943—1944年。

余象斗编,《三台万用正宗》,福建：余氏双峰堂,1599年。

余英时,《中国近世宗教伦理与商人精神》,载《士与中国文化》,上海：上海人民出版社,1987年。

俞正燮,《妒非女人恶德论》,载《癸巳类稿》,再版于上海：商务,1957年。

《玉台新姿：中国女性艺术家,1300—1912》(*Views from Jade Terrace：Chinese Women Artists*,1300—1912),印第安那波利斯：印第安那波利斯艺术博物馆；纽约：瑞佐利(Rizzoli),1988年。

鸳湖烟水散人,《女才子书》,序言日期为1659年,再版于沈阳：春风文艺出版社,1983年。

袁宏道,《瓶史》,无出处,明本,内阁文库藏本。

袁黄,《两行斋文集》,无出处,1624年,内阁文库藏本。

袁枚,《随园诗话》,再版于北京：人民文学出版社,1960年。

约翰逊,戴维(Johnson,David),《早期中国的史诗和历史：伍子胥问题》("Epic and History in Early China：The Matter of Wu Tzu-hsü"),《亚洲研究杂志》(*Journal of Asian Studies*)40(1981)：255—271。

约翰逊,戴维(Johnson,David),黎安友(Andrew Nathan)和罗友枝(Evelyn Rawski)编,《晚期中华帝国的通俗文化》(*Popular Culture in Late Imperial China*),伯克利：加利福尼亚大学出版社(University of California Press),1985年。

约翰逊,凯,安(Johnson,Kay,Ann),《中国的女性、家族和农民革命》(*Women，the Family and Peasant Revolution in China*),芝加哥：芝加哥大学出版社(University of Chicago Press),1983年。

恽珠,《国朝闺秀正始集》,20卷,红香馆,1831—1836年,国会图书馆藏本。

曾幼荷(Tseng Yu-ho),《吴雪和她对檀香山艺术学会收藏的祝贺》("Hsueh Wu and Her Orchids in the Collection of the Honolulu Academy of Arts"),《亚洲艺术》(*Arts Asiatiques*)2(1955)：197—208。

张岱,《陶庵梦忆》,完成于约1646年,初版于乾隆年间,再版于台北：劲风出版,1986年。

张道,《梅花梦》,钱塘：张氏,1894年。

张慧剑,《明清江苏文人年表》,上海：上海古籍出版社,1986年。

张履平,《坤德宝鉴》,无出版地,1777年,哈佛-燕京图书馆藏本。

张秀民,《张秀民印刷史论文集》,北京：印刷工业出版社,1988年。

——《中国印刷史》,上海:上海人民出版社,1989 年。

张研,《清代族田与基层社会结构》,北京:人民大学出版社,1991 年。

张增元,《18 位明清戏曲作家的生平史料》,《文献》21(1984 年 1 月):11—19。

赵世杰,《精刻古今女史》,12 卷,无出版地,1628 年,内阁文库藏本。

赵兴勤,《才与美:明末清初小说初探》,载《明清小说论丛》,第 4 辑,沈阳:春风文艺出版社,1986 年。

赵翼,《陔余丛考》,1790 年,再版于上海:商务,1957 年。

郑光仪编,《中国历代才女诗歌鉴赏辞典》,北京:中国工人出版社,1991 年。

郑燮,《板桥集》,再版于上海:大众书局,1931 年。

郑振铎编,《中国古代版画丛刊》,5 册,上海:中华书局,1961 年。

——《中国古代木刻画选集》,北京:人民美术出版社,1985 年。

支如增,《小青传》,载郑元勋编,《媚幽阁文娱》,明崇祯(1628—1644)版,国会图书馆藏本。

中山美绪(Nakayama〔Kishimoto〕Mio),《清代前期江南的物价走向》("清代前期江南の物価動向"),《东洋史研究》37,第 4 期(1979 年 3 月):77—106 页。

钟惺编,《名媛诗归》36 卷,晚明本(约 1620 年),国会图书馆和内阁文库藏本。

周蕾(Chow, Rey),《女性和中国的现代性:东西方间的阅读政治》(*Woman and Chinese Modernity: The Politics of Reading Between West and East*),明尼阿波利斯:明尼苏达大学出版社(University of Minnesota),1991 年。

周亮工,《赖古堂名贤尺牍新钞》,序言日期为 1662 年,再版于《中国文学珍本丛书》,1 卷,6 册,上海:贝叶山房,1935 年。

周亮工,《书影》,再版于《中国文学参考资料小丛书》,2 卷,6 册,上海:古典文学出版社,1957 年。

周绍明(McDermott Joseph),《中国的家庭管家》("The Chinese Domestic Bursar"),《亚洲文化研究》(*Asian Cultural Studies*),特别发行(1990):13—30。

周振鹤(Zyō Zenho),《江南解》("kōnan Kai"),《中国图书》3,第 5 期(1991 年 3 月):2—6,15。

周之标,《女中七才子兰咳二集》,8 卷,苏州:宝鸿堂,序为 1650 年,内阁文库藏本。

朱东润,《陈子龙及其时代》,上海:上海古籍出版社,1984 年。

朱京藩,《风流院》,序言日期为 1629 年,再版于古本戏曲丛刊编刊委员会
　　编,《古本戏曲丛刊》,2 卷,66 册,北京:中华书局,1957 年。

朱培初,《中国的刺绣》,北京:人民出版社,1987 年。

朱启钤,《女红传征略》,载同作者编,《绣谱》,《艺术丛编》,卷 1,32 册,载杨
　　家骆编,《中国学术名著》,系列 5,台北:世界书局,1962 年。

诸桥辙次(Morohashi Tetsuji),《大汉和辞典》(*Daikanwa jiten*),东京:大修
　　馆,1955 年,再版于 1971 年。

庄练,《文采风流柳如是》,《明史研究专刊》5(1982 年 12 月):323—326。

宗,秀昆・范(Tsung,Shiu-kuen Fan),《妈妈,尼姑和娼妓:台湾乡村女性的
　　家外抉择》("Moms,Nuns and Hookers:Extrafamilial Alternatives for
　　Village Women in Taiwan"),博士论文,加利福尼亚大学,圣地牙哥分校,
　　人类学系,1978 年。

邹流绮〔斯漪〕编,《诗媛八名家集》,序言日期为 1655 年,耶鲁大学缩微胶
　　卷本。

佐伯顺子(Saeki Junko),《游女文化史》(遊女の文化史),东京:中央公论社,
　　1987 年。

索 引

（索引中页码为本书边码）

在此索引中，一位数字后的一个"f"，表明次页有一个单独的出处；一个"ff"，表明在其下两页中，有若干单独出处。两页或两页以上的连续讨论，以一个页数段表示，如"57—59"。"随处可见"，用以表示一组高密度但没必要指出其连续顺序的出处。

艾尔曼，154f

爱，见情迷

岸本美绪，31

八千代（日本名妓），254

班昭，19，54，58，119，124，126—127，139—141，145，162，231

婢女，205，263，280

卜正民，154

布尔迪厄，皮埃尔，10—11，13，145

才，见名妓；女性

彩凤与乌鸦，91，124，134—136

藏书楼，154

曹大家，见班昭

插图，50—51，56

柴静仪，234，240，243—244，248

缠足，147—151，169—171，263—264，279

陈夫人，见渖子

陈继儒，116，184

陈同，70，73，84，87—88

陈寅恪，97，276，280f

陈子龙，256，274—280

城市文化，19—20，29—47 随处可见，64ff，79—80，112，254，302注55

程琼，89—91，124，199

《楚辞》，101，238，244

《春波影》，100，104f

刺绣，82，172ff，175，206，267

从社会退隐；见隐

大木康，81

道德，33—34，53，55，58，80，238。也见儒家规训；训诫文学

邓尔麟，155

地方主义，43—44，56，217，227—228，232—237

颠覆，见儒家规训

佃户，31，191—192

丁圣肇,130—136 随处可见

董其昌,173,184

读者大众,29,35,48ff,66。也见
　　刻书

妒,103—110 随处可见

杜丽娘,69—74 随处可见,82ff,
　　110,112

范允临,266,268

方孟式,233,269

方维仪,165,172,233

费侠莉,66

分离领域,10—13,86,89,98—99,
　　128—129,146,179,218;女性的
　　日常生活,6,144,148,165,183,
　　190—192,203,227—228,270—
　　271,282;分离领域的灵活性,32,
　　115,122,133,140,141—142,
　　219,246—247;分离领域和教育,
　　53f,62,125,137。也见社会性别
　　混乱;社会性别体系

《风流院》,100,104

冯梦龙,81,84

冯云将,92,97

夫-妻结合,5,101。也见婚姻

福柯,米歇尔,10—11

浮世,30,43

父权制,3,10—14 随处可见,109

父系制,11,245

妇德,121,157—162 随处可见,
　　239,257

复社,118,263,280

感情,见情迷

高居翰,290

歌女,见妾;名妓;女艺人;妓

格罗内伍尔德,素,261

个人纽带,见情迷

公,公的定义,13,35—36

顾若璞,65,139,163—164,236—
　　240,245f,248,281

顾玉蕊,236—237

寡妇,163,185—187,225f,231—
　　232,238

观光,228。也见身体流动性

观音,150,173,201

管道升,90,139

广濑玲子,72

规训,见儒家规训

《闺范》,6,55f

韩德琳,12,106

韩南,81

韩希孟,173—175

韩愈,141,239—240

杭州,39f,231f

黄崇嘏,130,140

黄孟畹,见项兰贞

黄媛介,117—122,126,137,139,
　　184,213—214,219—221,224,
　　230—231,284—285,290—291

晖峻康隆,254

婚姻,33,155—156,181—197 随处
　　可见,211,227,240。也见伙伴式
　　婚姻;夫-妻结合;彩凤与乌鸦

伙伴式婚姻,86—90 随处可见,
　　111,179。也见婚姻

妓女,78,81,120

家内空间,145—146

家内生活,38—39,117—123,125,
　　152—153,197—200,256

家内仪式,83—84,149f,169,199

家谱,38,107,219,231,236—237

家族学问传统,126—127,237—249 随处可见

嫁妆,191

江南,20—21,30—34,39—40

降神会,200—205 随处可见,216

蕉园诗人,71,88,139,232—242 随处可见,246—247,339 注 37

阶层分工,6f。也见社会性别体系

姐妹关系,347 注 85。也见女性是同一的

金童玉女,187—190。也见伙伴式婚姻

精神偏执,211。也见宗教和家内生活;降神会

科举考试,见科举体系

科举体系,37,44—45,50,52,68,134

科利尔,简,13

柯丽德,56f

柯律格,24

刻版印刷,39ff,50

刻书:坊刻,34—35,39—40,48f,153,295;官刻,37—38,216;家刻,38—39,46—47,212—217 随处可见,269

浪漫之爱,88,91—93,111,184f,189

勒纳,格尔达,14

泐子,200ff

《礼记》,6,144—145

《离隐歌》,121—122,214

李清照,121,139,161,184—185

李渔,106,108,129,153,176,184,264—265

李贽,59,223

理学,见儒家规训

梁红玉,278

良/贱,119—120,231,234,291

《疗妒羹》,104,107f

《列女传》,51—57 随处可见,158,277

林天素,184,285

林以宁,88,236,239ff,247—248

刘向,51,53,158

柳如是,97,120ff,171,254,256,274—283,290—291,346 注 68

柳迫,西尔维亚,13

陆卿子,268—273 随处可见

陆圣姬,123f

吕坤,6,12,56,58—59,106

旅行,见身体流动性

旅行指南,43

罗溥洛,24,66

《络纬吟》,232,267

韦德纳,玛沙,173

曼素恩,295—296

毛安芳,242f

毛奇龄,130,136

美,84—85,116,160—162,166—169,170,264f,268,270—272

梦,83,85,89,197—198,202,333 注 74

名妓,6,22,111,253,281—282;名妓的才,170,181,263—268 随处可见;名妓的生活方式,224,254—256,257—283 随处可见,247 注 85;名妓与上层女性,252—253,257,259f,266,275;名妓和分离领域,255f,258,268,275—276,282

《名山记》,286,288

命名,122,138,274—278

母亲,19,33—34,53,158;母亲和教育,128,158—165 随处可见,238,243ff,249;母亲和女儿,196ff,206—207,229f;智慧的母亲,158—159,163,165

《牡丹亭》,15,50

男性观点,52—53,109,160—162

内领域/外领域,见家内生活;分离领域

《内训》,6,107

倪仁吉,172f

农民诗歌,64,308 注 79

女祸,见作为威胁者的女性

《女诫》,54,58,145

《女四书》,54f

女同性恋,266,344 注 49

女性:女性和历史,1—6 随处可见,12,18—19,21—22,231;理想角色,81,107,117,119—120,147,180—183;女性和才,88,100f,123—125,149,160—162,171—176 随处可见,200,232,267—268。也见贞节;幽禁的女性;女性教育;刺绣;炉;妇德

——女性作为商品,9,261f

——差异的女性,7,259—261。也见阶层分工;社会性别体系;女性间的竞争;同一的女性

——作为威胁的女性,106ff,111—112,167

——作为读者的女性,68ff,71,84—86,243,247;非常时刻的女读者,22—23,29—33 随处可见,50—51;作为读者的反对观点,69ff,110

——同一的女性:作为分析范畴,7,251,257—261,290;妇女文化,14,19,22,84,149,169,173,180,192,201,206—207;友谊—爱情统一体,14—15,129—130,206—209,227—231,266—273,284—285,287—289;与男性社交网的交叉,213—216,242,283—285。也见社会性别体系;诗社

——作为作家的女性,14—15,60,64—65,86,124,203,210—211,225,301 注 41;女作家的形象,9,51—53,61—62,120—121,129,269;对女作家的反应,10,39,59,62,96—99;女作家的声音,136—142,231,236。也见刻书和以名相称的个体作家

女性的教育,见女性教育

女性的自我认识,见女性自我认识

女性领域,110—111,136—142 随处可见,249,273。也见家内生活;分离领域

女性著作,135,147—151,164,171—176 随处可见,203。也见刺绣;缠足

女性教育,51—53,64,115,143,154,157,237—244 随处可见,280;女性的新机会,4,11,33,125—129,137—139;女性教育与社会准则,5,158—159,222,240,246;女性教育的危险性,91,100,125,163

女性间的竞争,232,233,260—261,

273。也见妒

女性社团,见诗社;姐妹关系;同一的女性

女性声音的推助,52,61—62,67,123—125

女艺人,75,77,258f

女子,参见女性

女子气质,111,118—119,143f,161ff,164,286f,295

欧洲与中国的比较,24—25,35—36,43

婆母,99,188—189

濮士齐,见邹赛贞

《期山草》,286—290 随处可见

祁班孙,228—229

祁彪佳,132,186,226f

祁理孙,228—229

钱财,56,62f。也见商品化

钱凤纶,236,241

钱谦益,47,97,138—139,171,203—205,233,274,278,280f

钱宜,71,83f,88

姜,77,92,104—112 随处可见,262

亲属关系,5,10,240。也见宗族

秦家德,7

情,见情迷

情感,见情迷

情迷:情迷与写作,49,61,80—84 随处可见,215;女性之间,51,81—88 随处可见,197—198,249,266,290;男性和女性,18,78—79,109—112;情迷与浪漫之爱,91—93,185,189

凯利,琼,12

琼思,安·罗萨琳德,253

屈原,101—103

屈志仁,152—153

权力,权力的定义,10

日用类书,36,57—58

儒家规训:儒家规训和社会秩序,6,12,17ff,31,33,54,80f,144;与儒家规训的通融,8—9,205,219;儒家规训的弹性,17,54,292,296;对儒家规训的颠覆,19,122,128,159ff,162,176,185—187,248;儒家规训与女性,53f,66—67,124—125,159,221,223,234,257,260,274。也见四德;三从

塞梅多,阿尔瓦多,147

三从,6ff,117,119,128,135,159,164,219—223 随处可见,249—253 随处可见,257,260,274,292,295。也见儒家规训;差异的女性

《三妇合评》,15,69—71,84—91 随处可见,96,98,239

桑贞白,123f

山田贤,156

商景兰,130,138,226—232,242,279

商品化,19—20,23,38—40,75,108f,151—153,295

上田信,32,155

社会界限间的通融,8,14,17,30,98,122,207—209,219—224,231。也见社会性别混乱

社会领域,见分离领域;女性领域

社会性别:作为社会组织原则的社会性别,32,273,290—291;与官方亲属关系的交叉,249—

250,292

社会性别陈规,50—51,61,86,91,103—104,111

社会性别混乱,106,115—117,125,130—142 随处可见,152—153,175,231,246—247,278—279。也见儒家规训;社会界限的通融

社会性别体系,1—6 随处可见,52—53,110—112,296;社会性别体系和阶层分工,6,256—261,290,292—293;社会性别体系的灵活性,8,65,247,260—261,278,292;区分,141,175—176,180—181,183,190,200。也见儒家规训

身体流动性,139,215—226 随处可见,269,274—275,279—287 随处可见

沈纫兰,210,212

沈宜修,138,161,166—169,187—192,194,198—213 随处可见,264,279

生活的私人化,18,35,38,46—47,66,119,151—157 随处可见,188,256

生命周期,6,120,206—207,275—276

诗歌,14—15,64,86,124,209,210—215,230—231,236,271f,287。也见以名相称的个体作家

《诗经》,19,61,86,131,161,223,238,244

诗社,88,154,180,202—207,217,226—227,232—237,240。也见蕉园诗人

施愚山,97f,121

石成金,111—112,181—183,201

市场,见商品化;钱财

收养,192—194,207—209

受害,1—4,92,103—106,110,166,171,299 注 3

瘦马,92,261—266

书籍,34—48 随处可见,62f,65,71—72

书体,48,301 注 41

斯科特,琼,5

斯塔利布拉斯,彼得,259

死亡和女性,99—103,209—212

四德,117,143,145,159,162,164,176,249。也见儒家规训

苏畹兰,126—127

孙康宜,72,255,274

泰州学派,79—80

谭友夏,263,289f

谈则,70,85,87f

汤显祖,70—87 随处可见,92,238

Tayū(江户日本名妓等级),254—255

天一阁,154,227

田仲一成,77

童贞,88

图画,见插图;肖像

瓦格纳,玛沙,255

万志英,56,211

汪然明,97,277—278,282—285 随处可见

王端淑,52,126—137 随处可见,257

王凤娴,139,215,221ff,286

王思任,129,132—133,232

王微,254,285—290

王月妆,186—187

魏爱莲,92

文化资本,40,53,56,151—156 随
　处可见,172,194,203

沃尔夫,马热丽,211

沃森,鲁维,276

吴,维维安,211

吴柏,185,225f

吴国辅,52,62

吴人,70,80f,83

吴山,284—285

《吴吴山三妇合评牡丹亭还魂记》,
　见《三妇合评》

吴震生,84—90

《午梦堂全集》,138,216

五四运动,1—3,7f

五通,五通迷,211

《五杂俎》,108f,161,261

西湖,93ff,100,118,129,235,
　282ff,285

西王母,174,229

戏剧,75—80 随处可见,93,153—
　154,239

戏院,见戏剧

夏志清,79f

现代性,1,3,296

向心的女性,143f

项兰贞(黄孟畹),287,289

肖像,49,74,84—85,93

小脚姑娘,149—150

小青,69,91—112 随处可见,160

孝,11,81,124—125。也见三从

效忠,131—133,227—229,257,
　281—282

鞋,70,169—171

谢道韫,161,167

谢肇淛,108,161,261

性欲,84,87—88,111—112

休闲活动,152—153

虚构与现实,83,96

徐渭,139,153

徐媛,139,169—170,232,266—274

薛素素,170,173,267f,285

薛涛,231,267

荀奉倩,160f,190,289

训诫文学,51—58 随处可见,107,
　238,244。也见儒家规训;道德

殉难,131—132,185。也见效忠

杨夫人,104,107

杨世功,118f

扬州,21,261f,285

钥匙权,10,191

叶绍袁,101,161,187—194,201—
　202,213

叶纨纨,195—196,225

叶小鸾,82,100,138,161,166—
　168,187,201—202,211—212

伊懋可,163

伊沛霞,11,148

《伊人思》,215f

仪式,见家内仪式

《吟红集》,133,136

隐,122,196—197,212,277

幽禁的女性,12,128,224。也见
　女性

余其人,140f

余象斗,40—41,42,48f

俞二娘,89,100

俞正燮,109—110

袁天启,193,195—196

宇文所安,60

欲,80。也见性欲

澹生堂,154,227

张岱,78,133,229,261—262

张倩倩,203—209 随处可见,224

赵明诚,184—185

赵世杰,62—63

贞节, 9, 81, 123, 132, 157, 163, 185—187,257

真,见情迷;肖像

真情,见情迷

指南书,45f

钟惺,61—62,63,122—123

周道登,192,280

朱熹,148,240

自杀,81,99—100,257,274

自我认识,118—120, 139, 165—166, 171, 199—200, 216。也见女性

宗教和家内生活,198—202

宗族,56,155—157,192—194;作为族长的女性,237,245。也见亲属关系

邹赛贞,138f

族,见宗族

译者后记

这部译稿终于完成了。真是有太多的人需要感谢：

首先是这部书的著者高彦颐教授。感谢她为我们奉上了一部如此精彩的著作。实际上，翻译这部书稿源自我的一个"情结"。在初涉中国古代妇女史时，我最先耳闻的西方著作，便是彦颐的这部书，翻看之后，确实拍手称叹：叹其全新的视角，叹其深厚的功力，叹其优雅的表述……自此之后，便强烈产生了一种与人分享"宝物"的"情结"。所以当刘东先生与我联系时，我毫无迟疑地接受了这部书稿的翻译工作。除此而外，对彦颐教授，我还有更多的感谢：她在百忙之中，通阅了全稿，并为我提供了绝大部分引文。对她严谨的治学态度和所给予的全部帮助，我有的是深深的钦佩与感激。

还要感谢刘东先生，是他让我了却了这一"情结"。

感谢耿德华（Edward Gunn）教授，是他最早向我推荐了这部精彩著作。

这部书稿的翻译工作，是我在新西兰惠灵顿维多利亚大学做访问学者期间完成的，是纪保宁（Pauline Keating）博士和白莉民博士为我在异国他乡营造了一个温馨的"家"，使我能够在舒适、安静的环境中工作。对她们，我也有着由衷的谢意。

感谢孙玫博士无私向我借阅了他的个人藏书。

感谢郭冰清（Ping Ching Mabbett）女士、玛格丽特·克拉克（Margaret Clark）教授、李博先生、张蕊女士，他们都在翻译中给了我不同的帮助。

最后还要感谢我的丈夫司景辉，他不但是我心灵的温馨港湾，还为我解决了翻译中的若干法文、日文问题。

翻译中难免存在疏漏和不妥，敬祈读者见谅。

李志生

记于惠灵顿维多利亚大学

2004 年 4 月 26 日

译者再版后记

这些年，每次见到彦颐老师、谈到《闺塾师》时，她都会说："这本书已经过时了。"这当然是她的谦辞，但看看彦颐老师近年的研究，这或也是她的真实想法。从她对社会性别（Gender）到性别（Sex）的延展，到她对身体史、物质文化史的研究，她早已从《闺塾师》的运用解构理论、社会性别理论，迈入了社会性别起于生理性别建构、社会性别仅是研究中的一个视角而已的阶段。但是我们的中国古代妇女史研究，却还远远未迈入这第二阶段，甚至连第一个阶段的某些理论与概念，都需要做进一步的学习与理解，《闺塾师》在此时的再版，也就有了更大的意义。

时至今日，我们的中国古代妇女史研究，更多的还是循着传统的历史研究路数在进行，而传统史学或主流史学，其实在某种程度上可称之为男性史学。男性史学就是西方在 17、18 世纪以来建立的一套研究体系，其以强调史料、强调语言、强调架构为特点。而妇女史研究则除坚持扎实的史料研读之外，还强调以社会性别视角进行观察，关注理念与现实、男性与女性感受的差异，也就是《闺塾师》所倡导的"三重动态模式"："我建议以三重动态模式，取代'五四'父权压迫的二分模式去认识妇女史。三重动态模式，是将中国妇女的生活，视为如下三种变化层面的总和：理想化理念、生活实践、女性视角。"（绪论，11 页）特别是妇女的自我感受,对于研究妇女问题尤为重要,这就需要我们去对古代史料中的零碎妇女话语,进行更多、更深层次的发掘,一如《闺塾师》对明清才女作品的发掘一样。

前几日,刚结束一学期的"中国古代妇女史"的网上教学,课程结束后,学生问的比较多的问题是:"研究好我国古代妇女的相关问题,对于理解甚至推动现在的女权运动具体有什么意义?"我的回答是:"首先,女子的一生不只是争取女权,她的大半时间是用在衣食住行、日常工作上,那么,我们会不会从古代妇女的生活中得到一些启发与智慧呢?我想会的。其次,即便是争取女权,中国妇女在争取女权的目标、方式与客观环境等方面,都与西方不同,原因是什么?中国传统社会性别意识的影响,应该是其中一个重要因素吧。所以,学好中国古代妇女史,无疑是会延伸你对当代妇女生存状态、女权存在状态认识的,由此,也能使你更好地看待当今的中外妇女问题。另外,一个人的知识是累积而成的,它会在渐进中,延展你对世界、对社会认识的厚度与宽度。"这其实也是我学习、研究中国古代妇女史,特别是学习《闺塾师》的心得。明末清初江南才女的生活就是充满智慧的,虽然她们的生活离当今所说的女权还很远,但女性阅读、写作人群的扩大,是否也可称得上是中国古代女权的向前推进呢?另外,《闺塾师》向我们展现的明末清初才女的丰富生活,也解构了传统妇女史研究的父权压迫模式,拓展了我们对中国古代妇女生活的认知宽度。

所以,无论是从方法上,还是从知识的构成上,《闺塾师》都依然有着生命力。

李志生

2020 年 6 月 3 日记于北山雪庐

455

"海外中国研究丛书"书目

1. 中国的现代化 [美]吉尔伯特·罗兹曼 主编 国家社会科学基金"比较现代化"课题组 译 沈宗美 校
2. 寻求富强:严复与西方 [美]本杰明·史华兹 著 叶凤美 译
3. 中国现代思想中的唯科学主义(1900—1950) [美]郭颖颐 著 雷颐 译
4. 台湾:走向工业化社会 [美]吴元黎 著
5. 中国思想传统的现代诠释 余英时 著
6. 胡适与中国的文艺复兴:中国革命中的自由主义,1917—1937 [美]格里德 著 鲁奇 译
7. 德国思想家论中国 [德]夏瑞春 编 陈爱政 等译
8. 摆脱困境:新儒学与中国政治文化的演进 [美]墨子刻 著 颜世安 高华 黄东兰 译
9. 儒家思想新论:创造性转换的自我 [美]杜维明 著 曹幼华 单丁 译 周文彰 等校
10. 洪业:清朝开国史 [美]魏斐德 著 陈苏镇 薄小莹 包伟民 陈晓燕 牛朴 谭天星 译 阎步克 等校
11. 走向 21 世纪:中国经济的现状、问题和前景 [美]D.H.帕金斯 著 陈志标 编译
12. 中国:传统与变革 [美]费正清 赖肖尔 主编 陈仲丹 潘兴明 庞朝阳 译 吴世民 张子清 洪邮生 校
13. 中华帝国的法律 [美]D. 布朗 C. 莫里斯 著 朱勇 译 梁治平 校
14. 梁启超与中国思想的过渡(1890—1907) [美]张灏 著 崔志海 葛夫平 译
15. 儒教与道教 [德]马克斯·韦伯 著 洪天富 译
16. 中国政治 [美]詹姆斯·R.汤森 布兰特利·沃马克 著 顾速 董方 译
17. 文化、权力与国家:1900—1942 年的华北农村 [美]杜赞奇 著 王福明 译
18. 义和团运动的起源 [美]周锡瑞 著 张俊义 王栋 译
19. 在传统与现代性之间:王韬与晚清革命 [美]柯文 著 雷颐 罗检秋 译
20. 最后的儒家:梁漱溟与中国现代化的两难 [美]艾恺 著 王宗昱 冀建中 译
21. 蒙元入侵前夜的中国日常生活 [法]谢和耐 著 刘东 译
22. 东亚之锋 [美]小 R. 霍夫亨兹 K.E. 柯德尔 著 黎鸣 译
23. 中国社会史 [法]谢和耐 著 黄建华 黄迅余 译
24. 从理学到朴学:中华帝国晚期思想与社会变化面面观 [美]艾尔曼 著 赵刚 译
25. 孔子哲学思微 [美]郝大维 安乐哲 著 蒋弋为 李志林 译
26. 北美中国古典文学研究名家十年文选 乐黛云 陈珏 编选
27. 东亚文明:五个阶段的对话 [美]狄百瑞 著 何兆武 何冰 译
28. 五四运动:现代中国的思想革命 [美]周策纵 著 周子平 等译
29. 近代中国与新世界:康有为变法与大同思想研究 [美]萧公权 著 汪荣祖 译
30. 功利主义儒家:陈亮对朱熹的挑战 [美]田浩 著 姜长苏 译
31. 莱布尼兹和儒学 [美]孟德卫 著 张学智 译
32. 佛教征服中国:佛教在中国中古早期的传播与适应 [荷兰]许理和 著 李四龙 裴勇 等译
33. 新政革命与日本:中国,1898—1912 [美]任达 著 李仲贤 译
34. 经学、政治和宗族:中华帝国晚期常州今文学派研究 [美]艾尔曼 著 赵刚 译
35. 中国制度史研究 [美]杨联陞 著 彭刚 程钢 译

36. 汉代农业:早期中国农业经济的形成 [美]许倬云 著 程农 张鸣 译 邓正来 校
37. 转变的中国:历史变迁与欧洲经验的局限 [美]王国斌 著 李伯重 连玲玲 译
38. 欧洲中国古典文学研究名家十年文选 乐黛云 陈珏 龚刚 编选
39. 中国农民经济:河北和山东的农民发展,1890—1949 [美]马若孟 著 史建云 译
40. 汉哲学思维的文化探源 [美]郝大维 安乐哲 著 施忠连 译
41. 近代中国之种族观念 [英]冯客 著 杨立华 译
42. 血路:革命中国中的沈定一(玄庐)传奇 [美]萧邦奇 著 周武彪 译
43. 历史三调:作为事件、经历和神话的义和团 [美]柯文 著 杜继东 译
44. 斯文:唐宋思想的转型 [美]包弼德 著 刘宁 译
45. 宋代江南经济史研究 [日]斯波义信 著 方健 何忠礼 译
46. 一个中国村庄:山东台头 杨懋春 著 张雄 沈炜 秦美珠 译
47. 现实主义的限制:革命时代的中国小说 [美]安敏成 著 姜涛 译
48. 上海罢工:中国工人政治研究 [美]裴宜理 著 刘平 译
49. 中国转向内在:两宋之际的文化转向 [美]刘子健 著 赵冬梅 译
50. 孔子:即凡而圣 [美]赫伯特·芬格莱特 著 彭国翔 张华 译
51. 18世纪中国的官僚制度与荒政 [法]魏丕信 著 徐建青 译
52. 他山的石头记:宇文所安自选集 [美]宇文所安 著 田晓菲 编译
53. 危险的愉悦:20世纪上海的娼妓问题与现代性 [美]贺萧 著 韩敏中 盛宁 译
54. 中国食物 [美]尤金·N. 安德森 著 马缨 刘东 译 刘东 审校
55. 大分流:欧洲、中国及现代世界经济的发展 [美]彭慕兰 著 史建云 译
56. 古代中国的思想世界 [美]本杰明·史华兹 著 程钢 译 刘东 校
57. 内闱:宋代的婚姻和妇女生活 [美]伊沛霞 著 胡志宏 译
58. 中国北方村落的社会性别与权力 [加]朱爱岚 著 胡玉坤 译
59. 先贤的民主:杜威、孔子与中国民主之希望 [美]郝大维 安乐哲 著 何刚强 译
60. 向往心灵转化的庄子:内篇分析 [美]爱莲心 著 周炽成 译
61. 中国人的幸福观 [德]鲍吾刚 著 严蓓雯 韩雪临 吴德祖 译
62. 闺塾师:明末清初江南的才女文化 [美]高彦颐 著 李志生 译
63. 缀珍录:十八世纪及其前后的中国妇女 [美]曼素恩 著 定宜庄 颜宜葳 译
64. 革命与历史:中国马克思主义历史学的起源,1919—1937 [美]德里克 著 翁贺凯 译
65. 竞争的话语:明清小说中的正统性、本真性及所生成之意义 [美]艾梅兰 著 罗琳 译
66. 中国妇女与农村发展:云南禄村六十年的变迁 [加]宝森 著 胡玉坤 译
67. 中国近代思维的挫折 [日]岛田虔次 著 甘万萍 译
68. 中国的亚洲内陆边疆 [美]拉铁摩尔 著 唐晓峰 译
69. 为权力祈祷:佛教与晚明中国士绅社会的形成 [加]卜正民 著 张华 译
70. 天潢贵胄:宋代宗室史 [美]贾志扬 著 赵冬梅 译
71. 儒家之道:中国哲学之探讨 [美]倪德卫 著 [美]万白安 编 周炽成 译
72. 都市里的农家女:性别、流动与社会变迁 [澳]杰华 著 吴小英 译
73. 另类的现代性:改革开放时代中国性别化的渴望 [美]罗丽莎 著 黄新 译
74. 近代中国的知识分子与文明 [日]佐藤慎一 著 刘岳兵 译
75. 繁盛之阴:中国医学史中的性(960—1665) [美]费侠莉 著 甄橙 主译 吴朝霞 主校
76. 中国大众宗教 [美]韦思谛 编 陈仲丹 译
77. 中国诗画语言研究 [法]程抱一 著 涂卫群 译
78. 中国的思维世界 [日]沟口雄三 小岛毅 著 孙歌 等译

79. 德国与中华民国　[美]柯伟林 著　陈谦平 陈红民 武菁 申晓云 译　钱乘旦 校

80. 中国近代经济史研究:清末海关财政与通商口岸市场圈　[日]滨下武志 著　高淑娟 孙彬 译

81. 回应革命与改革:皖北李村的社会变迁与延续　韩敏 著　陆益龙 徐新玉 译

82. 中国现代文学与电影中的城市:空间、时间与性别构形　[美]张英进 著　秦立彦 译

83. 现代的诱惑:书写半殖民地中国的现代主义(1917—1937)　[美]史书美 著　何恬 译

84. 开放的帝国:1600 年前的中国历史　[美]芮乐伟·韩森 著　梁侃 邹劲风 译

85. 改良与革命:辛亥革命在两湖　[美]周锡瑞 著　杨慎之 译

86. 章学诚的生平与思想　[美]倪德卫 著　杨立华 译

87. 卫生的现代性:中国通商口岸健康与疾病的意义　[美]罗芙芸 著　向磊 译

88. 道与庶道:宋代以来的道教、民间信仰和神灵模式　[美]韩明士 著　皮庆生 译

89. 间谍王:戴笠与中国特工　[美]魏斐德 著　梁禾 译

90. 中国的女性与性相:1949 以来的性别话语　[英]艾华 著　施施 译

91. 近代中国的犯罪、惩罚与监狱　[荷]冯客 著　徐有威 等译　潘兴明 校

92. 帝国的隐喻:中国民间宗教　[英]王斯福 著　赵旭东 译

93. 王弼《老子注》研究　[德]瓦格纳 著　杨立华 译

94. 寻求正义:1905—1906 年的抵制美货运动　[美]王冠华 著　刘甜甜 译

95. 传统中国日常生活中的协商:中古契约研究　[美]韩森 著　鲁西奇 译

96. 从民族国家拯救历史:民族主义话语与中国现代史研究　[美]杜赞奇 著　王宪明 高继美 李海燕 李点 译

97. 欧几里得在中国:汉译《几何原本》的源流与影响　[荷]安国风 著　纪志刚 郑诚 郑方磊 译

98. 十八世纪中国社会　[美]韩书瑞 罗友枝 著　陈仲丹 译

99. 中国与达尔文　[美]浦嘉珉 著　钟永强 译

100. 私人领域的变形:唐宋诗词中的园林与玩好　[美]杨晓山 著　文韬 译

101. 理解农民中国:社会科学哲学的案例研究　[美]李丹 著　张天虹 张洪云 张胜波 译

102. 山东叛乱:1774 年的王伦起义　[美]韩书瑞 著　刘平 唐雁超 译

103. 毁灭的种子:战争与革命中的国民党中国(1937—1949)　[美]易劳逸 著　王建朗 王贤知 贾维 译

104. 缠足:"金莲崇拜"盛极而衰的演变　[美]高彦颐 著　苗延威 译

105. 饕餮之欲:当代中国的食与色　[美]冯珠娣 著　郭乙瑶 马磊 江素侠 译

106. 翻译的传说:中国新女性的形成(1898—1918)　胡缨 著　龙瑜宬 彭珊珊 译

107. 中国的经济革命:20 世纪的乡村工业　[日]顾琳 著　王玉茹 张玮 李进霞 译

108. 礼物、关系学与国家:中国人际关系与主体性建构　杨美惠 著　赵旭东 孙珉 译　张跃宏 译校

109. 朱熹的思维世界　[美]田浩 著

110. 皇帝和祖宗:华南的国家与宗族　[英]科大卫 著　卜永坚 译

111. 明清时代东亚海域的文化交流　[日]松浦章 著　郑洁西 等译

112. 中国美学问题　[美]苏源熙 著　卞东波 译　张强强 朱霞欢 校

113. 清代内河水运史研究　[日]松浦章 著　董科 译

114. 大萧条时期的中国:市场、国家与世界经济　[日]城山智子 著　孟凡礼 尚国敏 译　唐磊 校

115. 美国的中国形象(1931—1949)　[美]T. 克里斯托弗·杰斯普森 著　姜智芹 译

116. 技术与性别:晚期帝制中国的权力经纬　[英]白馥兰 著　江湄 邓京力 译

117. 中国善书研究 [日]酒井忠夫 著 刘岳兵 何英莺 孙雪梅 译

118. 千年末世之乱:1813 年八卦教起义 [美]韩书瑞 著 陈仲丹 译

119. 西学东渐与中国事情 [日]增田涉 著 由其民 周启乾 译

120. 六朝精神史研究 [日]吉川忠夫 著 王启发 译

121. 矢志不渝:明清时期的贞女现象 [美]卢苇菁 著 秦立彦 译

122. 明代乡村纠纷与秩序:以徽州文书为中心 [日]中岛乐章 著 郭万平 高飞 译

123. 中华帝国晚期的欲望与小说叙述 [美]黄卫总 著 张蕴爽 译

124. 虎、米、丝、泥:帝制晚期华南的环境与经济 [美]马立博 著 王玉茹 关永强 译

125. 一江黑水:中国未来的环境挑战 [美]易明 著 姜智芹 译

126. 《诗经》原意研究 [日]家井真 著 陆越 译

127. 施剑翘复仇案:民国时期公众同情的兴起与影响 [美]林郁沁 著 陈湘静 译

128. 义和团运动前夕华北的地方动乱与社会冲突(修订译本) [德]狄德满 著 崔华杰 译

129. 铁泪图:19 世纪中国对于饥馑的文化反应 [美]艾志端 著 曹曦 译

130. 饶家驹安全区:战时上海的难民 [美]阮玛霞 著 白华山 译

131. 危险的边疆:游牧帝国与中国 [美]巴菲尔德 著 袁剑 译

132. 工程国家:民国时期(1927—1937)的淮河治理及国家建设 [美]戴维·艾伦·佩兹 著 姜智芹 译

133. 历史宝筏:过去、西方与中国妇女问题 [美]季家珍 著 杨可 译

134. 姐妹们与陌生人:上海棉纱厂女工,1919—1949 [美]韩起澜 著 韩慈 译

135. 银线:19 世纪的世界与中国 林满红 著 詹庆华 林满红 译

136. 寻求中国民主 [澳]冯兆基 著 刘悦斌 徐硙 译

137. 墨梅 [美]毕嘉珍 著 陆敏珍 译

138. 清代上海沙船航运业史研究 [日]松浦章 著 杨蕾 王亦铮 董科 译

139. 男性特质论:中国的社会与性别 [澳]雷金庆 著 [澳]刘婷 译

140. 重读中国女性生命故事 游鉴明 胡缨 季家珍 主编

141. 跨太平洋位移:20 世纪美国文学中的民族志、翻译和文本间旅行 黄运特 著 陈倩 译

142. 认知诸形式:反思人类精神的统一性与多样性 [英]G.E.R.劳埃德 著 池志培 译

143. 中国乡村的基督教:1860—1900 年江西省的冲突与适应 [美]史维东 著 吴薇 译

144. 假想的"满大人":同情、现代性与中国疼痛 [美]韩瑞 著 袁剑 译

145. 中国的捐纳制度与社会 伍跃 著

146. 文书行政的汉帝国 [日]富谷至 著 刘恒武 孔李波 译

147. 城市里的陌生人:中国流动人口的空间、权力与社会网络的重构 [美]张骊 著 袁长庚 译

148. 性别、政治与民主:近代中国的妇女参政 [澳]李木兰 著 方小平 译

149. 近代日本的中国认识 [日]野村浩一 著 张学锋 译

150. 狮龙共舞:一个英国人笔下的威海卫与中国传统文化 [英]庄士敦 著 刘本森 译 威海市博物馆 郭大松 校

151. 人物、角色与心灵:《牡丹亭》与《桃花扇》中的身份认同 [美]吕立亭 著 白华山 译

152. 中国社会中的宗教与仪式 [美]武雅士 著 彭泽安 邵铁峰 译 郭潇威 校

153. 自贡商人:近代早期中国的企业家 [美]曾小萍 著 董建中 译

154. 大象的退却:一部中国环境史 [英]伊懋可 著 梅雪芹 毛利霞 王玉山 译

155. 明代江南土地制度研究 [日]森正夫 著 伍跃 张学锋 等译 范金民 夏维中 审校

156. 儒学与女性 [美]罗莎莉 著 丁佳伟 曹秀娟 译

157. 行善的艺术:晚明中国的慈善事业(新译本)　[美]韩德玲 著　曹晔 译
158. 近代中国的渔业战争和环境变化　[美]穆盛博 著　胡文亮 译
159. 权力关系:宋代中国的家族、地位与国家　[美]柏文莉 著　刘云军 译
160. 权力源自地位:北京大学、知识分子与中国政治文化,1898—1929　[美]魏定熙 著
　　张蒙 译
161. 工开万物:17世纪中国的知识与技术　[德]薛凤 著　吴秀杰 白岚玲 译
162. 忠贞不贰:辽代的越境之举　[英]史怀梅 著　曹流 译
163. 内藤湖南:政治与汉学(1866—1934)　[美]傅佛果 著　陶德民 何英莺 译
164. 他者中的华人:中国近现代移民史　[美]孔飞力 著　李明欢 译　黄鸣奋 校
165. 古代中国的动物与灵异　[英]胡司德 著　蓝旭 译
166. 两访中国茶乡　[英]罗伯特·福琼 著　敖雪岗 译
167. 缔造选本:《花间集》的文化语境与诗学实践　[美]田安 著　马强才 译
168. 扬州评话探讨　[丹麦]易德波 著　米锋 易德波 译　李今芸 校译
169. 《左传》的书写与解读　李惠仪 著　文韬 许明德 译
170. 以竹为生:一个四川手工造纸村的20世纪社会史　[德]艾约博 著　韩巍 译　吴秀杰 校
171. 东方之旅:1579—1724耶稣会传教团在中国　[美]柏理安 著　毛瑞方 译
172. "地域社会"视野下的明清史研究:以江南和福建为中心　[日]森正夫 著　于志嘉 马一虹
　　黄东兰 阿风 等译
173. 技术、性别、历史:重新审视制中国的大转型　[英]白馥兰 著　吴秀杰 白岚玲 译
174. 中国小说戏曲史　[日]狩野直喜 张真 译
175. 历史上的黑暗一页:英国外交文件与英美海军档案中的南京大屠杀　[美]陆束屏 编著/
　　翻译
176. 罗马与中国:比较视野下的古代世界帝国　[奥]沃尔特·施德尔 主编 李平 译
177. 矛与盾的共存:明清时期江西社会研究　[韩]吴金成 著　崔荣根 译 薛戈 校译
178. 唯一的希望:在中国独生子女政策下成年　[美]冯文 著　常姝 译
179. 国之枭雄:曹操传　[澳]张磊夫 著　方笑天 译
180. 汉帝国的日常生活　[英]鲁惟一 著　刘洁 余霄 译
181. 大分流之外:中国和欧洲经济变迁的政治　[美]王国斌 罗森塔尔 著　周琳 译　王国斌
　　张萌 审校
182. 中正之笔:颜真卿书法与宋代文人政治　[美]倪雅梅 著　杨简茹 译　祝帅 校译
183. 江南三角洲市镇研究　[日]森正夫 编 丁韵 胡婧 等译　范金民 审校
184. 忍辱负重的使命:美国外交官记载的南京大屠杀与劫后的社会状况　[美]陆束屏 编著/
　　翻译
185. 修仙:古代中国的修行与社会记忆　[美]康儒博 著　顾漩 译
186. 烧钱:中国人生活世界中的物质精神　[美]柏桦 著　袁剑 刘玺鸿 译
187. 话语的长城:文化中国历险记　[美]苏源熙 著　盛珂 译
188. 诸葛武侯　[日]内藤湖南 著　张真 译
189. 盟友背信:一战中的中国　[英]吴芳思 克里斯托弗·阿南德尔 著　张宇扬 译
190. 亚里士多德在中国:语言、范畴和翻译　[英]罗伯特·沃迪 著　韩小强 译
191. 马背上的朝廷:巡幸与清朝统治的建构,1680—1785　[美]张勉治 著　董建中 译
192. 申不害:公元前四世纪中国的政治哲学家　[美]顾立雅 著　马腾 译
193. 晋武帝司马炎　[日]福原启郎 著　陆帅 译
194. 唐人如何吟诗:带你走进汉语音韵学　[日]大岛正二 著　柳悦 译

195. 古代中国的宇宙论 ［日］浅野裕一 著 吴昊阳 译
196. 中国思想的道家之论：一种哲学解释 ［美］陈汉生 著 周景松 谢尔逊 等译 张丰乾 校译
197. 诗歌之力：袁枚女弟子屈秉筠(1767—1810) ［加］孟留喜 著 吴夏平 译
198. 中国逻辑的发现 ［德］顾有信 著 陈志伟 译
199. 高丽时代宋商往来研究 ［韩］李镇汉 著 李廷青 戴琳剑 译 楼正豪 校
200. 中国近世财政史研究 ［日］岩井茂树 著 付勇 译 范金民 审校
201. 魏晋政治社会史研究 ［日］福原启郎 著 陆帅 刘萃峰 张紫毫 译
202. 宋帝国的危机与维系：信息、领土与人际网络 ［比利时］魏希德 著 刘云军 译
203. 中国精英与政治变迁：20世纪初的浙江 ［美］萧邦奇 著 徐立望 杨涛羽 译 李齐 校
204. 北京的人力车夫：1920年代的市民与政治 ［美］史谦德 著 周书垚 袁剑 译 周育民 校
205. 1901—1909年的门户开放政策：西奥多·罗斯福与中国 ［美］格雷戈里·摩尔 著 赵嘉玉 译
206. 清帝国之乱：义和团运动与八国联军之役 ［美］明恩溥 著 郭大松 刘本森 译
207. 宋代文人的精神生活(960—1279) ［美］何复平 著 叶树勋 单虹泽 译
208. 梅兰芳与20世纪国际舞台：中国戏剧的定位与置换 ［美］田民 著 何恬 译
209. 郭店楚简《老子》新研究 ［日］池田知久 著 曹峰 孙佩霞 译
210. 德与礼——亚洲人对领导能力与公众利益的理想 ［美］狄培理 著 闵锐武 闵月 译
211. 棘闱：宋代科举与社会 ［美］贾志扬 著
212. 通过儒家现代性而思 ［法］毕游塞 著 白欲晓 译
213. 阳明学的位相 ［日］荒木见悟 著 焦堃 陈晓杰 廖明飞 申绪璐 译
214. 明清的戏曲——江南宗族社会的表象 ［日］田仲一成 著 云贵彬 王文勋 译
215. 日本近代中国学的形成：汉学革新与文化交涉 陶德民 著 辜承尧 译
216. 声色：永明时代的宫廷文学与文化 ［新加坡］吴妙慧 著 朱梦雯 译
217. 神秘体验与唐代世俗社会：戴孚《广异记》解读 ［英］杜德桥 著 杨为刚 查屏球 译 吴晨 审校
218. 清代中国的法与审判 ［日］滋贺秀三 著 熊远报 译
219. 铁路与中国转型 ［德］柯丽莎 著 金毅 译
220. 生命之道：中医的物、思维与行动 ［美］冯珠娣 著 刘小朦 申琛 译
221. 中国古代北疆史的考古学研究 ［日］宫本一夫 著 黄建秋 译
222. 异史氏：蒲松龄与中国文言小说 ［美］蔡九迪 著 任增强 译 陈嘉艺 审校
223. 中国江南六朝考古学研究 ［日］藤井康隆 著 张学锋 刘可维 译
224. 商会与近代中国的社团网络革命 ［加］陈忠平 著